中国一线高官

从政的智慧 精华版

中国平面媒体采访高官第一女记者独家披露一线高官成功之道

涵子 ◎ 著

团结出版社

图书在版编目（CIP）数据

从政的智慧 / 涵子著 . –– 北京：团结出版社，

2011.9

ISBN 978-7-80214-699-0

Ⅰ.①从… Ⅱ.①涵… Ⅲ.①政治人物 – 访问记 – 中

国 – 现代 Ⅳ.① K827=7

中国版本图书馆 CIP 数据核字 (2011) 第 183846 号

出 版：团结出版社

（北京市东城区东皇城根南街84号 邮编：100006）

电 话： （010）65228880 65244790［出版社］

网 址：www.tjpress.com

E–mail：65244790@163.com

经 销： 全国新华书店

印 刷： 北京正合鼎业印刷技术有限公司

开 本：787×1092 1/16

印 张：25

字 数：350千字

版次印次：2012年3月第1版第2次印刷

书 号：978-7-80214-699-0/K.704

定 价：40.00 元

前　言

高官，在很多中国人心里，他们位高权重、遥不可及。但真实状态下，他们到底是怎样的一个群体？他们有着怎样的鲜为人知的故事？八年前，身为某中央级媒体记者的涵子就是带着这样的疑问开始进行采访的。

涵子也被称为"中国平面媒体采访高官第一女记者"。八年来，涵子主要从事地方政府要员、省部级领导干部及国家领导人专访，已采访百余名高层领导干部，认真撰写了数百篇纪实报告文学。

为了让更多百姓了解现在担当重要职务的中国一线高官们的工作和生活，我们从中精心挑选了作者采访的一部分高官的纪实作品，整理出版了此书，其中所有内容都是涵子不辞辛苦，精心准备，调查研究，并与高官们面对面访谈后的真实记录。书中这些不同岗位上的高层领导人，在自己的行业里都有着重大的贡献。在他们身上，不仅有着鲜为人知的成长经历及铁骨柔情的故事，还有着既独特而又共同的成功之道。本书以纪实的手法带我们走进这样一个神秘的群体，解读中国一线高官的为官智慧，透视从普通人到高官的心路历程，体验从平凡人到一号首长的决策诱惑，破译政坛高层的成长密码。他们的成功之道也可以复制。

在采访高层领导干部的同时，涵子也采访了众多的各界名流及地方政要，我们也精选了一部分人物放在此书中作为附录，以伺读者，相信读者能透过她的文笔感受到这些精英们的风采。

另外，除了对这些精英群体的访谈外，涵子还在每篇文章末尾增加了她采访时感知到的被访者的最真实状态的手记，这也是这本书的一个亮点。

自 序

　　我一直都认为，当记者并从事高层访谈的八年时间是我一生中最重要也是最难以忘怀的八年。因为这样特别的采访机会，并不是每一个当记者的人都会拥有。

　　首先是感谢我所供职的单位——中央国家机关所属的以采访政要为主的人物期刊——让我有幸在八年前得到了专职采访高端的机会。其次感谢我所采访过的近百位国家领导人、省部级领导及地方官员，这是一个非常高端且睿智的群体，在采访他们的过程中，我学会了如何与他们对话，文章也逐渐得到他们的认同，良性互动使我获得了更多的采访机会。最后，我想说的是感谢我自己。呵，是不是觉得我有点骄傲呢？有点呢！因为我付出了太多的努力。记得那时每天早上起来的第一件事就是看笔记本——那本子上密密麻麻记满了当天要干的工作和联系电话，然后挤上公交车就去忙着联系采访。这是一个非常不容易采访到的群体，所以很多时候不一定能联系上，要么人家不愿意，要么人家没时间。如能采访到，晚上赶回家第一时间就坐在电脑前写稿到凌晨，往往是顾不上吃饭和睡觉，整整一年的时间，没有看过电视，电视机上都布满了灰尘。我这个人生性就是这样，一旦认准的事，就一定会把它做好，也不管是不是在拼命。

　　经过几年的努力，我发现我得到了不少人的认可。在每年的全国"两会"上，我见到一些我并没有采访过的官员们，他们拿着我的名片对我说："我早就知道你！你是一个专做高官访谈的记者。"我心中一阵狂喜——居然有点知名度了。一直以来都期望将自己定位为采访高端的记者，并由此而树立起品牌，这些都实现了，我真的非常开心。

　　直到现在，总有许多人问我，哪位高官让你印象最深刻？真实状态下的他们到底是怎样的人？说实话，采访这样一个特殊的人群，我的收获颇多，这些让我敬重的被访者们，深刻地影响了我的人生观、价值观乃至思考问题的方式。要说哪位印象深刻，我认为都非常深刻，因为他们都是站在金字塔尖上的精英，能与他们对话，特别是能与很多的被访者成为很好的朋友，更升华了我的思想境界。在我眼中，他们中许多人所表现出来的随和、幽默、正直、友善、真诚便是他们在官职之外最真实的状态了。

　　后来我又采访了一些地方政要及各界名流。有了采访省部级高官的基础，再采访这一精英群体，无论是采访时间安排还是创作过程都顺利多了。对这个群体的采访也让我获益匪浅。

　　在此，我还要特别感谢柳斌杰署长、祁培文常委、郑国光局长和马之庚总经理，他们在百忙之中为我这本书写了简评，他们对我的信任及支持将永远激励我在创作的道路上更加努力踏实地前行。

2011年10月28日

Contents | 目录

◎精选◎

省部级官员及高级领导人

◎ 柳斌杰 ◎
国家新闻出版总署署长

　　柳斌杰，男，1948年9月生，陕西人。中国社会科学院研究生院哲学系马克思主义认识论专业、北京师范大学外研所西方经济专业毕业，博士生导师。历任白银公司辉铜山矿党委常委、副矿长，共青团中央常委、宣传部副部长、部长，中国国际青年交流中心党委书记兼总经理，全国青年企业家协会副会长，中央统战部报刊宣传领导小组组长，中华全国工商联副秘书长，四川省人民政府省长助理、秘书长、省委常委、宣传部长。2002年3月任国家新闻出版总署副署长，2007年4月任国家新闻出版总署署长、国家版权局局长。

在敏感领域改革的过人胆识和智慧

——国家新闻出版总署署长柳斌杰

在20多年的改革进程中，我国经济、政治、科技、教育等体制都改革了，社会经济基础发生了深刻的变化，唯独文化方面的体制改革落于之后。在"十六大"之前有过被称为"新闻出版广播影视业改革"的探索，但那只是应对加入WTO的适应性改革。文化仍然还被人们看做非常敏感的意识形态领域，没有人敢触及这方面的体制改革。"十六大"之后形势发生了很大变化，中央明确提出深化文化体制改革，于是，作为文化体制改革重要部分的出版发行体制的改革成为后起之秀，其不菲的业绩光芒甚至盖住了之前的一些改革。这是一场历经风雨且仍在往前推进的改革。说起这场涉及中国众多新闻出版发行单位兴衰成败的改革，我们不得不提到一个人——国家新闻出版总署的柳斌杰署长。

这位从工人成长起来的高级领导干部，留给人的印象是一副善意随和的微笑，然而在这看似普通的外表的背后，却有着过人的胆识、魄力和智慧。但凡和柳斌杰共过事的人都会这样评价他：具有开拓创新的精神。那么，柳斌杰是怎么推动被人们视为"敏感区"的新闻出版发行体制改革的呢？

对于改革的难度，他有心理准备

2002年3月，柳斌杰被任命为国家新闻出版总署副署长。即将到北京上任前，四川省委省政府的领导和群众们为他送行，一位老红军写下了"来四川一身正气，回北京两袖清风"，一位担任过地下党市委书记的老干部书写了"公生廉，廉生威，公是也！"还有老干部书写了"治蜀难得的人才"条幅。看到这些，柳斌杰的心中非常感动，这是四川人民对他的成绩的肯定，他对四川人民更有着深厚的感情。四川的工作告一个段落了，接下来在新的岗位上，怎么干？他在思考中跳出了一个想法，利用在四川的成功改革经验，突破中国新闻出版改革的瓶颈，解决新闻出版业在发展中动力、活力不足的问题。

就任副署长不久，柳斌杰就召开了香山会议，在这次会议上，他把发展引入了出版业，讲了产业属性问题，与会者为之耳目一新。后来他又去了天津，在全国发行改革会上，向大家描述了出版发行业的前景："发行业是出版改革的前沿，当前的首要改革任务就是解放思想、转企改制，就是要从事业单位转为企业……几年之内要实行发行业的股份制改造。要大力推动连锁经营、集中配送、信息化管理的现代物流体系的建设，形成统一、开放的大流通、大市场的格局。"柳斌杰演讲时有一个特点，他不爱说官话套话大话，他说一件事总是说得很实在，拿一句通俗的话来说就是"操作性很强"。天津会上的演讲，是他第一次在全国出版行业亮相，让来自全国各地新华书店的负责人都很激动，大家看到了发展的前景。

柳斌杰开始前往全国各地的新闻出版单位调研，不长的时间里，就跑了北京和各地200多家新闻出版单位。最终，柳斌杰将调研的情况汇总后进行了分析，他感到虽然基层要求改革的呼声很迫切，形势发展对改革的要求也很强烈，但全国在这方面的改革情况并不乐观。柳斌杰的本子上记下了这次调研后收集来的情况："十六大"后，各行业都在深化改革，文化体制改革正式出现在"十六大"报告中，新闻出版业的改革如何动作？新闻出版体制到底怎么改？大家心里没底。只是感觉到前几年全国各地都组建了一大批的新闻出版集团，还是"事业性质"的计划体制，只是换了牌子。大家觉得这样不伦不类的改革，如果本质上没有什么变化，改和不改一个样。柳斌杰认为，从国家的利益来讲，还是要发挥国有主渠道的作用，首先要把国有单位转变成为我们文化市场的主体，扶持他们做大做强，要改变现有国有出版单位体制和机制僵化的运行模式，这是当务之急。

他很快提出了关于新闻出版业改革的整体思路，这些思路包括我们大家后来熟知的宏观管理体制改革和微观单位的体制改革，这在后来的中央文件中被正式确定下来。柳斌杰强调，宏观上实行政企分开、政事分开、政资分开、管办分离。拿柳斌杰的话来说就是："管出版的人不能办出版，办出版的人不能管出版，裁判就是裁判，运动员就是运动员，各司其职"。柳斌杰认为，党报党刊是为社会公益服务的，宣传任务比较重，少数民族文字出版、盲文出版等，也必须由国家来支持，这些应是公益性的单位，应该变成新的事业单位。另一类是靠市场生产和消费的，如图书、音像、电影，本身就是产品，那就要考虑走向市场。还有就是印刷、发行，不管什么人办的印刷、发行单位，都应该是企业性质的，要率先转企改制走向市场。与此同时，中央在新闻出版方面发了好几个文件，比如关于领导人活动的报道的改革，从2003年"两会"开始，减少领导人讲话，关注人民群众关心的问题，改变了新闻报道的模式。中央的这些改革决心对柳斌杰的鼓舞很大。

2003年6月，中央决定进行文化体制改革的试点，柳斌杰在全国选了21个新闻出版单位作为改革的试点。两年多的时间里，柳斌杰深入到每一个试点单位调研，每个单位的改革方案都由他亲自审定。虽说大家都非常希望早一天改革，但真正开始改革又面临许多困难，好在柳斌杰在四川时就有很多经验，改革的难度他是有心理准备的。决定辽宁出版集团作为试点后，到底是事业还是企业性质的呢？当地对这个问题举棋不定。柳斌杰立即前往辽宁亲自指导，辽宁出版集团的老总原来是《辽宁青年》杂志的总编辑，两人20多年前就认识，柳斌杰对这位"老部下"是了解的，所以两人对于改革的问题无话不谈，沟通起来很快。他们的共识是：不能搞那种形式上的集团，而要搞实际上的市场主体，转制必须一次到位。柳斌杰对"事业性质，企业管理"的那种体制的弊端有深刻的认识，因为他曾领导过国企改革，翻牌公司的教训他深深记在心中。

接下来，柳斌杰帮助对方设计了一个转制的详细方案。在转制的最初，要统一所属的八家出版社、十几家杂志社，还有好几家印刷厂，几百家新华书店，要去一家家做工作，又是一个庞大而艰巨的工程。因为转制后，将涉及到人员的待遇、单位的利益等，必须要做细致的思想工作。柳斌杰每到一个单位就发挥他善于演讲善于做群众工作的天赋，他告诉大家，要搞市场经济，就要有市场主体；要发展产业，就要有企业，企业是市场和产业的基础。经营性的新闻出版单位凡是转企改制的单位，国家是有优惠政策的，比如，可以一次性核销你的不良债务，处理你的积压产品，还可以解决你的不良资产；离退休人员，政府也有统一政策，在职的人员进入社会保障体制，可以减轻企业的负担；还有转制以后的企业五年内可以免征所得税……柳斌杰苦口婆心做工作，每天很晚才回到驻地，一进门躺下就不能动了。这样耗体力耗精力的工作持续了很长时间，好在收获还不错，改革打开了局面，大家的心理负担减轻了，到后来，一些本来不准备让转制的单位也强烈要求转制，阻力减少了。转制后的当年，辽宁出版集团的经济增长就达到百分之四十，国有资产增值百分之三十多。李长春同志亲自前往视察，并深有感慨地说："哪里有改革，哪里就有新面貌。"

从2003年6月开始至2005年，21家试点单位已成功地完成了体制改革试点任务，其中相当多的单位都进行了转企改制股份制的改革。之后全国所有新闻出版发行单位体制的改革都是借鉴这些试点单位的经验，中央2005年下发的关于出版发行体制改革的文件，就是根据这些试点单位的经验写出来的。在试点单位的改革进程中，柳斌杰又开始推动了政府管理体制和审批制度的改革，国家新闻出版总署一下就废除了100多个文件，减少了60多个审批项目，下放了一些权力，方便了基层。比如说过去报纸要增加一页，就要报总署批，现在就不用了。

中央领导多次评价新闻出版改革取得了突破性的进展。对于改革的成果，柳斌杰说他还是满意的，但也有太多的遗憾。最大的遗憾是出版业的战略投资者还没有形成，文化市场主体的主导作用没有发挥出来，中国的出版业大而不强，在国际市场缺乏竞争力。那些"不党不政"、"不事不企"的不伦不类的微观体制至今没有改变，一些假改革之名而行倒退之实的事情时有发生，改革的阻力很大，这也说明出版发行体制改革是个艰巨的任务，不敢承担风险、没有牺牲精神是干不成的。柳斌杰企望一个坚持正确导向、内部充满活力、产业实力强大、在国际市场上具有影响力的现代出版业尽快在我国出现，成为先进文化建设的主力军。

在四川文化界大刀阔斧地改革

其实，柳斌杰的文化体制改革思想并不只是在就任新闻出版总署新职后才开始，他在四川省工作时就进行了大量的实践。

至今，只要国内的新闻出版界人士一提起改革，就会说起走在改革最前列的四川省，四川省也因此成为许多省在出版发行体制改革方面的取经之地。当年，柳斌杰正是和四川省的改革同时进入国内外新闻出版同行们的视野。

1997年，柳斌杰时任四川省省长助理。那时正值我国进入如火如荼的加入世贸谈判期，柳斌杰感到这是一个推动我国体制改革的绝好机会，但是这个改革将同时涉及到我们承诺的文化市场开放的问题。柳斌杰开始思考和分析当时我们文化产业生产方式和市场现状。西方国家是市场化的文化，他们的书刊、电视、电影、卡通动漫早早深入到中国老百姓中，而我们在这方面还处于一种自我封闭的状态。从国际文化竞争来看，加入世贸后国外的文化产品相继都会进入中国，而仍处于计划经济体制下的中国新闻出版发行产业还缺乏竞争力或者说没有在残酷竞争环境下的生存能力。柳斌杰认为文化体制一定要改革，他告诫文化单位，各行各业都改革了，你文化单位还能永远在计划经济的"孤岛上"存在吗？这时他遇到了一个机会。四川省委让他负责主抓四川省经济体制改革之中的投资体制改革，就是改革国有资金投资体制，把过去财政、计委用于发展的资金，由政府直投改为由国有投资企业去投资的办法。根据这一思路，四川省相继成立了基础建设投资管理公司、农业投资管理公司、民族经济发展投资管理公司。当时，四川这种创新的做法被国家计委作为成功的经验在全国介绍过。在此次经济投资体制的改革中，就剩文化投资这一块，怎么办？柳斌杰感到对文化体制的改革该是时候了。

在思考成熟后，柳斌杰着手做了一件大事，让四川的文化界为之一振，他竟然对长期以来政府不敢动刀的新闻出版、文化广电单位进行改革。改革的内容就是要让国家还包揽一切的单位转制为自负盈亏的企业，直接参与市场竞争。在这场浩浩荡荡的转制大潮中，一些能力差的单位可能也就"溺水身亡"了。现在来看这样的改革并没有什么好奇怪的，可那时却也算得上是"石破天惊"了，柳斌杰面临的阻力可想而知。因为那时改革、发展、企业这些概念在文化界根本还没有树立起来。有人说，新闻出版是意识形态很强的行业，是不是可以改革？弄不好要犯错误的。另一个说法是，事业单位，政府才能管住，而变成企业就管不住了。对这些，柳斌杰早有心理准备，他给大家分析情况，改革才能解放生产力，不改革就没有发展的动力。企业是社会管理中最严密的组织形式，飞机、大炮、卫星、火箭都在企业生产，不是管得好好的？他希望大家走出思想的误区。柳斌杰深深感到，改革最困难的阶段就是最开始的转变观念、统一认识。

与此同时，柳斌杰开始了他的改革计划。他提出由政府出资成立四川省文化投资控股有限公司。按照柳斌杰关于全省文化体制改革的思路，四川省要建立四川日报报业集团、成都日报报业集团、四川新华发行集团等八个集团。随后他即启动了新华书店的改革，目前的四川新华发行集团就是当年他亲手培育的改革产物。四川新华发行集团的前身就是四川省所有的新华书店。在没有成立集团前，多数书店都不景气，职工待遇也低，这是和新华书店没有活力的计划模式有关。长期以来，新华书店系统能够维持下来主要是靠教材发行的垄断经营权，一年两季教材一发行就能赚钱，可是随着时间的推移，一年两季教材所产生的利润面临着考验，如九年制义务教育由国家提供免费教材等。书店不知道市场竞争，为公众服务的意识非常淡漠，这样下去就无法生存。当时，四川省新闻出版局副局长王庆同志愿意放弃副局长的职位来改革新华书店，于是柳斌杰选择王庆作为改革先锋，上下级同心合力共同推进改革。柳斌杰亲自给四川新华发行集团制定了改革方案、设定了一个可实现的宏伟目标："'连锁经营，一网到底'，建立一个面向全国全世界的大流通、大市场的经营网络和配送中心，为老百姓提供优质服务和优质产品。"现在四川新华发行集团已改造成股份制的有限责任公司，是国内改革最早也是最成功的典范，每年的经济增长速度都在30%左右，修建的物流中心从规模到技术装备在全国都堪称一流，该集团已在香港上市。

为了配合当时四川省的这场改革，柳斌杰主编出版了一本如何应对加入世贸的书，在书中，柳斌杰首次对我国文化产业的现状进行了分析，并提出了许多有效的改革方案。在书中，柳斌杰首次提出"文化体制改革"这个词。柳斌杰对文化体制改革的整体而独特的考虑，使他一时间成为国内新闻出版界的名人，他被邀请到全国各地去演讲。后来，很多省都到四川去考察，取经。就这样，以四川省为中心，全国各地的出版发行体制陆续开始了实质性的改革探索。当年，柳斌杰根据他对四川省文化体制改革的理论和实践，汇编成《文化力论》一书，至今仍有实际的指导意义。

三段重要人生经历让价值观和工作能力很快提升

柳斌杰不是那种平步青云的高级领导干部。他是个革命孤儿，在党和政府的怀抱里长大，跟着工作队进过千家门、吃过百家饭，对党有着特殊的感情。柳斌杰说在他的人生经历中有三个阶段对他影响特别大，可以说，他的人生观、价值观，还有工作能力也在这三个阶段中得以很快提升。

柳斌杰坦言自己有十多年的工矿、企业工作经历。那是1968年到1978年期间，那时的柳斌杰在冶金部白银公司工作，这个公司当时黄金的产量占全国的三分之一，是国家大型联合企业。公司位于甘肃境内，地处茫茫的大戈壁滩，初到这里工作的柳斌杰只记得第一印象就是望不到尽头的一片沙漠，真的是"天上无飞鸟，地上不长草，风吹石头跑"。因为地处沙漠，生活条件自然非常差，一年四季都吃不上青菜，顿顿都是粉条海带，至今柳斌杰不能忘记那段艰苦的岁月。柳斌杰最初是从工人干起，上工地、下矿井，搬砖抹灰、打钻开矿，他都干过，手掌上常常是血泡遍布，吃苦是不用说了，用老百姓的说法，下矿井就是"四块石头夹着一块肉"，每天都面临生命危险，柳斌杰在这样的艰苦环境中培养了吃苦耐劳、不怕困难的精神，这段经历对他后来的成长很有帮助。当工人时的柳斌杰并没有为自己的前途设计太多，他每天想的就是今天开采的矿石应该比昨天更多，他领导的青年突击队曾创造了全国的铜矿深井独头掘进新记录。柳斌杰的肯干吃苦使他很快在工人中脱颖而出，后来被选调到车间、厂里担任了领导，26岁就已是处级干部了。不过即使是当了领导，他仍然和工人们同吃同住同劳动，与群众打成一片。日后柳斌杰成长为高级领导干部，但他为人仍很本色，耿直实在，始终和普通老百姓有着很亲密的感情。

在共青团中央工作的14年时间也是令柳斌杰难以忘怀的。1981年，柳斌杰调入团中央宣传部后，他有过七八年宣传部长的经历。宣传部长当时是一个非常敏感的职位，而作为团中央的宣传部长，柳斌杰深深体会到社会转型进程中，青年一代思想上发生的深刻而微妙的变化。80年代初，有一封署名潘晓的来信说"人生的路越走越窄"，由此在社会上引发了一场人生观大讨论。柳斌杰认为这种看似个别的现象正是说明了一些青年人内心的迷茫，十年"文革"之后的许多年轻人当时看不到国家和个人的前途，由此引发的青少年犯罪现象也增多。为了引导和帮助青年人跟上改革开放的步伐，改变其委靡不振的精神状态，柳斌杰就和他的同事们策划了一个"挽救帮教失足青少年"的活动，当时口号是："帮助青年打开心灵的锈锁"、"让遭受病虫害的花朵重新绽放"，这些口号在当时很响亮。活动在青少年中反响很好，起到了正确引导青少年奋发向上的作用。接下来，为引导青少年奋发向上，他们倡导"重提学雷锋"，策划了"学雷锋，学习张海迪"的活动。说起学习张海迪这事，还有一个有趣的故事，柳斌杰就是当年的当事者。当时，山东团省委一位副书记到北京来开会，汇报说他们山东有个女青年叫张海迪，身残志坚，奋发学习，精神面貌很好，是个好典型。团中央领导一听非常高兴，就让宣传部去考察。记得那是1983年春节刚过，团中央就派人前去山东，不几天，派去的几个人回京就汇报了所了解的张海迪的情况。当时王兆国同志是团中央书记处第一书记，胡锦涛同志是团中央分管宣传工作的书记处书记，向他们汇报后，都认为这个典型不错，要求立即推向社会。于是柳斌杰和他的同事们连夜策划了一系列宣传方案。3月5号这天是"学雷锋"的日子，团中央召开了全国学雷锋积极分子会议，会上安排张海迪做了一场报告，效果非常好，所有人都被感动了。接着中央领导为张海迪题了词，张海迪又在人民大会堂做了一场汇报，这样全国上下学张海迪的活动就热起来了，成了青年奋发向上的榜样。柳斌杰说他在这段工作经历中最大的收获，就是学会了从全局出发看问题，懂得围绕中心、服务大局做工作。

还有一段难忘的经历就是在四川工作的8年。在去四川工作之前，柳斌杰已在北京工作了很多年，他曾对一些朋友诚恳地谈起过，在四川的工作，使他对国情更了解，对许多问题看得更加全面。比如对我们国家发展的不平衡问题，他就有深刻的体会。许多到过四川成都的人都会说，这是一个非常美丽而现代的城市，这么好的城市显然是不落后于东部。可柳斌杰在那里工作那么多年，到过四川的181个县，算得上是半个四川人了，就不只看成都了。他说到四川后，才感到四川是中国的缩影，成都平原和高原地区、高原地区和民族地区，在经济发展上有着很大的差别。成都平原的发展日新月异，可在四川的一些偏远县里，全年财政收入只有百万，怎么能不困难呢？柳斌杰记得当年他第一次前往四川的广安县时，初时感觉这个小城建得还不错，发展也还可以。可一出市区，就看到了那些仍在生存线上挣扎的老百姓，他一连进了几户老百姓的家，有的穷得连最起码的油和盐都没有。柳斌杰感到只有改革发展，才会给四川带来更多的生机，给人民带来实惠。后来他主动联系了好几个贫困县，帮助他们改变面貌。正因为有了这样的体会，在日后的四川经济体制改革和文化体制改革中他一马当先，虽然遇到了很多意想不到的困难，但他改革的决心始终坚定。

◎手记◎

具有超前的创新意识

两年前，中国经济体制改革杂志社举办的"中国改革年度评选活动"，新闻出版总署署长柳斌杰等十人被评选为2009中国改革十大年度人物。这位被誉为中国新闻出版领域体制改革旗手的官员颇受媒体好评，在此之前，他曾被评选为2007年度"最有影响的人物"并在2008年入选"中国改革开放30年60名改革人物"。

采访柳斌杰时，他时任国家新闻出版署副署长，那时就能感到在他的工作经历中，无论是担任何种职务，都显示出了他作为领导干部独具创新的一面，他非常擅长将中国国情与国外的情况相结合，对一些陈旧的体制敢于摒弃，敢说真话并旗帜鲜明。关于中国新闻出版改革，他谋划已久，一旦实施之后，即取得了很好的效果。2007年，他担任新闻出版总署一把手，许多人感到，中国新闻出版事业的发展迎来了幸运的重大转机。

举一个例子来说，在新闻出版管理方面，更加开放，更加透明，更加包容了。柳斌杰曾在一次接受媒体采访时就说："我就主张，突发事件一定要抢先报道，准确、及时、抢先，你早发一秒钟，他就用了你的。我们这些制度改革以后，等到玉树地震的时候，外国新闻就没有什么发言权了。尤其是互联网，以主旋律为主，正面消息报道，也有大量的批评性的报道、社会监督类的报道，不是像过去，有一点就非常紧张。包容性非常强，变得更加宽松和谐了。"

还有一组数据说明了柳斌杰任一把手后的重大变化，那就是中国出版物的国际影响力。目前，每年有40多个国际书展，外国展商对中国新闻出版产品高度关注，中国出版物的国际影响力与日俱增。在版权贸易方面，五年间我们成功实现了大跨越。"九五"期间，版权贸易进出口比是10:1，"十五"期间缩小到7.2:1，2009年进一步缩小到3.3:1，逆差明显缩小。这充分反映了改革提升了我国出版业的国际竞争力。

对于中国新闻出版业的历史发展进程来说，柳斌杰一定是不能忘却的一个重要篇章。

柳斌杰绝对是一个受人敬重的高级领导干部。不仅仅因为他有着过人的智慧，还因为他的人品，他是一个非常正直的人。他待人随和、真诚、不打官腔、乐于助人，这点从他慈善的面目就能感受得到。

柳斌杰是位从工人成长起来的高级领导干部，在他普通的外表的背后，却有着过人的胆识、魄力和智慧。但凡和柳斌杰共过事的人都会这样评价他：具有开拓创新的精神。他非常擅长将中国国情与国外的情况相结合，对一些陈旧的体制敢于摒弃，敢说真话并旗帜鲜明，敢于创新，所以他能在被人们视为"敏感区"的新闻出版发行体制改革上获得巨大成功，并被评选为2007年度"最有影响的人物"，2008年入选"中国改革开放30年60名改革人物"。

　　祁培文，男，1936年12月出生在河北省阳原县。历任河北省柴沟堡师范学校团委书记、党委副书记，教育部干部司学校干部处干事，中央纪委办公厅副主任、第五纪检室副主任、中央纪委常委等职。现任中纪委、中组部第二巡视组组长。

从幕后到台前，剑胆琴心办大案

——中纪委原常委祁培文

成克杰、胡长清、广东湛江大案一度震惊中外，无人不晓，然而却很少人知道查办这些著名案件的幕后指挥者。在他的办案生涯中，曾创下了中纪委办案史上的"四个第一"。他也被同行们誉为"办案专家"，他就是中纪委、中组部第二巡视组组长、原中纪委常委祁培文。

中央纪律检查委员会位于北京西城一处僻静的小巷里，大门外没有挂牌。中纪委因承办了许多起轰动海内外的高官腐败案件，在群众心中有着很高的威望。多年前那几起著名的大案，如成克杰、胡长清案，至今仍让人记忆犹新，却没有人知道这些案件幕后的指挥者。这幕后的人和幕后的详情在许多老百姓看来，就如充满神秘色彩的中纪委一样，让人讳莫如深。也许是出于对这些办案英雄的保护，至今无人见其庐山真面目。

穿过一栋已有年头的大楼内窄窄的过道，我进到祁培文常委的办公室。办公室里的陈设和整栋大楼一样，无一例外的简单朴素，最引人注目的是办公桌后面的一张行军床，一看便知这里的主人常常以此为家。"老祁"是中纪委许多老同事对他的亲切称呼。正是眼前这位可亲可敬、身材高大、如老教授模样的"老祁"，曾先后亲自指挥查处多起高官腐败案件。握手的刹那间，仿佛能感知他在多年的办案生涯中经历过怎样的惊心动魄，以及这位老党员对纪检事业的忠诚和奉献。

在祁培文的办案生涯中，曾成功地带领大家查办过许许多多的案件，但最值得称道的是，他创下了"四个第一"。即李善有诬陷案，是中纪委办案史上成功办理的第一起诬陷案子；湛江案，在当时是建国以来公职人员涉案最多的走私案，共259人，也是办案人员最多的一案，最多时有1000多名办案人员；成克杰案，是建国以来查处的涉案人员级别最高的案件；胡长清案，是建国以来涉案人员第一位被判处极刑的最高级别官员。

成功查办中纪委办案史上第一起诬陷大案

海南李善有诬陷案，是祁培文"四个第一"中的第一案。之前，中纪委没办过此类重大的诬陷案件。由于诬陷案在提取证据上非常不易，所以这起案件的成功办理为日后对此类案件的查处提供了可借鉴的宝贵经验。

1992年，中共"十四大"胜利召开，当代表们围坐一起兴致勃勃地讨论江泽民同志的报告的时候，"十四大"主席团却收到了7封告状信。之后，中央政治局的七位常委也收到了同样的检举信。信中检举海南省政府某主要领导人包养情妇、与妓女过夜、出访美国时参与赌博等。

信件来历不凡，都是通过一定渠道转送。有事实，有情节，有证人，甚至还说这位领导身体的某个隐秘处有两颗黑痣，连人隐蔽部位有什么特征都能一口道出，真可谓铁证如山。如此腐败堕落之事，竟然发生在一位部级领导身上，让人震惊，党纪国法绝对不容！中央领导很快责令中纪委负责查清这件事。

1992年12月13日，中纪委调查组匆匆登上了飞往海口的飞机。时任中纪委员、中纪委八室主任的祁培文担任调查组组长。中纪委八室有着很光荣的历史，由于主管经济较发达的中南地区的案件，曾办理过许多震惊中外的大案要案，在外有着响当当的名声。

调查组无暇欣赏南国的美景，一到海南就开始工作，大家在推敲着案情的每一个细节。祁培文手中拿着两封署名为"刘金萍"的信，这些举报信是案件的唯一线索。透过厚厚的眼镜片，是老祁熬红的双眼，他把桌子一拍："不查个水落石出，就不回北京。"事实上，他已经作好了查不清楚就回去辞职的准备。祁培文以特有的智慧和认真的精神，首先判断举报信的真伪。这个自称刘金萍的人在信中说：她出生在贵州省一个小山村，只身一人到海南。一个偶然的机会认识省政府主要领导人，俩人发生了性关系。这个领导给她在海口市玉沙村找到一处民房，让她住在那里，不久她怀孕了，就到海口一家小医院打胎。后来这位领导人另有新欢。一天，有4个公安人员将她绑架到海口南渡江桥下的一个小房间，逼她离开海南……

贵州到处都是山，在哪个小山村？说住在玉沙村的一间民房，可那里房子很多，到底是哪栋？是在海口的哪家小医院打胎？还说将她绑架到一座桥下的小屋，可祁培文实地查看了那里，桥下空空荡荡，根本就没有什么小屋！而调查组千里迢迢到贵州去查了近200位叫"刘金萍"的人，没有一个人和写信人有瓜葛。

首先确定检举信是假的，接下来祁培文他们开始了一系列的调查取证工作。他们盯上了提供这些举报信的时任海南省政府副秘书长的李善有。李善有是一个颇具本事的人物，他原在航天部机关工作，后调到海南，不到一年时间就完成了从省政府办公厅副主任到省政府副秘书长的升迁，紧接着，又先后兼职海南省股份制领导小组副组长、海南省股票内部交易中心主任、海南省证券委员会副主任，是个响当当的实权派人物。

调查组反复找李善有谈话，他只回答说信是由某餐厅的服务员交给他的。调查的结果是根本没有李善有提供的这个服务员。另外，经查实"与妓女过夜及到美国赌博"都是无中生有，而这些谎言的制造都与李善有有关。但是，李善有自认为调查组没有证据，他坚持说自己无非就是传传信而已，到后来，他根本就不见调查组的人了。

李善有非常好色，除长期包养情妇章某外，还常常到宾馆嫖娼。就在调查组调查他期间，李善有仍没有收敛本性，在一次嫖娼时被抓获。1993年6月20日，李善有被处罚劳动教养半年。李善有在劳教期间频频托人向外送信，其中的一封信泄露了李善有经济犯罪和诬陷某领导人的天机。

根据李善有本人提供的线索，调查组除找到李善有藏匿在许多地方的不计其数的现金等财物外，还在李善有的一只密码箱里发现署名"刘金萍"的收款条。原来，那封"刘金萍"的控告信是李善有的情妇编造并雇人抄写的。李善有诬陷案的重要证据终于找到了。最具戏剧性的是，诬告信中所说某领导人隐秘处有两颗黑痣正是李善有身上长的。最终李善有被判死缓。被诬陷的那位领导人事后给祁培文的电话中，失声痛哭："感谢党中央！感谢中纪委！感谢调查组全体同志……"

老祁和他的战友们在海南整整待了8个月，期间没有回一次家。纵观这起诬陷案的成功办理，祁培文认为开展工作之初甄别举报信的真伪非常重要，之后对哪怕是一个小证据都要扎实固定、认真去查。认真出智慧，认真出成果。

两度"冒险"，体现他的魄力和对政策的驾驭能力

1998年至1999年，是新中国历史上惩治腐败最波澜壮阔的两年。广东湛江走私案、全国人大副委员长成克杰案、江西副省长胡长清案均在这期间前后出现。那两年，老祁非常忙，头发日渐花白，家人很少见到他，除了没日没夜地奔波于多个案发地，回到北京就住在办公室，睡在那张简陋的行军床上。祁培文是这三起大案的指挥者，责任的重大令他时感压力。

1998年9月8日，中央领导同志在中南海召开会议，决定正式成立由中央纪委、公安部、高检院还有广东省有关部门组成的领导小组，由祁培文同志牵头，开始对广东省湛江特大走私受贿案立案查处，代号为"9898案"。

这起案件的起源是中纪委连续收到大量的群众举报。祁培文首先分析这些举报信，发现都是不同的人在举报同样的几个人，同样的一些事，信中提供了许多可供调查的线索和具体的情况。通过仔细分析后，祁培文坚定地认为这些举报信具有真实性。这个案件性质严重，涉及面很广，对这样一起大案，如果照一般的办案程序，一定是先调查后抓人，避免误抓。但祁培文却反复考虑，这个案件非常特殊，涉及的人太多，若按常规办案，就可能因惊动了一个人，其他的闻风而逃，整个查办工作将非常被动。经过几昼夜的思考研究，他最终作出一个大胆的决定：先抓人。他列出一个先要抓捕的10个人的名单。这个决定是要冒很大风

险的，万一抓错人怎么办？每当面临这种重大的决策，祁培文都是非常冷静，作为中纪委承办大案的指挥者，他需要有常人难以具备的大局观，这种大局观包括政治的、经济的、法律的、全局的、现在的、将来的等等，当然也包括一种智慧和魄力。当然，祁培文心里很清楚，通过目前手头已掌握的证据，足有理由抓捕这些人。方案经领导小组同意，得到中央领导的认可。最后的事实证明了祁培文当初的准确判断，10个人中包括后来被判极刑的"通关大王"李深，"走私油大王"林春华等，无一人错抓。中纪委的这个首个行动方案为之后顺利地查办湛江一案打下了非常坚实的基础。

在湛江案件的办理中，祁培文还冒了一次风险就是对涉案的160多名公务员的处理，这也被他称为湛江案的难点。这些人中大部分是大学刚毕业分配到海关工作的年轻人，其中不少是博士生和硕士生。祁培文仔细分析这些年轻人收受钱物的情况，他发现在当时的湛江海关，收受走私分子的钱已成一种风气，大家都收你不收，你会被认为是异类，有人为了躲开送钱的人，藏在卫生间里几个小时不敢出来。祁培文也是有儿女的人，他是在用父辈慈爱的心情看待这批一时糊涂误入歧途的年轻人。面对一张张年轻的脸，祁培文想得更多的是国家花了许多心血培养了这些人才，而这些年轻人大多都是初犯，如果不考虑背景不顾及情节，不计后果把这100多号人一律关进监狱，就算是关几年他们这辈子的人生也会因此受到很大的影响，往后他们也会有子女，几代人都会受到影响。最后，他冒险作出决定，让这些年轻人把事说清楚，把钱交出来，只要彻底交待清楚，确实接受教训，决心悔改，把知道的别人的情况都交待清楚，就可先回原单位工作。至于如何处理放在后期。许多年轻人当时就痛哭流涕，也许他们今生都忘不了当年改变他们命运的如父亲般的老祁。祁培文处理完这事后，怀着一颗忐忑不安的心情向中央领导汇报此事，没想到中央领导连说了5个"好！"。这是对祁培文重大决策能力和政策驾驭能力以及心态、人品的又一次考验。

湛江案还没结束，1999年春天，广西成克杰案露头，祁培文迅速从湛江案中抽出办案人员前往广西从侧面初步核实此案。这个案件的关键是怎样抓获长期居住香港的成杰克的情妇李平。祁培文在北京的办公室里，一边指挥湛江案，一边指挥抓捕李平。抓捕李平的工作必须周密、稳妥，稍有不慎，李平很快会从香港逃到国外。无论白天与黑夜，祁培文办公桌上的红色专线电话铃声此起彼伏，两个大案集中在一起办理，他的精神常常处于一种高度紧张的状态。指挥工作复杂而周细，稍不注意，一件很小的事就可能导致全局的失误。经过多方努力，最终将李平抓获归案。

六天突破胡长清案

就在湛江案刚结束的时候，1999年7月底，江西省副省长胡长清的案子突然出现了。之所以说"突然"，是因为有关部门之前还很少收到有关胡长清的检举。当时胡长清带着一些人到云南开"世博会"，开会期间，他突然失踪。一个副省级领导干部的突然失踪引起了江西省的重视，并很快反馈到中央有关部门。通过调查，终于发现胡长清住在广州某宾馆。当时只从其身上发现一张假身份证，此外再没有发现别的有价值的证据。当时，根据有关领导同志的指示，将胡带到北京进行询问、审查。

胡长清有无重大腐败问题？当时还没有证据，但具有丰富办案经验的祁培文通过审阅办案人员同胡长清谈话的记录以及与胡长清本人短暂的交谈，感到胡前言不搭后语，心神不宁，很可能有不可告人的事情在他心里隐藏着。

胡长清被带到中纪委接受审查期间，他老婆找不着他很着急，风闻她丈夫在中纪委接受审查，更是急得火上浇油，由于心虚，在转移财物时被公安机关当场截获。专案组问他老婆财物是从哪里来的，他老婆交待说是周某送的。之后周某到案交待了向胡长清行贿的情况。这无疑让正在为缺少证据而困扰的祁培文及办案组为之一振。在这关键时刻，一直在后面指挥办案的祁培文出面与胡长清直接交锋，于是有了下面这段非常精彩的对话，正是这段对话最终让胡长清彻底交待。胡长清一直坚称自己肯定没有问题，并用党性保证。平日里一脸和气的祁培文突然厉声说道："胡长清，你同×××是什么关系，你存在××地方的钱是哪里来的？"旋即又用凌厉的眼光盯着胡长清："你的问题相当严重，你是五毒俱全，无恶不作！你和周某是什么关系？你如不老实交待，没有任何出路！"当时是冬天，胡长清吓得大汗淋漓，浑身瘫软，在椅子上坐不住了，他颤抖着声音说："你们都知道了，我交待。"

胡长清一案在没有具体线索的情况下仅用了6天的时间就搞得水落石出。

祁培文办了许多大案，抛开涉案事实外，他事后很少对涉案人员进行评价。但对胡长清，他却很严肃地说，这个人五毒俱全，包养情妇，还常常到澳门嫖娼、赌博。他乱搞女人，人家不同意，他还说"我搞你是看得起你，一个副省长，想搞谁不行？"他常常向一些不法老板伸手要钱，并美其名曰"活动经费"。他不好好工作，到处拉关系，搞歪门邪道。这样的坏人留在党内就是一个祸患，对这样的人，不从严、从重处理，何以平息民愤！

既要注意惩处，又要敢于保护

祁培文平日里给人的印象不苟言笑，是那种衣着朴素、态度亲切的长者形象，可当他静思之时，能体会到他办案时的不怒而威。在中纪委他的办公室里，常常彻夜灯火通明，以至于中纪委的同事们常常打趣地说："老祁经常加班、出差，很少回家。"不错，老祁很苦很累，在办案的岁月里，他把所有的时间和精力都用在了办案上，那间并不宽敞的办公室承载了他太多的喜怒哀乐。那段日子里，每当执法机关抓获到一个重要犯罪嫌疑人，每当案件出现重大转机，他才会感到有一丝的轻松。他表达快乐的方式就是听贝多芬的第九交响曲。他既不吸烟，也不喝酒，闲暇时只是散散步，拨弄一下他那架破旧的钢琴。

几起大案的成功办理，使祁培文在纪检部门有着较高的威望，但静下来的时候，他却常常在思考关于办案与做人的关系问题。他说，办案对一个人的知识、智慧、勇气、人品、党性和人性是一次综合的大检查，是对一个人的理论修养、政策水平、全局观念、责任心的考验。他认为办案人员要具备坚定的党性原则，好的人品。办别人案子的同时自己也受教育，总结这些涉案人员，他们都是在做人的根本上出了问题。在许多人或说是涉案人员眼中，祁培文掌握着他们的生杀大权，可祁培文却说，作为一个办案人员，那种处理的人越多处罚越重，功劳就越大的想法是很错误的。他的办案思想是：既要注意惩处，又要敢于保护。他总说办案不能欠历史的账，要办成铁案，处理人的问题要十分慎重。在合理、合法的范围内能从轻处理，就绝不从重，比如说湛江那100多个年轻人。"要多为别人着想，从长远着想，从党的全局利益，从社会的长治久安，从党的执政形象着想，总之，要从政治上想问题。分清是非，也要注意利害，坚持党性和人性的一致性。""我这人很好说话啊，柔中带刚，但不丧失原则。"等番话，让人看到的不是一个冰冷的办案者，而是一个有血有肉、有高度政治原则又有同情心的纪检干部。

从事纪检工作，就意味着重任在肩，也意味着要吃很多常人难以理解的苦。笔者问过他，是否收到过恐吓信、是否害怕等等。祁培文点点头笑了笑，他说这是党交给他的工作，他心底坦荡，毫不畏惧。说实话，我知道眼前这个大案要案的指挥者当年在办理那几起大案时，家人日夜为他担惊受怕；为了保护他还在上学的孩子有可能遭到的威胁，家人每天按时到学校门口接送；他到涉案地区办案从不单独外出，就是到了现在，他平日里在北京，人们也绝对难以在公共场合见到他。

办案生涯总结出的丰富办案经验

1936年，祁培文出生在河北农村。父母对他的教育是要做一个好人，遇事多为别人着想。日后他考上了河北省柴沟堡师范学校，毕业后因成绩优异而留校任教。1957年，正值"反右斗争"，鼓励大家给党提意见，可结果有的人因为给党提意见被打成了"右派"，祁培文所在学校的200人中一下就反出40多个"右派"。那时的祁培文虽很年轻，但已有了许多同龄人没有的判断是非的能力，他觉得那些人多数是好人，有的是品学兼优的人，为什么要被打成右派呢？还有，一顶"右派"的帽子就这样轻易扣上，那将毁掉一个人的一生啊！20多年后，当祁培文已从事纪检工作，不少当年被打成"右派"的人，有的仍然孑然一身，结局凄凉。这段记忆，让祁培文终身难忘，也使他在日后办案中时时用刚直、党性、人性来严格要求自己。

看着祁培文办理的一个个漂亮的大案，有谁会想到，他的办案生涯是从1992才开始的。自1979年从教育部调到中纪委工作后，他很长一段时间都在给领导当秘书。刚开始中纪委领导让他到办案的第一线工作时，他觉得自己的性格并不适合办案，想象办案人员一定是要从形象到性格都很"威"，可自己怎么看还都像个书生。胆怯也好，不自信也好，最终，他还是接过中纪委八室主任的重任。在八室，祁培文接手的第一个案子是汕头大学的案子。汕头是李嘉诚的家乡，当年他拿出很多钱投资建立汕头大学，由于事务繁忙，便将钱交与广东省的两位领导让他们负责办学一事，可后来风闻这两个领导并没有把钱用在办学上，一气之下，停止了投资。手中拿着一封寄到中纪委的举报信，祁培文带着调查组成员飞到汕头。当时并没有办案经验的他心里没有底，只在心中重复着一句话：一定要办成功！

祁培文在汕头一住就是两个月。这两个月，他是在心情非常紧张的情况下度过的，他真的是吃不下睡不着。一边找人谈话，一边多方调查，最终查出写举报信的是两个对学校有积怨的教授，举报内容属捏造。事情查清后，李嘉诚也放心了，随后又加大了在汕头的投资。祁培文没想到自己办的第一起案子很成功，这给了他更大的信心，至于办案时所受的苦和累都忘到九霄云外。这个好的开端，让他的办案之路一直就这么走了下来，并总结出许多丰富的办案经验。难怪中纪委的同事们都会竖起大拇指称他是"办案专家"。

祁培文在"十六"大以后从中纪委常委的位置上退了下来，之后任中纪委、中组部第二巡视组组长，又承担起了党交给他的重任。和以前办案相比，祁培文的忙碌丝毫没有减少，每年有8个月以上的时间在西南地区奔波。家人仍是很少能见到他，但都能理解他，他就是这么一个视责任为泰山的人。

◎手记◎

值得敬重的长者

一直以来都想采写中纪委的一个人物，因为他们的身份对许多老百姓来说很神秘，他们的故事自然也非常精彩。有一次和中纪委的朋友见面时我说出了这个想法，朋友说有一个人，但就是宣传得很少，不知他愿不愿意。就这样，"祁培文"这个陌生的名字第一次出现在我的脑海中。于是，我了解到了许多关于他的故事，他办的许多大案惊心动魄：广东湛江案、广西成克杰案等等。我想，这位领导太有故事了。后来，我如愿以偿地采访到了祁培文。

我相信，许多第一次见祁培文的人都会用"不怒而威"来形容他。一个人的行为方式很多时候会受到职业的影响，就像我曾经当过警察，和陌生人交往必先问对方是哪个单位的、住在哪里，让人觉得你在审问他。而祁培文老人家也是这样，他一句接着一句地问我，以前在什么单位工作、什么学校毕业的、父母是做什么工作的等等。那神情很严肃，我居然有些紧张起来，心想这个老人这番问话完全就是纪检干部审人的那一套嘛，随后便镇定下来泰然处之地回答了祁培文所有的问话。随着祁培文娓娓道来的十多年纪检生涯的风风雨雨，我们看到了他从办理的第一案子的紧张压力到后来成功地办理数起大案，特别是包括成克杰案、胡长清案、湛江走私案等几起大案，使建国以来的反腐斗争到达最极致的高潮。可以说，在中纪委反腐史上，祁培文绝对称得上是浓墨重彩的一个篇章！最令我感动的是，祁培文这个纪检高层领导干部在我面前还展现出了很人性的一面，比如他说，那种处理人越多功劳就越大的想法是错误的，他还说，处理人要坚持既要惩处又要保护的原则……我相信，不是所有的纪检领导干部都敢于说这种话的。

对祁培文，我心中充满了由衷的敬意。我想，写祁培文的这篇文章一定要对得起这个老人，要客观公正，也千万不能给这个老人带来任何麻烦，毕竟他曾办过多起大案，曾多次面临过威胁恐吓。前面我说到过，祁培文有着"不怒而威"的严肃，所以文章当初送到他手中审阅后，我也在心里战战兢兢，就怕祁培文老人不满意。文章出来后，一时在社会上引起了很好的反响，许多报纸、网络都转载了这篇文章。有个读者对我说，文章体现出了作为高层纪检领导干部的祁培文正直不阿、弘扬正义的一面，同时又表现出他有血有肉的一面。简单地说，是祁培文人格的魅力打动了所有的读者。

在新中国的反腐历史上，祁培文是值得人们去永远记住的，他开创及总结的许多办案经验已成为成功的案例被全国纪检系统所借鉴。记得他刚卸任中纪委常委时，在中纪委召开的新老领导见面大会上，当主持人介绍到祁培文的时候，全场响起了经久不息的掌声，这种情况在中纪委是不多见的。足可证明人们对他多年成绩的首肯。

2007年，中央巡视组成立后，祁培文担任中纪委、中组部第二巡视组组长。巡视组的工作完全是一个创新的工作，没有任何经验可以借鉴，如何开展工作？祁培文探索了巡视工作新方法，巡视组的职能得以很好地发挥，目前，巡视组已成为中央反腐的一个重要关口。而近几年通过祁培文调查及发现的多起高官腐败案件如原天津市检察院检察长李宝金案件，又一次掀起了中国政府反腐的高潮。他也成为各地纪检部门争相邀请的嘉宾，大家都希望他前往介绍反腐办案经验。

作为采访过祁培文的记者，我有幸与他近距离接触。在外人看来很威严的这个中纪委高官，生活中没有官架子，为人正直、友善，是一个非常值得尊重和信任的朋友；他还是一个很热心的人，只要身边朋友有求于他，他都尽量去帮别人解决，比如生活上的一些困难和麻烦等等。

成功之道

在新中国的反腐史上，祁培文是值得人们去永远记住的，他曾创下了中纪委办案史上的"四个第一"，他开创及总结的许多办案经验已成为成功的案例被全国纪检系统所借鉴。他的成功源于他对纪检事业的忠诚和奉献，他一直用刚直、党性、人性来严格要求自己，处理涉案人员时也一直坚持既要惩处又要保护的原则……然而这位在外人看来很威严的中纪委高官，生活中却没有官架子，为人正直、友善、热心，是一个非常值得尊重和信任的朋友。

◎ 周生贤 ◎

国家环境保护部部长

周生贤，男，1949年12月生，宁夏吴忠人。中央党校研究生学历，高级经济师。历任宁夏同心县委书记，宁夏西吉县委书记，宁夏回族自治区人民政府副秘书长、秘书长、自治区人民政府副主席，国家林业局副局长，全国绿化委员会副主任、国家林业局局长等职。2005年12月调任国家环保总局局长，系中共十六届中央候补委员。2008年3月任中华人民共和国环境保护部部长。中共十七届中央委员会委员。

为中国林业作出贡献

——国家环境保护部部长周生贤

周生贤是地道的宁夏人，他的普通话里带有一口浓浓的宁夏腔。素来，西北人就以性格豪放著称，周生贤也不例外：说干就干，自从2000年11月上任国家林业局局长后，以厚积薄发之势，为实现中国林业的跨越式发展，全面推出"六大工程"、"五大转变"。不要小看了这两句引号里的话，这两句话是中国林业史上一次重大的转折和机遇，为中国林业实现生态建设目标整整节约了50年的时间！不过，周生贤爽朗豪放的性格中，仍时时透着一股儒雅的文人气质，翻看他的履历，他曾经有过教书育人的工作经历，再看他从宁夏来到国家林业局这4年多的时间里硕果累累的有关林业的一本本专著，便想起他说的"昨日的饱学之士如果不是今天的勤学之人，也难免落伍"。周生贤之所以没有落伍，就因为他的勤学。

2002年2月和6月，当周生贤手捧世界自然基金会授予的"献给地球的礼物奖"和《联合国防治荒漠化公约》秘书长迪亚洛先生签署授予的"防治荒漠化杰出贡献奖"时，他满心喜悦，这不仅仅是个人的荣誉，而是整个国家的荣誉。接受荣誉的那一刻，他的心情也是坦然的，因为这是对他以一个勤学之人的执著和奋斗，为中国林业作出的贡献的肯定。

一张照片激励他的前半生

2002年8月的一天上午，正是北京灼浪滚滚的季节，位于和平里东街的国家林业局门前人头攒动，约有80多位头戴白色小帽的回族同胞围聚在大门前，用当地语言与林业局传达室的同志说着什么，每个人的脸上都洋溢着激动和兴奋之情。有路人驻足看起热闹来，是不是上访的群众？不是！他们乘火车从宁夏千里迢迢来到这里只为看一个令他们骄傲的家乡人——在国家林业局任局长的周生贤。周生贤当时正在开会，一听说这个情况，也很激动，他立即接待了这些他日思夜想的家乡人。家乡人还是那样朴实，并没有因为他进京做了官就这事那事地求他来了，什么事都没有，就一个目的，看他来了。

家乡人之所以与周生贤有着笃深的感情，是因为他在宁夏工作的20多年时间里，为老百姓做了许多实事。他仍然忘不了1993年5月在宁夏回族自治区人大第七届一次会议上当选为宁夏回族自治区人民政府副主席时，他说的那番话："我之所以有今天，有这个机会接受人民的选择，这是长期以来党用智慧丰富了我，人民用汗水养育了我，老同志用传帮带的形式提高了我。"

宁夏回族自治区地处黄河中上游，由于地理位置等因素，地广人稀的宁夏经济发展较为滞后，特别是旅游开发力度小，投资也少。但是宁夏人民不畏艰难困苦，这些年来加快了对外经济发展的步伐，这些，仅从宁夏成功举办的银川国际摩托旅游节、大漠黄河国际旅游节、投资贸易洽谈会暨宁夏枸杞节便可看出。家乡的发展，与周生贤在宁夏的政绩是分不开的。

周生贤对家乡有着深厚的感情，虽然离开家乡有4年多的时间了，但他时时牵挂着家乡的许多事，哪一件办好了？哪一件还没有办好？他永远也忘不了那片热土上的家乡人民对他的帮助，他一直都在说，他这一生大部分的积累都是在宁夏完成的，而到北京是一个释放的过程，他为中国林业做出了成绩，家乡人民一定都会很高兴的。

他说他和林业有着很深的缘分。

周生贤在宁夏回族自治区担任副主席的时候，分管的工作中包括林业。不过，他和林业的缘分还不是他担任自治区副主席时才有的，那是很早之前的事了。

周生贤曾在宁夏回族自治区同心县任乡党委书记的时候，就承担了当时国家林业部的一个项目："防风固沙样板林业项目"。许多人都知道，宁夏回族自治区北部被腾格里、毛乌素和乌兰布和三大沙漠及沙地包围，土地沙漠化严重。周生贤和同仁们通过实践，发现林草植被可以明显改善沙地土壤的状况，减少风蚀，阻止流沙扩展，最终达到改善土地沙漠化的目的。周生贤在工作上从来就有一股钻劲，任务不仅完成了还做得很成功，周生贤就向当时林业部去的同志介绍经验，当时的林业部罗玉川部长还和他合了一张影。这张照片被周生贤小心珍藏起来，他常说，这张照片激励了他的前半生。后来，周生贤担任了同心县县委书记，针对当地的情况提出了"南保水土，北治沙"的口号，使同心县的森林资源得到有效的保护，遏制了自然灾害的频繁发生。因为突出的政绩，周生贤被调到西吉县任县委书记。周生贤在西吉县开展联合国在我国做的第一个退耕还林项目。当时的退耕还林工作还没有任何经验可借鉴，周生贤硬是翻阅了大量的资料，再根据宁夏多年来造林等方面的工作经验，使这一项目得以完成。现在想来，当年的这一工作不管成功与否，毕竟周生贤有了退耕还林的工作经验，毕竟周生贤是第一个敢吃这个螃蟹的人。

周生贤与林业的缘分始于20多年前，这一路走下来，与林业的关系又是千丝万缕，20多年后，他调任国家林业局任副局长、局长。而当他肩负党和人民的重托来到国家林业局时，才深深感到中国林业面临的困难重重！置身其中，深感责任重大。

大胆提出林业跨越式发展

美国前副总统戈尔在《濒临失衡的地球》一书中写道,埃塞俄比亚过去40年间,林地所占面积由40%降到1%,同时降雨量大幅度下降,出现了长期干旱、饥荒,上个世纪80年代发生的严重干旱,夺走了近100万人的生命……1984年,罗马俱乐部的科学家们强烈呼吁:"要拯救地球上的生态环境,首先要拯救地球上的森林。"而中国的生态环境又是如何呢?至90年代,我国水土流失面积已达367万平方千米,沙漠化土地面积达262万平方千米,且每年仍在以2460平方千米的速度扩展;近50年来,长江流域每3年就出现一次大涝,仅1998的特大洪涝灾害就造成直接损失高达2500亿。造成这种恶果的最直接原因是森林太少、质量太低。这种情况让国人痛心也让2000年上任国家林业局局长的周生贤痛心,但是,痛心之余,学哲学的他是理性的,他认为首先应正确认识中国林业过去50年的发展史。

建国之初,为了满足国家经济建设和支持战争的需要,林业的首要任务是生产木材,由于从中央到地方对木材生产的刚性要求,客观上造成了天然林的大面积采伐。突出的是20世纪60年代中期,国家集中财力、物力、人力,采用建设大油田的办法组织了开发大兴安岭林区和金沙江林区的大会战。1966年,周恩来总理曾说:"我当总理16年了,有两件事交不了账,一是黄河,一是林业。"的确,那时实际的情况要求对林木"采得越多越好"。改革开放后,国家作出一项令世人振奋的决定:从1978年起,用73年的时间,在横跨西北、东北、华北4480千米的风沙带建设防护林体系工程。这项被誉为"中国绿色长城"的工程,将我国林业带入到木材生产和生态建设并重的发展阶段。

尽管中国的林业走过一段曲折之路,也取得了很大的成就,但仍存在许多日益严重的生态问题:水土流失严重、沙漠化面积有增无减、湿地资源持续减少、野生动物受威胁程度仍很高……特别是20世纪最后几年里有3件震撼全国的生态事件,一是1997年创纪录的黄河断流;二是1998年的长江、松花江大水灾;三是2000年波及北京等地的空前频繁的沙尘暴。这3件大事牵动了13亿中国人的心。中国人从来没有像今天这样关心生态建设,因为生态建设以极为现实的方式影响着大家的生活。中国的生态建设要搞好,林业必须快速发展!而一般性的林业发展显然已无法满足国民经济的要求,因此,林业必须实行超常规的、高速度的发展。

于是,周生贤大胆地提出了林业跨越式发展。怎么跨越呢?首先他创新地将国家林业局原有的17个林业项目整合为"六大工程"(天然林资源保护工程、退耕还林工程、京津风沙源治理工程、三北和长江流域防护林体系建设工程、野生动物保护及自然保护区建设工程、速生丰产用材林基地建设工程)。原有的十多个项目大多是部门工程，而将其整合列为国家工程后，同时解决了生态布局和长期困扰林业的投资严重不足的问题，有一组数据可说明情况：1949年到1999年，国家投入林业的资金为147亿，而整合成六大工程后的第一年，国家的投资就超过了300亿。

"六大工程"构建了中国林业驶向新世纪的"航空母舰"，必将带动林业快速发展。周生贤算了算，按国家生态建设总体规划的要求，最终森林的覆盖率要达到26%，而我国现在的森林覆盖率只有16.55%，要达到26%至少还需要100年的时间。"六大工程"实施后，到2050年的时候，我国森林覆盖率就能达到26%以上，整整节约了50年的时间！到那时，全国的森林面积将达到40亿亩，总量相当于世界第三位；到那时，房前屋后将是芳草萋萋、波光粼粼，人们会呼吸到来自大自然的清新空气……

借着"六大工程"的东风，周生贤抓住生态需求已成为社会对林业的第一需求的本质，喊出大力推进"五大转变"的响亮口号：由木材生产为主向生态建设为主转变、由以采伐天然林为主向采伐人工林为主转变、由毁林开荒向退耕还林转变、由无偿使用森林生态效益向有偿使用森林生态效益转变、由部门办林业向全社会办林业转变。周生贤说，"五大转变"实现之时，就是林业跨越式发展实现之日。

周生贤提出的"五大转变"中的由木材生产为主向生态建设为主转变，是核心的历史性转变，被周生贤称之为林业跨越式发展。2001年夏，周生贤多次召集有关专家和司局级干部就林业跨越式发展开会。针对部分人对跨越式发展的疑虑和议论，周生贤反复思考、夜不能寐，他在认真比较着中国林业的现状及国际上已有先河的跨越式发展的先进经验。一天凌晨三四点，他忽然间豁然开朗，一张存于脑海中的图越来越清晰，于是翻身下床画了一张草图。早晨6点多，他就匆匆忙忙来到办公室，将草图交给秘书，让他将图用电脑制作出来，然后又将这张图反复完善，之后又拿到会议上让大家参与讨论完善这张图。

每当周生贤手拿这张图时仍会面露兴奋的神情，他会激动地向你讲述中国林业跨越式发展更深层的含义：世界各国的林业历程一般有5个阶段，这就是森林原始利用阶段、木材过度利用阶段、边治理边破坏阶段、森林多功能利用阶段和可持续发展阶段。我国林业正处在边治理边破坏阶段的前期，林业跨越式发展的实质就是要跨越这一整体阶段，直接进入在可持续发展理念指导下的多功能利用阶段。

周生贤的激动之情，蕴涵着一种深深的责任感，他说："把林业的跨越式发展当做一项政治责任来看，要对当代负责、对民族负责、对子孙负责。"

世界银行马克·威尔逊先生说："六大工程是对中国林业的一次重组，必将给新世纪中国带来新的生机和活力。"

联合国粮农组织驻华代表凯文·坎普先生说："中国政府在今后10年中投入110亿美元用于天然林保护，我为你们的国家感到骄傲。"

新西兰驻华公使唐如诗女士说："六大工程好似中国林海中的一盏明灯，引领着新世纪中国林业的发展。"

周生贤高兴地说："德国复兴银行以前有1/5的资金给我们，现在资源整合以后将100%的资金都给了我们，日本拿钱搞了一个'六大工程推动中心'。这些都说明了大工程带动大发展。"

毋庸置疑，周生贤对中国林业的贡献堪称是丰碑性的。可许多人都不知道，在这些成绩的背后，他付出了多少的努力和艰辛。

一部世纪林业精髓之作的诞生

虽然，周生贤与林业有着很深的渊源，但1999年2月刚上任国家林业局副局长、党组副书记时，他常为林业错综复杂的生产关系和发展滞后的现状深感焦虑。通过深入的调研和思考之后，他预感到中国林业正孕育一场重大的历史性转变，同时也感到自己的工作经验尚不足以应对中国林业目前的现状，思考之余，他决定到中国林业科学院研究生院读书。对读书一事，家人起初并不同意，周生贤每天的工作日程满满当当，好不容易有一个周末也常常在办公室加班，太累的安排，怕周生贤的身体吃不消。可周生贤决定了的事，谁也阻止不了，他称自己是"知不足而后学"，要"奋起直追，才能提升履行职责必备的能力"。

于是，从2000年6月开始至2002年7月的每个周末，除了去国务院开会，周生贤都会风雨无阻地来到学者云集的学校，认真听课请教，重又做一回学生。在这里，他秉直爽朗的性格颇得人缘，大家从未把他当成国家林业局的一位领导来看；在这里，周生贤自感学识为之增进，胸襟为之开阔，思路为之明晰。两年多的时间，他每每带着工作中的重大问题请教老师，和同学们组织了一场接一场具有开拓性的"攻坚战"，"六大工程"和"五大转变"正是在此间酝酿而出。

毕业时，周生贤写了一篇论文，题为"论中国林业的跨越式发展"，这篇文章得到了指导老师的赞赏，然而，周生贤并不满足于此，他来学校学习当然不是为了拿到一张研究生文凭，他是要将所学的东西全部用于林业的实践中。经过无数个难眠之夜和对林业重大问题的攻克，在这篇论文的基础上，他终于写出了27万字的《中国林业的历史性转变》。在这本书的手记中，他直抒胸臆："由以木材生产为主向以生态建设为主转变是中国林业发展的历史必然和重大突破。宛如蝉蜕，充满了艰辛，孕育着希望。"

香港环球木材综合发展有限公司将《中国林业的历史性转变》一书译成英文给国际木材财团官员阅后，反映非常强烈，认为"这是一本世纪木材业著作精髓，是21世纪林业的名著，值得全世界推广"。该书在全国林业人中的反响极好，大家都很激动，这绝不是因为这本书的作者是林业系统的最高行政领导，而是因为这本书非常精确地阐述了中国林业的发展方向。林业与各行各业相比曾经一度成为被遗忘的对象，而今重又树立起林业人的信心，怎不让林业人激动？然而他们激动的还远不止于此。

2003年6月25日，中共中央国务院下发了《关于加快林业发展的决定》。这是中央22年来第一次针对林业发的文件。周生贤永远忘不了那一幕幕激动人心的场景。2003年6月11日，温家宝总理主持国务院会议听取"决定"的汇报；6月12日，胡锦涛总书记主持中央政治局常委会议听取了"决定"的汇报，会议一直开到中午12点半才结束。会议一结束，周生贤就直奔国家林业局机关，谁知，机关所有的职工吃完饭都没有回到办公室，而是焦急地等候在大院里，当周生贤激动地告诉大家"决定"通过之时，大家瞬间欢呼雀跃起来，高兴地说，林业从来没有过这么好的形势！

有一次，周生贤见到了甘肃省长陆浩，陆浩说了两句话，第一，现在的林业工作，基层感觉到了，大家感到中央重视，各级党委重视，投资也多了；第二，山比过去绿了，树比过去多了。

周生贤听了之后，心中为之一动，是的，老百姓感受到了，这比什么都重要！

周生贤说，一个人在历史上留下的痕迹的深浅取决于人民对你的承认，而不是你的官大官小。

周生贤说的是心里话，他是真诚的，就如他从不讳言自己是农民的儿子，有今天的成绩，他为培养他的家庭深感骄傲。

◎手记◎

低调与严谨

过去，我和许多人一样，对林业系统的了解很模糊，隐隐约约知道林业是一个不太受重视的清贫部门。2003年采访周生贤部长时，他是国家林业局局长，正是他，让我了解了林业，让更多的老百姓了解了林业；正是他，改变了建国以来林业举步维艰的面貌。

周生贤是西北人，做事的风格也时时透着西北人的豪爽，他是属于那种工作风格果断、雷厉风行的领导干部，只要他认准的事，谁也别想说服他，他的自信来源于他对事物敏锐的观察判断和富有创新的宏观思维。在国家林业局几年的时间里，事实证明了周生贤为我国林业事业开创了一番新的天地。

周生贤的声音很洪亮，中气十足，言谈举止间能感受到他是一个很有个性魅力、人格魅力的高级领导干部。

他是一个很有激情的人。还记得采访他的时候，他穿着一件白色的衬衣，谈起林业，他一脸的兴奋，时而坐在沙发上做着手势，时而站起来踱着方步豪情万丈的样子。记得有诗人曾说过这样一句话："越是激情豪迈的人，越有创造力。"周生贤正是这样的人。他的身上仿佛时时散发着一种巨大的热能，由这种热能转换而成的魄力感染着身边的每一个人，他天生就是一个帅才，因为他的激情甚至会让一个内心平静而盲目的人也产生创造的冲动。

他也是一个心底宽阔的领导，常人会以为他从宁夏副主席的位置上调到国家林业局，一定是从副部级提升到了正部级，哪知周生贤在来北京前十多年就是正部级了。他是那种不在乎要当多大的官，只在乎要做多少事的领导。

当然，一个有个性的领导人，自然不会是一个没有脾气的人啦。周生贤身边的工作人员对他既敬仰又畏惧，要是工作干不好，可别怪周生贤局长会批评你哦。

2005年12月，周生贤接替比他大两岁的解振华，担任国家环保总局局长。一上任，他就风风火火赶往受污染的松花江。之后，他签署发布了紧急通知，在全国范围内开展环境安全大检查，这个上任后的第一个大动作，不仅在全国卷起了一场强烈的"环保风暴"，更让全世界的目光都聚焦在他身上。周生贤重任在肩，如履薄冰。回首他刚上任环保局时的日子，仅在几个月的时间里，他对环保工作的种种新举措，就赢得了大家的赞誉。在上海世博会第四场主题论坛"环境变化与城市责任"上，周生贤在演讲中表示，当前中国进入加快转变经济发展方式和进一步改善民生的新阶段，保护生态环境也是改善民生的关键。中国政府正在全力探索一条"代价小、效益好、排放低、可持续"的环保新道路。

我们欣喜地看到周生贤领导的中国环保事业正日益与国际接轨。

成功之道

周生贤以一个勤学之人的执著和奋斗，为中国林业作出了丰碑性的贡献。"越是激情豪迈的人，越有创造力"。周生贤正是这样的人。他的身上仿佛时时散发着一种巨大的热能，由这种热能转换而成的魄力感染着身边的每一个人。他是属于那种工作风格果断、雷厉风行的领导干部，只要他认准的事，谁也别想说服他，他的自信来源于他对事物敏锐的观察判断和富有创新的宏观思维。

陈宜瑜，男，1944年出生于福建省仙游县，英国自然历史博物馆高级访问学者。历任中国科学院水生物研究所研究员、所长，中国科学院副院长，国家自然科学基金委员会主任等职。主要从事淡水鱼类分类和系统进化的研究，是淡水和海洋水域生态系统联网研究的主要学术带头人，有10项科研成果获国家或中国科学院自然科学奖或科技进步奖。

科学家与官员的双重身份

——国家自然科学基金委员会主任陈宜瑜

国家自然科学基金委坐落于北京市郊偏僻之处，地名"双清路"，狭窄的路两旁充斥着低矮的建筑，"修车"、"小餐馆"比比皆是。一栋粉红色的楼房拔地而起，鹤立鸡群于这片颇为落后的建筑，这便是在国际上享有盛名的国家自然科学基金委员会。

陈宜瑜主任留给人的印象是身材高大，很瘦。他待人热情，他会笑容可掬地走过来，用一双大手有力地握着来访的客人。作为中科院院士的他在这里担任主任多年，期间硕果累累。在他的带领下，国家自然科学基金委员会已逐步走上了国际化，与35个国家或地区建立了64个协议性交流关系。许多国家的同行也前往参观学习。

陈宜瑜是官员，也是一位著名的科学家。在中国高层领导干部中，这样的人才越来越多，但每个人的工作作风、性格特点却又迥然不同。陈宜瑜属于那种外在和内在均风平浪静的人，就如对"禅"悟得很深的佛家之人，提及自己的成长历程，哪一段是挫折，哪一段是成功，对他而言都是人生之正常组成。他是一个心态异常平和的官员。

曾经被关牛棚批斗

许多人都认为，科学家一定都有一个不平常的童年。而陈宜瑜15岁就考上了大学，也是有一个不寻常的童年，他真的就是"神童"吗？陈宜瑜却笑着摇摇头，那是一个特殊年代制造出来的传奇经历。

出生在中医世家的陈宜瑜，4岁时被父母送到小学二年级当插班生，书是读得不错，可那么小的孩子不能独自往返学校，两三个月后就退学了，不到6岁时，又被送到四年级插班，1953年，刚满9岁的他就小学毕业了，之后他在15岁那年考上了厦门大学生物系，制造了那个年代少有的神话，他因此被誉为"神童"。可他对自己年少的这段经历却不置可否："那真是一个荒唐的神童时代。"他的父母为他作了一次无意的选择，从此改变了他的命运，他的"行程"自然比所有同龄人都快。回忆年少时，他是一个玩心很重的孩子，成绩也不算太好，可后来却考上了厦门大学，这让小县城的父老乡亲们感到骄傲。他在大学里专攻"海洋生物"，这是厦大最具特色的学科。大学生涯给他最大的改变是：完成了一个懵懂玩童向积极上进的学生的蜕变。

1964年大学毕业后，陈宜瑜被分配到武汉的中科院水生物研究所工作，和所有的年轻人一样,陈宜瑜对未来充满了信心,他坚信自己能成为一位出色的鱼类学家。但是,"文革"的狂风暴雨骤然来临,所有正常的工作和学习计划都被打乱,他被任命为"四清"工作组副组长,22岁的他学会了管理生产队,学会了从事农村的劳动。两年后,他回到了单位,政治上懵懵懂懂的他因其出色的组织才干成了"保守派"的一号头目,可转眼间又成了中科院武汉分院最大的"坏头头",被关入牛棚批斗。这是一段那个年代的人都经历过的"多舛命运",他的命运和中国的政治命运一样几经风雨。那时的陈宜瑜并未觉得有太大的失落,相反他静下心来看了很多书,即便是在被关进"牛棚"期间他也在思考许多社会现象背后的本质。他从没感到这是一段挫折的经历,他笑着说:"这一段经历真是丰富极了,真是一个社会大学校,也是一个学习的过程,对我今后的人生成长,影响还是相当大的。"回首走过的人生之路,陈宜瑜说他从来不会感到哪一段经历是挫折,也不会后悔哪一段可能是失意的经历,他说,人的一生都是由不同阶段组合而成,每一段都很有意思。

科学界的人都知道陈宜瑜的研究领域是淡水鱼。他走上这条学术之路便是起因于1969年"文革"还未结束之时。

从"牛棚"出来不久,他参加了湖北省渔业调查,调查组中有著名的渔类生态学家和养殖学家,在好几个月的时间里,他和这些专家朝夕相处,跑遍了湖北的知名养殖场,学到了老百姓创造的新的养殖模式,包括从苗种繁育、饲养技术到捕捞加工的全过程。这一路,陈宜瑜学到了很多东西,虽然结束了调查组的工作,但他却很认真地将调查的情况写成了一个报告,这个密密麻麻逐字逐句修改而成的报告成为他研究淡水鱼的起点。

许多年以来,陈宜瑜就是在这样一种枯燥寂寞的工作环境下,用勤奋与执著积累起了点点滴滴的收获,他对淡水鱼类的研究成果,弥补了国内外的空白,他在海内外的知名度大大提升。虽已功成名就,但陈宜瑜从来都没有忘记在科研之路上老师和同仁对他的帮助,他特别难忘的是他的启蒙导师——著名动物学家、鱼类学家伍献文。

在导师的带领下走向科学之路

1973年,陈宜瑜在供职的水生物研究所鱼类学研究室见到了时年已73岁的伍先生。伍先生一直都很看好这位好学、踏实、认真的年轻人,是老人家亲自把陈宜瑜要来的。伍先生当时正在致力于《中国鲤科鱼类志》的编撰。他对陈宜瑜说:"你试着把鲤科的鳅鲩亚科完成吧。"鲤科有12个亚科,鳅鲩亚科是最后一个亚科也是比较小的亚科。

就是伍先生这么一句轻言轻语改变了陈宜瑜的人生，之后的他沿着这条研究之路走向了科学家。

在陈宜瑜眼中，伍先生是一位从不发脾气的老人，他总是很和蔼地告诉陈宜瑜研究工作的基本规律、如何查文献、如何判断特征。在伍先生的指导下，陈宜瑜很快完成了鳅鮀亚科的整理工作。他是一个很细心的人，在整理工作中，他一直在认真琢磨许多学术问题，这为他日后的研究工作打下了扎实的基础。

1977年，凝聚着伍先生心血的《中国鲤科鱼类志》下卷出版了，该书是研究中国淡水鱼类的必备文献，也是研究全世界鲤科鱼类的重要资料。在这个基础上，伍先生又提出了一个新目标：一直以来中国人在鱼类的分类研究方面采用的都是外国科学家的系统，中国有这么丰富的资源，应该拿出我们对鲤形目或鲤科鱼类分类系统的新观点。

就这样，在伍先生的带领下，陈宜瑜开始了这个方面的研究。也是因为这个研究，陈宜瑜他们发现国外关于生物系统发育理论的研究已很成熟，而我国因经历了十年的"文革"，这方面还根本没有起步，我们根本看不懂国外的许多理论，有些关键性的词条在字典里都找不到。比如说"cladistics"，当时根本不知其确切含义，后来把它翻译成"分支分类学"，这是一位德国科学家提出的一套与传统分类学完全不同的系统分类学概念，意思就是，追寻整个生物系统之间的直接血缘关系。这篇文章也就几千字，可陈宜瑜为了啃懂这篇文章用了整整3个月。这个著名的理论对当时的中国生物界是一次启蒙教育，对推动国内整个生物系统学的进步有很大意义。

伍先生当然知道陈宜瑜不仅聪明好学，更是有着一种肯吃苦的精神。

陈宜瑜曾多次深入青藏高原腹地，对那里的鱼类进行广泛深入的科学考察，提出了裂腹鱼的演化以及这种演化与青藏高原地史的发育关系新学说，大大超越了前人的研究成果。陈宜瑜在高原上一干就是整整10年，那是一段艰苦的日子。记得1976年他参加青藏科考队藏北分队的科学考察，前往海拔4500米的羌塘无人区，汽车在荒无人烟的山上颠簸而行，汽车终于陷进土里开不动了，只好找来牦牛驮着给养和设备，后来草料没有了，牦牛也饿死了。盛夏的六七月份，高原上却下起了大雪，半夜里把帐篷都压垮了，到达昆仑山时，28人的科考队只剩下了15人。

在伍先生的指导下，陈宜瑜和他的同事用新的理论方法完成了鲤形目鱼类分科系统和科间系统发育的研究。1983年，他和同事编辑出版了《分支系统学译文集》。陈宜瑜还开创了珍稀濒危动物白暨豚的研究。

伍先生对陈宜瑜无私地培养，让陈宜瑜终身难忘，他们在多年的共事中不仅只是师生情，俨然更有一种亲情了。后来伍先生病重在床，陈宜瑜也一直陪在他身边，直到老人驾鹤离去。虽然伍先生已经走了很长时间，但陈宜瑜至今谈起来仍是眼圈红红的。他说伍先生不仅给予了他知识，让他走上了科学家之路，伍先生严谨的治学精神和高尚的人品更是深深地影响了他做人做事的标准。

从科学家走上管理者的道路

当时的陈宜瑜作为年轻科学家，被许多老一辈的科学家所看好，并认定他在这条道路上走下去，将会在科学领域作出更多更大的贡献。但是，他日后却走上了仕途。

那是1991年，作为中科院院士的他被任命为中国科学院水生生物研究所所长。当时，许多朋友都劝陈宜瑜不要走这条路，因为他是一个出色的科学家。陈宜瑜是这样一种人，不管干什么工作，既然选择了，就会一门心思地干好干出成绩，所以走上管理岗位后，年轻时代就有的领导才干被充分发挥出来，而且管理方法还颇具特色，他将科学家的缜密和管理者的宏观思路巧妙结合在一起。可以说，陈宜瑜在科学家与官员之间游弋得如鱼得水。1995年，陈宜瑜担任中国科学院副院长。职位越来越高，但大家发现他很谦虚，从来都是不耻下问，并克服重重困难学习大量相关的知识，比如说他刚上任中科院副院长时，因为白天工作很繁忙，为了不耽误晚上的学习时间，他干脆就住在科学院招待所里，一住就是一年多。

2003年12月，陈宜瑜被任命为国家自然科学基金委员会主任。这是一次让他意外的任命，原本他想可能就在中科院一直干到退休，毕竟在中科院系统工作已经整整40年，一生中最黄金的年华都献给了科学院。虽没有思想准备，但这个任命令他非常高兴，因为这是一个令许多科学家很信任的地方。

因为自然科学基金，许多科学家如虎添翼。陈宜瑜举例说，荣获2003年度"国家最高科学技术奖"的刘东生院士，是我国地球环境科学研究领域的专家，他的突出贡献之一是把黄土高原变成了一个巨大的科学宝库，使中国的黄土学研究在国际上一直处于领先地位。2002年他获得了有"环境诺贝尔奖"之称的国际环境科学最高奖——"泰勒环境成就奖"。这是中国大陆学者在国际上获得的最高科学奖。刘东生院士就曾接受过国家自然科学基金多项计500万元的资助。许多科技工作者都把自己能获得自然科学基金的资助当成是一种崇高的荣誉。

陈宜瑜上任基金委主任之时，决定创新地开展基金委的工作。首先便是深入调研掌握第一手资料，这也是陈宜瑜工作的特点，他是一位非常务实的领导干部。

上任伊始，他做的第一件事就是将2004年确定为基金委的"政策调研年"。他提出要："大兴求真务实之风，研究完善资助格局的举措，探讨加强管理能力建设的思路。"基金委的同志举了一个例说，当时陈宜瑜发现科学家们申请基金的受理和评审工作的程序还有待改进。他提出实行集中受理"一站式"服务，从收取6份纸质申请书改为只收1份，切实减轻申请负担。积极推动评审信息化建设。在网上通讯评议中，专家通过网络获取的申请书占总数的96%，比上年提高了44.3%。稳步推进评审国际化，2004年共邀请86名海外专家参与学科评审组评审，对重点项目、创新研究群体和部分面上项目试点国际通讯评议。

陈宜瑜很快赢得了基金委所有同仁的敬重，这份敬重来源于他对基金委战略发展思路的把握。

开创国家自然科学基金委的新局面

国家自然科学基金委虽地处偏僻，却常常是高朋满座，来自许多国家的同行常来此参观学习先进的经验。陈宜瑜担任国家自然科学基金委主任期间，基金委在各方面取了瞩目的成绩：确定了科学基金在国家创新体系的定位和科学基金的工作方针、提出了学科均衡发展、促进了基础研究的全面发展、理顺了资助格局、加强了建章立制等。

在短短的时间里，国家自然科学基金委就拥有了崭新的工作格局，这与陈宜瑜独特的执政思路和工作作风紧密相关，如许多人所言，他有着科学家的缜密，又有着领导者的大局和前瞻性。但笔者却认为他还有一点与众不同的是，他特别擅长从各行业的先进管理经验中博采众长，而不仅仅只限于科学领域。

作为一名科学家，陈宜瑜能深深体会到科研工作者因缺乏资助而产生的许多困惑，于是，他将人才的培养放在了基金委工作的战略位置上。按照陈宜瑜的工作思路，自然科学基金委在2007年用了一年的时间，完善科学基金的资助格局，逐步明确各类项目定位，改变过去从资助额度大小来区分面上、重点还是重大项目的方式。陈宜瑜说，这样做就是为了能够更好地管好用好科学基金，为国家经济社会发展服务。

基金资助的格局包括人才项目系列资助计划：国家杰出青年科学基金（含外籍）、青年科学基金、地区科学基金项目、创新研究群体科学基金、海外及港澳学者合作研究基金和国家基础科学人才培养基金。从这个计划来看，无论是"初出茅庐"的青年科技工作者，还是荣膺院士称号的学科带头人，直至国家科技大奖的获得者，国家自然科学基金将扶持着这些科研人员在创新的道路上前行。陈宜瑜说："科学基金投入从2003年的20.47亿元增长到2007年的42.98亿元，总量翻了一番，年平均增长率超过20%，创新研究环境进一步改善，累积效应逐步显现。"

就拿"青年科学基金"来说，陈宜瑜非常重视对年轻科研工作者的培养，在他看来，对颇有成就的科学家的科研要资助，对还在成长中的年轻的'小人物'也要资助。

陈宜瑜说，培养将才和帅才与扶持"小人物"之间并没有矛盾。将才和帅才不是天生的，除了本身要有较好的素质、具备相当的发展潜能、有多学科的熏陶等因素以外，还要靠培养。要为他们营造成才的科研环境。今天的"小人物"可能就是明天的将才和帅才。科学基金要做的事，就是力求成为"随风潜入夜，润物细无声"的"及时雨"，从而保护包括"小人物"在内的科研人员"细听蝉翼寂，遥感雁来声"的科学敏感，引导他们自由探索与创新，发挥乘数效应，使蕴藏在青年人头脑中的智慧火花早日迸发出灿烂的光芒。

陈宜瑜介绍说，青年科学基金就是给35岁以下青年科技工作者的"起步基金"。也许他们中有些人以后不再从事基础研究，甚至可能转到企业生产领域去，但这段经历和基础研究的训练，可以影响他们未来的创新活动和创新思想，这也是更广义上的创新人才的培养。

许多通过"青年科学基金"受益的年轻科研人员回顾当初创业之时感慨万分。

清华大学精密计量技术仪器国家重点实验室主任张书练，如今已获得了国家科技发明二等奖等多项奖励。他回忆说："科学基金对申请项目的评审，着重看其科学价值和学术上的创新性，而不以申请者的身份、地位和名望论资排辈高低。我的第一个基金项目是'环形激光弱磁传感器'。当时，我刚过40岁，是本研究领域中最年轻的一批人之一。申请基金前，曾到几个单位寻求支持，有的单位甚至去过十几次，都是空手而归。申请基金时，也抱着无望的态度。当通知我申请的第一个基金项目被批准时，我几乎感到自己获得新生了！"

陈宜瑜喜欢跟青年科技工作者交流、沟通。他发现，青年科技工作者要在科研上有所发展，面临的另一个普遍问题，是如何处理好与上一代人的关系。他说，老一辈和年轻一代应该是相互提携、帮助的关系。大家应该思考如何为科学发展作出更大贡献，而不是单纯考虑个人利益。现在论资排辈的现象比较严重，影响到两代人的和谐相处。

此外，对于专业领域内大多数专家不赞同的项目，即"非共识性项目"，国家自然基金委还要进一步加大支持力度。陈宜瑜解释说，比如，一个科研项目，5名专家，可能只有2人赞同，3人反对，越是这样的项目我们越要资助，因为争议越大，出成果的可能也就越大。"我们鼓励和保护的，是一种科学创新的思想和精神，不要因为专家的看法而扼杀青年科技工作者的才华。"

当然，申请资助时激烈的竞争过程，也是青年科技工作者必须经历的。陈宜瑜认为，竞争可以使青年科技工作者不断提高自己的科研能力，更加珍惜获得的机会，不断突破自我。

后来，国家自然基金委公布了对科研工作者学术不端行为的处理结果，一些青年科技工作者因为弄虚作假、谎报自己的学位、学历受到严厉处罚。陈宜瑜有些惋惜地说："如果申报项目就开始作假，将来怎么搞科学研究？青年科技工作者必须讲诚信，这是一个基本认识，所有青年人都必须注意。"

◎手记◎

不像官员的科学家

每年"两会"都能见到陈宜瑜，在众多的委员代表中，有着典型福建人长相的瘦高个的他并不醒目，他总是很低调地坐在那里，偶尔会与身边人说上两句，当我看见他上前与他打招呼时，他也总是很热情地回应我。在我眼中，陈宜瑜身上的官气很少，更多的还是像学者，不，准确地说，他是一个科学家。但是，对于他所研究的领域，仿佛宣传得并不多，即便当年我采访他时，只知道他研究的是一种鱼类，当时总觉得他的研究领域并不宏大呢，怎么着也应该像研究"航天飞机"，那才是大的项目，至少对国家的发展具有重大意义。那时，也甚不明白，为什么一个关于鱼类的研究就能整整耗费他40多年的时间。其实，我相信，也许也有记者如我这般，即便完成了采访，对被访者所从事的事业的意义也是一知半解。当然，这也是能理解的，一个记者不可能样样精通。

可是，我后来真的改变了当初的想法。地球要运转，人类要生存，生态环境至关重要。而一直以来陈宜瑜研究的课题，就是和大家现在都热衷的生态环境有关。2010年2月18日，正值中国农历新年期间，在英国伦敦白金汉宫，"2009爱丁堡公爵环保奖庆典仪式"隆重而热烈地举行。英国爱丁堡公爵菲利普亲王亲自向获奖者颁发了证书和金质奖章——获此殊荣的，是中国国家自然科学基金委员会主任陈宜瑜院士。世界自然基金会负责人说，这是对陈宜瑜院士长期从事自然保护事业，以及他近年来在中国推动流域综合管理和生态系统管理贡献的充分赞誉。

载誉归来后，陈宜瑜坦言，这是一个"意外"的惊喜。的确，多年来，人们牢牢记住了他"国家自然科学基金委员会主任"的身份，却往往忽略了他从事40多年、至今仍未离开的"生态系统和资源环境"保护事业。

　　如今的陈宜瑜，即便官居高位，但他从来没有放弃他所钟爱的研究领域。

　　陈宜瑜是官员，也是一位著名的科学家。在中国高层领导干部中，这样的人才越来越多，但每个人的工作作风、性格特点却又迥然不同。陈宜瑜属于那种外在和内在均风平浪静的人，就如对"禅"悟得很深的佛家之人，提及自己的成长历程，哪一段是挫折，哪一段是成功，对他而言都是人生之正常组成。他是一个心态异常平和的官员。

◎ 强卫 ◎

青海省省委书记

　　强卫，男，1953年3月生，江苏无锡人，在职研究生毕业（中国科技大学经济管理专业），工学硕士。历任解放军海军福建基地军械修理所战士，共青团北京市委书记，中共北京市委政法委书记，北京市公安局党委书记、局长，北京市委副书记，青海省委书记等职。

从首都到青海的省委书记

——青海省省委书记强卫

2007年8月，正是青海的旅游旺季。我也正是这个季节前往青海采访青海省委书记强卫。这个季节里，强卫除了繁忙的工作之外，还有繁重的"接待"任务。他就像一个老青海人热情地接待着来自四面八方的朋友，兴奋地向大家介绍着美丽的青海。许多来自北京的领导或朋友因为工作因为旅游来到青海，他们中绝大多数没有到过青海，在与强卫的握手言欢之间，无不对青海的美丽表示赞叹，同时也为眼前这位新上任的省委书记肩上的重担而感忧虑，毕竟，青海是一个经济不发达地区。

强卫担任青海省委书记，这在当年曾是国人热衷关注的话题，大家关注曾在首都担任领导有着创新工作经验的他，如何带领仍不发达的青海省人民脱贫致富？还有青海人民对强卫寄予的厚望，这些，都构成了强卫肩上的重担。

在等待采访强卫书记的几天时间里，我向当地老百姓了解他们对新来的省委书记是什么印象？朴实的青海人说：强卫书记是做事的人，我们青海人对他的印象很好！

强卫给人的印象干练而随和，真诚的话语及爽朗的笑声，让我瞬间印证了青海老百姓对他中肯的评价。

初上任便马不停蹄深入基层

北京人都知道强卫，这位以工作作风扎实而著称的北京市委副书记，曾经因为分管政法工作带给了北京老百姓一方平安。2007年3月26日下午，在青海省委召开的领导干部大会上，中共中央组织部副部长张纪南宣布了强卫出任青海省委书记。张纪南说，强卫同志政治素质好，有较高的思想政策水平。强卫同志经历过多岗位锻炼，领导经验比较丰富，有较强的组织领导和协调能力。强卫同志思维敏捷，工作思路清晰，有开拓创新精神，善于处理复杂问题。强卫随后发表了演讲，他动情地说："从今天开始，我就是一个青海人，我要无私地热爱青海、全力地发展青海、忘我地服务青海。"他还表示，要清清白白做人，扎扎实实做事，堂堂正正做官，以实际行动为广大干部群众做出表率。

一位青海网友在人民网上说："他，没有豪言壮语，却情真意切，作为青海的百姓，我相信在他的领导下，青海的各项事业会发展得更好，自己的日子会过得越来越好。"

这是强卫第一次踏上青海这块陌生的土地。也许因为曾经当过军人和警察练就了他健康体魄的原因，第一次到高原地区身体却没有一点异常。

如何带领青海人民走上富裕之路？如何让这个经济不发达地区走出一条开放创新之路？这是中央对强卫的期望，也是老百姓对他寄予的厚望。而强卫的座右铭或说工作努力方向便是："无私地热爱青海、全力地发展青海、忘我地服务青海。"强卫身边的同志介绍说，强卫一直是怀着对青海老百姓的深厚感情开展工作的。初到青海，他的当务之急就是要在很快的时间里深入一线熟悉省情、进入角色。除了找省级领导座谈了解情况之外，就是一头扎进了繁忙的调研之中，没有节假日和休息日，每天工作至深夜。3月的青海，似乎还嗅不到春天的气息，满目冬季的凋零和寒冷，只是天仍然很高，阳光仍然很刺目。3月29日这一天，完成交接工作后，强卫开始他刚刚履新后的第一次考察，地点是西宁市城北区二十里铺镇新村。强卫主要了解的是青海的新农村建设和青海各族农民的生活水平情况。他走进大棚，询问农民油桃的产量、销售情况和收入情况。在接下来的两个月时间里，强卫马不停蹄地跑了八个州地市、30多个县。玉树州和果洛州是藏族自治州，平均海拔3700米，自然环境恶劣，山高路远，从西宁开车前往需要一天的时间。在强卫之前，只有两位省委书记去过。所以当强卫提出要去这两个州调研时，省委的一些同志就好言相劝，能不能等身体适应一段时间后再去？可强卫却坚决要去。他想，我既然来了，就要在这块土地上生活工作，那么多的干部群众都在那块土地上工作生活几十年，他们能适应，我就能适应！他不仅去了这两个州，并且在很短的时间里去了两次。两个月的调研收获非常大，对5月23日召开的"中国共产党青海省第十一次代表大会"报告的起草起到了很大的作用。在这次党代会上，强卫发表了"以科学发展观为统领，为建设富裕文明和谐的新青海而奋斗"的讲话。有心人会注意到，强卫在这次讲话中独辟蹊径地提出了"新青海"这三个字。他提出要打造青海的特色经济、特色工业、特色旅游业。

这次党代会提出的"以科学发展观为统领，为建设富裕文明新青海而奋斗"的目标，得到了大家的认同，也极大地鼓舞和坚定了大家对青海未来发展的信心。当然，这个目标也正是肩负重任的省委书记强卫在未来的日子里将要全力以赴的重任。如果问强卫到青海至今最难忘的一件事是什么，那就是这次党代会的成功召开。

感慨青海缺乏大力度的宣传

采访中，强卫多次谈到这么一句话，他说，青海有着丰富的矿产资源、宗教文化、美不胜收的风光，但就是缺乏宣传。

强卫到青海工作之后，有不少领导和朋友专程前往青海看望他。这些人中间，有80%的人之前没有去过青海，之前对青海也没什么印象。在人们想象中，青海地处青藏高原，自然环境恶劣，到那里工作一定是件苦差事，再一个更为恶劣的印象就是1983年全国公安机关"严打"时，广东等地的犯人都被送到青海服刑，青海似乎就成了流放服刑之地。但是，大家下了飞机进了西宁城之后，却又有了另一番的感叹："还不错啊，比想象的好多了！"接下来，大家又去各地考察，回到西宁后又对强卫说："强卫，过去我们以为你是来吃苦来了，但我们现在发现情况不是这样的，青海的发展潜力很大啊！"听了这些话，强卫很欣慰。来青海工作之初，强卫全然就没有要去一个艰苦地方工作的心理准备，生性乐观的他，一直就认为别人能在那里工作几十年，自己为什么就不能在那里工作和生活呢？

强卫刚到青海时，当地同志们就向他这样描述青海：面积大省，人口小省，资源富省，经济穷省。青海的土地面积72万平方千米，北京只是它的零头；青海人口547万，只是北京人口的三分之一；青海是经济穷省，到2006年底全省尚有贫困人口104万，其中绝对贫困人口有54万人。经济总量小，2006年才640多个亿，而北京去年就有8000多亿。财政收入少，地方收入才42亿，还不如北京一个区。

土地面积大带来了建设成本、工作成本偏高。强卫举了一个例："在青海，从这个州驱车到那个州，没有几百千米是不行的。你们在北京的记者，上午外出采访，中午吃饭后，下午回家一篇稿就出来了。然而在青海的记者，外出两天，回来又是两天，时间和汽油费了不少，一篇文章付出的代价就多得多。也就是说，我们青海在做开展工作中付出的成本要比别人大得多。"

青海的人口少，少有少的好处。全国人大副委员长徐匡迪曾前去青海作了一场报告，他引用了一组专业研究数据，说虽然青海的经济总量小，但青海的协调指数高于全国平均数。强卫认真听了这场报告，他当时就想，这个说法来自哪些依据呢？散会后，强卫就去和徐匡迪副委员长讨论起来，徐匡迪说，青海的民族团结、宗教和谐、社会稳定，这几个方面的工作都做得比较好，所以协调指数自然就高了。强卫接着就说："应该还有一个因素，就是社会保障问题，这些年关于民生工作，青海在这方面的工作力度比较大，很多工作走在全国前列，为什么呢？人口少！有时出台一些政策，同样都是拿这点钱，但我们的力度大一些，跟别的省不一样。人口少有少的好处，但其弊端就是人才缺乏，本身技术就少，还有那么多农牧民，所以各项事业的发展很需要技术。"

现实中的青海有着诸多的困难，一直严重阻碍着当地经济的发展，也是几届领导班子致力解决的大事。强卫也不例外。但是有着丰富领导工作经验的他，面对重重困难时，却表现出乐观的一面。就如我在问到他初到青海身体有什么不适时，他说心态决定状态，如果你总是感到你会有身体不适，那么就会不适，但如果你心态好了，身体状态也就好了。在青海工作的5个多月时间里，强卫感到了青海有着很大发展潜力，他对青海未来的发展充满了信心。

强卫用"地大物博"来形容青海。在青海境内，现已发现各种矿产125种，其中54种储量居全国前10位，9种居全国首位。特别是黄河上游的水电资源、柴达木盆地的盐湖资源、石油天然气资源，以及分布在全省各地的有色金属资源、非金属矿产资源极为丰富，开发前景广阔。此外，青海具有高原特色的农牧业资源、野生动植物资源和旅游资源也很丰富。

强卫用"壮美"来形容青海的美丽。他说到了青海后才知道国土之辽阔，翻过一座座山头，眼前便是宽阔无垠的大草原，有时到一个地区去，车程需要十多个小时，但强卫一点没有倦意，生怕漏看了沿途的美景。站在茫茫草原上，他感觉自己已融入了自然，心灵似乎也和这一望无际的草原一般变得更加舒展。强卫去了祁连山，祁连山的草原被中国地理杂志评选为"六大最美草原"之一，祁连山的美景有点像北欧的风光，站在那里有时会产生幻觉，也许是太美的缘故。强卫说，当你站在那里会感到所有形容词都枯竭了，和他一同去的记者说，书记你想个形容词吧，强卫就笑着说，美呆了！他还去了位于海北州的门源县，那里有一望无际的油菜花，在高原阳光的照耀下，泛出金灿灿的光泽，背景则是蓝天白云草原还有白雪皑皑的山峦，简直就是一副精致的油画！可惜的是，知道门源油菜花的美的人并不多，甚至就在青海当地，很多人也没有去过。说起青海，外地人顶多也就知道有个塔尔寺（藏传佛教格鲁派六大寺院之一）还有青海湖。

强卫说，有许多歌是描写西藏的，比如说《我要回拉萨》、《天路》等，青海和西藏同在青藏高原线上，为什么就没有一首歌是写青海的？话一说完，强卫就随口创作了一段歌词：要去西藏布达拉，先去青海西宁塔尔寺；要去西藏纳木错，先来神圣的青海湖。但愿，有一天，这段歌词能配上优美的乐曲被众人传唱。

提出"自信、开放、创新"的青海意识

尽管青海有着那么丰富的矿藏和旅游的绝美胜地，可为什么没有更大程度地利用发展起来呢？根据这个情况，强卫除了提出要加大宣传力度之外，还提出了要建立"自信、开放、创新"的青海意识。为什么这么提呢？青海地处高原，是内陆省份，长期闭塞，大家往西看，就看到兰州、西安，要不就越过青海看到新疆和西藏，总之，青海这个遥远美丽的地方总是被外人所忽略。也许因为如此，

青海人也一直不是很自信，感觉自己好像没什么骄人的成绩。强卫就想起曾经在北京工作时，中央开各种专业会，有时北京的同志也和青海的同志分在一个组讨论，他发现，青海的同志就会默默地坐在一个角落里不发言。到青海后，强卫还曾问过当年参加会议的同志，为什么不发言？对方说，和东部的同志在一起好像没什么好说的。强卫知道，这是缺乏自信的表现。

其实，青海有许多特产是独有的，但却从来没有自己的品牌。玉树州和果洛州的冬虫夏草质量是最好的，但强卫在西宁大街上转了一圈，却发现冬虫夏草的外包装上没有一个标明是青海的冬虫夏草，所以更多的人只知道冬虫夏草产于西藏。有一次，强卫去了柴达木盆地，那里因早晚温差大，枸杞子又大又红，正当强卫高兴之时，却得知这么好的产品长期以来被宁夏包销，理所当然地成了宁夏的特产。最有意思的一件事，就是强卫去了青海的化龙县，这些年这个县大力发展拉面经济，有八九万人在广东、北京、上海开拉面馆，仅在北京就有500家，但他们打的牌子都是兰州拉面。还有青海产的昆仑玉，知道的人也不多。

有一天，强卫看到这么一篇文章，大意就是说，奥运奖牌能不能用我们的青海玉？强卫马上就问当地的同志，青海玉是什么玉，许多人都说不知道，最后就说是不是昆仑玉啊？强卫就赶紧让主管的副省长去问问昆仑玉的情况。强卫当时的想法就是，能不能让奥运会采用我们的昆仑玉，如果那样，我们的品牌就打出去了。强卫后来了解到，昆仑玉和新疆的和田玉都是祁连山一个矿脉的，但和田玉已挖掘两千年了，快枯竭了，而青海的昆仑玉是九十年代初才开采的。质量都一样，和田玉的名声却很大。当即，强卫就对副省长说："你看能不能找到生产昆仑玉的企业和专家，看能不能提供给奥组委。另外，以后别叫昆仑玉，就叫青海玉。"后来专家们专家告诉强卫，虽然社会上对昆仑玉不太了解，但在玉界，昆仑玉很有地位，名称还不能这么改。强卫听后就说："那就叫青海昆仑玉吧。"为这事，强卫还专门给北京市委书记刘淇及北京奥组委的同志打电话推荐，奥组委也很重视这件事，就让送样品到北京。最后让强卫欣慰的是，生产昆仑玉的企业说，如果奥组委采用了，大家就无偿捐赠。2008年，将昆仑玉作为奥运奖牌制作材料的愿望最终得以实现，这让强卫兴奋不已。

强卫说，青海长期以来，好东西都要借助别人的包装。所以首先自己要自信，同时要对外开放，不能和外界隔绝起来，独善其身。如果自己不去宣传自己，怎么去更好地吸引外面的资金和项目？这些年来，青海开展了许多活动，都是为了宣传青海。比如2007年4月的国际藏毯节，5月的郁金香节，6月是旅游文化节，7月初的青洽会、环湖自行车赛，8月的国际诗歌节，还有三江源摄影节等等。强卫对宋秀岩省长说，除省内的活动搞好外，每年要到国外去搞一次大规模的招商引资活动，东部沿海也要去。在强卫看来，一定要增强这种开放的意识，结合青海的省情，实现跨越式发展。

青海人为什么喜欢他

前往青海上任时，胡锦涛总书记与强卫谈话，总书记说，青海的生态环境很重要，也很脆弱，一旦破坏就很危险。

青海地处青藏高原，是长江、黄河、澜沧江的发源地，黄河水量的49%、长江水量的26%、澜沧江水量的16%从青海境内流出，素有"三江之源，中华水塔"之称。源源不断的生态之水，支撑了中国东部地区的开发建设。所以，青海的生态环境保护与建设，不仅关系到青海自身的可持续发展，而且也关系到全国的可持续发展，甚至关系到全球的生态安全。但是近年来，三江源的生态环境不容乐观。主要存在草场退化与沙化加剧、水土流失日趋严重等问题。为了保护江河源头的生态环境，中央在2000年8月投资75个亿成立了全国最大的自然保护区——三江源自然保护区。

强卫说，三江源地区的老百姓让他想起了黄河，都说黄河是母亲河，母爱是伟大的，用自己的乳汁哺育了孩子，最后剩下干瘪的乳房。强卫深情地说，几十年来，青海的老百姓就如母亲一般，为了保护生态环境所作的牺牲是值得世人去回报的。三江源地区，不能有工业，也不能开发矿产，所以在那地区的老百姓不能干别的，只能在传统的草场上放牧。很多牧民家里有一百多亩草场，在大城市的人看来，一百多亩也是很可观的，可一只羊需要多少草场来供养呢，一百亩草场平均下来也就只能供养十几只羊，牧民们一年到头也就收入二三百元。诸多的限制让他们永远也不可能富足起来，在整个三江源地区，贫困人口占60%，然而当地老百姓却无怨无悔。可随着人口的增加，草场也到了日渐退化的地步。强卫专程去过好几次，在考察之后，提出了"减人减蓄，生态移民"。目前，生态保护和建设规划已经全面实施，尽管当地老百姓还很贫困，但大家都配合青海省的工作，搬离了他们世代居住的草场。强卫说他非常感谢老百姓对生态环境作出的巨大贡献。

强卫是一个随和的人，也是一个容易感动的人，他到青海之后，很快就和青海当地的同志有了非常融洽的关系。他这样评价青海人：质朴、勤劳、热爱生活。他说，也许是因为青海人受当地宗教文化的影响，感恩知恩的心很浓。强卫曾去一个孤儿园考察，那里有100多个位孤儿，孤儿们住的每一个房间的门楣上写着是谁谁捐助的。这件事让强卫很感动。

强卫坦言，到青海工作后，工作方法和思维方式和在北京是不一样的。在北京，他的工作目标是要干得最好，还要出经验。在青海，考虑的就会更加现实，比如说在做一件事之前，他就要考虑这事要不要办，应不应该办，如要办，有没有钱，这钱的出处在哪里，钱花出去之后，到底给经济社会发展带来什么好处，给老百姓带来什么好处？

强卫介绍说，青海省委省政府的领导班子都非常团结，有着艰苦奋斗的工作作风，纵然工作生活条件不能和许多省份相比，但大家都在竭尽全力发展青海经济。强卫说他走到青海的那么多州地市县，没有看到一栋新办公楼，就连省委省政府的办公楼是50年代建的。强卫上任省委书记不久，一位新华社的记者前往采访他，强卫在办公室外面的小间接待了那位记者，采访结束后，记者说："强书记，我去过全国许多省的省委书记办公室，没有一个像您这个接待间那么小的。"记者随后要求能否到强卫的办公室去看看，看了之后直说没想到那么简陋。

采访临近结束时，我顺便问了问强卫书记在工作之余有什么爱好。他说是看书和健身。因为在高原，所以就一定要有一个健康的身体。他的健身方式是打网球、游泳、散步。了解强卫的人都知道，他的网球打得很棒，到青海后他就打听哪里可以打网球，得知有这样的场地之后，他就会在某个周末前去痛快地打上一两场。球场上奋力拼杀、活力四射的强卫，如同他在工作中的状态一样，难怪青海人那么喜欢他。

◎手记◎

两次落泪的诠释

回想起采访强卫书记时，他到青海任职还不到一年。得知获准采访时，我紧急赶赴青海西宁市。我对那里已经比较熟悉了，因为那之前我有连续两年的时间参加过青海举办的"青洽会"，那里的夏天非常凉爽。采访强卫时，也是安排在夏天。

强卫非常忙碌。他的秘书告诉我说，强卫除了开会，很多时间都在基层调研。那次采访我整整在西宁的宾馆里等了差不多一个星期，终于等到了风尘仆仆从基层赶回来的他。

强卫曾在公安系统担任过领导，他的身上依然保留着一种类似于军人的状态：

腰笔直，说话干脆。据说，他干起工作来也是军人的作风。我特别注意到他穿了一双北京布鞋，走起路时，轻快、干练。总的感受是，这是一个随和的高层领导干部。

我特别感兴趣的是，他在北京工作了几十年，到了这个西部不发达地区有着怎样的感受？于是，我很快听到了他如诗如画地描述青海的美，他说，到基层出差时要走上好几个小时，他就一路看风景，有时也会跳下车来感受那"壮美"的风光，他喜欢用"壮美"来形容青海的美。

采访强卫那次，北京奥运会还未举行，而他说的要将昆仑玉提供给奥组委在之后也如愿以偿，昆仑玉幸运地成为奥运奖牌的制作材料。昆仑玉的身价也一夜飚升，同时也带动了当地经济的发展。

2010年，青海玉树发生的特大地震，也让大众看到了强卫善感的一面。在受灾严重的地区，几十年没有掉过眼泪的强卫两次留下了感动的泪水。很多媒体针对此作了报道，我觉得省委书记或说一个大男人掉眼泪不丢人，也正因此，让大众看到了高层官员的从政良心。

成功之道

强卫曾在公安系统担任过领导，他的身上依然保留着一种类似于军人的状态：腰笔直，说话干脆。据说，他干起工作来也是军人的作风。强卫工作中走的群众路线是许多领导干部应该走的，只有了解大众的疾苦，才能制定出更好的政策。

◎ 徐守盛 ◎

湖南省省委副书记、省长

　　徐守盛，男，汉族，1953年1月生，江苏如东人，1973年10月加入中国共产党，党校研究生学历，高级经济师。历任江苏省如东县生产队长、村支部副书记，公社党委书记，如东县县长、县委书记，连云港市委副书记、连云港市长，宿迁市委书记，江苏省委常委。甘肃省委常委、组织部部长、副省长、省委副书记、代理省长、省长等职。2010年9月任湖南省省委副书记、省长。

任甘肃省长的那些日子

——湖南省省委副书记、省长徐守盛

"决不能让民勤变成第二个罗布泊。"这是温家宝总理连续几年在参加全国人代会甘肃团审议时必说的话题，2007年的"两会"也不例外。总理所忧虑的是甘肃河西走廊石羊河流域生态严重恶化的趋势。对此，时任甘肃省省长的徐守盛也时时感到一种压力、一种责任似千斤重担压在肩头。

由于自然环境及历史原因，甘肃还有139万绝对贫困人口和317万低收入人口，约占全省农村总人口的1/4。许多老百姓仍生活在穷困中，用徐守盛的话来说，全国都奔小康了，可他们连温饱都没有解决。

真性情的他，怎不动感情？怎没有压力？

2007年1月31日下午，在甘肃省第十届人民代表大会第五次会议举行的第三次全体会议上，464名代表中，除3票弃权外，徐守盛以高票当选为甘肃省政府省长。这么高的票数，自改革开放以来，不仅在甘肃的选举历史上没有，在国内各省市区的选举也十分鲜见。此间，无不流露出甘肃省2600多万老百姓对他寄予的厚望。当然还有组织上对他的信任，这一切的一切，怎不令徐守盛感到自己肩头的重任！

就职演讲赢得了8次掌声

徐守盛是江苏人，身高一米八四。他笑言自己长得更像西北人。他说他的祖先可能就生息在黄河源头，否则自己怎么有机会成为黄河上游的甘肃的一员呢。虽是一句玩笑话，却能感受到这个自称是甘肃人的江苏人对甘肃一方百姓的热爱。就在当选为甘肃省长的当天，他有一个朴实无华而又充满激情的演讲，从中不难看出他对甘肃人民的一腔赤诚。

徐守盛说："我们甘肃历史悠久辉煌，文化底蕴厚重，人民勤劳纯朴。我在甘肃已经工作生活了近6年时间，我热爱甘肃人民，热爱甘肃的山山水水，热爱甘肃既艰辛而又充满希望的工作生活环境。担任甘肃省省长，凝结在我心头的是深深的使命感，强烈的责任感。我深知，我个人的能力有限，但我坚信有党中央、国务院的正确领导和关怀支持，有历届省委、省人大、省政府、省政协领导班子打下的坚实基础，有全省广大干部群众的共同努力，甘肃经济社会发展又好又快的目标一定能够逐步实现，甘肃的面貌一定会发生新的重大变化。"这些话是徐守盛发自肺腑的话，他直率、实在，向来不喜欢讲大话，说的都是掏心窝子的话。正因是一种真情的流露，940个字的短短的演讲却赢得了代表8次热烈的掌声。

诚然，无论是徐守盛肩负重任也好，还是甘肃老百姓对他寄予厚望也罢，徐守盛的压力从来就没有消失过。但是，他认为压力并不是一件坏事。有人就说过这样一句话：时时有压力的人往往就是有责任感的人。这句话非常符合徐守盛的从政与为人风格。

徐守盛说，自到甘肃工作，就有了新的压力。2001年9月，徐守盛从工作生活了几十年的江苏省调任甘肃省委常委、组织部部长。之前的徐守盛从来没有到过甘肃，对沙漠和黄土高坡的了解，只是从书本、电视上得到概念。当飞机平稳地降落在兰州中川机场，他踏着轻快的步伐走向迎接他的新同事们，一阵眩晕却使他第一次有了缺氧的感觉。这里是西部海拔1900多米的高原机场，而他的家乡是海拔不到10米的一马平川。刚到新的工作岗位，他就急着下到基层去考察，他是一个从基层成长起来的领导干部，非常习惯到工作一线去深入了解实情。他吃惊地看到，这里和江苏迥然不同，江苏省已是城乡一体化了，而这里一出了省城兰州市区，就到了贫困区。他到的第一站就是陕甘宁交界处的甘肃省庆阳市的环县。环县是革命老区，著名的山城堡战役就发生在这里。1936年10月下旬至11月下旬，红军三大主力三万多人，在彭德怀的指挥下，在环县山城堡、海原、预旺地区与蒋介石嫡系胡宗南部260多个团展开了著名的山城堡战役。在抗日战争和解放战争期间，有"陇东粮仓"之称的庆阳老区人民，尽管自己的生活十分艰辛，还是积极地向边区政府交公粮，并还组织了数以千万计担架及运输人员支援前线。就是这样一个对中国革命有着巨大贡献的革命老区，人民却还生活在需要解决温饱的贫困环境之中。环县处在典型的陇东黄土高原，北边又是毛乌素沙漠。由于水资源的严重匮乏，环县既是甘肃有名的干旱县也是国家扶贫开发的重点县，北部乡镇一些农户最远要到50千米以外取水。缺水使农作物收成不保，最后导致了贫困。当他真真切切地站在黄土高坡并听说很多人温饱问题都没有解决时，他的心情可想而知，八尺男儿且不流泪，只有把泪水咽进了肚里。他说，这一调研在他人生的记忆中是刻骨铭心的。他后来曾多次对一些领导干部们说："一些中高级领导干部说工作条件差，你就去比比老百姓吧，比了后，就心态平和了。"江苏和甘肃两省的差距太大，江南水乡的富足环境和对外开放已使江苏全省处于全面加快发展实现小康的阶段，而甘肃的一些地区还需要解决温饱问题。这种强烈的反差刺痛着徐守盛的心。从那一刻起，"压力"和"责任"就深埋在了他的内心深处。那次在环县，他向当地领导提出要到一户最穷的农民家里去住一宿，当地领导最后没有这样安排，而是把他安排到村支书家里去住，村支书家的窑洞也因破旧刚刚翻新，这已是当地村里最好的居住条件了。那一夜，徐守盛心情沉重，辗转难眠。太短的被子盖不住高大的身躯，一双腿在被子外面露了一夜。

2006年7月，甘肃省委、省政府将"关注民生办实事"作为头号工程，其中有一项就是惠及环县北部干旱山区12万群众，成为环县水利史上参与人数最多、受益群众最广、投资规模最大的水利工程。徐守盛作为决策者和见证者，看到更多的老百姓喝上了干净的水，他内心的那种踏实啊，真是无以伦比。

敢于迎接挑战的人

尽管甘肃的自然环境恶劣，但徐守盛坚信通过自己和同事们的努力，一定会改变甘肃省落后贫穷的面貌，并造福一方百姓。了解徐守盛的人都知道，他是一个坚定果敢并能迎接挑战的人，任何压力到了他这里，瞬间就会变成一种动力、一种激情之后产生的无往而不胜的精神。

2003年，徐守盛担任甘肃省委常委、常务副省长。在时任省委书记苏荣和省长陆浩的带领下，徐守盛为老百姓做了许多实事，这令他至今也非常欣慰。最难忘的就是使"九甸峡水利枢纽及引洮供水一期工程"全面开工建设。徐守盛深情地说："这可是实现了甘肃几代人都孜孜期盼的梦想啊！"

由于甘肃省中部定西、会宁一带干旱恶劣的自然条件，造就了这里"水比油贵"的生存环境，尤其是兰州、定西、白银、平凉、天水5个市辖属的11个县(区)，这11个县(区)全部为国家扶贫重点县，农民人均纯收入仅1079元，目前还有30万人尚未稳定解决温饱。干旱缺水是造成该地区贫困的重要原因。广大农村人畜饮水依靠窖蓄雨水，部分县城及乡镇饮用苦咸水。甘肃省在上世纪50年代就提出了引洮河水到中部地区的设想，从根本上解决该地区水资源匮乏的问题。然而由于种种原因，这个设想一直没能实现。徐守盛担任常务副省长后正好分管这个工作，他想都没有想就拿起了这块难啃的骨头，这样一件福荫老百姓的事，他就不相信干不成！也有"好心人"提醒他，这件事弄不好就要骑虎难下，影响仕途。所面临的困难数不胜数，至今徐守盛仍是非常赞赏苏荣同志、陆浩同志的作风，是他们直接抓这个大项目，也感激两位班长对他和他的同事们具体工作的支持，使工程总能在遇到困难时柳暗花明。那段时间徐守盛频繁跑北京，到了国家部委里，恨不得在普通办事人员面前都要鞠躬、磕头，为了甘肃人民，他顾不得副省长的面子问题了。最终，徐守盛和同事们所有的付出和辛苦奔波在2006年11月22日那天化为满脸绽放的笑容，因为这一天，凝聚了甘肃几代人心血的"九甸峡水利枢纽及引洮供水一期工程"全面开工，当地群众奔走相告、欢呼雀跃。

"工程开工，我的压力更大了。争取开工不易，干好干快工程更不容易。"徐守盛如是说，开工之后，他就把这项造福百姓的德政工程放在全省项目建设的首位，紧抓不放。

由于徐守盛是外地调到甘肃工作的高级领导干部，所以当地一些老百姓就怀疑他会不会是"飞鸽牌"的？干一段时间就会走的。徐守盛真诚地说："这里能生存几千万老百姓，我就不能生存吗？一个人的人生价值怎么体现？就是要为老百姓做事，老百姓就会感激你的。人总是要死的，生如泰山，死如鸿毛，我固然不能跟伟人去比，但通过我的实实在在的工作，一件件地去解决，哪怕解决的是一户老百姓的问题，老百姓就永远都不会忘记这是共产党的干部在为他们做事。"

尽管徐守盛在甘肃工作多年都会因缺氧及气候干燥给身体带来诸多不适，比如他因为工作压力和缺氧几乎每晚失眠，不得不依靠安眠药帮助睡眠。还有饮食等生活方面的不适等等。可每当一看老百姓贫穷落后的状况，徐守盛就会激起更大的工作激情，自己那点不适应比起老百姓的生存状况又算得了什么呢！徐守盛坦率地说，他偶然也有过犹豫和徘徊，每当这时，他就去看老百姓是怎么生活的，看下岗职工是怎么生活的，看自己的同事们在海拔3000多米的甘南藏族自治州是怎么工作的，因为缺氧，他们的嘴唇都是发青发紫的。徐守盛身边的工作人员说，省长每天都很累，但他乐意，他有着详细的工作计划，每个工作计划里无不透出他期望老百姓尽快富起来的迫切心情。

自称农耕干部的他对"三农"情有独钟

2007年春节，胡锦涛总书记到甘肃过年，在那里住了4天。总书记对陆浩书记和徐守盛省长语重心长地告诫：甘肃省的农村自然环境条件很脆弱，甘肃的老百姓怎么富裕起来这篇文章很大，归结起来说就是要解决分子如何做大、分母如何缩小的问题。分子做大，就是要在稳定粮食的基础上，什么效益好就种什么，建成基地进行加工延伸产业链，形成支柱产业，就带动了运输、服务业，发展二、三产业。分母要缩小，就是要减少富余劳动力的压力，有计划地培训农民，有组织地把劳动力输送出去，而且让他们在外面赚到钱，并且国家已出台保护农民工正当权益的一系列政策。

总书记反复告诫徐守盛他们就是要做大分子，缩小分母，才能改变甘肃农村的落后面貌。徐守盛对总书记说的这一席话铭记在心，他说甘肃省委省政府的工作思路正是按照总书记的要求去做的。

甘肃是一个农业省份，徐守盛特别谈到了甘肃省的"三农"工作。"三农"

问题在甘肃有着特殊的重要性，历届省委省政府高度重视，始终作为全部工作的重中之重来抓。甘肃省的农村人口占大多数，但自然条件差，70%的农村处于干旱半干旱山区，农业基础脆弱，比如播下种子不一定会有收成。这不仅是新农村建设中我们要着力解决的重大问题，也是制约甘肃现代农业发展的主要因素。但是，徐守盛也很兴奋地说，甘肃有它自身的资源和区位优势，接下来的工作就是怎么利用这样的优势去发展农业。"发展农村经济，要讲小环境和小气候。甘肃农业特色优势产业基地面积达到2346万亩，占总播种面积的43%。已有12个农产品的种植面积和产量位居全国第一，马铃薯、中药材、玉米制种、苹果、小杂粮、酿酒原料等已形成一定规模。基地产业化形成一条龙，再给一定的政策支持，肯定能给老百姓带来实惠。我对解决好'三农'问题充满信心。"

甘肃在解决"三农"问题方面还有一个成功的经验就是劳务输出。徐守盛介绍说，甘肃省委省政府将"劳务输出"作为富裕"三农"的重中之重来抓，这几年的"定单劳务"成效显著，2006年已经输出了534万人次。2007年"两会"期间，在北京出席十届全国人大五次会议的甘肃省委书记、省人大常委会主任陆浩和徐守盛，专程到北京松下彩色显像管有限公司，亲切看望了在这里工作的甘肃籍农民工。徐守盛说，虽然农民工外出打工了，但甘肃省委省政府仍随时关注农民工在外的工作和生活。

徐守盛俨然就是一个甘肃人了，你看他说到甘肃的资源优势："人家有的我都有，人家没有的我也有。我的矿产资源，有色冶金、石油化工，农业特色产品，农产品是天然的，原汁原味的。"一口一个"我"，还有那掩饰不住的一脸兴奋和自信，相信他已将心的最深处融入到甘肃这片广袤的大地里。

徐守盛为什么对"三农"情有独钟？这位自称"农耕干部"的省长道出了他对农民兄弟及基层群众的天然感情。出生在江苏如东县的徐守盛，父亲是一个渔民，母亲是一个农民，父母都目不识丁，在这样一个家庭里长大成人的徐守盛特别懂得努力。高中毕业后，他回乡当了农民，他个头高，身体又好，很能吃苦，别人挑150斤的粮食，他要挑200斤，后来他就当上了生产队的小队长，带领大家一起劳动。他说自己当农民的这段经历是很重要的，一个人不在艰难的环境下磨炼是不能健康成长的。徐守盛是一步步从基层成长起来的高级领导干部，他特别懂得基层老百姓的需求。他在几个街道社区建立了工作联系点，调查了解情况，解决基层难题。与兵器工业总公司及江苏相关企业联系，先后协调捐赠450万元，在白银平川区等贫困地区修建了10所小学。据甘肃新闻媒体的记者讲，他们多次随徐守盛下乡，几次遇到特别困难的农民，他就会把自己的钱掏出来送给农民，如果身上没有带钱，也会向随行人员借上给农民。正因如此，甘肃老百姓说起他，总会这样评价："很实在！"这是对徐守盛最真诚最纯朴的赞誉。

"无功就是过错、从政必须有为"的理念

其实，徐守盛在江苏工作期间就颇得民心。不过，他很谦虚，不愿谈这一点。但是，在江苏省宿迁市担任市委书记的这段经历是特别让他难忘的，因为这一段经历对他后来担任高级领导干部打下了坚实的基础。

1996年，江苏省经国务院的批准，将原来的11个地级市，变为13个地级市，这是一次重大的区划调整。那时，徐守盛在连云港市任市长，省委书记找他谈话，要他去组建一个全省最困难的市，也就是宿迁市，为什么说困难呢？因为这是在全省4个比较贫穷的县的基础上组建的一个新市，没有任何现成的模式可以套用，完全是在一片空白中去建一个市。徐守盛是一个敢于迎接挑战的人，他接下了这个重任。回顾起组建宿迁市的情景，徐守盛仍历历在目，当时的条件一贫如洗，他吃住都在招待所，没有办公的地方，连公章都放在口袋里。徐守盛首先提出了"脚踏实地、不好高骛远"的建市战略。他认为越是穷的地方，计划经济的思想就越严重，徐守盛决定破除陈旧的观念、按市场经济的思路去开展工作。作为首任宿迁市委书记，在一张空白的地图上画出了美丽的图案，为日后宿迁市的发展打下了深厚的基础。徐守盛说这一段工作经历对于一个领导干部而言，是绝好的锻炼机会，因为这是对个人把握大局及设计整体思路能力的又一次提升。

如果有人说，有的官员喜欢"浮夸"的话，那么，徐守盛靠的是脚踏实地。徐守盛反感那些一心只想当官而不实实在在做事的人。他在担任甘肃省委组织部长时，和基层的领导干部接触很多，他发现一个很不正常的现象：基层同志的生活固然辛苦，但有些人怎么是当了县长就想当县委书记，当了县委书记又想当副市长，再又想往上爬呢？徐守盛在一次会上很不留情面地说道："想提拔，这个很正常，没有功劳也有苦劳，但你得先去把老百姓的事情干好了再去想。你没有把老百姓的事干好，而是一心只想往上爬，有的甚至美其名曰招商引资，跑什么项目，但最终关注的不是项目，而是个人的利益。大家想想，你不把事干好，老百姓心里怎么想，你吃的不是老百姓的皇粮国税吗？过去，老百姓自己的温饱都解决不了，首先还要把最好的粮食交给国家，还不都是为了让你们把事情做好更好为老百姓服务，不能把位置颠倒了！"一席掷地有声的话语让会场上的一些人不禁汗颜。

担任副省长和省长之后的徐守盛仍然将干部作风紧抓不放。在2007年的省《政府工作报告》中他明确提出，各级领导都应强化"无功就是过错、从政必须

有为"的理念。此话一出，顿时在网络上引起了强烈反响，大家都认为徐守盛的话说到点子上了。徐守盛说，领导干部是什么？领导干部就是要为老百姓做事，否则，就有愧于党和人民给予的这个岗位。

徐守盛是一个埋头务实的高级领导干部，不喜欢说太多的话，不同意自己的部下拍下他在工作期间的照片，更不喜欢接受媒体的采访。总而言之，他就是一个很低调、很坦率、很随和的高级领导。他之所以在众多媒体中独家接受笔者的采访，全然因为我说希望通过他更好地宣传甘肃。

◎手记◎

惜才爱才

2007年采访徐守盛省长时，他刚当选甘肃省长。徐守盛给人的印象是，待人诚恳，为人正直。无论在什么场合，他从不避讳自己是农村长大的孩子，并以此为傲。

从我的观察来看，徐守盛是一个非常爱才的人，在提拔任用干部时，他会首先看重一个人的人品。比如说，某位干部，工作能力强，但很有个性，敢于对一些言行不正的人和事开炮，这样的干部，某些领导未必喜欢，因为这种性格的干部会得罪很多人。但徐守盛并不忌讳这个，他要用的就是对事业发展有帮助的人才。

甘肃人对他这个江苏人印象很好，都评价他是一个干实事的人。2010年5月，在离开甘肃前往湖南任职之时，甘肃省委书记给了徐守盛很高的评价："徐守盛同志在甘肃工作的9年时间，是甘肃经济社会发展最好最快的时期，也是老百姓得实惠最多的时期，徐守盛为甘肃经济社会发展付出了艰辛努力、作出了重要贡献。"

徐守盛刚到湖南就接受了严峻的考验。媒体如此报道："4月25日，中央宣布周强任湖南省委书记，6月6日，徐守盛调任湖南并被任命为代省长，至此，湖南历史上的'强盛组合'诞生。让人瞩目的是，几乎在这一组合组成的同时，湖南正遭受1998年以来最严重的洪灾挑战，局部地区的灾情甚至远超1998年，人们意识到，'强盛组合'组建伊始便注定要接受最严峻的考验。在这次抗洪救灾中，哪里最危险，哪里就有周强和徐守盛身影，哪里最关键，哪里就见两人的靠前指挥。"

2010年9月29日上午，徐守盛当选为湖南省人民政府省长。相信，他的就职宣言也和在甘肃省的时候一样，在场人掌声一片。究其根源，相信大家更喜欢听到一个领导平实而勿需大话官话的演讲。

成功之道

他是一个坚定果敢并能迎接挑战的人，任何压力到了他这里，瞬间就会变成一种动力、一种激情之后产生的无往而不胜的精神。徐守盛是一个非常爱才的人，在提拔任用干部时，他看重的是一个人的人品、工作能力，他要用的就是对事业发展有帮助的人才。

◎ 张维庆 ◎

全国政协人口资源环境委员会主任

张维庆，男，1944年生，陕西临潼人。1967年北京大学哲学系毕业。1972年6月加入中国共产党。历任保德县委书记、壶关县委书记、山西省委宣传部部长、山西省副省长、国家计划生育委员会副主任、国家计划生育委员会主任、国家人口和计划生育委员会主任。现任全国政协人口资源环境委员会主任。是中共十五届、十六届中央委员，第十一届全国政协常委。

如履薄冰中做好国家人口计生委工作

——全国政协人口资源环境委员会主任张维庆

20世纪70年代初，计划生育政策在中国开始实行，1982年，党的"十二大"把计划生育确定为基本国策。从此，与之相伴的来自方方面面的是非从来没有间断过，于是，我们看到头发花白的张维庆常年出现在各种媒体上，针对计划生育政策答疑释惑，直到他离开那个岗位。

张维庆曾在国家人口和计划生育委员会担任主任10年，2008年3月，他到了全国政协人口资源环境委员会担任主任。14年的计生工作经历已镌刻在张维庆记忆深处，永远挥之不去。这个曾被人口计生工作者称为"天下第一难"的工作，走过了30年曲折、悲壮、辉煌的历程，而他也在这个风雨的历程中体会了太多的酸甜苦辣。他坦言，他的每一天无不是在巨大的压力下度过的。这是一项与广大老百姓的切身利益联系最密切的国策，其政治风险可想而知。

计划生育工作者要做新时期最可爱的人

1994年9月，张维庆离开山西省副省长的岗位来到北京，担任国家计划生育委员会的副主任。主任是彭佩云，张维庆作为她的助手开始了新的工作。

计划生育工作的艰难，体现在其走过的"曲折、悲壮、辉煌"的历程。张维庆说，所谓"曲折"，是因为我们在人口问题的认识上出现过反复和偏差；所谓"悲壮"，是因为广大群众特别是育龄妇女为落实基本国策作出了巨大奉献和牺牲；所谓"辉煌"，是因为在社会生产力尚不发达的情况下，用不到30年的时间，完成了人口再生产类型的历史性转变，进入低生育水平国家行列，为中国的经济社会发展和人民生活改善作出了重大贡献。

张维庆说他是一个自信的人，他曾经在基层最艰苦的地方工作过，任何困难在他面前都会被他坚定地跨过去，唯独这个人口计划生育工作曾让他左右为难。

张维庆刚上任副主任那会儿，不止一次和彭佩云同志探讨过这个话题：计划生育工作难就难在生育政策和人民群众的生育意愿及眼前利益存在着尖锐的矛盾和对立。我们党其他的政策都是直接惠及老百姓的，唯独这个政策存在着长远利益和眼前利益的冲突，老百姓希望多生，国家希望少生。于是在刚推行计划生育的70至80年代，国家靠强有力的行政措施来控制人口的增长，比如说，党政一把手亲自抓，严格考核，一胎上环，二胎结扎，一些地方甚至出现牵牛、抓猪、拆房等侵犯群众利益的行为，同时也给许多育龄妇女造成手术并发症。党群干群的关系由此紧张。当然，那段时期我们的生育水平的确下降了不少，但付出的代价也不小，张维庆特别说明，这里所说的代价是指牺牲党群干群关系和育龄妇女的身心健康。

1998年3月，张维庆担任国家计划生育委员会主任。他上任之后就下决心大力推进工作思路和工作方法的两个转变：一是从就计划生育抓计划生育到采取综合措施解决计划生育问题的转变；另一个是从简单的行政手段转向依法行政、优质服务上来。他当时就想，在他任期内能完成这个思路的转变就是一个很大的胜利了，毕竟是要改变根深蒂固在人们脑海中的观念，让他感到庆幸的是，经过10年的努力，如今这个转变从全国范围来看已经基本实现。

张维庆是那种认准了一件事就不会轻易善罢甘休的人，尽管那些年的工作是那么的艰难，他始终是"咬定青山不放松，任尔东西南北风"，他不管别人怎么看他，也不管别人站在什么样的角度说他，他的工作思路从来没有因此而改变。他这个性格，注定了要与非议狭路相逢。当年，许多人就很非议他提出的"我们计划生育工作者要做新时期最可爱的人"口号。

张维庆到国家计生委工作后，前往内蒙古巴盟的一个旗调研，在和当地一个计生局长聊天的时候，这个女局长说她干了21年的计划生育工作，这其中的酸甜苦辣她都尝遍了，过去她不知挨了多少骂，吃了多少苦去做工作，但老百姓不理解，认为是断子绝孙。她为此不知流了多少泪，后来她转变了工作思路，尽全力在各方面给老百姓提供帮助，和老百姓的关系也融洽了，大家都称她是最可爱的人。

从内蒙古回到北京后，张维庆就对国家计生委党组的同志们说："要对全国50万计划生育工作者进行全心全意为人民服务的宗旨教育，再也不能像过去那样只把老百姓作为管理对象，而是要把老百姓当成是计划生育的主人，去全心全意地为老百姓服务。"张维庆提出要人口计生工作者做"新时期最可爱的人"。口号一经提出，就引来行业内外的很多争议：你们还要做新时期最可爱的人，你不可恨就不错了；也有的人说，这个目标根本达不到，人家解放军是最可爱的人，作家写过了，这大家都能体会到，你计划生育是和老百姓拧着干的，怎么可能成为新时期最可爱的人……张维庆发现，在推行这个口号时也并不是很顺利，个别省根本不往下面转达，大概认为这个口号难做到。张维庆并没有因此失落，他知道一个思路的转变是需要一个过程的，你想想看，过去那套关、卡、压的行政手段搞惯了，已经形成思维定势了，如今你要让他彻底改变过来，他会不适应。张维庆认为这要经过两个方面才能逐步实现思路和方法的转变，一是干部的自身更替，二是工作环境上的营造，用基层创造的工作经验和榜样的力量进行引导和示范。

最可爱的人标准是什么？张维庆提出树人口计生工作者的新形象。于是在全国上下兴起了计划生育优质服务先进县市的创建活动，同时在全国树立了一批新时期最可爱的人。尽管这项工作从提出到实现花了多年的时间，但毕竟让大家终于看到了计划生育工作的新面貌。

计划生育立法的艰难过程

如果问，在国家人口和计划生育委员会担任主任10年中最艰难的事情是什么？张维庆会不假思索地告诉你：立法！

张维庆说："一部法如和老百姓的利益一致，这个法是很好立，但我们的计生政策和老百姓的意愿有很大的差距，要立法是很困难的，彭佩云主任一直很想立法也因种种原因没能实现。"

1984年张维庆还在山西省任副省长时，就曾接到过关于计划生育的法律，只是后来没有出台，改由各省、自治区、直辖市先制定地方法规。张维庆曾和彭佩云同志就此事讨论过，最后大家还是认为计划生育立法难度比较大，等生育政策调整到能生育两个孩子的时候再去立法，那时可能会好办一些，这事也就搁了下来。张维庆上任主任后，这事仍成了他很重的心事不能释怀。但凡国策都有法律，如土地法、环境保护法等等，计划生育也是一项国策，应该有相应的法律去保障，否则其法律地位怎么确立？更重要的是，在社会主义市场经济条件下，人口和计划生育没有国家法律，国家计生委如何依法行政？张维庆感到，立法与否，已经涉及到了人口计生工作生存发展的问题。经过一番深思熟虑后，张维庆将这个想法交到党组讨论，最开始的意见也不统一，张维庆就耐心地给大家做思想工作，最后大家意见都统一了，一致认为：早立比迟立好，即便最初制定的法律不是很完善，但今后还可以逐步完善。但接下来的工作仿佛并不顺利，张维庆形容自己那段时间的心脏仿佛每天都是悬起来的。

首先要起草人口与计划生育法。法律中既要明确保护育龄群众的权利和义务，也要保护计划生育工作者的正当权利。所以起草这个法最初是很艰难的，每一条都要逐字逐句斟酌，一有人提出争议就要研究修改，同时找大量的资料，找根据，诸如1979年邓小平提出计划生育要立法，中央决定提出建立人口和计划生育法制体系等。最终，在张维庆及同事们的努力下，起草的初稿上报到全国人大常委会。

立法要经过全国人大的三审。包括张维庆在内的国家计生委的一帮领导忙开了，要去做全国人大法制工作委员会、法律委员会、科教文卫委员会的工作，要一个人一个人地去做，还有各省的省委书记省长们以及分管领导和全国人大常委的工作要去做。与此同时，还要争取中央领导的支持，总之，立法进入全国人大审议之前的工作量特别大。功夫不负有心人，一审、二审顺利过关，可在三审时却出了问题。2001年12月的一天，针对三审的讨论在全国人大会议中心进行，决定是否提交人大常委会第三次审议。全国人大法律委员会有的副主任提出尖锐的意见，说你计划生育立法之后，现在的行政手段就不能采用了，人口反弹怎么办？张维庆当时和另一个副主任也参加了三审的讨论，这是一场非常激烈的讨论，双方意见尖锐地对立，尽管张维庆事前已作好了各种思想准备，但在这样的情况下还是不由得紧张起来，他的手心一直在冒汗。

一上午的讨论后，中午有一个小时的午饭时间，张维庆赶紧抓住这点时间和国家计生委的同事们开了一个小会，大家分析了所有情况后，一致给出的答案就是人口不会反弹，早立比迟立好。讨论中，张维庆针对提出的问题详细陈述了人口不会反弹的理由，他提出的6条理由中包括要用利益导向的政策引导群众少生快富。张维庆后来说，当时是背水一战，只许成功不许失败，当初作出上述决定，他是要冒政治风险的。

短暂的一小时匆匆而过，张维庆也成竹在胸。

下午的讨论准时开始，激烈的气氛仍然持续。张维庆理直气壮地说："计划生育必须立法，不立不行，为什么？国策必须要有国法，市场经济是法制经济，政府必须依法行政，如不立法才会导致人口反弹，立法会保持生育水平的稳定，甚至是下降。不能简单依靠过去那种简单粗暴的方法去搞计划生育，形势不允许，老百姓不答应，计生部门也难做工作，这种形势必须扭转。无论从哪个方面讲，从共产党的立党为公，执政地位，全心全意为人民服务的宗旨等各方面来看都不能这么干。要让实行计划生育的老百姓能够享受到改革开放的成果，真正得到实在的利益，我相信中国的广大老百姓是通情达理的，不通理的只是少数，只要我们坚持这样做，立法后，会得到更多老百姓的理解和支持……"张维庆一席话说完后，会场上一片平静，大家没有肯定也没有否定。散会后，他对同事们说，法律委员会没有提出反对的意见，就是对我们工作的最大支持。

鉴于立法过程中的不同意见和争论，全国人大何春林同志向时任全国人大委员长李鹏同志汇报了这个工作，李鹏同志非常重视，并将此提交到中央政治局常委会上去讨论。全国人大乔晓阳同志去中央政治局常委会汇报之前给张维庆打了一个电话："维庆，中央政治局常委会要讨论研究计划生育立法的问题，你有什么想法？"张维庆说："拜托你了，你把我的意思向中央表达，计划生育立法利大于弊，请中央放心，国家计生委有信心有能力做好工作，确保生育水平稳中有降。"

中央政治局常委讨论后，乔晓阳告诉张维庆，中央领导同志态度很明朗，说人口和计划生育法要立，张维庆知道后很高兴，他想，接下来的工作一定好办了。李鹏很重视这个工作，还让何春林、杨晋宇、张维庆等人去了他办公室，亲自对计划生育法的条文一条一条地抠，整整弄了一个上午，把条文重新修订了一遍。

张维庆当时分析了，参加三审的人大常委会委员一共不到150人，可能投反对票或弃权票的是47人，张维庆派人去做工作，细化到由哪个人去做。

2001年12月29日，第九届全国人大常委会第25次会议即将对《中华人民共和国人口与计划生育法》进行最后的审议投票。张维庆在现场作法律说明，尽管中央政治局常委会已经讨论过，但万一通不过一切的努力就将付诸东流，他的心情处于极度焦虑之中。最后，决定性的时刻出现了，除7票弃权外，没有一票反对！高票通过。会后，张维庆和同事们的那个兴奋劲真的很难形容，他说自己工作了几十年，从未经历过这样千钧一发的搏弈，他们胜利了！从起草立法到最终通过，这项工作经历了两年多的时间。2002年9月1日，《中华人民共和国人口与计划生育法》正式实施。

外人并不知道这部法律对人口和计划生育工作的意义有多大，但张维庆和他的同仁们却是亲身感受到了这项法律带来的巨大变化。张维庆说，立法之后，地方人口和计划生育条例相继修改和完善了，优质服务理念推进了，工作思路转变了，依法行政措施也采取了，许多惠及计划生育家庭而采取的措施落实了，总之计划生育工作至今能够稳定地发展，都与这个法的实施有很大关系，这部法还对后来统筹解决人口问题起到了奠基的作用。张维庆还说，这部法律出台后，计划生育工作也比以前好做了。当然，现在的计划生育工作仍然很难，但因为立法了，就不会因为领导人的改变而改变。

做事先做人，多方协调不怕求人

从张维庆的言谈中，记者能感受到每一项计划生育工作的推进都非常不易。他说，自从到国家计生委工作后，就感到无论什么工作都得求人。计生部门是一个责任大于权力的部门。

计划生育部门的职责和权力不对等，责任重大，权力很小，唯一的权力就是各方面去协调。正因如此，每一项重大政策的出台在前期都需要有大量细致艰苦的工作，比如说对计划生育家庭的奖励扶助政策，需要做多少协调工作最后才能定得下来。张维庆就曾开玩笑地对大家说："我们计划生育工作没有一件事情不求人，我当副省长时，是门庭若市，别人求我，是我手中有权力啊，我官升一级，到了北京什么事都求人，同样的事情在别的部门很容易办到，但在我们这个部门很不容易。"尽管每一项工作的推进都经过了很长时间才得到结果，但张维庆仍然感到辛苦的努力没有白费。当然，他也深深感到在这样的部门担任领导，其精神境界和协调能力决定这个部门的工作的好坏。

2008年3月，张维庆离开国家人口和计划生育委员会，到全国政协担任领导。即将离开工作了十多年的地方，张维庆顿感如释重负，过去这些年一直是绷着神经在工作。他对自己的人口计生工作生涯如是评价：尽职尽责，但也有遗憾。张维庆说他曾在给中央的报告中写到，让计划生育家庭率先享受改革开放的成果。但在实际中做到这点很难，至少是没有全部做到，其原因是政策不兼容、不配套的问题比较突出。

计生工作因其敏感的性质，身处其中的张维庆难免会面对外人对他的是非评价。在离开人口计生工作岗位最后一次接受媒体的采访时，被问到如何看待别人对自己的评价？张维庆说："一个人活在这个世界上，你做了你认为应该做的事，上对得起党中央、下对得起老百姓，就足够了。用鲁迅先生的话来说，躲进小楼成一统，管他春夏与秋冬。别人怎么看我不重要，个人非常渺小。我没有办法去评论自己，政声人去后，不管别人对我这段工作怎么看，我相信中国人口计划生育的事业会在不断的争论中被人们去认识、去深化。"

如果说那些年张维庆是靠什么闯过了工作上一个个的难关，这要得益于他性格中的自信与坚毅，他总是对身边的人说，做事要先做人。作为一个官员，他给自己提出了"四不三与"的原则。"四不"是：不妄自菲薄，不怨天尤人，不随波逐流，不趋炎附势；"三与"是：与众不同。每个人都是一个独立的个体，我不用模仿别人，保持独立的人格和作风。与人为善。一生多做善事，积德行善是中国的传统。与世无争。不和别人争名争利争权，保持一个平和乐观的心态。

张维庆说，自己在最基层最艰苦的环境中工作过，对老百姓有着很深的感情，中国老百姓太善良太厚道，太有承受能力，在这样的国度里，一个官员如果不能给老百姓去谋利益，是一件很可悲的事。

凡是了解张维庆的人都会说，这是一个敢讲真话的官员，即便是面对更高级别的领导，他也不会为自己的语言进行粉饰，所以他的老朋友总是对他说，你的优点是正直，缺点也是正直。

俗话说，一个人的品质不是一天两天培养出来的，而是还在年青时代的岁月里便锤炼而成。

两段人生经历及父母言传身教的影响

在张维庆风风雨雨的人生经历中，他在年轻时代的两段经历在他的心灵深处打下了很深的烙印，对他日后的人生有着重大的影响。

一段经历是大学时代。张维庆最开始填报的高考自愿是陕西师范学院，可他在西安中学的班主任马老师却认为他成绩很好，应该报考北京大学哲学系。张维庆非常感谢马老师为他人生作了一个重大决定。1962年，张维庆考入北京大学。他对未来有着美好的憧憬，但随之而来的"四清"和"文革"运动让这个国家时时处于政治的风云变幻之中，他不知道国家为什么要发生那么多的事情，接下来，因为家庭的因素，他受到冲击。这段时间里，张维庆一直在思考国家正在发生的许多事情，虽然对自己的前程感到很茫然，但学哲学的他，已懂得用唯物辩证的方法看待事物和人，为他日后参加工作奠定了成熟的基础。

另一段经历则是在艰苦的工作环境中求生存。大学毕业后，张维庆被分到了河北一个军垦农场工作，一年多以后又分到了山西祁县。他和同连队的同事杨如月一起到山西，杨如月因不久前在施工现场受伤，获救后身体受影响，他老家在山西晋中地区祁县，那地方条件相对不错，但他却被分配到山西保德县，这是一个比较艰苦的地方，而张维庆就分到了他的家乡祁县。张维庆发现他的这个同事每天躺在床上蒙着被子哭泣，问后才知他家里给他找了一个对象，但女方的要求就是要他分回老家才成亲，如分不回去就分手。张维庆当时就想，杨如月在部队里工作差点就丢了命，好不容易找了对象，家中又有老母需要照顾。于是，张维庆就找到部队政委要求两人的工作互换。就这样，张维庆去了黄河边上的保德县供销社。这时，北京农学院有一个学生也分到保德县当老师，他和张维庆在一次机会中相识后就说自己是学财经的，却要去当老师，他不想去。张维庆就说那我们就换换吧，你到供销社可能更合适。最终张维庆到了一个村办小学当了一名老师。至此，热心善良的张维庆已为方便他人换了两次工作，但他始终是快乐的，他坚信在艰苦的环境里自己不仅能生存还能发展。

当了一段时间老师后，张维庆感到当地老百姓很穷很苦，他希望带领老百姓改变穷山恶水过上好日子，就这样他又要求去公社当了一名乡镇干部。一年365天，他有200多天的时间都在和村民干农活。就这样，张维庆在艰苦的岁月里一步一个脚印成长起来，他后来担任了团县委书记、县委副书记、县委书记。张维庆说那时的风气很纯朴，根本没有人去跑官买官，他一个书生、一个外地人就因为工作出色而被提拔，且"平步青云"，在现在看来是多么不可思议的一件事情。在县里工作时，张维庆因为正直也得罪过个别人，但他为老百姓做了许多好事，老百姓很认同他，后来他离开县城到山西省工作时，老百姓用朴实无华的语言来评价张维庆：他是一个好官，心地善良。

张维庆说，善良是一个人最根本的本质。他非常感谢父母给他留下的这笔财产。张维庆出生在陕西临潼一个普通家庭，他的父亲解放前曾因参加过国民党，在后来的历次政治运动中屡遭冲击，一生在政治上不得志，他并不希望自己的儿子日后从政，但当老人得知儿子仍是走上仕途之后，他只是淡淡一笑，他相信品质善良的儿子会当一个好官。他父亲在八十岁高寿时曾写下这样的诗赠与张维庆："自然规律定死生，谁能不死永世存……遗体捐赠医学院，用作教学与科研。全身有用各器官，救助完人作奉献……切盼后代多勤勉，优良品德应继承。"

2004年，张维庆的母亲永远离他而去，悲伤之余他为母亲写了一首长诗，从中可看出张维庆母亲对他性格的影响："……三十九当副省长，母亲喜在眉梢上。劝儿莫操家中事，做好国事理应当。清贫无权没人理，官居高位屋满堂。求我要办很多事，母亲替儿勇阻挡：'我儿做官不容易，为你谋私啥道理? 别想让我去开口，走路还得靠自己。'母亲一生很节俭，少有新衣不打扮；母亲待人很宽厚，从来不去记私仇；母亲为人很善良，谁家有难都愿帮。"

◎手记◎

心底透明的为人

很多年前，当张维庆还在国家计生委担任主任时，我就非常想采访他，但几经周折未能如愿。那时我就想，身为中国制定计划生育政策的最高领导者一定是一个冷漠的、不善微笑的人。

2009年，我终于采访到了已到全国政协工作的张维庆，银白色的头发和慈善的面容，是他留给我的第一印象。那天的采访时间超过了预定的一个半小时，采访的效果非常好是我事前没有想到的，因为张维庆主任对于我的所有问题都畅所欲言，没有一点遮遮掩掩，采访结束后我们还针对一些社会现象作了探讨，属于那种不假修饰地探讨。他是一个让人容易信任的人，什么样的人容易让人信任? 当然是心底透明及品质好的人。更重要的是，他会首先把信任给予对方。哪怕就是和级别很低的人在一起，对他而言，真诚也是相互的。

谈到当年计划生育立法的艰难，他娓娓道来。计划生育政策是一项很敏感又很重大的事情，如何能准确地制定政策并能与中央的精神相一致，最终又能让中国老百姓都能接受，这不仅需要一个领导者高屋建瓴的境界，更需要一种睿智。所以，这篇文章最后成稿，我用了"如履薄冰"这个词作为标题，我感到这个词很贴切地形容了当年张维庆在任国家计生委主任时的状态。

我个人感觉张维庆主任身上有一种让人非常敬重的东西，那就是正直、善良。

记得采访结束时，我就和他聊起了当今社会一些现象，即官场上，不少从政的官员沉溺在升迁的追求中，当了副处就想升正处，当了正局又想要升副部……张维庆就很严肃地说了一句话：当这个人离开这个世界的那一瞬间，什么局级、什么部级都不重要了，重要的是要用良心做事。

因为张维庆身上的那种让人敬重的品质，能让人想象得到，无论是做他的下属，还是做他的朋友，一定都会非常安全，因为他的真诚和善良。如果要扩展到工作的层面上来说的话，他肯定也是一个凭着良心做事的高官。

成功之道

如果说这些年张维庆是靠什么闯过了工作上一个个的难关，这要得益于他性格中的自信与坚毅，他总是对身边的人说，做事要先做人。作为一个官员，他给自己提出了"四不三与"的原则。"四不"是：不妄自菲薄，不怨天尤人，不随波逐流，不趋炎附势。"三与"是：与众不同——每个人都是一个独立的，我不用模仿别人，保持独立的人格和作风；与人为善——一生多做善事，积德行善是中国的传统；与世无争——不和别人争名争利争权，保持一个平和乐观的心态。

◎ 马之庚 ◎
中国兵器工业集团公司原总经理

　　马之庚，男，汉族，1945年5月生，江苏泰兴人。1971年9月加入中国共产党，1968年9月参加工作，扬州工业学院机械制造系机械制造工艺专业毕业，大学学历，研究员级高级工程师。2007年6月至2008年10月任中国兵器工业集团公司总经理、党组副书记。2011年3月受国资委委派担任中国长江三峡集团公司和东风汽车公司外部董事。系中共第十六届中央候补委员。

中国兵器工业浴火重生的领路人

——中国兵器工业集团公司原总经理马之庚

兵器工业集团在许多人眼中是一个颇为神秘的单位。这个对中国国防事业有着重大贡献的中央直属国有特大企业的业务范围涉猎了很多军用和民用产品。中国兵器工业集团公司位于三里河，在一座有着几十年历史的楼房内办公，楼内的格局仍不失现代风范，这是著名建筑家梁思成早年的作品。这座大楼见证近代史上发生的一系列变迁的同时，也见证了中国兵器工业走过的风雨历史。

中国兵器工业曾经是几浮几沉。

马之庚，中国兵器工业集团公司总经理，这位头发花白、面目慈祥的长者，从大学时代学兵器专业开始，已在兵器行业工作了整整44年，他经历了兵器工业的成长风雨，感慨着风雨之后成长起来的今天的兵器工业是多么不易。

一个千疮百孔的大摊子等着他去修复

1999年，中国兵器工业集团公司成立，马之庚担任集团公司首任总经理。上任伊始，马之庚就在全体员工面前坦言自己并不轻松，压力很大！他的这种压力，130多个子公司的30多万兵器人都会理解，因为那时的兵器行业已经整整亏损了13年，用一句最简单的话来说就是：前途渺茫。一个千疮百孔的大摊子等着马之庚去修复。他所要做的就是，让中国兵器行业起死回生。然而，这是一条多么艰难的路。

马之庚常常会回想起兵器工业为中国革命作出的杰出贡献。早在革命时期井岗山根据地创建时，我党在江西省兴国县官田镇就成立了中央军委兵工厂，亦称"官田兵工厂"。它的创立，标志着人民兵器工业的诞生。在土地革命时期、抗日战争时期、解放战争时期，无论多么艰难的战争环境，广大兵工战士都在忘我地生产各种武器和设备，确保了革命的最后胜利。

马之庚对兵器行业在每一个阶段的发展情况都了然于胸。新中国成立后，兵器工业已形成了颇具规模的兵工生产基地，并且有了自主研发的产品。老兵器人都记得这么一件事：在国庆十周年的天安门阅兵大典中，所有受阅的兵器装备都是中国兵器工业自主制造的。兵器工业一度辉煌，兵器人也一度自豪。

60年代到70年代后期，为了应对险恶的国际形势，根据中央的战略部署，我国的兵器工业进入了"大小三线"建设，轰轰烈烈的战略任务如火如荼，兵器工业的摊子一时间铺得很大，专业队伍也超过了一百万，号称"百万大军"。不过，庞大队伍很快就显出了其弱势——只单一生产军事产品显然不足以维系一个庞大的行业生存。这一问题在改革开放之初立马显现出来。上世界70年代末，兵器工业在保军转民的调整中顿时面临重重困难。这可以说是兵器行业解放后遭遇的第一个阶段低谷。如何走出困境？当时的兵器行业对外挂牌是"兵器工业部"，1979年，兵器部给刚复出的邓小平同志打报告，希望能开展军用产品贸易。在过去，我国的军用产品只用于对外援助。邓小平同志的批复让兵器人欢欣鼓舞，老人家同意了。于是，1980年成立了中国北方工业公司，这是中国第一个专门经营军火的公司。北方公司在接下来的很短的时间内就拿到了很大的定单。

然而，就在兵器工业的发展走上一条看似顺利的道路时，1989年，随着两伊战争的结束、苏联的解体，国际军贸市场发生了很大的变化，更致命的是，我们的军品还缺乏高科技，而西方国家的军品已经日新月异。如此种种原因，整个兵器行业一落千丈，职工工资发不出，一直到了90年代末就连一个万人大厂的厂长每月的工资也只有几百元，兵器行业的辉煌仿佛已成过眼云烟，大家看不到兵器行业的希望，平均每年就有8000多名技术人员流失。整整13年，兵器工业年年亏损，特别是1998年亏损了近50个亿。除此之外，兵器集团身上还负有很沉重的包袱。马之庚介绍说兵器工业是老行业，现在的所有国防工业单位都是当年从兵器工业分出去的，也因此留下了许多落后的设备、还有人数众多的退休职工，马之庚刚接手总经理时，全国22个省的兵器行业共有47万人，还有20多万退休职工。马之庚形容说，就像是一个很贫困的大家庭，还要养活那么多孩子，他这个国有企业老总可不好当。

窘境中的几十万兵器人对新上任的马之庚寄予厚望。

马之庚认为，一个企业要发展，必须要科技领先，而要有先进的技术，就必须有高水平的、掌握技术的人才。上任伊始的马之庚首先要做的事就是：把人才留住！

特殊政策得到中央领导的支持

马之庚有一个工作习惯，那就是在作出工作决定之前会到基层实地调研。比如说他提出要把人才留住前，就到了许多子公司调研，他见到一个刚分配来的大学生，大学生每月工资200多元，其中一半用于当月伙食，剩下的也不足于正常的开支，于是这个在大学里就靠父母供养的大学生，在参加工作后仍不得不向父母伸手要钱，他的父母是在田间劳作的农民。马之庚了解到这个情况后，心里很不是滋味。之后，为了说服各方能接受他留住人才的政策，他给大家讲了一个很通俗的故事，他先讲到自己是江苏农村长大的孩子，切身体会到，在农村的一户经济状况并不好的人家里，家庭主妇做好饭后会给家中的主要劳动力多吃一点，为什么呢？主要劳动力吃好了才能好好地干农活，这个家才会兴旺起来。一个工厂也是这样，否则怎么能让厂子兴旺呢？他对大家说："一个企业没有新产品还叫企业吗？要有新产品，就要先调动技术干部开发新产品的积极性，企业有了新产品，工人才有工作干，不会下岗，大家的经济状况就会好起来。"

马之庚事后说，当初兵器集团根本就没有钱，但要留住人才，想方设法首先要给技术人员提高工资，调动大家的积极性。

马之庚是一个"胆子很大"的国企老总，那时绝大部分国有企业还都一成不变地拿着死工资，没有人敢跳出那个框框。说马之庚胆子大，还不仅仅是他上任老总之时，在70年代，他在下属的子公司里当总经理时，为了把厂子发展起来，他提出了工人拿计件工资，干得多就拿得多，有干得好的工人有时一个月就能拿2000元，相当于当时工人两三年的工资收入了，那时的马之庚也就拿62元钱。上级领导得知此事后，说他搞物质刺激，准备对马之庚进行处分，只是后来考虑到任务完成很好，就把处分改成了严厉的批评。这件事虽然已经过去了20年，也留在记忆深处了，但马之庚才不是"一朝被蛇咬，十年怕井绳"的那种人，他的"胆大"一如既往。

事关兵器集团发展的大事，马之庚旋即组织、指导集团人事部门起草了关于企业各个岗位的绩效工资方案，"科技带头人和技能带头人的奖励办法和在一线职工中推行计件工资的办法，多余的人都下岗拿生活费……"明摆着就是实行年薪制，可那会儿的马之庚却只敢对外说是根据效益拿工资。他拿着这个绩效工资方案，在2000年底的一天，去向当时分管国防工业的国务院领导同志汇报。马之庚说："兵器行业长时期都很困难，除了国家给我们政策之外，不采取一点特殊措施不行。企业要发展必须要调动人的积极性，我这里有一个方案，没有一点特殊办法，兵器工业就走不出来，要是到最后出了问题你把我免了就行了……"马之庚还说了很多，内容都是围绕如何让兵器行业走出困境，他汇报了两个小时，领导同志一直耐心地听着，作为分管的领导，他对兵器行业的困难深有感触，听完马之庚的汇报后说了四个字：只干不说。

国务院领导同志的这句话让马之庚看到了兵器行业的希望，也带给了兵器人好运，从此，兵器行业一发不可收，在之后的短短的3年时间便扭亏为盈。2003年底，当马之庚在兵器集团的大会上向大家宣布，已经彻底摘掉了亏损的帽子，在场的所有人都发自内心地热烈鼓掌，兵器人又重拾信心。

就在马之庚对庞大的队伍进行有效分流的同时，还不能不谈到之后的2002年中央针对困难国有企业实行政府行为的破产关闭，这对马之庚来说无疑是绝好的政策，尽管这是兵器集团改革脱困工作中最艰难的一页，当时，在国防科技工业全部破产企业中，兵器集团的破产企业就占四分之一。这项工作开展之初，马之庚就严格要求这些企业严格按国务院政策办事，首先要将职工的安置方案做详细，消除了职工的后顾之忧，此项工作得到了大多数职工的拥护。到2006年，60多个企业已完成了破产重组和分离改制，这些企业后来发展得非常好，真正实现了轻装上阵。

善于抓住商机走出困境

马之庚上任后提出关键性的两条工作思路：发展高科技军品、利用军品优势发展高科技民品。

作为国防现代化建设的基础产业，中国兵器工业集团面向陆、海、空及各军兵种研制和发展各种高新技术武器装备。马之庚认为，发展高科技兵器，推进科技创新和进步，是兵器工业实现持续发展的根本途径。

在马之庚上任后不长时间，他就带领兵器集团依靠自主创新研发了许多高新武器，成果颇丰：不但全面完成了多个重点装备以及数十个配套项目的研制生产任务，全系统有数十个项目完成了设计定型。更令人振奋的是，为国家应对危机和新时代军事斗争提供了一批具有国际先进水平的高科技武器装备，实现了由传统兵器向高科技兵器的跨越，从而在远程压制、两栖突击、登陆破障等领域一举跨入了世界先进行列。

军品发展的同时，民品也得到了快速增长。对民品的发展，马之庚如是说："我从上大学起就一直在兵器行业工作，亲身经历了兵器工业在民品发展上的起起落落，体会也很深。兵器工业集团组建后，我们党组对兵器工业20多年来的军民结合实践进行了深刻总结，核心是一条：兵器工业发展民品，必须把指导思想从利用军工富余能力生产一般民品、解决吃饭问题，转移到充分利用军品资源优势发展军民结合的高新技术产业；调整产业结构，实现军民互动协调发展。最终确立了立足军品科技资源，重点发展军民结合高新技术产业的战略方针。"

国防工业实行保军转民战略调整以后，兵器工业由于军事属性强、技术军民兼容性差，受到的冲击最大。上世纪80年代末，兵器工业在"找米下锅"中开始了大规模的军转民调整，开发出微型汽车、冰箱、摩托车、洗衣机、钟表、自行车、缝纫机等上千种民用产品，虽然在当时为企业发展解了燃眉之急，但由于这些并不是兵器行业的未来，在市场竞争中都逐步销声匿迹了。马之庚那时在位于重庆的公司担任领导，他就亲身经历过带领工人生产冰箱、自行车、摩托车等民用产品。虽然这些民用产品在当时也为企业带来了一定的利润，但对于并不是专业生产民用产品的兵器行业来说，转产这些大众化的民用民品并不是一个长久之计。用马之庚的话来说，没有优势去和专业生产民品的企业去竞争。所以他担任集团公司总经理之后就提出要利用军品优势去发展高科技民品，比如说生产重型汽车。很早以前，下属的子公司就开始生产重型汽车，不过销量不太好，价格也太贵，70万元一辆。马之庚就对这家企业的厂长说，重型汽车的很多方面还需要改进，把多余的功能去掉，这样可省下成本，价格要降到30万，这样市场才能接受你。后来，通过专业化重组调整，重型汽车产销连年跨上新台阶，2007年销售了一万多辆，2008年可达到2万辆以上。如今，兵器集团的铁路车辆、矿用车、汽车零部件、TDI等军民结合的高新技术产品已跨入国际国内的先进行列，人造金刚石、硝化绵的市场占有率位居世界第一。

马之庚上任之后，所做的一件件事情总让兵器人甚感欣喜，冷清了许多年的军贸重又走上了一条兴旺之路。按照马之庚的工作思路，兵器集团根据世界军事技术的发展趋势和市场需求的变化，积极采取技工贸结合的方式，面向国际市场，同步开发了一系列具有国际竞争力，能与西方大国同类装备抗衡的高新科技军贸产品，这些产品不但一举扭转了两伊战争以后军贸长期排徊不前的局面，而且实现了由单件武器出口向武器系统成套出口的转变。2005年，兵器集团的军贸出口成交额达到了历史最好水平，成功实现了由过去军贸以第三世界国家为主进军到世界军贸主流市场、与美欧军事技术强国同台竞争的重大转变。兵器集团的业绩也成功树立了"中国兵器"的高科技国际形象。

军贸事业的成功还带来了意想不到的收获，那就是涉猎国外的地铁建造及石油、矿产的开发。

一年就能赢利几十个亿

应该说，马之庚是一个成功的企业家，因为他非常擅长寻找机会让企业走出困境、走上市场，尽管是国有企业，他仍然想方设法要去打破一些内部人看来是多么坚固的条条框框，他总是说，发展企业，就不能固守本行业，而要不断拓展。正因为他有着这样敏锐的市场嗅觉，每一个稍纵即逝的机会，都会被他很快抓住。

在开展军贸时，马之庚发现，一些第三世界国家没有那么多钱付给你，但对方有资源，愿意拿石油和矿产等资源来交换。虽然兵器行业没有这样的业务经营范围，可上任之后的马之庚不愿意放弃这样的机会。他说，我们国家也是非常需要这些资源的，为什么就不能拿过来开发呢？因为马之庚很执著，国家最终给予了兵器集团石油和矿产的经营权。兵器集团在中央领导的关心下，先后在刚果、叙利亚、哈萨克斯坦、巴基斯坦、津巴布韦等国家开发了油田、贵金属矿产资源。同时，还承担实施了伊朗地铁四号线、埃塞俄比亚公路改造等一系列具有国际影响的重大国际工程项目。2007年，仅石油和矿产的收益就高达一百多个亿。

兵器集团在三年时间就走出了困境，三年之后就成为一个平均年赢利几十亿的国有大企业，实现了兵器人的愿望。

马之庚感慨地说，过去一年亏几十个亿，现在一年就能赢利几十个亿，想到这些也很欣慰，毕竟自己想干的事都干成了，也让职工生活质量提高了。

突破重围需要的是一个企业家卓越的创新精神、优秀的管理才能和出色的胆识谋略，而这些特质，马之庚都具备。他的成长经历对他这些特质的形成有着非常重要的影响。

马之庚当过工人，但他说当工人时并不累，干完活就休息了，而当领导就不一样了，考虑得更多，要干好一件事情很不易。他在很年轻的时候就担任了领导的角色，那时他30岁，在基层的兵工厂里，他被任命为厂革委副主任，主管生产技术，那时厂里的领导都是抗日战争和解放战争期间的老革命，这些老同志就问他，你这么年轻，大家听不听你的？马之庚就说，靠自己的行动去感动大家。事实上，的确有些人就不听马之庚的，因为他太年轻，他说：我的工作能顺利开展得益于当时老书记、老厂长的支持和教育。马之庚一直都非常感谢这些老领导对自己工作无私的支持，因为有老领导的支持，他全身心埋头工作。踏踏实实工作——是马之庚的信条，也是他成功的基础。38岁那年，马之庚当了厂长，成为兵器行业最年轻的厂长。他出色的企业管理经验是他很用心地一天天累积起来的。

有一段经历是马之庚终身难忘的，这段经历让他特别能够理解在基层兵器行业工作的同事。1968年，马之庚从扬州工业学院毕业后，被分配到位于川南地区的兵工厂工作。那时的背景正是国家如火如荼的"三线建设"。马之庚和几位同学背上背包就到了这个远离城市、位于偏远山沟中的工厂。那地方很闭塞，马之庚还记得当时有个老乡问职工，日本人走了吗？弄得人哭笑不得。生活和工作上的艰苦被一颗年轻而火热的心忽略了，他和所有的同学一样，把自己的青春献给了山沟里那份伟大的事业，当然，他也在那里迈开了事业的第一步，也在那里结婚生子，妻子是他的同学。在那里工作了18年之后，马之庚因为工作调动才离开了那个山沟沟。马之庚说到这里，神色有点黯然，他说他当年的同事们乃至他们的孩子仍在山沟里工作，真是献了青春献终身、献了终身献子孙，他们在生活中有许多困难是常人难以想象的，一句话就是：很苦！日后，马之庚的职位尽管越来越高，但他一直都在关心着这些地处偏僻的兵器行业，尽可能帮助他们解决困难，在国家关心下，大多数企业都搬出了山沟。

马之庚说他的头发是46岁那年开始白的，那时的他已担任副局长。职位越高，担子就越重。马之庚坦言自己就是一个工作狂，没有一点业余爱好，从年轻时代开始就是除了工作还是工作，记得当厂长那会儿，工厂加班到几点，他就要在厂子里待到几点。后来级别越来越高，他又把自己的工作时间分成了三个时段，三分之一到基层调研、三分之一在机关工作、三分之一参加重要会议。老伴常常对他说，家里简直就成了他的旅馆了。不过马之庚很感谢老伴，也不知他当面给老伴说过没有，总之他对我说了，他说老伴这辈子与他患难与共，为支持他的工作付出了太多！

采访马之庚总经理那天，他穿了一件红色的T恤，银白色的头发在红色的映衬下格外醒目。他说按照年龄的规定，他在我采访他的当年，也就是2008年，他就要从岗位上退下来了。说这话时，他的语气很平静，就像在说与自己无关的事。

◎手记◎

退下来之后没有失落感

马之庚留给人最深刻的印象就是一头银白色的头发。

2008年底，马之庚从兵器集团的任上退了下来。我是在他在任时采访他的，准确地说是在他即将退休前采访的。根据我多年采访高层领导干部的经验，采访这样的群体很难，但如果是在他们即将退下时去采访，很多领导还是愿意的，因为这时候，就算非常低调的官员，也可以考虑对自己的工作或说是人生进行一个总结了。

的确，我们这些局外人很难想象，这样一个在建国前后如此重要的中央企业，在十多年前曾经是那么的艰难，企业濒临倒闭，职工发不出工资，不得不面临转产。马之庚让这么一个穷单位扭亏为盈，当然是一个让兵器人难忘的人。

马之庚待人认真，也乐于助人。他说很多当年在山区兵工厂工作的老同事至今还与他保持联系，他则是能帮就帮。

马之庚的高尔夫球打得非常好。他说中央曾经有规定，领导干部不能打这种费用很高的球，但是像兵器集团这样的央企经常会与国外许多同行开展工作上的合作，不学会打高尔夫也不行，所以这事他也向中央有关领导汇报过。

马之庚退下来之后，还有很多职务在身，比如，国资委监事长，还有在全国人大的职务等等。他退下来之后，我还曾去拜访过他，他的精神状况和在位时一样，心态也非常好，他说现在没有那么忙了，也就没有那么累了，他真的不失落。我还开玩笑地建议说，您能让一个企业起死回生，在这些方面有很多成功的经验，您应该去给各企业讲课。他笑笑说，如有时间也可考虑去。至今，尽管兵器集团的一些重大事情也还会征求他这个老领导的意见，但马之庚说他不会去干预现任班子成员的工作。

闲暇时，马之庚逗逗孙辈们也是一种乐趣。

成功之道

中国兵器事业的发展史上，马之庚是让人不能遗忘的人。马之庚能将中国兵器工业集团起死回生，最重要的就是因为重视科技，重视高水平掌握技术的人才，进行绩效工资改革把人才留住。他是一个"胆子很大"的国企老总，具备一个企业家卓越的创新精神、优秀的管理才能和出色的胆识谋略。踏踏实实工作是马之庚的信条，也是他成功的基础。他出色的企业管理经验是他很用心地一天天累积起来的。他的成长经历对他这些特质的形成有着非常重要的影响：马之庚当过工人，在很年轻的时候就担任了领导的角色，并靠自己的行动去感动大家。

◎ 郑国光 ◎
中国气象局局长

郑国光，男，汉族，1959年11月生，江苏省涟水人，1981年3月加入中国共产党，1976年12月参加工作，1994年7月获加拿大多伦多大学物理系理学博士学位。历任中国气象局总体规划研究设计室主任助理、副主任，福建省气象局副局长，中国气象局副局长。2007年3月任中国气象局党组书记、局长。系中共十七大代表，第十一届全国政协委员。

从少年"气象哨长"到中国气象局局长

——中国气象局局长郑国光

位于北京西侧的中国气象局是一个占地500亩的大院落，说是"院落"，名副其实，气象局2000多名职工办公和住宿都在这里，超市、医院、招待所、学校等应有尽有，足不出户，便可享受到这个"小社会"带来的便利。中国气象局的职工很喜欢这个工作生活环境，用他们的话来说，这里的人们之间友好而相对单纯，气象局的一位干部就对我说，有收入很高的单位要调他走，可他就是很喜欢这里，不仅是职业，还有这里独有的人文氛围。这个位于繁华地段的院落里，确是有点远离城市喧嚣之感。

当我前往采访时任中国气象局副局长的郑国光时，他已在楼下迎候，他留给人的第一印象是年轻、儒雅。大凡见过郑国光的人都说他很年轻，这是说他的年龄，也说他高大帅气的外表，更说他工作时的创新和活力。不过，从外表上看，郑国光并不是一个很爱说话的人，特别是和不熟悉的人在一起时，言语间仿佛还显得有些腼腆，但一谈起工作，他就开始滔滔不绝，谁也别想打断他的话，在常人看来枯燥的"气象"业务，从他嘴里说出来竟是那样的精彩，让人无限神往。郑国光的部下们对我说，他不仅是一位优秀的气象学家，还是一位具有创新和开拓思维的领导。

尽管2005年郑国光才46岁，但他从事气象工作已有33个年头，在浩瀚无垠的气象领域，郑国光用执著敲开了一扇又一扇的神秘之门。

云和降水物理学专家

提起气象局，人们会想到天气预报。中国气象局中央气象台制作的天气预报在中央电视台播出后连续多年创下中央电视台节目收视率第一。不过，气象的作用远不止这个内容。如地质灾害气象预警、森林草原火险预警、有害气体监测预测、重大社会活动气象保障等等。如2004年4月，重庆开元化工厂发生氯气泄漏事件，气象部门立即组织现场气象条件监测，并根据大气扩散条件，制定了氯气影响区有毒气体浓度和扩散的预报，为救灾工作起到了重要的作用。

1996年，江泽民同志视察中国气象局时说："天气预报准确与否，不仅是一个经济问题，也是一个政治问题。"气象的重要性不言而喻。当年美国攻打伊拉克时，就是利用全天候无人驾驶飞机探测伊拉克的大气状况，并实时将气象信息置入航空母舰上的导弹中，提高了导弹的命中率。任何一个国家要保卫领土安全，气象信息是必须要首先分析掌握的，当然，这是从政治的角度上来讲，从经济的角度上来讲，范畴也是非常大。

走进中央气象台大楼就能感觉到现代技术的气息迎面而来，一长排电脑的画面上显示着从气象卫星上发射下来的卫星云图和来自全国各地天气雷达的图像，还有经过人工层层分析而成的各种图像，最后才形成天气预报。在大厅的一角，一个模拟的气象卫星摆放在那里。据介绍，在1970年以前，我国都是借用美国气象卫星发射下来的云图分析天气，70年代初，在周恩来总理的关怀下，我国开始设计研制气象卫星。然而，"文革"时期，气象工作的主导思想是要发挥群众的经验，就是摒弃通过分析天气图来预报天气，总结发扬"老农的经验"。那时，气象部门都养了不少乌龟王八，通过这些动物的生活习性来判断天气及预测自然灾害的发生。当然，这些动物是对天气很敏感，可这并不能代表科学。

改革开放之初，气象领域是中国第一个和国外签署合作协议的单位，气象工作从固步自封一跃跨入现代化，如建立具有现代化水平的气象监测预报体系，健全了天气预报、短期气候预测等专业气象及人工影响天气等服务手段。这些工作拓宽了气象领域，在防灾减灾、促进经济社会发展方面，发挥了重要的作用。郑国光说，气象工作推向现代化不能忘却的一个人便是邹竟蒙。这个1981年上任中国气象局局长的老局长，在他任职的15年期间，彻底改变了气象工作的停滞落后状态。现在的气象人正是走在邹局长一手经营起来的坚实工作基础上，并不断地发扬光大。只可惜，邹竟蒙局长在1999年一次意外事件中与世长辞，如今，中国气象局的每一位员工仍是非常怀念他。1996年后，在温克刚、秦大河两任局长的领导下，在许多老专家和气象工作者的努力下，气象现代化不断取得辉煌。

作为云和降水物理学专家，郑国光一直从事冰雹形成机理和人工影响天气等课题的研究。我采访他时，他刚给自己带的博士生上完课，内容就是"人工影响天气"。所谓人工影响天气，就是指通过人为干预以防止或减轻由恶劣天气引起的自然灾害。多年前，大兴安岭的森林火灾最后便是通过人工增雨的方式来扑灭的。郑国光兴致勃勃地讲起了人工影响天气的重要性。中国最严重的气象灾害是大范围的干旱，仅在1990年至2000年的10年中，平均每年有8.9亿亩农田遭受干旱灾害，2500万亩农田遭受冰雹灾害。人工影响天气可大大改善气象灾害造成的损失。早在1946年，美国人就驾驶飞机在马萨诸塞州西部的上空对一片云层播洒了3磅干冰，实施了人类首次对过冷云进行科学的催化试验，5分钟内，几乎整个云都转化成雪。之后，又发现了碘化银在过冷云中可产生大量冰晶。1958年8月，在前苏联专家的帮助下，我国在吉林省首次进行了飞机播撒干冰增雨的试验，从那时开始，"干冰"和"碘化银"这两种化学物质成为我国气象工作者进行人工增雨的主要工具。不过，这也并不是简单的一项工作，因为云的结构和演变十分复杂，对催化时机、部位和剂量十分敏感，催化引起的各种微物理变化和动力效应有时是互相抵触或被自适应而达不到增雨的目的。

郑国光作为云和降水学科带头人，多次主持开展国家的大型科学研究项目，在北京大学、南京气象学院兼任教授、博士生导师，先后培养了10多名博士、硕士研究生，而伴随着每个人生阶段取得的成绩，他都会回顾起少年时代便钟情于气象的岁月。

唯一去新疆的内地研究生

郑国光是江苏涟水县人，当时他就读该县高沟中学时，物理老师给了他一本《气象知识》，书里图文并茂地介绍各种气象知识，那美丽而翻卷的云朵里究竟深藏着什么样的秘密？郑国光立即被吸引住了。后来学校里建起了气象哨，郑国光担任哨长。每天早中晚，他和同学们都要观测天气，包括气温、湿度、风、降水量、气压等，还收听省气象台和县气象站的预报，然后在老师的指导下做出天气预报。他走访了许多老农民，收集了上千条气象谚语，编印成册。还是少年的他，常常琢磨的问题就是：风是怎样形成的？雨是怎样形成的？有什么先进的探测设备？等等，他觉得气象太深奥了，他被这种神秘深深吸引。1978年初，郑国光在经历了知识青年插队的短暂生涯后，考入南京气象学院，专攻大气探测专业，1982年初本科毕业后，他考取了南京气象学院大气物理专业的研究生。郑国光显然是令研究生同学们另眼相看的人，学生时代的他设计建造了我国第一台专门用于冰雹生长模拟的风洞、实验测定了冰雹物理特征同生长环境条件的关系、测定了圆锥形冰雹的动力学参数，这些研究对当时国内气象工作有着重要的应用价值，为此，郑国光获得了我国首届涂长望青年气象科技进步二等奖。

就读研究生期间，他因专业领域曾和新疆气象局进行过一些合作。当时，郑国光感到新疆的气象科研力量很强，另外，那里干旱日和冰雹日多，又由于新疆在整个卫星云图上地处上游，而监测天气越是上游准确率就越高。想到这些，他感到自己的专业在新疆正好可以大有作为，于是，1984年，这位令同行注目的青年学者没有选择大都市，而是主动要求到了新疆。郑国光是当时唯一去新疆的内地研究生。新疆当地也表示出了对他的重视，安排他担任新疆气象局人工影响天气研究室副主任。因新疆一直在开展人工增雨工作，郑国光去了之后，在地方政府的支持下，从国外购入了飞机人工增雨的先进设备，装备了当时国内先进的"713"天气雷达，这对日后新疆在这方面工作始终走在全国前列奠定了很好的基础。

　　郑国光还记得到新疆之后做的第一个工作是人工增雪。当时正值一位老科学家住院，这个任务就交给了郑国光负责，这个小组有五六十个人组成。1984年12月1日，乌鲁木齐市的气温是零下29.5度，郑国光和大家来到飞机场，地面上有雷达观测，一切准备工作就绪后，郑国光和三四个同事一同上了飞机，这是一架前苏联制造的伊尔—14军用运输飞机，飞机直奔有云彩的方向，哪里的云很厚很黑，那个地方就是最好开展工作的。他们将雪花采集到玻璃片上，准备下飞机后用化学药品把雪花固定下来，观测雪花里的结构，研究其物理过程，便于提高人工影响雪的效率。他们的另一项工作便是往云层里播撒碘化银。虽然，空中观测对郑国光来说很有意思也很有收获，但在飞机上的不适却不是所有人都能抵挡住的。每次到空中观测的时间是三个多小时，为了取样，飞机的舱门必须打开，机舱内的氧气只有地面上的百分之五十，在缺氧的状态下，很多人都呕吐了。另外，飞机上的温度是零下40多度，尽管穿上厚厚的大衣，还是冻得直发抖。就是在这样恶劣的环境下，郑国光他们每个人每天至少要有两次空中工作。

　　郑国光还忘不了我国最西端、那个靠近哈萨克斯坦的小县城——昭苏，这个小城离乌鲁木齐市有一千多千米。那里一年中有二十天到三十天是冰雹日，正是研究冰雹物理过程的好地方，郑国光就在那里待了很长时间，研究冰雹的规律，以便用炮弹从合理的时间和角度上将冰雹削薄，减弱冰雹对农作物的侵害程度。

　　当年来新疆时的初衷，就是感到自己能学有所用，几年下来，收获还真不少：1984年至1989年间，他主持了"新疆北部冬季层状云降雪的综合探测研究"，揭示了降雪的空间不均匀性、降雪增长特点和降雪机制；主持"人工防雹机理的验证性研究"，分析了西北降雹特征，探讨了人工防雹的理论与方法。郑国光的这些学术成绩对我国人工影响天气工作的深入开展具有重要的应用意义。1985年8月，郑国光前往美国夏威夷参加世界气象组织召开的人工影响天气的国际会议，在会上，郑国光向与会者介绍了新疆人工影响天气的经验和他的一些成果，与会者记住了这个中国人的名字，也惊讶于中国气象事业发展的长足进步。

　　不过，郑国光说他在新疆做的更多的是组建工作，他先后主持组建了新疆气象科学研究所、新疆气象业务中心。思想一向超前的郑国光在组建工作时表现出的改革气魄，令新疆气象局上上下下着实耳目一新，比如说组建新疆气象业务中心这事，当初气象系统的通讯、计算机等单位都在一栋大楼里办公，各单位间的业务往来由于不是同一个单位，虽在一个楼里，但资源共享的手续却很繁琐。郑国光就想，如能把这些部门都综合成一个单位来管理，工作效率将会更高。拿郑国光的话来说，这叫做"资源优化配置，建立新型气象业务"。这种根据业务发展需要而将有些单位合并在一起的做法，很快在全国的气象系统引起了反响，各地的气象局纷纷前往新疆气象局参观。1994年，国家气象局在新疆召开了全国气象系统的会议，与会人员对这样的新型气象业务体制留下了深刻的印象，推动了全国气象系统业务体制的改革。新疆气象科研体制和业务体制改革走在全国的前列，与郑国光的努力是分不开的。

郑国光对新疆的感情是很深的，如果不是后来公派出国，他仍是不愿离开新疆。

推动第一部《中华人民共和国气象法》的出台

1990年至1995年期间，郑国光被派往加拿大多伦多大学物理系做访问学者，并获物理学博士学位，还从事博士后研究。在多伦多大学，他师承著名物理学家利斯特教授，利斯特教授深邃而开明的思想及深厚的专业理念，对郑国光的帮助非常大。他在"云物理"领域研究的一些成果填补了国内外的空白，为冰雹增长理论和数据模拟提供了十分重要的实验依据，不仅受到国际云物理界的高度重视，也得到了热传导、热处理、热工程和结冰学、天体物理学界专家的高度评价。

和不少从国内出去学习的同学一样，他们都面临着国外优越生活的诱惑。刚到加拿大时，正是1989年"六四"风波刚过，一些西方国家政府借这个机会一面攻击中国，一面招揽他们所需要的人才。仅加拿大一次性发给永久居住权的就有一万多名中国留学生。面对这一切，郑国光显得异常冷静，他清醒地知道自己是祖国派来学习的，自己没有理由不为国家作贡献。最终，郑国光没有申请永久居民。1995年11月，郑国光学成后，带着妻儿，全家归国。

郑国光用在国外学成的开放理念在回国后的几年时间里，开展了大量的工作，他对"云物理"研究的成果处于世界领先水平，这也使得他在国际气象界有着较大的影响。

1999年，39岁的郑国光担任了中国气象局副局长，成为新中国建国以来中国气象局最年轻的副局长。担任副局长后，郑国光做的最难忘的一件大事便是推动第一部《中华人民共和国气象法》的出台。气象法从出台到现在，为我国气象事业的健康、快速、持续发展提供了众多的依据。

作为中国气象局的最高决策层，郑国光等人非常关注全球气候变暖这个问题，他多次率领中国代表团参加政府间气候变化专门委员会的会议。我们来看一组数据：在上个世纪100年里，全球气温变化只有0.4度的差距，但是由于全球工业污染气体的大量排放，在未来100年里，全球气温的变化就可高达5.8度。

2004年2月22日的英国《观察家》报以"五角大楼告诉布什：气候变化将摧毁我们"为题目，披露了美国国防部给布什政府提供了一份秘密报告《气候突变的情景及其对美国国家安全的意义》。气候变化对人类生存和社会经济将产生什么样的沉重灾难，不言而喻。众所周知，我国是二氧化硫污染物（煤燃烧后排放的气体）的第一排放大国。另外，我国还面临另一个巨大的挑战，那就是沙尘暴。2005年西方八国首脑会议起草的《京都议定书》规定了各个国家从2008年开始如何逐年减少排放污染物。针对此，郑国光提出了我国要改变现状走"资源节约型，环境友好型"的道路。而这条道路，对各行各业而言任重道远，气象部门的担子更为沉重。

2005年，郑国光代表中国竞选国际地球观测组织联合主席获得成功，目前他还担任世界气象组织THORPEX国际科学计划核心委员会副主席、人工影响天气专家组成员、亚洲气候工作组组长等职务，在国际组织和学术界颇有影响，发挥了重要的作用。近十多年，我国的气象事业在国际上的声望很高，在某些方面的研究已走在了世界的前列。这些成绩与郑国光及所有气象人的努力密切相关。

◎手记◎

兼具专业知识和领导才干

采访郑国光时，他在任中国气象局副局长，那时就感觉到这位有着气象学博士背景，又具有领导者天赋的他，一定是有着更好的发展。2007年3月，他升任中国气象局一把手。我个人感觉，郑国光是一个不可多得的领导人才，兼具深厚的专业知识和领导组织能力。

郑国光带着浓浓江苏口音的普通话很特别，他待人热情开朗，并乐于助人。

因为采访过郑国光，所以这些年我一直都很关注中国气象局的工作。对于更多老百姓而言，关注气象是因为这与老百姓的生活息息相关，当然，对于中国气象局而言，这只是一方面的工作而已，还有许多工作是要面向全球的，比如说气象对人类及地球的影响等等。俗话说，一个领导一个风格，他工作起来很严肃，但平日里总是乐呵呵的样子，他领导下的中国气象局究竟怎样呢。

一份资料显示："回良玉副总理的批示对2010年气象工作给予了充分肯定，认为过去的一年，全国气象部门深入贯彻落实科学发展观，认真履行气象防灾减灾和应对气候变化职责，加快推进气象现代化体系建设，有效应对了一系列重大自然灾害，有效保障了一系列重大活动，推动气象事业科学发展取得了新成绩，为国家科学发展作出了新贡献。"这些成绩，作为一把手的郑国光自然是功不可没。

作为高级领导干部，郑国光最难得的还是对专业的执著。他一直从事冰雹形成机理研究和人工影响天气等工作，目前为该学科的学术带头人之一。

成功之道

郑国光是一个不可多得的领导人才，兼具深厚的专业知识和领导组织能力。作为高级领导干部，郑国光最难得的还是对专业的执著，在浩瀚无垠的气象领域，郑国光用执著敲开了一扇又一扇的神秘之门。

◎ 陈建民 ◎
中国地震局局长

陈建民，男，汉族，1956年7月生，天津宁河人。地震地质专业研究生毕业。历任国家地震局分析预报中心研究生、研究室主任，国家地震局科技监测司监测处长、预测预防司副司长，中国地震局分析预报中心主任，中国地震局副局长、党组成员，中国地震局党组书记、局长，系全国政协委员。

地震人肩上的重任

——中国地震局局长陈建民

很多时候，人们已经淡忘"地震"两字。

2004年12月东南亚发生特大地震和海啸，人们仿佛一夜间才对"地震"警觉起来，也同时记住了参与救援的中国国际救援队和中国地震局。

更让人们警觉的还是2005年11月26日，在江西瑞昌与九江之间发生的5.7级地震。为什么用"警觉"两字呢？因为在江西的历史上，地震活动是比较少、比较弱的，怎么会发生相对比较大的5.7级地震呢？地震真的就不可捉摸、无法预测吗？

1976年唐山发生大地震的时候，20岁的陈建民还在北京郊区参加劳动，他目睹了房子被震得歪歪扭扭，也是那时他就下决心要报考地震专业，终于有一天，他成了北京大学地震地质专业的一名德才兼备的学生。他就是在地震系统工作了近30年的中国地震局局长。这样一位年轻的副部级领导干部，却是异常随和谦逊、稳健果断。他说："东南亚的海啸，再一次用血的事实，用几十万生命的代价告诉我们防震减灾工作的极端重要性，告诉我们肩上的责任重大。"

当我们沐浴着阳光的每一个日子，却有这么一支队伍从未懈怠过"地震"二字，他们都和陈建民一样，无时无刻充斥着"使命感"。

地震预报仍然是世界科学难题

地震灾害具有突发性、不确定性、瞬时性和次生灾害的连发性。我国处于环太平洋地震带和地中海–喜马拉雅地震带交汇部位，地壳构造运动强烈而复杂，是全球地震活动频率最高的地区之一。新中国成立以来，地震所造成的死亡人数达28万人，占所有因自然灾害死亡总人数的54%。历史上，我国几乎所有的省、自治区、直辖市都发生过6级地震。而地震预报是有效减轻灾害损失的重要途径之一。

早在4000多年前我国就开始了地震现象的记载。东汉时期，我国著名科学家张衡就发明了地动仪，并成功观测到千里之外的地震，开创了人类历史上用仪器观测地震的先河。1950年，中国科学院地球物理研究所、地质研究所等研究机构成立，开始新中国的地震、地磁、地球物理和地震地质等方面的研究。1953年成立中国科学院地震工作委员会。中国地震事业进入全面发展阶段是从1966年开始，这年3月，河北邢台相继发生6.8级、7.2级强烈地震，造成重大人员伤亡和财产损失，周恩来总理亲临现场慰问灾区人民，提出了地震预报的要求。地震工作者立即围绕邢台地震，开展预报实验。1971年，国家地震局成立。之后，我国在1975年成功对辽宁海城7.3级地震作出预报，使绝大多数居民在震前撤离住宅区，转移了重要物资设备，避免了重大损失。海城地震的成功预报，引起了国内外的高度关注，极大地鼓舞了地震工作者攻克地震预报难关的信心。然而，在这条路上，充满着难以言表的酸甜苦辣：既有成功预报强烈地震的喜悦，也有对唐山大地震预报失败的惨痛教训。

地震预报是当今世界科学难题之一。开展地震预报工作的难度和风险都很大，但这个富有挑战的前沿课题，吸引着一代又一代地震科技工作者为之奋斗不息。几十年来，中国地震局就是在如此艰难的背景下一步步总结地震预报的经验和教训，并又成功地预测了云南施甸、新疆伽师、甘肃民乐等地的破坏性地震，收到了防震减灾的实效。陈建民用"千里之行，始于足下"来形容地震工作者的决心。

经过中国地震科技工作者几代人的艰苦努力，中国地震预报技术在国际上已处于领先地位。

这是怎样一支队伍呢？曾任国务院总理的朱镕基曾评价说，这是一支甘于清贫、默默奉献的队伍。

地震台承受莫大的艰辛和寂寞

陈建民向我们介绍了"地震监测预报、震灾预防、紧急救援"三大工作体系，指的是：地震监测预报是防震减灾工作的基础和首要环节；震灾预防是防震减灾工作的重点；紧急救援是直接减轻地震灾害损失的关键。放在首位的"地震监测预报"，其最原始数据从何而来？就是遍布在全国的地震台站。

全国有400多个专业地震台，几千名专业地震科技人员奋斗在地震工作第一线。这个地震监测台网能对全球任何地方发生的地震作出快速反应，在地震发生后半小时内测定出我国境内5级以上地震和全球7级以上地震。可有谁会想到，这些地震台站都建在远离城市的偏僻之地，甚至是远离乡村的大山中。这就意味着工作人员在承担国家和人民赋予的巨大责任的同时，还要承受无形的艰苦、清冷和寂寞。他们每天都和观测到的各种地震数据打交道，上报后最终由专门部门形成最后的地震预测数据。他们就这么默默奉献着，从青春走向不再年轻。1994年，陈建民还在担任中国地震局科技监测司监测处长时，去过许多地震台站调研，对工作在地震系统最基层的工作人员，心底充满了感慨和尊敬。

记得去四川松潘地区附近的一个台站，台站是建在一个落后村镇中的一排平房。工作人员就一个人，既是台长也是工作人员。后来，陈建民又去了新疆的石河子台站，这也是一个非常偏僻的地方，台长是一个大学毕业生，他戴着黄帽，穿着中山装，言谈举止仿佛还生活在五六十年代，生活很清贫，一位同去的女同志见此都落泪了。还有新疆的金河地震台站，这个台站没有水喝，每天雇一头小毛驴车到几千米以外的地方去买水，水很有限，经费也很紧张。

周而复始的清冷枯燥，却没有让任何一个工作人员"改弦易辙"，他们对那份事业有着割舍不掉的感情。在他们当中，有许多是大学毕业就分去的，他们的同学中有的后来可能当了研究员、高级工程师，而他们仍然无怨无悔地工作生活在人烟稀少的大山之中；他们披星戴月，为的是将观测的第一手材料及时提供给专家进行科学分析和研究，他们是铺路石；他们收入很低，还要面临子女读书就业、爱人工作等问题，可他们为什么还能坚持在那里工作？陈建民深知，就是对事业的热爱！陈建民，包括中国地震局历任的领导，每年逢春节，必先去台站问候。令陈建民欣慰的是，这些年，台站的办公环境和技术设备在国家发改委、财政部等部委的大力扶持下，有了翻天覆地的变化。

当地震发生时，中国地震局的第一时间

作为地震系统的最高指挥机关，中国地震局的历任领导班子一直非常重视震后应急救灾工作。通过救灾防止灾害扩大，减轻地震后果，协助当地政府迅速恢复正常社会秩序。早在上世纪80年代，就开始了地震应急预案的编制工作，1995年，国家发布《破坏性地震应急条例》。很快，这个应急方案就在各地得到了有效的运用。1998年1月10日河北张家口市张北——尚义发生6.2级强烈地震，中国地震局和当地政府迅速启动应急预案，应急机构迅速建立，多支人马奔赴地震灾区最前线，他们的任务不同，目的都是为了抗震救灾。震区的许多官员说："有了应急预案，组织指挥抗震救灾镇定有序，紧张高效。"

中国地震局是怎样在灾后实施救援的？他们又会遇到什么样的困难？这点，我们能从陈建民身上看到这支队伍的缩影。

2000年12月，陈建民担任中国地震局副局长，先后分管监测预报、应急救援。经过多年的实践，中国地震局具备一套包括应急预案、应急指挥、物质储备、专业救援等完善的地震应急救助系统。陈建民的办公室里备有行李，一旦出现重大灾情，他就会和他的同事如军人一样立即奔赴灾区。2003年，云南姚安县发生6.2级地震，死亡10多人，大量房屋遭到破坏。陈建民从昆明机场坐吉普车

走了一天赶到地震发生地楚雄州。未休息，陈建民就和几个同去的地震专家开始安排灾情调查和灾情评估，建立流动台站和台网，科学判定震后地震趋势，协助地方政府安排抗震救灾。之后，他们前往灾情最重的地方。这次的震中在大山里面，没有路。陈建民一行人和当地几位领导出发前往震中。当车行至山脚下时，眼前没有路了，天上又下起了大雨。大家从车上下来，踩着泥泞的山路行进在大山之中，边走边看灾情。一路上，看见受灾的老乡在倒塌的房屋前支起锅做饭，政府对灾区的帮助让灾民没有感到一丝恐慌，陈建民和大家的心里踏实了许多。在这座错综复杂的大山，稍不注意就会迷路，海拔2700米，同去的有身体不好的同志走那么远的路又累又饿感到很吃力。在山中走了大半天，直到层层叠叠的大山淹没在夜幕之中。大家行走中一不小心就会坠落山涯，实在看不见路的时候，就借助手机开机时的光线来照明。

我曾经在2005年1月份采访前往东南亚地震海啸灾区救援的中国国际救援队时，接触过中国地震局的几个同志，他们中有领导，也有普通的工作人员。我了解到，在中国地震局这个单位，只要一旦得知哪个地区出现灾情，无论节假日或深夜，应急人员都会立即赶到办公室，按照应急预案开展各项工作，越是重大灾情，大家越是积极报名前往，哪怕是女同志。当时东南亚"海啸"发生后，被他们自称为"后方"的中国地震局机关的同事日夜为在前方的第一批救援队揪紧了心，每一个消息都令他们兴奋和牵挂。那几天，一位叫陈虹的副司长加班加点已累得整个人很憔悴，仍是念念不忘地说她很后悔没有参加第一批救援，她要努力参加第二批。果然，她后来如愿以偿。在中国地震局，像陈虹这样的人太多了，明知前方非常艰苦，依然义无反顾，这也许就是他们已深刻于灵魂的使命感吧。中国地震局俨然一个作风精良的军营。

2005年10月8日，巴基斯坦发生大地震，数万人丧生。中国国际救援队立即赶赴巴基斯坦地震灾区实施国际人道主义救援。中国救援队去的地区是离伊斯兰堡100多千米外的重灾区——尚可通车的巴拉考特。队员们在灾区执行的任务包括：挖掘、搜救、现场救治及向当地医院转送重伤员。第一批队员返回后，第二批中国国际救援队又前往救灾。

在国务院、中央军委的领导下，中国地震局牵头组建的国家地震灾害紧急救援队，截至2005年，已成功完成了2次国内和4次国际救援任务。这支英勇善战的队伍经历了常人难以想象的艰辛。

尽管中国国际救援队成立的时间不长，但地震工作队伍的严谨和刻苦的作风却是早已有之。正是伴随这支队伍经历的风雨和历练，中国地震事业从无到有很快发展起来。

20世纪90年代以后，随着高新技术在地球科学中的应用，特别是空间对地观测技术和数字化地震观测技术的发展，对现代地壳运动、地球内部结构、地震震源过程、地震前兆图像的观测，在分辨率、覆盖面、动态性等方面都有了飞跃式的发展。在"九五"还加强了全国数字地震台网建设。特别值得一提的是，在此期间，分别于1994年、2000年、2004年国务院召开了3次全国防震减灾工作会议，逐步完善了防震减灾工作方针、指导思想、工作布局。

他也点了三把火

2004年底，陈建民担任中国地震局局长。仿佛是老天在有意考验陈建民，就在他从担任了4年的中国地震局副局长到一把手20多天后，2004年12月26日东南亚巨大地震海啸发生了。得知消息的一瞬间，陈建民已在心里将千头万绪的工作冷静地梳理出来。我国是发展中国家，不具备西方大国那样的经济实力，我国要以灾害评估、医疗、搜救等内容为主对受灾国开展国际救援，既可树立中国在国际上的大国形象，又展现了中国对受灾国人民的殷殷爱心。在向国务院领导报告的同时，陈建民迅速拟出派遣救援队的详细方案，这其中包括如何快速出动，多大规模，以什么内容为主等。建议得到了温总理的赞同。这次救援行动是中国国际救援队继2003年赴阿尔及利亚和伊朗实施地震救援以来，第三次赴境外开展救援行动，是新中国成立以来对外最大的一次救援行动。陈建民面对重大突发事件的冷静处理和对大局宏观的把握能力在这一重大事件中得到了考验。

人说"新官上任三把火"，言谈举止随和谦逊的陈建民也点了三把火，其中一把火就是机关建设。他要倡导科学的用人导向，将机关建设成学习型、团结型、实干型、服务型的机关。如果你向中国地震局的同事打听，陈建民是一个什么样的人？大家一定都会说，他这人太随和，找他谈事不用预约，他说话办事都很实在。下面不妨摘抄几句他说的话，从中能感知陈建民的为人及思想深处时时闪烁的博大、智慧的火花。

"说这个干部全面那个干部不太全面，区别在哪儿呢？完全是工作能力的问题吗？也不是，应该主要是干部的综合素质。"

"虽然我们地震部门不是有权有钱的单位，但作为局机关，同样对系统具有领导和管理职能，行使着一定的权力，因此，我们同样有一个怎样看待和使用权力的问题。权力是一把双刃剑，它既能使人高尚，也能使人堕落。"

"领导干部要尽量多拿出一点时间，到基层去，到群众中去，到困难多、问题多的地方去，深入调查研究，帮助基层解决问题，帮助群众解决困难。"

2005年，陈建民将更多精力放在防震事业发展的战略研究上。这个战略便是《国家防震减灾规划》。过去，在国家编制的长期计划中，并没有防震减灾的规划，但在国家的"十一五"规划中开始制定并实施国家防震减灾专项规划。陈建民把这件事做得很好，并在2005年内完成了这个任务。

对新形势下防震减灾事业的发展，陈建民胸有成竹地讲，防震减灾工作必须全面落实科学发展观，站在国家经济建设和社会发展的高度，有崭新的视野和思考。一是坚持面向社会，进一步加强防震减灾社会管理，努力为社会发展服务。二是坚持面向科技，用科技来提升防震减灾能力。三是坚持面向经济，服务服从国家经济建设的大局，为经济建设保驾护航。四是坚持面向市场，从观念到行动上来适应市场经济体制的要求，切实增强在市场经济条件下开展防震减灾工作的能力。

20多年前，从选择地震专业的那一天开始，秉性执著认真的陈建民已将自己的生命赋予地震事业，无论前方有多少困难，他都会坚定地迎接挑战。

◎手记◎

内向和谦逊

采访陈建民之前，我在中国地震局听到大家对他的评价都是说这个领导为人谦逊，很有思想。其实，每个人都是有思想的，但如有人被评价为"很有思想"，那么，这个人的思想深处一定有着让人叹为观止的闪烁的火花。

当我面对陈建民局长，我感到这个评价很恰当。他有着平静的外表，说话语速不快不慢，尽管这样，我依然能感知他思想深处的睿智。我一直觉得，对陈建民的访谈，俨然就是在和一位智者对话。不过，我还是想说说我眼中的陈建民是怎么样的？具体地说，他不太像一位高官，因为他为人谦逊真诚随和，那双清澈的眼睛让我想起大学时代的一位老师。

当时，他一个细小的动作让我非常感动。见面时，我们相互交换了一张名片，名片刚递到我的手中，他又要了过去，随后埋头在名片上认真地写下了他办公室的电话号码和手机号。像他这种级别的领导干部，就算是印有名片也多是把秘书的电话印上去，在许多高级领导干部眼中，自己的电话号码是绝对保密的，当然，这也是可以理解的，要是谁都有这些号码，百忙之中的领导们不是深受干扰吗？从这件小事，便能看出他是一个非常尊重人，且不论对方贫富贵贱的这么一位高级领导干部。

许多像他这个年龄的人，特别是做官多年，身材已略显臃肿了，可陈建民却是显得非常年轻。他很瘦，但却能感觉到因长期锻炼身体而形成的健康和健硕，举止间能感受他健步如飞般的活力和精力。业余时间，他会去锻炼身体，爬山、游泳是陈建民的强项。他说，要干好工作，一定是要有一个好身体作前提的。

那天，对陈建民的采访超出了他事前的安排，用了两个多小时。他几乎是有问必答，他谈到了他的成长历程，谈到了他出生于工人家庭，那个纯朴而温暖的家庭对他的教育和深入骨髓的影响，还谈到了与他感情至深的姐姐。在许多人眼中，陈建民的从政之路似乎走得很顺畅，是不是他很善于搞关系或有什么背景呢？事实上，就如他身边的工作人员所说，他是一个根本不喜欢应酬的人，除了因为工作必须要联系的单位外，朋友也不多，平日里的生活非常简单。他有今天的成功，确实是靠自己的努力脚踏实地地走过来的。

不过，很遗憾的是我在文中记述的陈建民的成长经历，在后来却被他要求删除了。虽说遗憾，但我真的很能理解陈建民，他想多做一些事情，而不想太张扬自己。低调是陈建民的性格特点之一。

成功之道

在许多人眼中，陈建民的从政之路似乎走得很顺畅，是不是他很善于搞关系或有什么背景呢？事实上，就如他身边的工作人员所说，他是一个根本不喜欢应酬的人，除了因为工作必须要联系的单位外，朋友也不多，平日里的生活非常简单。他有今天的成功，确实是靠自己的努力脚踏实地地干出来的。

◎ 季允石 ◎
全国政协常委、国家外国专家局原局长

　　季允石，男，1945年生，江苏海门人，1975年8月入党，1969年9月参加工作，山东大学物理系物理专业毕业。历任江苏省苏州轻工电机厂厂长，苏州市第二轻工业局局长，共青团江苏省委书记，江苏省连云港市委书记，江苏省副省长、省委副书记、省长，河北省委副书记、省长，国家人事部副部长（正部级）、党组成员，国家外专局局长、党组书记等职。2011年2月从国家外专局的岗位上退休，现任全国政协社会与法制委员会副主任。系中共十三大、十五大、十六大代表，十五届中央候补委员、十六届中央委员，八届、九届、十届全国人大代表。

从省长到国家外国专家局局长

——全国政协常委、国家外国专家局原局长季允石

2006年9月底，季允石由河北省长调任人事部副部长兼国家外国专家局局长。这位在江苏、河北两个大省担任过多年省长的高级领导干部上任新的岗位引来许多人的关注，人们希望了解他的工作风格及真实的季允石。季允石对政府管理工作有着非常丰富的经验，多年来从事政务管理的他涉猎的知识面极广，到国家外国专家局这个相对专业的部门工作，驾轻就熟是必然的，仅仅半年多的时间就已经有了很好的成绩及口碑。

季允石很谦虚，纵然担任过两个大省的省长，对当地经济的发展有着突出的贡献，但在谈到成绩时，他总是微笑不语。

季允石很认真，他身边的工作人员既敬重他又怕他，因为他会时时盯着你在计划内的时间里有没有完成任务。

季允石说，希望多宣传外国专家局的工作，因为这个看似并非权力部门的单位在从事着与国家经济社会发展息息相关的工作，而从事这项事业的每位同仁都有着神圣而光荣的使命感。

近距离接触外国老专家

季允石上任国家外国专家局局长当天下午，就出席了"友谊奖"颁奖活动，这是他作为新任局长第一次出现在公开场合中。第二天，国务院在人民大会堂举行"国庆招待会"，"招待会"上，所有嘉宾的席位都是特别安排的，十多位来自不同国家的外国老专家就坐在前排靠近中央领导同志的位置上。据说，这是建国以来多年不变的惯例，充分说明中国几代领导人非常尊重这些当年为中国革命和社会主义建设事业作出贡献的外国老专家。这是季允石第一次和老专家们见面。他盛上满满的一杯红酒敬每位老专家，发自内心地向他们道着祝福。一旁的工作人员能看得出来，季允石当时的心情很激动。对这一批老专家传奇的人生经历及为中国事业作出的贡献，过去在地方工作时，季允石就已耳闻，如今，能如此近距离地接触更是令他感动。

20世纪30年代开始，在中国人民争取民族独立和解放的战争年代及新中国成立后进行社会主义建设事业的峥嵘岁月里，一批外国友人为追求正义，支持中国人民的解放事业，来华与中国人民同甘共苦，把自己的生死置之度外。比如2005年去世的爱泼斯坦先生，他于1938年在香港参加宋庆龄创建的保卫中国同盟，

从事国际宣传工作，为广泛争取国际人士对中国进步事业的了解和援助作出了艰巨的努力。美国专家阳早、寒春夫妇当年越过战火前往延安参加中国革命，解放后在农业机械化科学研究院工作，在奶牛品质改良和养牛机械化方面均取得了显著成绩。还有日本老专家土肥种子、马来西亚老专家马丁等等。这些外国老专家中，有的在新中国成立后就已加入中国国籍。半个多世纪过去了，当年风华正茂的热血青年，如今到了耄耋之年，有的已与世长辞。国家外专局积极做好各项服务，使外国老专家在中国安度晚年。

一个多月后的2006年11月，季允石又专程前往老专家的家中逐一看望。他询问了解老专家或他们的遗孀有什么要求、有什么困难。令他感动的是，他们不提任何过高要求，这些伴随中国解放和建设事业走过来的老人无一例外地生活俭朴、思想纯净。老专家们非常感动，没想到新上任的季允石局长在很短的时间里就看望了所有的老专家，这也可看出季允石的个性，认真而执著，善意而诚恳。

季允石说，这批老专家可是我们国家的宝贝，他们值得中国人民世代敬重。国家外国专家局对来华的老专家负有管理和服务的职责。当然，不仅仅是老专家，新中国成立之后，我国的各行各业都邀请了外国专家到中国来进行指导，国家外国专家局既当牵线的"红娘"，又要全力做好服务工作。

将引智工作放在一个更高的起点上

2006年9月30日，国务院总理温家宝在人民大会堂接见了荣获本年度中国政府"友谊奖"的49名外国专家和他们的眷属。温总理说，中国正处在社会主义现代化建设的关键时期，我们欢迎更多的外国专家到中国来工作，并将继续为他们发挥聪明才智创造一切条件。

"友谊奖"起源于1954年中国政府为支援中国建设的外国专家颁发的感谢状。1991年正式恢复设立了国家"友谊奖"，由国家外国专家局负责组织实施，每年评选一次。截至2009年，共有来自56个国家的899名专家获此殊荣。

用六个字来简单概括外专局的主要工作，那就是"请进来，派出去"。应该说，这些年来引进国外智力工作是卓有成效的，成果是非常显著的。

2004年，国家外国专家局联合团中央和北大、清华等高校，开展"与大师对话——诺贝尔奖获得者中国校园行"系列演讲活动。当诺贝尔化学奖获得者麦克德尔米德进入北大校园时，立即受到了学生们的热情欢迎，这位大师和学生们交流自己的求学和科研成功之路。这样的对话，使大学生们有机会近距离接触各学科、各领域的科学大家，对激励现代大学生崇尚科学的精神有很大的帮助。这样的活动已分别在北京、上海、长春举办了14场，在青年学生中反响激烈。

无论是文教类专家还是经技类专家都对中国的建设发展作出了非常大的贡献。季允石向记者列举了对中国经济有贡献的外国专家的例子，他谈到了中国平安保险公司聘请的英国专家斯蒂芬·迈尔。我国保险业和国外相比有很大的差距，一是开发新险种的能力较弱；二是资产运作的能力较弱，前几年平安保险聘请了英国的著名精算师，英国第一部精算标准的制定者，曾任林肯国民副总经理的斯蒂芬·迈尔先生来华工作，对平安甚至对中国保险业精算人才的培养、产品开发以及经营管理水平的提升起到了巨大的推动作用。为了请到迈尔先生，平安保险的老总曾在香港亲自等了三天，才见到了迈尔先生，并成功地说服了对方。加盟平安后，迈尔先生主持制定了《平安精算人员发展纲要》，对平安公司精算人才的培养作出规划，并亲自编写了系列教材、授课、开办系列讲座，直接主持精算师的培养工作。他吸引了20多名精算专业的毕业生加盟平安，形成了平安的精算师团队。他还亲自为平安精算人员联系落实海外对口培训单位，培养国际化的精算师人才，使多名精算人员获得了北美准精算师资格，为平安建立起了一个强有力的精算团体。几年之中，迈尔先生将国际上先进的精算理论、精算标准和精算实践引进到平安和中国寿险业，帮助平安确定了新的产品战略，加速开发了一批保险新产品，使中国寿险市场的保险产品在亚洲处于领先地位。为了表彰迈尔先生的突出贡献，国家外国专家局授予他2001年度国家"友谊奖"。

当然，聘请专家到中国来是需要有一定费用的。在这方面，国家外国专家局有专项经费，聘请专家的单位也会相应承担部分。但这笔费用对一个大项目而言无疑是微不足道的。九十年代，时任国务院总理的李鹏就说过：引进国外智力工作"花钱较少，效果很好，事半功倍，大有可为"。

请进来的同时，还积极派出去。每年选派各类人才近4万名参加出国（境）培训。如2003年，国家外国专家局和教育部在财政部的积极支持下，启动了"高校领导赴海外培训计划"，分期选派全国100多所高校的领导到美国、英国等国家的一流大学学习先进的管理经验，开拓他们的国际视野，增强他们的战略思维能力，提高他们的管理水平。

季允石认为，"十五"时期的成绩和经验为"十一五"引智工作奠定了坚实的发展基础，"十一五"的引智工作要站在一个更高的起点上。所以他上任后积极贯彻中央提出的人才强国战略，认真践行"自主开发与引进海外人才并重"的战略思想。大家早就闻知季允石这位新局长过去在两个大省的突出业绩，并坚信这位有着丰富管理和经济工作经验的领导能使国家外国专家局很快打开又一个新局面，果然，季允石在短短半年多的时间里就有了不少新的工作举措。

从不谈过去的成绩

　　季允石上任局长后就积极致力于抓好"用科学理论武装队伍"。他提出全国引智系统开展所有的工作，都应该用科学的理论来武装，都要以科学发展观为统领。理论先行，才更有助于把握正确的方向。这是他做的第一件事。第二件事是加强机关自身建设，他强调提高政府执行力的问题，并提出了相应的措施。第三件事就是亲自主持编写"引进国外智力工作'十一五'规划"。据外国专家局的同志讲，季允石对"规划"亲自修改，不仅如此，大家发现这个新任局长实在是认真，所有文件在正式成文前他都亲自修改，可谓"字斟句酌"。在新编的"规划"之中，能看出季允石融进去的思考及战略，比如引进和派出工作更加注重高层次、紧缺、创新人才。他说，国家外国专家局要更好地为外国专家服务，要进一步完善海外专家工作准入、居留、国民待遇和权益保障等方面的政策法规，完善公共服务体系，激励更多的海外专家来华，为在华海外专家创造良好的生活和工作环境，把各级外国专家局建成为"外国专家之家"。

　　我在采访国家外国专家局的同志时，问过他们怕不怕季允石局长，大家对这个问题都笑而不答。季允石很谦和，很少有人听到他说自己过去有过什么什么样的业绩。他是一个充满善意的人，总愿意成全、帮助别人。他也会批评人，但事后觉得这事批评错了就会找时间和对方私下沟通，有点赔礼道歉的意思。他是一个非常有个性的人，他认真得有些较劲，比如按照要求这个月应该完成的工作没完成，他就会追着问你为什么没有完成，硬要你说出个原因来。这样的领导，下属肯定怕，但那种"怕"的成分中更多是一种敬重和欣赏。当然，这样的敬重还来自于他对工作的激情和很强的工作能力，有人这样评价季允石，称他是一位具有大智慧、真抓实干的高级领导干部。

　　记者拿着一张从网上下载的季允石的个人简历，密密麻麻的一大页，他的经历非常丰富，山东大学物理系毕业后，他从工人干起，当过厂长、团省委书记、市委书记，从1989年开始担任江苏省副省长、省长至2006年担任河北省长，整整17年的时间他都在担任省级领导干部。而对这17年的从政业绩，季允石非常低调，事后也不张扬。他对经济工作及宏观管理有着非常出色的经验。2002年12月，在江苏担任4年省长的季允石走马上任河北省长。有人分析，中央选调季允石，一是江苏是一个经济发达的省份，而季允石出色的领导能力及经济工作经验曾使当时经济总量位居全国第二的江苏一直保持较好的发展态势。这样的工作经验有益于经济正在崛起的河北省的快速发展。二是季允石担任地方政府领导的资历很深，并且他的最大特点是很擅长将中央政策与实际工作情况相结合。季允石是彻头彻尾的江苏人，58岁时前往陌生的河北担任省长，他没有感觉任何不适应，他迅速地进入了工作状态。他对河北的经济发展提出了四项重点工作：一是重大项目建设，二是深化国企改革，三是发展民营经济，四是扩大对外开放。按照这个思路，河北的经济有了很大的改观，三年后，财政收入比他上任之初大体翻了一番。河北人对他有着很好的评价，因为他解决了很多实实在在的问题，比如解决了已拖了许多年的国企改革中历史遗留的欠账等问题。

离开河北省，来到国家外国专家局的季允石仍是一样的认真，尽管身为高级领导干部，但他深知权为民所用，情为民所系，利为民所谋，面对自己角色的转变，他说党和人民需要自己到这个岗位，他就会把这个岗位的工作干好。

◎手记◎

对人的尊重和友善

当年采访季允石局长时，他刚到外国专家局。这些年，外国专家局的名字常常出现在各种媒体报道上，更多人知道了这个单位。将一个专业性较强的单位打造成一个业务范围广泛而更有所作为、更上一层楼的单位，我想，这是一个主要领导者的水平。说实在的，季允石在两个大省都当过省长，主持好外国专家局的工作并能让之出彩，对于他来说的确是"小菜一碟"了。

季允石是一个重情善感之人，2011年新年时，他在大会上讲了一番话，不觉间，还讲得自己流下来泪来："引智工作，常干常新。引智事业，是长青的事业，永恒的事业，是值得为之奉献的事业，也是大有作为的事业。能够从事这一事业，是人生的一大幸运。希望大家珍惜，为之付出自己全部的聪明才智。若干年后，回首往事，我们会感到欣慰：我们没有虚度年华，因为从事过引智工作；我们没有碌碌无为，因为推动了引智事业的发展！当人们问起，你一生经历中最值得自豪的是什么？相信许多同志会不假思索地回答：引智！我们把人生最美好的时光献给了引智这一崇高的事业，那真是一段激情燃烧的岁月！"从他的讲话中，我们不难看出这些年他为了这份事业付出了太多的心血。

的确，外国专家局这些年开拓创新了很多工作，诸如和中国科学院合作，与中国商用飞机有限责任公司合作……这些工作，都是季允石的创意。

很多媒体记者都与季允石有着很好的交往。每年春节前，他总会给宣传部门打招呼邀请记者前去吃顿饭，他总是很感谢那些宣传过外专局的记者们，每个记者的名字，他都能准确地记住。很多了解季允石的人都说，他是一个很重感情的人。

让我印象深刻的是，季允石做事总是为他人着想，为人友善，待人真诚。与他为数不多的几次见面里，没有高高在上的眼神和语气，有的只是对身边人的尊重。有一次，他很热忱地把我引见给旁人，还给我介绍了优秀的人物让我采访。尽管我的年龄和级别都不能与他身边的同事、朋友相比，但季允石这样的高层领导干部待人的真诚让人非常感怀。

成功之道

季允石是一个非常有个性的人，他涉猎的知识面极广，他认真得有些较劲，比如按照要求这个月应该完成的工作没有完成，他就会追着问你为什么没有完成，硬要你说出个原因来。这样的领导，下属肯定怕，但那种"怕"的成分中更多是一种敬重和欣赏。当然，这样的敬重还来自于他对工作的激情和很强的工作能力，有人这样评价季允石，称他是一位具有大智慧、真抓实干的高级领导干部。

◎ 张福森 ◎

全国政协社会和法制委员会主任、司法部原部长

张福森，男，1940年生，毕业于清华大学自动控制系电子计算机专业，历任中共北京市委常委、新疆维吾尔自治区委副书记、司法部常务副部长、中共北京市委副书记、司法部部长等职。2005年7月卸任司法部部长职务。2008年3月，任全国政协社会与法制委员会主任。是中共十三至十六届中央委员，第十届全国政协委员。

力推司法改革

——全国政协社会和法制委员会主任、司法部原部长张福森

从张福森部长的简历上来看，他曾在不同的工作岗位上任职，而与他共过事的人都会说张福森是一个非常认真的人，哪怕是对待工作上一件极小的事。当然，他也是一个无论在何种职位上都颇有建树的领导。说起他在司法部进行的监狱体制、律师公证及基层司法行政工作等的改革不能不谈到他与司法行政战线的渊源。1995年12月到1997年8月，他从新疆维吾尔族自治区调回北京曾就任司法部常务副部长、党组副书记。这期间，他便对司法行政体制中存在的某些阻碍司法行政改革进程的弊端深有感触。3年后，当他从北京市委副书记岗位上调任司法部部长便首当其冲地对这些体制进行大力的改革。

改革的目的是为了发展，改革，就是要冲破一些传统的阻力在有利于事物发展的道路上一路披荆斩棘。时任司法部长的张福森是这样解释"改革"这两个字的。他的每一项改革措施的出台都是着眼于中国司法行政事业的发展，并经过了充分的考察和调研。

他善于听取各方面的意见

不少和张福森在一起工作过的同志对他的评价是：他不会轻易对一个问题下结论，他非常善于听取各方面的意见。

这是一份文件和一份材料：

2002年9月24日，中共中央办公厅、国务院办公厅转发了《最高人民法院、司法部关于进一步加强新时期人民调解工作的意见》。意见中说："新中国成立以来特别改革开放以来，在各级党委和政府的关心支持下，人民调解组织每年调解民间纠纷600多万起，为加强社会主义法制建设、维护社会稳定和保障社会经济发展作出了重要贡献……"

另有一份司法部基层工作指导司的情况报告，名为"北京市丰台法院依法确认了一份人民调解协议的法律效力"。内容大意为丰台区某村白某夫妇与3个儿子在镇、村调解委员会的调解下达成了分家协议，协议里对儿子对父母的赡养费作了规定。之后，长子寻一理由拒绝对父母履行赡养义务。白某将长子起诉到法院。法官依司法解释当庭确认了调解组织主持的分家协议有效，其长子应按协议约定履行赡养义务。

文件和材料所突出的一个点，就是活跃于最基层的村委会、居民委员会及一

些厂矿企业内的人民调解组织。张福森不由得想起这个具有中国特色的人民调解工作走过的风雨历程。

追溯人民调解的源头，应从我国两三千年前的文明史说起，在民间人们提倡儒家的传统美德，如"和为贵"、"仁义爱人"等等，并将此作为解决纠纷的一种方式，后来，官府也参照这种方式来解决纠纷。早在西周时期官府中便有专人管调解，许多纠纷便事先解决在诉讼之外。形成比较完备制度的是明朝时期，那时的老百姓要解决婚嫁、田地等纠纷就必须先到衙门之外的"申明亭"进行调解。解放前，中国共产党在根据地继承并改造了这一有中国特色的法律制度。1954年，国家发布《人民调解委员会暂行组织通则》，将全国范围内的调解工作统一起来，正式确定了人民调解的法律地位。1982年，人民调解制度被写进了宪法。1989年，国务院发布《人民调解委员会组织条例》。这个制度从建立至今，发挥了非常重要的作用，仅从1989年以来，人民调解组织共调解各类民间纠纷近8000万件，防止民间纠纷激化为刑事案件70余万件，阻止群体性械斗40万起。人民调解工作真正起到了维护社会稳定的"第一道防线"作用。这是一支长年活跃在基层，走村串户为民排忧解难，深受老百姓欢迎的拥有90多万个组织、近800万调解员的非常有战斗力的队伍，他们的工作是义务的，不向当事人收费。群众对人民调解信赖有加，因为它有着审判程序不可比拟的优势，比如迅速、便捷、成本低、不伤和气等等，民间的许多纠纷通过这种"非诉讼"的方式得到了及时、有效的解决。

然而，令张福森深感忧虑的是，随着社会的发展，经济体制的转轨，公民之间的利益矛盾日趋复杂化，许多民间纠纷如得不到及时化解，就有可能发展为群体性事件，甚至激化为刑事犯罪案件，有着悠久历史并作为"第一防线的"的人民调解工作将面临着新的形势和更加艰巨的任务。有一组数字令人深思：在那些年，调解纠纷的数量呈下降趋势，与全国法院一审民事案件受理数的比例已从80年代初的17：1，降至2001年的1.7：1。出现这一情况的原因是多种的，但调解工作的质量和调解员本身的文化素质，调解协议的效力在法庭上得不到认可、调解立法和制度建设的滞后等等问题都是重要的原因。对此，一些人曾问，人民调解委员会还有没有存在的必要？此时的张福森是胸有成竹的，他说，在新的历史条件下，人民调解不是过时了，而是更重要了，关键是要创新，要适应新的需要。

2001年，张福森在考查国外司法制度时，注意到一些发达国家70年代后，针对"诉讼爆炸"的现象，开始重新审视审判制度，他们认为审判制度应是解决纠纷的最后一个机制，更多的纠纷应解决在审判之前，于是各种类似调解的"纠纷解决替代措施（ADR）"便呈蓬勃发展之势。而从源头来看，许多国家还是在吸收了我国人民调解的经验并经过完善后形成的。

首要的问题是解决调解协议的法律效力，以提高人民调解员的积极性。在深入基层进行调研，形成了一套完整的思路之后，2002年年初，张福森便亲自提笔给时任最高人民法院院长肖扬写了一封信。肖院长曾经在司法部担任过领导，对这个问题也是深有感触，就这样，在许多人看来微不足道的小事，却让两位领导着实忙乎了一阵。张福森对此的说法是："不能忽视了人民调解，它是司法行政工作中非常重要的一部分"。两位领导还就此事专门向时任中央政法委书记罗干同志汇报并得到了全力的支持。之后，标志着人民调解制度进入新的历史阶段的《最高人民法院、司法部关于进一步加强新时期人民调解工作的意见》等3个文件相继出台。关于人民调解协议的司法解释是："经人民调解委员会调解达成的，有民事权利义务内容，并由双方当事人签字或盖章的调解协议，具有民事合同性质。"

改革令人民调解工作焕发出新的风采。如今，调解组织的设立已扩大到乡镇和街道，调解的纠纷范围也由过去的个人之间日常生活中发生的纠纷，发展到现在的公民与法人和社会组织之间的民事争议。人民调解员这支庞大的队伍在经过多方面知识的培训上岗之后，正积极地发挥着他们强有力的屏障作用。

律师管理体制改革是对传统体制的挑战

2000年底，张福森上任司法部部长不久的一天，阳光透过窗幔洒在张福森部长的办公桌上，桌上堆放着许多份需要他签阅的文件，其中一份吉林上报的材料引起了他的注意。这是一份关于吉林省政府聘请了10多名社会上的律师组成"法律顾问办公室"的情报报告。

司法部律师公证司的同志向他介绍道：在素有大胆改革意识著称的洪虎省长的亲自主持下，吉林省政府成立了"法律顾问办公室"，该办公室不仅为省政府出台的一些政策把关，还针对社会转型期间出现的如群众上访、职工下岗，还包括企业的改制问题等，帮助省政府领导从法律的角度来解决这些问题，从而做到依法行政，减少决策上的盲目性。

吉林省的做法正和张福森关于律师管理体制改革的一些想法不谋而合，尽管他知道这种改革实际上就是对现存的一些传统体制的挑战，他也考虑到有人甚至就说律师的频繁介入影响了政府机关决策的效率。孰是孰非？张福森关于改革的思路丝毫没有因此而受到影响，他要用事实作答。不仅要推进这种公职律师的改革，还要推进公司律师的改革！对于公司律师的改革，张福森是这样思考的：

随着社会主义市场经济的发展，特别是入世之后，一些大的企业和国外的企业谈合作项目时都涉及到融资、改制等法律问题，这些企业因为没有专职的律师，只有到社会上去聘请，而社会上的律师对企业的生产经营管理等情况了解不全面、不深入，且多数还兼有多家企业的法律顾问等事务，不能在第一时间内全身心投入，如果在企业内部设立专职律师，有利于入世后经济全球化对公司法律服务全方位、多层次、专业化的需要。

一言既出，击起不小的波澜。他的勇气不仅来源于他的博学，更来源于他善于运用发展的眼光纵观全局，从社会的、历史的，甚至世界的多个角度来思考问题。他认为，通过改革律师管理体制，可以逐步形成社会律师、公职律师、公司律师等队伍并存，相互配合，优势互补的格局。为了印证这条改革思路，他到各地开展调研，到国外进行考察，并请来北大、中国政法大学等一些知名大学的专家学者进行座谈论证。

如同张福森部长在改革之初就说过的用事实来回答，从2002年底开始至2003年，公职律师试点工作已在广东、福建、江苏、海南、浙江、湖南开展，94名公职律师已持证上岗。2002年年底，张福森前往江苏扬州市看那里的试点情况，欣喜地看到扬州市司法局已成立"公职律师事务所"，为市领导建言献策，赢得来自各方的好评。而公司律师的试点工作也在吉林、北京、湖南开始试点，56名公司律师持证上岗，北京的首都钢铁厂、联想集团等大型企业也都纷纷加入到试点行业中。

在推进公职、公司律师改革的同时，张福森还注意到基层法律服务工作程序问题。那是2002年的一个清晨，张福森像往常一样到颐和园散步锻炼身体，正走着，迎面走来一个像是外地人的青年男子从旁一侧递过来一张纸片，随后转身就走。张福森拿起这张纸片细细一看，上面写着某某法律事务所，包打官司等等。这件小事让他想起各地满大街挂着的某某法律事务所、法律服务所的招牌，仅在北京就有100多家。之后一走访，这些事务所、服务所里并不是人人都持有律师执业证。面对充斥街头的这个所那个所，老百姓有时也觉得茫然，到底应该上哪个所去请律师打官司？哪里的律师才具备法律资格为他打官司？张福森感到法律服务市场秩序已到了需要整顿的时候了。其实，80年代初，司法部建立法律服务所主要是针对农村没有律师而建立的，按当时的称谓就叫法律服务所，后来到了90年代，城市里建了不少法律服务所，服务所一多，称谓也多了，有的干脆就称事务所，一时间鱼龙混杂。针对这种情况，当时有熟悉这方面工作的同志就向他提议说，法律服务所应从大中城市中退出去，还原到80年代只有农村才有法律服务所那种状态。张福森对这话并没有认同，只是说了一句，法律服务市场应该规范了。熟悉他的同志都知道，他一定是要经过实地调研后才会下结论。

果然，他开始到各地去了解情况。2002年6月，他到了上海市的卢湾区、静安区等几个社区，这些社区里都有一个法律服务所，老百姓一遇到纠纷，包括一些邻里纠纷、家庭纠纷等就找服务所解决，这种方式很受老百姓的欢迎。这件事对张福森的启发很大，当即便在上海召开了"现场办公会"。随后，各地开始推广这种工作经验。

实践证明，法律服务所进社区深受老百姓的欢迎。2002年底，张福森又前往上海，在那里召开了大中城市法律服务进社区工作座谈会，就如何加强这方面的工作提出了许多可行性的意见。

敏感的监狱体制改革

2003年3月12日，映照在阳光之下的北京格外清新动人。张福森作为代表列席了"十届全国人民代表大会"。在审议和讨论政府工作报告和"两高"报告时，关于推进司法体制改革成为代表、委员们讨论的热点话题。作为司法部部长张福森自然成为许多新闻媒体追踪采访的对象。

司法体制改革之一的监狱体制改革无疑是大家非常关注的话题，因为这个改革非常敏感，势必会触犯到某些单位与个人的利益。可以说针对监狱体制的改革，多年来从来就没有间断过，其间也可看出监狱体制改革的难度比许多改革所遇到的困难更甚。张福森就监狱问题回答了我的提问。他说监狱存在的问题是计划经济体制下的产物，主要问题便是"监企合一"。长期以来，一些监狱的领导既是监狱长，又是企业的厂长经理，监狱警察既是刑罚执行者，又是企业的经营管理者。监狱除了要承担教育改造罪犯和监狱生产的任务外，还要办医院、学校、幼儿园和建立社区管理机构。凡此种种的社会职能分散了监狱领导的精力，也分散了有限的警力和财力。这种状况不加以改变的话，不但监狱的刑罚执行功能将会被严重削弱，影响罪犯的教育改造质量，而且还会妨碍公正执法并滋生腐败。他神情凝重地说："现行监狱体制已经到了非解决不可的时候了。"

如同对所有问题论证都需要一个周密的调研一样，针对监狱体制这个非常敏感的改革，张福森是费了一番苦心的。

从2001年起的一年多时间，针对监狱体制改革的调研论证经历了一个较为漫长的时间。这符合张福森的一贯作风，认真调研、深思熟虑。经过论证，决定从监狱工作的实际出发，采取监狱刑罚执行管理和生产经营管理、执法经费支出和监狱生产收入分开的运行机制，逐步实现"全额保障、监企分开、收支分开、规范运行"的监狱体制改革目标。从2003年1月开始，司法部已在全国选了部分试点单位进行改革，到2004

年年底，试点工作完成后便向全国推开。张福森针对监狱的改革思路是很明确的，而对改革后的监狱体制也是非常有信心的。他向所有关心监狱体制改革的人们展示了改革后的蓝图。他说，今后，监狱所承担的各种不必要的负担就可以减轻了，从而全力以赴抓罪犯的改造工作……

谈到罪犯的改造问题，不得不提到早在2001年就被张福森非常关注的"社区矫正"工作。

2003年初，北京某社区。这里是司法部指定的"社区矫正"试点。看似普通的社区，1名符合试点条件的仍在判决期限内的罪犯正在这里接受"矫正"，他的生活起居、劳动等都在这个原本就是他的居住地的社区内。对他进行的"矫正"是在相关社区团体和民间组织以及社会志愿者的协助下组成的。他们的任务是通过对这名罪犯进行教育和令其参加公益劳动，矫正其犯罪意识和行为恶习，促使其顺利回归社会。"社区矫正"将一些不需要监禁或不再需要继续监禁的罪犯置于社区监禁，有利于监狱集中人力、物力、财力矫正那些只有在监禁条件下才能改造好的犯罪分子，同时，还可以预防和减少重新犯罪。这种非监禁刑罚在国外非常普遍，如加拿大、澳大利亚、新西兰等一些国家，社会矫正的数量是监禁的3到4倍。张福森强调要参照国际上的一些成熟做法，建立完善我国的"社区矫正"制度。此项工作在公检法等4家单位的配合下在全国选择了6个城市作为试点，有的地方的工作初见成效。

关注刑释解教人员这一特殊社会群体

张福森是在听取一次工作汇报时知道韩雅琴这个人的。这个后来被司法部树为"全国刑释解教人员安置帮教工作先进个人"的60多岁的女同志有着一段感人的故事。

十几年前，韩雅琴从山西一家国营企业下岗了，那时的她虽然心里难过了好一阵子，但她毕竟是一个坚强的女人，她要靠自强自立生存下去，于是，她找来几个要好的姐妹开了一家很小的餐馆。开餐馆意味着要起早贪黑，要吃苦受累，这些都没有难倒韩雅琴和她的姐妹们。餐馆的生意开始好了起来。一个冬天的早晨，寒风刺骨，韩雅琴和姐妹在早市上吆喝着卖早点，却看见有三四个年龄不大、衣着肮脏单薄的年轻小伙子站在离卖早点摊不远的地方眼巴巴地往这头看。好心的韩雅琴就去打听这几个孩子从哪里来，还送去早点给他们吃。一问才得知，这是几个被解除劳动教养的年轻人，因为曾经被劳教的身份受到歧视找不到工作，回家后又怕被家人瞧不起，所以只得流浪街头。善良的韩雅琴一听，便心疼这几个孩子，她想如果任凭这几个年轻人流浪，要是被坏人利用了，又将走上违法犯罪的道路，她想她应该帮帮他们，她将这几个年轻人招到了她的餐馆工作。这之后，一发不可收拾了，韩雅琴的名声在那些刑满释放和解除劳动教养的人员中大震，他们视韩雅琴为信得过的亲人。如今，韩雅琴的企业已经拓展成为一个除餐饮业外，包括管道修理、送牛奶等多种服务业为一体的私营企业，而100多位慕名前往的来自全国各地的刑释解教人员成了她的员工。在这里，他们和正常人一样，获得了人格的尊重和心灵的再造，他们都亲切地叫韩雅琴为"妈妈"，而他们则被韩雅琴称为"儿子"。

张福森深有感触地对有关同志说："我们要树立这样的社会典型！"

他谈到了刑释解教人员这一特殊社会群体。他说，这些人回到社会后面临的最大问题就是就业难。有些人回到社会后因生活无着落或没有改造好又受他人引诱等因素，重又走上了违法犯罪道路。在湖南、湖北、重庆等地抢劫银行、商场的主犯张君和在石家庄制造爆炸事件的靳如超等犯罪分子，均是有前科的刑释解教人员。所以，在预防重新犯罪、维护社会稳定方面，刑释解教人员的安置帮教工作显得尤为重要。

张福森在不断探索新路子的基础上，对安置帮教工作提出了9个字的要求："市场化、社会化、法治化"。他认为就业安置问题不能单一地只靠政府来解决，而应该通过调动一些企业的积极性，让企业为刑释解教人员提供更广阔的就业空间。针对此，司法部正在积极努力，使有关方面为这些企业提供相关的优惠政策。同时，在社会上广泛宣传安置帮教工作，动员社会各界参与到安置帮教工作中来。司法部2002年将韩雅琴树为典型后，引起了多方面的关注，之后中宣部将她树为"公民道德建设典型"，就在2003年3月，被选为全国人大代表的她又光荣地出席了全国人民代表大会。韩雅琴到全国进行巡回演讲，演讲场面非常感人，许多人都为韩雅琴感人的故事落泪，同时，她的行动也引来了不少人的效仿，大家深深感到关心刑释解教人员的安置帮教工作，实际上就是维护社会的安定，每个人都应有这份责任和义务。就在2003年，司法部又隆重表彰一批像韩雅琴这样热心安置帮教工作的典型。

张福森在2003年3月十届全国人民代表大会一次会议上，连任司法部部长，他肩负着党和人民对他的信任和期待，执著地推进司法行政工作的改革与发展。

◎手记◎

严谨随和的司法部长

采访张福森时，他还在任司法部长。记得2003年6月完成采访张部长的文章之后的一个多月，我曾前去拜见过张福森部长。张福森留给我的印象是很随和。我一进门，他就热情地走过来和我握了手，我此次前来是向部长表示感谢的，因为他在百忙之中接受了我的采访。握手间，他办公桌上的电话铃声响了起来，他拿起话筒听了一下，就用温和兼幽默的语气说："对不起啊，你打错了，我不是某某某啊。"电话那头的人也许永远也不知道他居然打到了共和国司法部长的办公室里。交谈中，张部长得知我曾在公安系统工作，一本刑侦小说也即将出版，他就兴趣盎然地向我谈起了时下一些很火的公安题材小说，他说起海岩的小说《玉观音》，他说到了小说中出彩之处和遗憾之处。他还谈到了现今有的公安题材电视剧不太真实，与现实生活有差距。我当时心里就在想，司法部长工作那么繁忙，他能有时间把厚厚的一本小说看完了，真是难得。一番谈话，让我感到张部长不仅是一个思想很深邃的人，而且也是一个很细腻且有情致的人。

说到底，张福森部长还是一个非常低调的人，他在任司法部长时，除在一些正式场合与媒体记者见面接受简短的采访外，他不会接受任何一家媒体单独的采访，更不用说做人物专访了。我为我能获得这个机遇感到万分荣幸，同时也为我不能在文章中尽兴展现他在不同工作时期的思想而感到遗憾。张福森部长本人的经历是很丰富的，他曾担任新疆维吾尔自治区和北京市委的副书记，他的工作能力和业绩都是非常出色。可这些，我的文章中都没提及，张福森部长事后说，那都是过去的事了，所以他不愿写进文章里。

司法部的工作人员说他是一位很随和的领导，走到哪里总是一副笑眯眯的样子。但同时，他也是一位做事很谨慎的领导干部。张福森是我采访的所有高级领导干部中最不愿谈及过去成绩的一位领导。

2005年7月，张福森从司法部长的位置上退了下来，现在全国政协任职。2007年"两会"期间，我作为记者在友谊宾馆旁听"中共组"的讨论，这个组的成员全是退下来的副省级以上的领导干部。我过去和他打招呼时，他也认出了我，并很热情回复我，还和我开了两句玩笑，感觉他从司法部长的位置上退下来之后轻松多了，性格更开朗了。

成功之道

张福森曾在不同的工作岗位上任职，而与他共过事的人都会说张福森是一个非常认真的人，哪怕是对待工作上一件极小的事。当然，他也是一个无论在何种职位上都颇有建树的领导。他改革的勇气源于他的博学，更来源于他善于运用发展的眼光纵观全局，从社会的、历史的，甚至世界的多个角度来思考问题。

  吴建民，男，1939年生于重庆，1959年毕业于北京外国语学院法文系后到外交部工作。曾任外交部翻译室翻译，中国常驻联合国代表团三秘、二秘，外交部政策研究室一秘、处长，中国常驻联合国代表团参赞，中国驻比利时王国使馆、驻欧共体使团政务参赞、首席馆员，外交部新闻司司长、发言人，中国驻荷兰王国特命全权大使，中国常驻联合国日内瓦办事处和瑞士其他国际组织常驻代表、特命全权大使，中国驻法兰西共和国特命全权大使，外交学院院长，全国政协外事委员会副主任。2008年4月30日卸任外交学院院长。

儒雅智慧的魅力外交家

——全国政协外事委员会原副主任、外交学院原院长吴建民

2005年的全国"两会"上，大家开始关注一个人：全国政协新闻发言人吴建民。对于吴建民来说，新闻发言人这个岗位他并不陌生，十几年前他就是外交部的新闻发言人。这次"两会"之后，吴建民在电视媒体上频频露面，谈台海局势，谈中日关系。吴建民仿佛瞬间成为名人，可事实上，吴建民在外交界早已声名在外。

吴建民非常健谈，天生就是一位外交家、演讲家，他从不用演讲稿，演讲时，嗓音宏量、饱含激情、极具鼓动性。他在谈某一件事时，爱用非常通俗的哲理。比如他说：抵制日货并不是爱国，是误国，为什么呢？我国有上千万人在日资企业工作，这些员工不工作没饭吃怎么办？你把中日关系破坏了，国家会繁荣吗？国家不繁荣，人民能富裕吗？

吴建民2003年8月担任外交学院院长，之前，他的工作经历可谓丰富多彩。作为一位颇具业绩的老外交家，这一生中自有诸多让人难忘的故事。

法国总统亲自颁授荣誉勋章

2003年6月27日，法国总统希拉克在总统府爱丽舍宫为即将任满回国的中国驻法大使吴建民颁授"法国荣誉勋位团大骑士勋章"，以此表彰这位中国大使"为促进法、中友好关系和法国人了解中国方面所作出的贡献"。此次授勋是由希拉克总统亲自决定的。荣誉勋位是全法的最高表彰奖，1802年拿破仑任首席执政时创立，用以表彰作出杰出贡献的法国和外国军人和平民。该荣誉勋位共分五级，大骑士勋章属于第二显位级，是仅次于法国总统授予外国元首的十字勋章。

希拉克高兴地对吴建民说，法、中关系进入了一个新的发展时期，法中互信增强，他对法、中关系表示十分满意。希拉克表示，为吴建民大使授勋，主要是要表达法国方面对中国大使的敬意和感谢，特别是要表彰中国大使为推动法、中关系和帮助法国人了解中国所作的贡献。吴建民也说，对希拉克总统亲自决定授予他勋章，深受感动。"这个荣誉不仅是给我个人的，更是给中国的。"授勋仪式结束后，希拉克邀请吴建民参观了总统办公室。在希拉克办公室内，陈列着商代青铜器、南宋观音像等中国文物和江泽民主席给希拉克总统亲笔题写的诗。看着希拉克总统流露出对中国的如此友好情结，此刻，吴建民的心情异常激动，回想在法国4年多的时间里，一件件关于中法间友好交往的事浮现在眼前。

应该说，中法间的交往一直都非常友好，而近年来却是愈加密切，这与两国

元首间互访彼此的故乡有着紧密的关系。当然，这一切都源于当时出任中国驻法大使的吴建民。

吴建民曾是中国驻比利时王国使馆首席馆员、中国驻荷兰王国特命全权大使。丰富的驻外经验使吴建民初任驻法大使时信心百倍。至今，中国驻法使馆的同事们仍然记得吴建民1998年11月刚到使馆时讲的那番话。吴建民说："我到使馆来工作，你们有你们的追求，我也有我的追求。我的追求是工作第一，前人已经做得很好，我吴某人应该更前进一步。"吴建民个性十足的讲话给大家留下了非常深刻的印象。"创新"，向来是吴建民的工作作风。

促成中法两国领导人互访故乡

上任驻法大使后，吴建民向法国总统希拉克递交国书。希拉克对吴建民真诚地说道：我明年邀请江泽民主席来法国访问。吴建民回到使馆后就把希拉克总统的邀请向国内作了汇报。由于当时江主席1999年的出访计划还未安排，吴建民暂时没有得到确切的答复。不过，在心里，吴建民已经有了自己的想法，1994年江泽民主席访问过法国，如果1999年再访法国时，应与上次不一样，至少应该有一些新意。1999年初，江主席出访法国的时间确定后，吴建民仍在为这个所谓的"新意"苦苦琢磨着。这时，吴建民秘书的一席话让他茅塞顿开。他的秘书曾在希拉克的故乡实习过，他对希拉克的个性和为人有一些了解，他对吴建民说：1997年希拉克访问中国时，一下飞机就说了两个字。当时大家听不太懂，后来翻译才说希拉克总统说的是"扬州"。吴建民当然知道扬州是江泽民主席的故乡。希拉克总统能清晰地记得江主席的故乡，说明希拉克总统很有人情味。秘书提醒吴建民是否应到希拉克的故乡去一趟。安排两国领导人互访故乡的想法由此产生。1999年3月底，吴建民来到希拉克的故乡科雷兹省，希拉克的故乡在隶属于这个省的一个小镇上。科雷兹省省长热情邀请吴建民住在他的官邸，他对吴建民说："你住的这个房间，当年戴高乐总统夫妇来住过，希拉克总统也住过。"吴建民除在当地受到高规格的礼遇外，还接受了当地记者采访并发表讲话。希拉克总统的故乡一行，吴建民收获是非常大的，他能体会到法国人民对中国人民的友好、尊重，更让他对此行的目的充满了信心。回到巴黎后，吴建民对希拉克总统身边的工作人员说了自己的想法，对方一听，都表示这个想法非常好！1999年5月，吴建民回到国内，江主席召见他，吴建民就将这个想法向江主席作了汇报，没想到，江主席非常欣赏这个点子。

希拉克总统的故乡地处丘陵地区，居住的人不多，但这个小镇却是异常干净。1999年10月，江泽民主席应邀访问法国，当天下午就来到这个小镇。在希拉克的陪同下，江主席参观了镇政府，他受到了当地群众的热情欢迎。当地政府送了一个手风琴给江主席，江主席非常高兴，即兴弹奏起来，而后，江主席邀请在场的希拉克总统夫人跳了一曲舞，整个现场的气氛到达高潮，镁光灯不停闪烁，这张颇富纪念意义的照片瞬间传遍全世界。晚上，江主席前往希拉克的住处。希拉克总统在小镇的这个住处是一座古堡，有500年的历史，里外装饰古色古香。江主席就和希拉克总统在那里共进晚餐，并住了一晚。两国领导人在这座古堡里谈得甚为投机开心。第二天，希拉克总统陪同江主席前往巴黎。整个访问过程，吴建民作为大使均全程参与，看到两国领导人的那种兄弟般的友好和融洽，他的心情一直处于兴奋之中，他曾参与过很多领导人的会晤，但这种到故乡的会晤，彼此之间谈得更深更多，感情自是很不一样。更重要的是，在中国外交史上，中国领导人前往他国领导人故乡访问还是第一次！随后，江主席盛情邀请希拉克总统第二年访问中国。

一年时间转瞬即逝，吴建民也在大使的任上忙忙碌碌工作了一年。他时刻在等待着2000年希拉克总统访问中国。这一天终于到来了，2000年10月，希拉克总统兴致勃勃来到中国扬州，当走下飞机舷梯时，他看见热情的扬州人民已在毛毛细雨中等候了多时，欢迎声扑面而来，希拉克总统顿时倍感亲切。车队行走在扬州街头，希拉克总统又看到这座美丽的小城万人空巷，大家都来看这位法国的总统，中国人民友善热情的秉性溢于言表。晚上，江主席请希拉克总统共进晚餐，希拉克总统品尝了扬州丰富的美食，不禁赞不绝口。江主席还对饭后的节目进行设计，请希拉克总统观看扬州当地的一种名为"道情"的边唱边打拍子的表演。那天晚上，希拉克总统很开心，他告诉江泽民主席，这是他当总统以来，过得最愉快的一个晚上。

中法两国领导人互访故乡取得了非常大的成功，吴建民功不可没。随之而来的是中法间更为友好密切的往来。全世界关注的"中法文化年"便是中法密切交往的一次最有说服力的合作。当时，有法国人向吴建民提议：中法文化年要做一件事让全世界都叹为观止，把艾菲尔铁塔打红！吴建民当时有些犹豫，他是从法国民众的角度来考虑的，他把这种担忧告诉了对方：中国人就喜欢红色，人家会不会说中国人把法国给赤化了？对方说，法国的红旗上有红色，中国人结婚喜红色，故宫的墙也是红色的，大家都喜欢红色！之后，吴建民向时任中国文化部部长孙家正汇报了这个想法，孙部长肯定地点头赞同。于是，所有人都能看到艾菲尔铁塔在红色灯光下被映照得通体红彤彤的。巴黎著名的香榭里舍大街热闹非凡，80多万人观看了来自中国的一万人的彩装游行，中国北京的老大妈欢快地扭起了秧歌，法国人感到很稀奇、很兴奋。之后，中法间友好的故事连绵不断。

2003年春节，巴黎市长在市政府专为3000华人召开招待酒会，这是独一无二的，之前，法方从未为其他国家召开过类似的酒会。吴建民和巴黎市长都在酒会上讲了话。巴黎市长说，2004年中国春节时，建议在香榭里舍大街搞一个中国的彩装游行。华人们都知道，这香榭里舍大街相当于中国北京的长安街，是不允许游行的。市长的话刚一说完，下面的华人就热情地鼓起掌来。吴建民非常高兴地说道："市长先生，你看掌声多热烈，说明你的点子非常好！你的建议我非常赞成！"2003年7月，吴建民完成驻法大使的重任，回到国内担任外交学院院长。2004年春节，巴黎当地的华人兴奋地打来电话告诉吴建民，2003年巴黎市长说的事真的实现了，当地的华人太高兴了！

曾为毛主席、周总理担任翻译

吴建民在外交方面取得了许多成就，他认为这与一个人的阅历和积累有着非常大的关系。吴建民1959年毕业于北京外国语学院，毕业后，他曾留校工作过一段时间，后来被外交部录用成为一名翻译，外交部为培养优秀的翻译，又将吴建民送到北京外国语学院再读3年翻译班，此间，吴建民获研究生学历。之后他被借到团中央国际联络部工作了5年，1965年至1971年在外交部翻译司工作。这段年轻的时光，吴建民认为是人生的最重要的基础，他的翻译生涯为日后的外交工作打下了非常坚实的基础。他曾为毛主席、周恩来等老一代的领导人担任翻译，老一代革命家身上崇高的品格使年轻的吴建民耳濡目染并获益终身。周恩来总理特别尊重人，无论是大国还是小国来的客人，他都一视同仁。吴建民记得有一次，周总理接见外宾，礼宾司的同志前来汇报说，中方人员已到齐，是否把外宾给叫过来？周总理听了这话后眼睛一瞪："什么'叫'？是'请'！"两字间的差距是非常大的。周恩来总理特别细心，想得很周到。1969年，吴建民给周总理做翻译，通宵达旦，结束时一起坐电梯，他鼓励吴建民说："辛苦了，你很干练。"1971年，一个活动完毕后，吴建民和一群年轻人先上车了，总理一回头看到了他们说："没跟你们握手呢，都下来。"1965年到1971年之间，吴建民常做总理的翻译，看着总理一天天消瘦下来，很心疼，就说："总理，保重。"总理回应道："谢谢你。"虽然总理早已离去，但他高尚的人格却无时无刻不在影响着吴建民。

除了老一代的国家领导人，吴建民也常有机会和现在的国家领导人近距离接触，他说国家领导人平易近人的作风让他感触很深。他谈起了江泽民主席，他说，江主席当年出访法国时常跟他们聊家常，讲话也很生动，他会见使馆工作人员时说："你们吃饭不要太节省了，要吃好啊。我当年在莫斯科时钱也不多，但一定要吃好！"江主席的文化底蕴特别深，不断思考，常常问吴建民和其他工作人员在研究什么问题，还会作出点评。

吴建民先后在联合国工作过10年，这10年对他日益成熟的外交经验影响非常大。联合国是全世界的橱窗，在那里除了可以见到几十位国家元首，还可以更多了解世界各国的情况，学习不少好的工作方法，这些非常难得的工作阅历在影响吴建民的同时，也让他引起了大家的注意。在联合国工作期间，日内瓦人权会议很难忘。1995年时人权会议非常紧张，美国搞反华提案，当时我方有两道防线，我方动议表决的结果是20:20，第一道防线就被冲破了；第二道防线是表决提案本身，21:20，我方就只多一票。1996年1月份，吴建民出任中国常驻联合国日内瓦办事处和瑞士其他国际组织常驻代表、特命全权大使，当时很多人对吴建民说，你怎么碰上这个时候去呀？一到那里，吴建民就到处做工作，说服发展中国家。吴建民等人还组织了一个大使秘密串联会，开会时在会上表现出来后，美国人就紧张了。第一道防线我方以7票优势，把美国人打败了。那时，吴建民心里想的是，作为中国外交官被派到国外去，一定要跟美国较量一下，不拼命干才怪呢！后来，美国人告诉吴建民说，美国国务院听说把你派到日内瓦去了，就说，来者不善。

从开始担任翻译算起，吴建民的外交生涯已有40多年。他认为作为一位外交家，在公众场合的讲话要做到简捷、切中要害。吴建民谈起了当年中国申博成功的幕后情况。当时国际展览局总部在巴黎，88个成员国代表中，有60多个在巴黎。吴建民当时把使馆的精英抽调出来，跟上海的几个人一起去游说，前后花了一年多时间。这期间，压力很大，一方面不仅要会游说，与他们进行交流，同时还要进行出色地陈述。申博会需要作4次陈述，吴建民有两次是做主持人。介绍发言者是一个很大的挑战，因为需要用简短的语言形容出演讲者的精彩之处，提高他们演讲的说服力。当吴建民介绍时任国务委员吴仪时这样说："中国有句话，妇女能顶半边天。今天，吴仪国务委员是代表中国的男女公民讲话，就不是半边天，而是整片天了！"全场发出一阵会意的笑声。

吴建民是外交家，他时时关注国际局势，关心中华民族的利益，努力使自己在任何时候都能为中国的外交事业作出贡献。这不，虽然时任外交学院院长，可他会受邀到各地去演讲。前段时间大家所关注的中日关系，他在北京各高校的演讲会上，从历史的世界的环境深入浅出去分析，演讲多次被学生们热烈的掌声打断，之后，学生们还将吴建民的演讲刻录成1000多个光盘。如果问吴建民在他一生的诸多角色中，他最享受哪个角色，他一定会告诉你最享受的要算当外交学院院长，他说，如果能以自己的经验再多作一些贡献，培养对国家有用的人才，是对自己很大的安慰。

◎ 手记 ◎

口才很好的外交人才

2004年6月，我前往采访吴建民。那时的吴建民就已是媒体眼中的红人，电视上能常常听到他侃侃而谈。我是在外交学院一间不大的会议室里采访吴建民的。也许因为是外交家的身份，吴建民是一位很注重仪表的领导干部。那天，他穿着一件灰色格子西装，深色的领带非常标准地打在雪白的衬衣上，脚下的皮鞋一尘不染。能感觉到，他并不是为接受采访而刻意准备，平日里的他就是这个样子。吴建民说话很干脆，并没有像其他被访者一样，之前和记者还有一些聊天式的预热，他就是直入采访主题，并在之前约好的采访时间内结束采访。吴建民眼中透着犀利的目光，仿佛能洞穿别人的心思，他说话时面部表情很丰富，且有着独特的手势，不过，我最难以忘怀的是他的微笑，他的那种微笑透着在国外多年熏染而成的绅士风度，他的微笑里盛满了智慧。

吴建民的口才的确了得，我按照事前准备的采访提纲逐一提问时，他好几次都毫不客气地打断我，可能他觉得那些话题有些幼稚了，虽然我有些尴尬，但我知道，这就是吴建民的个性。如果他一旦开始讲话，谁也没法插上话。

吴建民的口才得益于他博学的知识、对事实的准确把握及敏锐的思维速度。

我有一位朋友，和吴建民私交不错，他对吴建民的评价就是：这人的确很机灵，大大小小的事到他那里，都能处理得非常得体，既不得罪人，又能得到尊敬。朋友这番话，让我忽然间想起了"润滑剂"的字眼，看来，吴建民天生就是一个外交家，在各方面有着丰富的知识，擅长周旋于复杂的环境，擅长化干戈为玉帛。

2008年3月，参加完全国政协十届五次会议，并最后一次担任发言人之后，吴建民从全国政协外事委员会副主任的位子上退了下来。过了一个多月，又卸任外交学院院长一职。从此，吴建民退掉了身上所有有关外交工作的公职。但他依然没有停止，也不会中止关于外交的思考。

成功之道

吴建民是个口才卓绝的外交天才，在各方面有着丰富的知识，擅长周旋于复杂的环境，化干戈为玉帛，不愧是中国处理国际国内事务的"外交润滑剂"。他的成功得益于他博学的知识、对事实的准确把握及敏锐的思维速度。大大小小的事到他那里，都能处理得非常得体，既不得罪人，又能得到尊敬。

◎ 殷大奎 ◎
卫生部原副部长、中国医师协会会长

　　殷大奎，男，1940年出生，湖北人，毕业于同济医科大学医学系。历任华西医科大学住院主任医师、副校长，四川省卫生厅厅长，卫生部副部长。现任中国医师协会首任会长、中国健康教育与健康促进协会会长、中国医学基金会会长、中华健康快车基金会副主席兼秘书长等职。

医学界有声望的专家

——卫生部原副部长、中国医师协会会长殷大奎

2001年底，殷大奎从卫生部副部长的位置上退了下来。在任副部长近9年间，他前后分管过五六个司局，但始终分管公共卫生工作，用他常说的一句话就是：担任前全国卫生的消防总队队长角色。那时的他，哪里出现疫情，就出现在哪里，1998年那场洪涝灾害，他跑遍了7个受灾最严重的省。当然，大家更注意到的是他在任上关注的医疗体制改革。那么，医疗体制改革真的就失败了吗？请听他细细向我们道来。

殷大奎是一位在医学界颇有声望的专家，他将自己的一生都献给了医药卫生事业。他有着颇多的著述，多次获奖。然而，他还有着许多不为众人所知的业绩，比如大家所熟悉的我国自主研发的"庆大霉素"，他就是主要研究者之一。这位专家型的高级领导干部有着怎样的人生之路？

关注医患关系和医疗体制改革

殷大奎曾说自己本应60岁退休的，可一直干到了61岁，退下来后的他真想好好休息一下，再干一点自己喜欢的事，可2002年中国医师协会成立，他还是被推上了首任会长的位置。这些年来，他已开展了200多场针对医师素质等方面的免费培训。他力图通过协会的工作，改善医患关系。殷大奎曾在医师的岗位上工作过20多年，亲身经历过医患关系由好到不好的过程。说起这些，他很感慨六七十年代，医患关系非常好。"文革"期间，他在华西医科大学内科和另一个医生两人管30多个病床，轮流值夜班，每天忙到很晚，也要到病房去看病人，然后放心回家，第二天一大早别的医生还没上班，他又赶来看病人，彼此之间像朋友亲戚一样。有一次，一个农民到急诊室看病，没人接待他，正好路过这里的殷大奎主动将这个病人请到自己的科室检查，发现他是结核性的胸腔积液，当场就在手术台上给他抽了积液，制定治疗方案，耐心详细地告知他服药的方法。后来殷大奎也不记得这事了，这个农民病好之后，每年都送一只活鸡来看望殷大奎，表达他发自内心的感谢。而现在呢？医患关系很紧张，患者抱怨自己排了一晚上的队挂号，等看上病后医生也不详细检查几句话就给开出一大堆处方，据说个别医生在患者大手术前有收红包的现象。而医生那边也时时担忧，病人们一进医院就要求你务必治好他的病，要是治不好遭报复怎么办？这些年来医师被杀被打的现象时有发生；不用先进的仪器给病人检查，日后病人真出现什么问题怎么办？而这些

先进仪器的收费自然就很高；有些手术本来可以做，由于风险大，医生推说自己不会做，等等，总之，医患间的关系被搞紧张了。

　　谈到这个话题，殷大奎变得很沉重，他说，要改善目前医患关系的紧张，就要建立相互信任的友好关系。尽管医师队伍中存在着这样那样的不好现象，但绝大多数的医师都是好的，我们不能否认这支队伍对社会发展起到的重要作用。建国前的人均寿命只有30多岁，而现在是70多岁，各种疾病得到有效控制。我国的医疗质量和诊疗水平大大提高，以前心肌梗死患者死亡率80%，现在存活率是80%。各地的重大事件，如天灾人祸，历次的国际救援，医务人员都是毫无怨言立即赶到，2003年"非典"爆发期间，广大医务工作者表现出的高尚的职业道德让人记忆犹新。人的一生当中，谁都离不开卫生，人想活得健康、长寿，都离不开医务工作者。就说假如北京的医院一天不开，那么多病人怎么办？

　　可不管怎样，大家对早年推行的"医疗体制改革"有非议，焦点主要是看病难看病贵问题。为什么会出现这些问题呢？殷大奎谈到了许多普通老百姓并不了解的情况。他说，一般情况下，70%的病都可以在基层解决，可现在有80%的病人往大城市跑，造成大医院人满为患，出现这种情况的原因是，基层医疗条件差，医务人员素质较差，设施陈旧落后，加之缺乏相应的医疗保障制度，这些应该说是地方政府的责任。如果上述情况改善，许多人就不用都跑到大城市去看病了。而看病贵的问题是，过去是计划经济时代，国家对药品、医疗器械等给予补助，建国初曾3次大幅降低药价，以减轻老百姓负担。而现在是市场经济，药品自主定价，有的企业把药价定得很高，到医院后，医院还要按照国家规定，西药加价15%，中药加价30%。此外有的医院还有拿回扣等追求经济利益的现象，最后用在老百姓身上的药价也就很高了。总之，老百姓对看病难看病贵的抱怨，矛头直指医院。殷大奎介绍说，我国由于仍是发展中国家，不能与西方国家相比，像美国，卫生的总费用占GDP的14%，而我国是5.6%，这个比例虽不低，但政府在其中所占的比例相对就低许多，只占17%，社会投入占26%，而老百姓自己要付一半以上的费用，比如一个大医院一年支出一个亿，而政府投入不到8%，90%以上要医院自己挣。有的病人没钱，被医院救治后，只有欠债，一年下来，小医院至少欠费100多万，大医院有的高达1千多万。在这样的情况下，医院为求生存发展，留住好医生，就抬高药价等各种费用。殷大奎非常反感医院过分追求经济利益，早在12年前他就在一次全国性会议的讲话中谈到过这个问题，但要怎么来改变现状呢？殷大奎否认"医疗体制改革失败"的说法。他说，像美国虽然国家投入那么多，但还有4000万人没有保障。世界上没有哪个国家的医疗体制改革是成功的。改革不仅仅是医疗单方面的，还有社会保障、药品整个的销售价格体制管理等多方面。只能说哪方面存在问题就解决哪方面。如今，他在中国医师协会会长任上就将重点放在改善医患关系上，他认为这也是需要解决的问题之一。

殷大奎是一个对观点不隐瞒的人，确切地说，他是一个真性情的人，让我们走进他了解他。

在秘密研制"庆大霉素"的岁月

1940年，殷大奎出生在湖北农村。考初中的时候要交一张一寸的黑白照片，家中没钱给他照相，很大年龄了还捡姐姐的衣服穿，家境的贫寒并没有让他放弃读书的梦想，后来他考上武汉医学院（后来的同济医科大学）。念大学的时候，殷大奎靠的是国家的助学金，看见周围那些家境好的学生有手表，甚至还有自行车，而自己穿得土得掉渣，尽管这样，殷大奎也不感到自卑，他想，自己是来读书的，要比就比谁的成绩好，他很珍惜读书的机会。果然，他的学习成绩十分突出，一直担任学生干部。至今，殷大奎仍很感谢贫寒的岁月对自己的历练，如果没有那段经历，哪有后来的成功。1964年，殷大奎毕业后被分配到四川医学院（现为华西医科大学）工作，这是一个在当时就非常知名的教学医院。

殷大奎被安排在医学院的传染病室。1967年开始，也是"文革"最乱的时期，为了"战备"需要，殷大奎接受了我国有自主产权的"庆大霉素"研究任务。当时美国已有这种针对绿脓杆菌等菌种感染的抗菌素，但由于中美没有建交，美方拒不出售给我们，并对菌种的情况严格保密。负责西南地区临床小组的殷大奎不分昼夜，克服了重重困难，从终于发现菌种到研究成功，整整用了两年多的时间出色地完成了任务。1969年底，殷大奎带着成果从四川赶到上海，在上海当时最好的国际饭店参加成果鉴定会。虽然已过去30多年，殷大奎仍能记得那时的情景：正值党的"九大"召开，从20多层的国际饭俯瞰下去，老老少少正在大街上跳着"忠字舞"。参加鉴定会的人只有10多个，对外严格保密，现场气氛很严肃，大家抑止住激动的心情讨论如何给这个抗生素起个名。有人说，叫"反帝霉素"吧，美国不帮助我们，我们不也研究出来了吗？还有人说，叫"争气霉素"吧，我们中国人不畏霸权，就是争气！最后研究来研究去，决定取名"庆大霉素"，一是庆祝"九大"，二是庆祝工人阶级的伟大，三是美国的这种抗生素与"庆大"谐音。大家一致同意以"庆大霉素"为名上报国务院。最后，主持会议的国家医药局的领导神情庄严地向大家念了周恩来总理的批示。原来，"庆大"研究出来后，情况就报到了一直关注此事的周总理那里，周总理随即作了批示，原文大意是："我国的抗菌素，无论是品种还是数量都和国外的有大差距，我们老百姓管'青霉素'叫'痛霉素'，链霉素叫'麻霉素'（打了之后嘴唇发麻，笔者注），希望你们通过这次抗菌素的研究，缩短与国外的距离。"这个批示在当时很保密，国家医药局的同志念完后，就将这张纸烧掉了。随着这份重要批示的烧毁，这段周总理关于"庆大霉素"的批示的故事便成了绝少人知道的故事，至今，知道的人也非常少。

"庆大霉素"一经临床使用便起得到了非常好的效果。当年用"庆大"治病的第一例的病人，曾在当年人民日报头版头条有报道："抢救北京礼花工人王世芬"（因礼花爆炸造成严重烧伤）。殷大奎的名气也随之大了起来。但在研制"庆大"的那个年代是一个讲奉献的年代，"庆大"的研究没让殷大奎获奖，他只是为国家为人民做了一件有益的事，他不后悔更不觉得"委曲"。至今，尽管各种抗菌素层出不穷，但"庆大"的功效仍是不可替代的。

一生都在与传染病打交道

1972年，时值我国援建坦桑尼亚铁路，由于地理气候等多方面的原因，中国修路工人及技术人员相继出现恶性疟疾，一些人员死亡。按照"身体过硬、思想过硬、技术过硬"的条件，殷大奎被派往坦桑尼亚参加医疗队。他除完成一般的临床救治任务外，还作为组长被派到坦赞铁路瘟疫最严重的地区开展防治工作。这个地段多为沼泽，气候炎热，恶性疟疾猖獗，当时被派往这里的工程技术人员、医务人员都被感染。而殷大奎却是从容镇静，来坦桑尼亚前，他就有着多年防治传染病的经验。经过一个多月的努力，完全扭转了以前被动的局面。最后，他还制定了坦桑尼亚铁道工作组关于疟疾的防治方案，直到现在，坦桑尼亚还在用这个方案。

1974年殷大奎回国不久，周总理要求在全国开展呼吸病的防治工作。他从传染病室调到了内科。当时针对呼吸病的研究可谓是轰轰烈烈，全国分6个大区，分别组成攻关协作组，殷大奎负责西南肺心病协作组的工作，参加全国各种有关学术会议。这期间，他在急慢性呼吸衰竭的研究工作中取得了不少成果，并多次获奖。

从1984年开始，殷大奎走上了领导岗位，先后担任华西医科大学副校长、四川省卫生厅厅长，1993年3月，已在国内颇富知名度的专家型领导调任卫生部担任副部长。担任副部长这么多年，对公共卫生这方面的工作，殷大奎是最为感慨的。他的体会是，公共卫生做好了，就可以让许多人不生病，他常说的一句话就是，只治不防，越治越忙。任职期间，他曾经指挥和处理过许多重大的传染病。

1999年8月，江苏安徽的部分农村出现一种不明原因的传染病，症状初为腹泻，然后是不能小便，肾功能衰竭，吃什么药都没用，两到三周左右死亡，重症病死率高达80%-90%，多为老年人。经多方面的检查，始终查不出病因，殷大奎根据上报的情况当时立即就提到是否是"O157：H7"？这是一种严重的大肠杆菌感染，我国以前没出现过，在美国和日本都曾出现过，但都与我们出现的症状不一样。殷大奎随即就提出了7点意见。几天后，他赶到疾病发生地，去了病人家中、到医院去看病人、和医生交流，综合各方面的情况，他愈加判定自己的想法。3个月后，通过几例尸体解剖和另一种新的检测方法检测，最后确定就是这种病。而在此之前，殷大奎的各种预防措施就已安排下去了，及时控制了疾病扩散。后来还查出全国11个省市都有这样的病菌，最后都被控制住了。

这么多年来，许多人至今也不知道各地曾发生过诸如此类的严重传染病，也没有引起任何恐慌，就是因为很快就控制了。行内专家都称殷大奎在这方面是非常有功的。

殷大奎这一生的许多时间仿佛都与传染病打交道。2000年底他前往河南上菜文楼村看望艾滋病人一事的细节，让许多在场人现在想起来都感到"惊心动魄"。当年他去河南上菜前，还没有一个部级领导干部去过那里。那时当地的情况非常不好，由于许多人对艾滋病人的歧视，加之国外媒体的炒作，艾滋病患者普遍怀有敌视情绪，甚至有过激行为。尽管当地政府已做了许多工作，仍是闹得人心紧张。殷大奎走进艾滋病人家中，代表党中央去看望患者，亲自诊治病人，与病患者开座谈会，最后和好几个患者围在一张桌上吃盒饭，那些病人高兴啊，这么大的干部都不嫌弃我们，一高兴起来，声音大了许多，一些唾沫也就飞在了殷大奎的手背上，甚至是碗里。殷大奎事后告诉一位替他紧张的记者说，要说不害怕那是假的，但他知道这种形式不会传染，重要的是，他作为一个卫生部副部长，他要做给大家看，消除人们与患者的隔阂，让大家都来关心这些患者。殷大奎河南一行，在社会上引起了很大反响，加之当地各级政府这之后在针对艾滋病的观念、措施方面进一步落实，当地防治艾滋病的工作有了很大进展。如今，上菜文楼村修建了设备齐全的卫生所，包括病人的治疗、孤儿孤老的安顿都做得非常好。2005年春节，殷大奎又一次前往河南，这次他是陪同温家宝总理前往看望慰问艾滋病人。

殷大奎一生中接触过许多传染病，但从未被传染，他是医师，对卫生要求很严，比如说每天的洗手。现代人越来越关注健康。作为中国健康教育与健康促进协会会长，他的一句发自内心的话兴许会给正在忙碌的城市人以启发："世界卫生组织提出，健康的四大基石，一是合理的膳食，二是适量的运动，三是戒烟限酒，四是心理平衡。特别是心理平衡这一点很重要，什么升官啊发财啊，你越想得到就越得不到，你看我现在退下来了，心理仍然很平衡，每天都安排得满满的，本来就是平常人嘛。"

◎手记◎

受人尊敬的医学专家

　　知道殷大奎的名字是在很早的时候了，那时他还在卫生部副部长的位置上。他对防治传染性疾病有着非常丰富的经验，就是现在，虽早已不在部长的位置上，但他仍常常被邀请到一些重大疫情发生地去开展工作。他在卫生系统一直都很受大家尊重。

　　殷大奎还是很有名望的医学专家，他的朋友生病了总愿意来找他看病。

　　殷大奎是湖北人，但他的普通话里却有着浓浓的四川口音，曾在四川工作多年的他，对那里有着深厚的感情。每年春节，他都会回到成都，那里有他的许多朋友，还有他的两个儿子。采访他的时候，我就很纳闷，他已来了北京10多年了，为什么不把孩子也调到北京呢？而且，就他的职位，要调家人来京是一件很小的事。一问，才知道，他的孩子根本就不愿来北京，就是他的妻子——曾是华西医科大学的教授也是不愿来北京，只是由于夫妻长期分居两地才不得不在几年前恋恋不舍地离开成都调来北京。

　　我非常感谢殷大奎。他总是力所能及地为别人提供帮助，而我非常幸运地得到过他的帮助。我母亲有心脏病，可生活在四川的她一提起要去华西医科大学附属医院看病就头疼。华西的医疗技术应该说在全国都是排得上名次的，四川又那么大，所以看病的人真是人山人海，挂一个好专家的号，得去找关系才挂得上，否则就得半夜起床去排队挂号，就是这样也不一定能挂得上。我想到了殷大奎，毕竟文章完成之后也就没有了联系，我怀着忐忑不安的心情给他去电话，请他帮助联系一位当地的心脏病专家。他很爽快地答应了。后来，我的母亲顺利住进了医院，而且在病房里受到了热情地关照。殷部长对他身边的人都乐于帮助，他友善而热心。

　　很久也没有殷大奎部长的消息了，不过，仍然能在网络上看见他忙碌的身影。作为中国医师协会会长，他特别关注健康，在最近的一次专业会议上，他说："医生应该利用自身在健康方面的权威性和影响力，在控烟方面发挥更大的作用，在医院不要吸烟，更不要当着患者及患者家属的面吸烟。"

成功之道

作为中国健康教育与健康促进协会会长，他的一句发自内心的话兴许会给正在忙碌的城市人以启发："世界卫生组织提出，健康的四大基石，一是合理的膳食，二是适量的运动，三是戒烟限酒，四是心理平衡。特别是心理平衡这一点很重要，什么升官啊发财啊，你越想得到就越得不到，你看我现在退下来了，心理仍然很平衡，每天都安排得满满的，本来就是平常人嘛。"

◎ 索丽生 ◎
全国人大农业与农村委员会副主任、水利部原副部长

　　索丽生，男，湖北江陵人，1944年3月出生，1988年获美国密执安大学博士学位。历任河海大学教授、博士生导师、河海大学副校长，全国政协第十届委员会常务委员、民盟第九届中央委员会副主席、水利部副部长。2006年3月任全国政协副秘书长。2008年3月任第十一届全国人大农业与农村委员会副主任委员。民盟第九届中央常委，第十一届全国人大常委会委员。从事水利水电工程设计、施工、教学、科研及管理工作三十余年，具备丰富的专业知识和工作经验。

对"水"情有独钟

——全国人大农业与农村委员会副主任、水利部原副部长索丽生

索丽生，2001年6月被国务院任命为水利部副部长，之前很长一段时间，这位荣获国务院政府特殊津贴的水利专家，科研成果累累。平心而论，他不想做官，他已在水利领域苦苦地跋涉了几十年，他舍不得这份事业，他对"水"已是情有独钟。1998年，组织上就曾考虑让他担任南京副市长，最后就是被他以这样的理由婉言谢绝的，之后组织上让他担任水利部副部长，他也是思索良久，最后觉得虽然不是从事教学研究工作，但仍是没有离开水利专业，改变的只是从教学科研到了全方位的管理。索丽生的一生仿佛注定将与"水"有缘。

水利专业何以让索丽生如此执著，甚至要放弃在许多人看来炫目的高官生涯？索丽生曾经历过如火如荼的"文革"，曾作为我国第一批研究生前往美国留学，有这样人生经历的人并不是没有，但他有别于许多人的却是一种精神，这是怎样一种精神呢？

在艰苦的贵州山区历练

索丽生出生在一个旧职员家庭，父亲曾是国民党政府的一个小官员。这样的家庭出身在那个年代势必要遭受许多冲击，索丽生的人生之路曾因此受到影响。

1966年，索丽生毕业于华东水利学院（现为河海大学）。这时正遇"文革"，所有的大学生都被推迟一年多安排工作，索丽生也不例外，直至1968年，才被分配到贵州境内的猫跳河水电站建设工地当工人。贵州，自古就被称为"天无三日晴，地无三尺平，人无三文银"，猫跳河水电站建设工地更是处在穷山恶水之间，有不少同来的大学生不免发些牢骚，可索丽生却乐观面对，毫无怨言。他虚心向有经验的工人师傅学习，搅拌水泥、操作钻机等苦活、累活，他都抢着干。每天风吹日晒或披星戴月干了八小时的活后，还要翻山越岭半小时，才能回到破旧的油毛毡棚里休息。枯燥艰苦的日子没有浇灭索丽生积极乐观的青春激情。他常在工作之余，用彩笔将工地景象描绘下来，制成一幅幅绚丽的水彩画，张贴在简陋的宿舍里；为了改善伙食，他和几个单身汉一起组成伙食团轮流上山采野菜和做饭，久而久之，居然练就了较高的烹调技艺；他还参加工地宣传队的活动，黑管演奏悠扬动听，一直成为宣传队的保留节目。之后，索丽生从工人当到了班组长，最后成为一名优秀的技术人员。

1970年，由于索丽生的出色表现，他被调入水电部贵阳勘测设计院工作。作

为现场设计人员和设计代表，他仍是没有离开猫跳河工地，他仍是住在那间破旧的小屋里。他每天在工地上计算、绘图、跑现场。根据工程进展的需要，硬是全凭手工，一个月绘制出十几张精确的设计图纸。

在艰苦的猫跳河工地，索丽生一干就是整整10年。这段人生岁月的经历铸就了他坚强的意志。

1978年恢复研究生招生的第一年，索丽生以优异的成绩考回母校攻读研究生。1981年，毕业后留校任教。索丽生在校期间学的是俄语，私下里他开始自学英语。1983年，他的英语通过托福考试，1984年考取公费留学美国的博士研究生。当时，他的想法是到国外去看看，学习那里的先进技术。

在美国密执安大学土木工程系学习期间，索丽生深受美国自由清新的学术思潮影响，形成了不拘一格的思维方式。他的导师在国际水力学界非常著名，很欣赏索丽生，认为他不仅有十多年的实践经验，能力强，成绩又好。有一次，学校请了一个外单位的老师来给同学们授课，因这位老师并没有多少实际工作经验，讲课时让人感觉很苍白，导师就用鼓励的口气对索丽生说你应该去讲。虽说索丽生并没有去讲课，但他常常给这位老师指出水利知识方面的错误，老师既尴尬又佩服。到最后，这个老师都不敢来上课了。

1987年，索丽生在做博士学位论文期间，在导师的指导下承担了一项美国自然科学基金项目，开始了经典水力学的创新课题研究——与频率有关的瞬变流研究。之后，索丽生还涉足了汽车的课题。密执安大学附近是美国著名的汽车城底特律，汽车城里的老总们常常就一些问题来请教学校里的老师。由于美国已没有多少大型的土木工程，所以索丽生及同学们所学的专业在美国派不上什么大用场，不过，流体力学的一些理论却是可以用在汽车的某些研究上。索丽生先后承担了美国几家汽车制造公司关于减震器和安全气囊的课题研究。他运用扎实的理论知识和精湛的计算技术，在提高汽车减震器及安全气囊性能方面做出了许多创造性的研究成果。公司老总惊异于这个中国学生的才干，希望用高薪聘请他，并许诺为他的夫人和孩子代办"绿卡"，索丽生婉拒了。这其中最重要的原因是，他认为国家培养他这么多年，应回国为国家多做事。1990年8月，索丽生带着妻子和女儿回到了阔别6年的河海大学。

率先在水电站课上实行开卷考试

回国之后，索丽生率领科研小组经历了无数次的刻苦攻关，在复杂水力系统的水锤基本理论、分析方法和工程应用上取得了突破性的进展。1993年，他和他的导师合作的学术著作《系统中的瞬变流》由美国著名的Prentice Hall出版公司发行，成为国际上瞬变流方面的权威著作之一。值得一提的是这是在该学科的美国版权威专著上第一次出现中国人的名字。索丽生回国后短短10年的时间里，承担和完成各类基金、重点和委托项目30余项，研究解决了众多水工技术难题。

索丽生在河海大学期间，先后担任过水电系系主任、水电学院院长、河海大学副校长。至今，曾经的同事们仍忘不了索丽生当年对学校别具一格的改革。

索丽生在教学中寻求不拘一格的风格。他率先在自己所教的水电站课上实行开卷考试，一时间，竟有许多老师也不理解，这可是必修课呀，怎么能开卷呢？而很多学生纷纷举双手赞成。但两三年后，学生们居然又希望废除开卷。原来开卷比闭卷更难，难就难在虽然允许翻阅资料，但死记硬背的条条框框全失灵了，只有用灵活的分析问题的方式才能通过考试。索丽生希望学生学的是"灵活"，而不是"呆板"。有时为了激发学生的兴趣，他还现身说法，大量列举自己多年施工、设计、科研中的一些实例并加以生动地剖析。1993年，索丽生被评为水利部优秀教师；1996年《水电站课程建设》获江苏省优秀教学成果一等奖，1999年索丽生荣获江苏省高校红杉树园丁奖金奖、江苏省优秀学科带头人。

工作起来的索丽生从来不知什么是疲倦。身为医务工作者的妻子为他的健康着想，总劝他多抽点时间到户外去晒晒太阳，呼吸呼吸新鲜空气。他听了夫人的建议，倒灵机一动，何不建一个户外办公室呢？于是，他将需要审阅的论文、研究生开题报告等一大堆资料全部放进包里，然后和夫人一道来到南京中山陵的树林里，兴奋地说："这样可以一边工作，一边享受免费的'氧吧'，真是一举两得。"妻子看着他又拿出书稿埋头苦干的样子，也只得无奈地摇摇头。他每次看完学生们的论文后都会在字里行间留下一段段字迹工整的批语，甚至对博士生论文上标点符号的错误都认真地修改好，索丽生治学的严谨让学生们非常感动。至今，他已培养了12名硕士，20名博士，3名博士后。每逢学生们毕业离开时，他总舍不得，百忙之中挤出时间，把学生们都请到家中，亲自做菜，和他们一起吃一顿饭，并再三叮嘱他们一定要走好将来的路。

因为大器晚成，所以惜时如金

2001年，索丽生担任水利部副部长，分管水资源管理。他上任的第一件事就是来到位于黑河下游的额济纳旗地区。长期断流的黑河下游河道，干涸的干流支流，被流沙吞没的"西夏古城"和早已枯死的大片胡杨林，衰败的景象让他心痛不已。他大声疾呼："额济纳绿洲正在萎缩，金色的胡杨林正在消亡，挽救生命，挽救自然，挽救人类，刻不容缓！"他还到了东北的扎龙地区，这是丹顶鹤之乡，是我国最早列入国际重要湿地的地方。这些年来，随着水资源利用增加，水源匮乏越来越严重，湿地面积也由原来的650平方千米萎缩到2001年的150平方千米，直接威胁到丹顶鹤等珍稀动物的生存。索丽生及时布置水利部有关司局跟当地政府研究论证，适时决定实施补水工程。经过一段时间的工作，湿地已经恢复到了以前的面积。

如何节水和保护水资源？如何在节水的基础上保护生态环境？这些问题都是作为水利部副部长的索丽生最关心和致力的工作。

从专家到部长的最初角色转变中，索丽生曾在心里有几分"失落"，因为他毕竟是一个资深的水利专家，若是以前，他可以在各种有关水利的学术研讨会上尽情地发言，可成为副部长后，他不能了，因为他深知角色的转变带来的影响，如果在正式的场合发表自己的学术见解，势必会给讨论会定下一个基调，其他的专家也就不便再发言了。所以，索丽生往往有意回避一些公开的学术讨论，会后才和其他的专家们自由地交换意见，以求获得更加准确的结论。

索丽生说"文革"耽误了他太多的时间，40岁才出国深造，自己属于那种大器晚成的人。他总在感慨为国家做事的时间不多，所以他惜时如金。

索丽生常常在朋友面前摇摇头笑笑说，没有想到自己会担任副部长。这番话让人想起"宁静"、"淡泊"等词，也让我们感到这位专家型的高级领导干部在这条路上走得很实。2007年，索丽生离开了水利部副部长的岗位。

◎手记◎

惜时如金的脚步

当年采访索丽生时，他任水利部副部长。

能顺利采访到索丽生部长，应该感谢科技部副部长程津培。为什么这么说呢？2005年"两会"时，我在华润饭店里遇到正在这里开会的全国政协委员索丽生，当时，还有另一个媒体的记者也和我一样，向索部长提出了采访他的请求，索丽生接过我递过去的名片仔细看了看，然后说，我看过你写的程津培，我的经历和他差不多，我前两天碰见他，他还说起你写他的那篇文章呢！我想，程津培部长的那篇文章一定得到了索部长的认可，否则，我哪能这么顺利地采访到他，而另一位记者却很不幸地被拒绝了。我们选择了宾馆二楼一处较为僻静的角落，可刚一落座，就感到这里也不安静。来来往往的会议代表的脚步声、说话声，还有宾馆里播放的音乐声，混杂在一起，严重影响了我采访的思绪。我从未在这样不安静的环境下进行过采访。尽管如此，索丽生仍是非常配合，只是说话声音的分贝得比平常高好几倍，彼此才听得清。

索丽生和程津培一样，留过学，回国之后是大学校长，后来又都走上了仕途。

采访中，索丽生不止一次地说过他并不想当官，他还是喜欢研究他的水利方面的科研，有一天从领导位置上退下来了，他一定会去搞他的科研。当上他这一级别的领导，并不是所有的人都敢说这样的话，换句话讲，从古至今，走仕途是男性成功的标志之一，更重要的是在今天这个"官本位"意识还很强的社会里，有人会发自内心地讲这句话，让人不得不对他心生佩服。我把他的这句话写进了文章里，原以为他会删掉，没想到他丝毫没改动。索丽生讲的是真话。水利部的一位朋友对我说，索丽生在他们心目中就是一个专家。我想，索丽生——这个不喜欢别人把他当成领导干部的人一定会乐于这样的评价。

索丽生留给我的印象，是一个有着浓浓知识分子味道的部级领导。

在之后全国"两会"上，也常常看见他的身影，他的身份也在不断地变化：民盟中央副主席、全国政协副秘书长、第十一届全国人大农业与农村委员会副主任委员。我不由得想起他曾说过自己属于"惜时如金"的那种人，这样的领导干部永远也停不下脚步，每一步踏实走下去，总会有收获。

成功之道

索丽生是一个有着浓浓知识分子味道的部级领导，曾经历过如火如荼的"文革"，曾作为我国第一批研究生前往美国留学，有这样人生经历的人并不是没有，但他有别于许多人的却是一种精神，是一种对水利事业的执著专注。曾经艰苦的人生岁月的经历铸就了他坚强的意志，他属于"惜时如金"的那种人，这样的领导干部永远也停不下脚步，每一步踏实走下去，总会有收获。

◎ 程津培 ◎

全国人大教科文卫委员会副主任、原科技部副部长

程津培，男，1948年出生于天津。1975年毕业于天津师范大学化学系，1981年获南开大学硕士学位，1987年获美国西北大学博士学位。物理有机化学家。历任南开大学教授、副校长，致公党天津市委会主任委员。2000年4月至2008年4月任科学技术部副部长。2001年11月当选为中国科学院院士。2002年12月当选中国致公党第十二届中央副主席。第八届全国政协委员，第九届全国政协常委，第十届全国政协常委，第十一届全国人大常委会委员。

没有官架子的"海归"部长

——全国人大教科文卫委员会副主任、原科技部副部长程津培

> 程津培随和、真诚、不会摆架子，让人感觉他不像一个官员。程津培认同这一点，但他说，也许正是这种挥之不去的学者味儿，让大家愿意跟他接近，向他讲实话，于是，这也就成了不经意中的优势。这位既是中科院院士曾经又担任着科技部副部长的他从来没有忘却自己仍为人师的身份，细心的人总会从他举手投足中读到这位学者不加掩饰的内心。

成功的最大秘诀

人们常说，做学问要耐得住清苦，有影响的基础研究成果更是要靠长期积累，往往是"十年磨一剑"。1998年正好是程津培赴美国获得博士学位后回国创业的第10个年头，这一年，他认为是学术上收获实现跨越的一年。时任南开大学副校长的他，和以他为首的科研课题组这一年在国际上最权威的两个化学刊物《美国化学会会志》和《有机化学杂志》接连发表了4篇重头文章。当时，国内学者独立地在这两家国际有机化学界最著名的刊物上发表的文章还寥寥无几，尤其是系列性成果的发表。甚至在此之前，像南开大学这样一所化学上非常知名的大学，还没有哪个研究小组能独立地在这两份刊物上发表过成果。从1988年至1998年的10年里，程津培带领的课题组的科研条件从零起步，有了很大改善。不过10年间研究经费总共也只有区区几十万元，但是他们取得的科研成果，却已经在国际上占有了一席之地，引起了国内外的广泛关注。

程津培时常回忆起出国留学和怀揣梦想回国创业的一些往事。

程津培曾经是天津一所师范学校的老师，"文革"后恢复招收研究生制度的第一年，也就是1978年，他考入南开大学攻读有机化学的硕士。他对南开大学是很有感情的，因为他在上中学时曾就读于南开中学。这是两所同根生的著名学校，同是以学风笃实和培养出周恩来、温家宝等政界要人以及陈省身、刘东生等学界名人和各行业的精英人士而著称。读研期间，他师承中国物理有机化学奠基人之一，早年在哈佛大学获得博士学位后回国的高振衡院士。南开毕业后，他考取了美国西北大学，成了那所老牌大学建校以来第一批来自中国大陆攻读博士学位的留学生。后来他还担任了当地中国留学生联谊会的主席。

西北大学是全美著名学府，在那里，程津培勤奋地学习和钻研，他常常是迈进理工学院大楼最早，而又离开得最晚的那一个。周末和节假日里，他也经常是

在实验室一待就是一整天。后来，导师和同学们惊异地发现，这位黑头发的中国人竟在大家不经意间，以他出色的工作，很快成了同学中的佼佼者。那时，到美国读学位的中国人并不多，国家刚刚经历了"文革"10年动乱，一切都还处于百废待兴之中。当时的美国人才市场也对中国留学生十分看好，所以，许多出国念书的人都愿意在美国留下来或是多待几年。与程津培在南开大学师承同一导师的4个同学，都到了国外念学位，但最后只有程津培回国。回国的原因除了对导师有着很深的感恩之情外，最朴素的理由就是想为国家做点事。

1988年，程津培带着妻子、女儿和所有的理想风尘仆仆从美国回到南开大学，见到了已两鬓斑白的导师。导师说，国内的条件没有国外好，一定要有思想准备。这些，程津培早已经想到了，只是没想到条件比想象的还差。当时受大环境的影响，留学生回国远不像现在这样受到重视，更没有现如今名目繁多的倾斜性研究经费、人才基金等特殊政策支持。程津培全家回国后，他的住房、工资待遇和学校里所有其他老师是完全一样的。他刚回国任讲师时的月工资只有人民币97元。但他对这些不太在乎，最让他头疼的是没有实验室和研究经费，而若留在美国工作这些是完全用不着操心的。当时多亏了系里老师们的帮助，借给他一个出国教师暂时不用的一张实验台，让他的研究能迈出第一步。一年之后，系里终于安排给他一间十几平米的实验室，不过这间小小的实验室还得由3个不同课题组共用。无论如何，有了总比没有的好。程津培还是像得了宝贝似的十分高兴，马上就带着学生把仪器设备安装起来做起了实验。

程津培回到国内的第一项研究是"离子基键能"，这是一个当时国内外还没有任何小组开展过的课题。他的第一项国家自然科学基金课题回国的第二年就拿到，但经费只有25000元。虽然是"雪中送炭"，但毕竟杯水车薪，是他所需启动经费的十分之一还不到。为了能凑齐购置研究必需的两台基本仪器的钱，程津培跟人学会了"磨嘴皮子"，开始到处"找"钱。此前的他一直只是个光知道做学问的学者，不善于要钱也不屑于要钱。可为了研究工作能够开展下去，他一年几十次地往返于天津、北京之间，向方方面面不厌其烦地"推销"自己的研究。他的执著终于感动了上帝，几年之后，在各方面的支持下竟然撑起了一个蛮像回事儿的摊子，他的研究工作也开始在国内外崭露头角。直到现在，程津培的键能研究也仍在继续。他所带领的课题组在国际上率先开展的"离子基键能"和后来的"一氧化氮键能"研究，正切中学术界当时关心的问题实质。于是程津培的课题组也就渐渐成为键能研究领域在国际上最有影响的研究小组之一。

访谈中，我建议他"科普"一下他的研究工作，因为普通人可能搞不懂"键能"是什么意思。于是，程津培将"键"形容成两个小球中间的"拉链"，要想把小球分开，就要用力扯断拉链，而需要的力的大小就是"键能"。以"一氧化氮键能"为例，一氧化氮在人体内起调节血管扩张作用，因此对平衡血压、医治心血管等疾病十分重要。体内或体外的一氧化氮"小球"在人的体内到处都能看到踪迹，但它们并不独立存在，而常常依靠"链"与特定的部位结合着，到发生作用时才把"链"打开转移到其他部位。

回想起回国初期那一段艰苦创业的经历，程津培感慨良多："做科学的人是要有点精神的"，他说，"这恐怕是所谓成功者最大的秘诀。"

遇艰难而坚毅，逢荣禄而淡然

程津培出生在天津一户知识分子家庭。父亲虽是一家企业的职员，但却有着从中学到大学的自学经历，而母亲则一直读完了高等师范学校。父母对学习知识的热衷使家中有着浓浓的学习氛围，而这一切也深深感染着家中包括程津培在内的5个孩子，他们中间先后有4个孩子考上大学，被当时的左邻右舍传为佳话。

程津培属于现今所称的"老三届"，正当风华正茂的年岁，赶上了"文化大革命"，伴随着轰轰烈烈的口号声，被送到了位于黄土高坡的山西平陆县"插队落户"。"平陆不平沟三千"这句俗语可见平陆是个极为贫困的老区。程津培插队所在村的村民们一年到头的生活，靠的就是种庄稼地，而且是靠天吃饭。赶上好一点的年景，一年下来兴许能落个几十块钱。他们村里没井，夏天喝的就是流到地窖里的雨水，到了冬天，知青们只好到100多米深的"沟底"把水担到坡上来，吃喝涮洗全靠它，生活的艰辛可想而知。这些苦对程津培来说没什么，下乡之前他已经为这一切做好了充分准备，曾在千里步行长征、下乡劳动、周末做志愿掏粪清洁工等活动中锻炼了他坚强的意志和吃苦耐劳的品格。

下乡后，程津培压根儿就没敢想今后有一天还会回到学校里来，他那时的心思全放在如何把农活干好上。种小麦、玉米、扬场、割麦子学得特快、特地道，没过多久，那行家里手的样子，就让村民们竖起了大拇指。和程津培一起插队的知青们把那片贫瘠的土地当成了自己的第二故乡，他们把荒山开辟成果园，把单纯的种粮村改变成粮、棉、果、菜齐发展，他们发誓要把这片穷乡僻壤建成美好的家园。

吃苦耐劳的表现让他很快在村里得到了重用和信任，不仅当上了生产队干部，还被派到另一个大队里去领导全村的"整党整团"。然而，这份充满了信任的"革命工作"却让他十分尴尬，因为此时的他不仅不是党员，甚至还不是个团员！程津培成长的时代正处在"阶级斗争"时期，"旧社会伪职员"的家庭出身，成了他入团难以逾越的障碍。尽管程津培从小学至高中学习成绩都是在年级里名列前茅，并且是多年的班干部，可由于不是"红五类"家庭出身，入团的愿望一直未能实现，即使到农村当上了"整党整团"的小领导，自己入团的事却仍被放在了一边，这可能是他的记忆里青年时期的最大"挫折"了。程津培说，当一个人面对逆境和挫折时，要么逃避，要么迎难而上。程津培选择的是后者。从小就历练出的坚强性格让程津培在后来的人生中遇艰难而坚毅，逢荣禄而淡然。

程津培在做每一件事时，只讲认认真真去做，他从不放过任何充实自己的机会，但决不给自己的未来预定目标，他把这叫做"只享受过程"。

在上小学中学时，他就喜欢拨弄二胡、小提琴等多种乐器，纯粹只是为了消遣，没想到这些儿时的爱好却在平陆县贫瘠的山凹里派上了用场。单调枯燥的农村生活使程津培成为知青中的文艺骨干，他们在歌声中宣泄着青春的活力，会多种乐器的程津培竟成了小有名气的"乐手"。后来平陆县组建县剧团，多才多艺的程津培被调到了乐队。想不到当年玩玩乐器也为日后改变命运带来际遇。更有甚者，他和夫人黄韵如——当年剧团里演样板戏的"台柱子"，竟也是一把胡琴牵起的姻缘。回忆到这，他笑了笑，说："看来这'享受过程'，也说不定能带来意想不到的结果呢！"

在平陆度过了整整4年的光阴后，程津培带着对那片土地的留恋回到了天津，上了天津师范学院。读化学的他，业余时间竟学开了英语。这在当时是不可理喻的。那时的师范化学系根本不开设英语必修课，而且当时的中国正处在"闭关锁国"时期，出身不好的人还敢学外语，不怕人家说你有"里通外国"的嫌疑！？可无论如何，程津培还是照学不误，他用马克思的那句名言"外语是阶级斗争的工具"作自我安慰，藏着躲着地硬是把大二英语系的课本啃了下来，还自学了化学英语。这些在当时看来完全是无目的性地逮着什么学什么，谁也没法预料到，到后来恢复研究生制度时，竟成了程津培的一项优势，成为得以进一步深造的敲门砖。他那一口非常熟练的英语，也为他日后去美国攻读博士铺下了坚实的基础。在"读书无用论"的当年，谁能想得到，程津培仅是凭着个人的兴趣和求知的愿望"不务正业"地学了点英语，竟然他又是从"享受过程"开始，到"意外惊喜"而终呢？

用现在的话来说，程津培心态特别健康。他做事不求一定要达到什么个人目标，不为自己念"紧箍咒"，但凡事必求认真去做，结果则顺其自然。的确，他的心态中总保留着一种朴素和宽容，作为有机化学院士的他在谈到成绩时竟显得十分轻描淡写，大有不值一提之态。谈起自己的成长经历，他沉浸其中，真诚的话语间总是透着一些发人感悟的哲理。他热爱生活，感谢社会，感谢一切帮助过他成长的人，感谢生活磨难带给他的坚强，感谢给了他身体和灵魂历练的山西平陆县。平陆在程津培的记忆中自然是永远抹不去的，离开这片让他魂牵梦萦的黄土高坡20年后，他曾两度与妻子一道回到这块让他们为之献出了青春中最宝贵的那段年华的土地，走在发生了巨大变化的乡村小道上，一股股沁人心脾的果园花香，一张张曾经熟识只是已老去的面庞向他迎来,尘封了20多年的记忆只有几秒钟的停顿就被唤起,乡亲们还记得他!他们还是像过去那样对程津培直呼其名,那种久违了的亲切让他异常感动。

挥之不去的学者味

2000年,程津培被调到国家科技部担任副部长,由学者一下变成了官员。2002年,他当选为致公党中央副主席。虽有"官衔"在身,但他仍然在指导着多个博士生,并积极参政议政。不过他对我说,由于"从政"的责任实在重大,不得不让他把绝大部分精力放到了科技部。

别人都觉得程津培从政是他人生的一大荣耀,可他本人却看得淡而又淡,好像完全不值一谈。不过当说起中国的科技事业发展时,他却充满了激情。言谈话语中,我感到他最关注的,除了他主管的基础研究外,就是中国企业的自主创新。因为前一段经济界和科技界对我国究竟走"市场换技术"还是"自主创新"道路的争论不少,于是,我请他就此事举个老百姓能明白的例子,说说他的意见。话头是从他问我开的什么车开始的。他说汽车业的发展对于一个要想实现工业化的国家来说,实在是至为关键,因为没有哪个行业的产业关联度能像汽车业那样大。他认为汽车行业的自主创新,是必须由国家层面推动的事。

2004年5月,程津培来到位于安徽芜湖的奇瑞汽车公司调研。大家熟悉的长着一双可爱大眼睛的"QQ"便是奇瑞生产的。这个不起眼的奇瑞是目前中国最大的轿车出口厂家,占全国出口量的80%多,不仅出口中东、北非和南亚,而且正在走向欧美。程津培来之前就已经了解到这个民族品牌走过的艰辛之路,他带队来企业视察就是要给奇瑞鼓劲打气,另外,还带来了具体支持。那些年,汽车行业一直被一种"失败情绪"笼罩,认为中国的轿车业根本不可能跟外国跨国公司比拼,认为只有合资是唯一出路,否则只能等死。业内对自主研发汽车没有信心,是因为近年流行着一个被神话了的说法,即没有200万辆的规模,没有20个亿的资金,没有一万人的研发队伍,没有两年的研发时间,就别想拿出一款新车来。可这小小的奇瑞硬是不信这个邪,决定生产自我品牌的汽车。结果是,自主创新的大旗一挥,一汽二汽的优秀人才和设计团队就来了,"海外军团"也闻声而动。企业和芜湖市政府的同志到美国的汽车城底特律考察时,在当地一个能容纳200人的会议室开座谈会,许多学汽车的中国留学生听说后纷纷前来参加,竟全场爆满,把会议室挤得水泄不通。留学生们听说中国的公司要搞自己的汽车,爱国之情油然而生,纷纷辞去美国优厚报酬的工作,回到国内参与研发。许多人回国前是第一次听说芜湖这家小企业的名字。这是一支具有无限创造力和潜力的队伍,一支能拼搏能啃硬骨头能创业的队伍，他们拿着很低的工资，在几间陋室里搞起了设计，终于打破神话，搞出了自主品牌。他们靠的是什么？靠的就是一种精神。

视察完奇瑞，程津培感慨颇深，他说这些年轻创业者们干事业的精神真像当年六七十年代大庆的王进喜，可这些年来已经很少见到了。正是自主创新，重新唤起了人们的精神，这是十分难能可贵的。程津培说，中国并不是不需要技术引进，事实上，改革开放20多年来中国经济的巨大发展很大程度上正是得益于引进外资与技术合作。但是，引进技术的目的在于消化吸收，在于再创新，而绝不是引进——落后——再引进——再落后。程津培非常赞赏奇瑞利用全球创新资源，把握自主产权，创立自主品牌的创新模式。

但自主创新的确不是一件容易的事，跨国公司也不可能坐视市场被蚕食，所以这样的企业会面临着想象不到的巨大压力，有时竞争者会不择手段，有时挤压甚至来自我们内部。这些，奇瑞都遇到了，细心的人可能早已从媒体等渠道有所察觉。奇瑞的坎坷，或许也是众多国内厂家要想走自主创新之路要遭遇的。然而，就如程津培所言，他始终关注着如何能让中国的企业成长为技术创新的主体，而在这方面政府负有最大的责任。

程津培对我说，你们媒体应多多关注像奇瑞这样的自主创新民族企业，不要老灭自家威风。而我更难忘的是，当他谈到这个厂家刚起步从美国招募回来的留学生时，程津培眼中流露出一种感情，作为同是留学生的他，当然能够体味许多留学生的报国之情。所以，当作为致公党中央副主席的他接待回国的留学生代表团时，他会和留学生们倾心长谈，告之国内发展的情况，鼓励他们以多种形式报效祖国。

程津培至今仍是南开大学的教授，还带着10多个博士生，每隔一两个星期就会回到南开，和他的学生们一起开会、讨论学术问题。他的心离不开学术，他把他的全部周末、节假日和工余时间都献给了学术世界。南开大学里满眼的绿荫已深入至他的灵魂深处，每当呼吸着那里清新的学术空气，他就会情不自禁地想起当年怀揣报国梦想的壮志凌云。而今，他在以不同的身份、不同的形式实践着。

◎手记◎

不介意谈到家人

程津培属于学者型的领导。他的办公室书柜里放着许多物理有机化学方面的专业书籍。2004年深秋的一天，屋外阴沉沉的，有风，我在他办公室一角的沙发上坐了下来，他递给我一杯冒着热气的速溶咖啡，我们就这样开始了采访。这个在海外生活多年的领导干部，至今仍保留着一些在国外养成的生活习惯和性格特点，比如喝咖啡，比如不转弯抹角说话，他很直率，有什么就说什么。不过，他说，当了官员之后，他已刻意改变了过去许多说话做事的风格。言语间，能感觉到这位海外归子的忧心忡忡及一片爱国深情。

当初，写程津培这篇文章时，我就想，他本人在接受采访时并没谈太多他家人的情况，也许他根本就不愿让大家知道他的私事。于是，在文章的第一稿时，就没有提及他的夫人。哪知，文章送到程津培那里审完给我后，我吃惊地发现他在文章中加进了他和夫人在山西劳动时"一把胡琴牵起的姻缘"的认识过程，从这一点，我能看出程津培对夫人浓浓的亲情，更为我的文章增色不少。而且，我还发现程津培将我原稿的个别语句作了修改，不，应该说是一种恰到好处的修饰。后来我前往拜访程津培时曾问起此事，并对他表示感谢，程津培却说这是他夫人修改的。哦，原来程夫人也是非常有才情的啊！虽然，程津培并没有向我详细地介绍他的家庭，但这个小小的细节让人能感觉到他有个幸福的家庭。我一直认为，幸福的家庭是一个人成功的坚实基础。

2008年，程津培没有担任科技部副部长之后，我就很少再有他的消息。不过，在全国人大任职的他很忙碌，媒体报道过他的行踪："为了解《中华人民共和国防震减灾法》实施的有关情况，由全国人大常委会委员、全国人大教科文卫委员会副主任委员程津培带领的调研组于2010年10月12日至16日赴广西壮族自治区就防震减灾法的实施情况进行了调研。"

成功之道

程津培随和、真诚、不会摆架子，让人感到他不像一个官员，也许正是这种挥之不去的学者味儿，让大家愿意跟他接近，向他讲实话，而这不经意中也就成了他的优势。回想起回国初期那一段艰苦创业的经历，程津培感慨良多，"做科学的人要有点精神的"，他说这恐怕是所谓成功者最大的秘诀。

程津培在做每一件事时，只讲认认真真去做，他从不放过任何充实自己的机会，但决不不求一定要达到什么个人目标，不为自己念"紧箍咒"，但凡事必求认真去做，结果则顺其自然。他把这叫做"只享受过程"，在他看来这"享受过程"，也说不定能带来意想不到的后果！的确，他的心态中总保留着一种朴素和宽容。

◎ 王和民 ◎

中央纪委驻商务部纪检组组长、商务部党组成员

　　王和民，男，汉族，1954年2月生，山东省商河县人，1977年6月加入中国共产党，1968年12月参加工作，中央党校在职研究生班法学理论和比较法专业毕业，中央党校研究生学历。历任北京市石景山区人民检察院副检察长、监察部案件审理司二处处长、中央纪委案件审理室主任（副部长级）兼中央"两案"审理办公室主任、中央纪委驻商务部纪检组组长，商务部党组成员。中共第十七届中央纪律检查委员会委员。

中纪委第一个援藏干部

——中央纪委驻商务部纪检组组长、商务部党组成员王和民

王和民现任中纪委驻商务部纪检组组长。站在位于长安街的商务部宽敞明亮的办公室里，他常常会想起15年前在西藏的工作经历，那时的西藏条件还很艰苦，因为常常停电，冬天里没办法取暖，冻得睡不着。即便和如今的舒适工作环境比起来是天壤之别，但他仍会常常想念那个地方，每一个关于西藏的信息他都会关注。

2006年，是王和民离开西藏多年后第一次前往西藏，西藏发生了很大的变化，对于后去的援藏干部来说，工作和生活条件好多了。他期望，能再有机会去，因为西藏的每一个变化都让他欣喜。

王和民和所有援藏干部一样，对西藏有着特殊的情结。

到基层了解真实的西藏

1995年6月29日，王和民作为中央国家机关第一批援藏干部前往西藏，担任西藏自治区纪委副书记。在这支由70多个人组成的队伍中，他的年龄不算最大，但级别是最高的，正局级。

在飞往拉萨的时候，他在想，这个援藏机会得来不易，是自己争取的。就在5月的一天，王和民从河南出差回京，正是参加援藏报名的最后一天，王和民报了名，成为中纪委第一个援藏干部。

都说奇寒缺氧的世界屋脊既是生命的禁区，也是生命的疆场。作为援藏干部，他们来到西藏的主要任务是要发展西藏，同时把分裂与反分裂的斗争放在第一位。要带着神圣使命在海拔近4000米的雪域高原上工作生活一千多个日日夜夜，对援藏干部来说，是在预支自己的生命。

来西藏前，王和民就知道，在西藏要克服缺氧的第一道关。来前他就作好心理准备，可能会有缺氧反应，可他实在比其他人幸运，一点都没感到头重脚轻，只是夜间睡眠不是太好。他迫切地希望了解真实的西藏。

1995年的西藏，比起西藏1986年刚改革开放时，发展已经上了一个新台阶。眼前的西藏，比他想象得好很多。特别是游客众多的拉萨，让他感到现代文明和浓郁藏文化的交相辉映。

但是，要了解西藏，不能只是待在拉萨，要到下面去。所谓的"下面"，主要是指离开拉萨和雅鲁藏布江沿线的县和牧民散居区域。西藏面积很大，人口很少，大一

点的县也就五六万人，小县只有几千人。藏族牧民喜游居生活，哪里有草和水，就赶着牛羊到哪里，所以走在高原上，几十千米见不到一个人是很正常的。

那时的西藏常常停电。王和民刚去西藏时，自治区分了一套三居室给他住，他想自己是一个人用不了那么大的房间，就把这套房让给了一个进藏几十年住房条件不好的同志。他则住在一间小屋子里，用公共厕所。拉萨经常停电，晚上冻得根本就无法入睡，想想北京家中暖气的温暖，感慨在西藏工作几十年的援藏干部是多么的不易。拉萨是这样，下面的情况则更是不容乐观了，许多地方根本就没有电。王和民去过措勤县的一个半定居点，进到一户人家，这家主人买了一辆东风卡车跑运输，挣了一些钱，家里摆满了家电，可是都用不了，因为没有电。

王和民说，拉萨缺电的情况在2007年底羊湖电站建成后，已有了很大改善。

低层老百姓仍很贫困，看病很难。王和民曾来到一户老百姓家里，这家人领养了一个孩子，女主人躺在墙角处，是患了肝浮水，肚子鼓得很高，没钱医治，而且那地方很偏远`、没有路，平时根本就没人能走到那里。同行的人把身上带的所有的药都拿了出来给这家人。

他还去看了藏区的学校，学生们吃的住的都是那么艰苦，在内地城市人的眼中，那根本就是一分钟也待不住。

王和民还感到西藏老百姓需要增加商品意识。比如，藏民们因为信教的缘故，他们即便养很多的牛羊都不会卖。许多牛羊老了之后，牧民们就将它们放生，所以在牧区常常会看见无人看管的牛羊四处游走。政府在这方面一直在给老百姓做工作，希望牧民们不仅自己吃，也可卖，以改善生活。2006年，当王和民再次去西藏时，此时的西藏早已成为世界各地的旅游热点，藏民们有了较强的商品意识。

王和民说，藏族的老百姓纯朴厚道，只要见到陌生人去他家，即便家境很穷，也会把家中最好的东西拿出来给你吃。比如说酥油茶，许多人不习惯喝，但看见藏民的热情，大家都会强迫自己喝上一点。还有牛羊肉，因为那地方没有冰箱，这些肉食就放在空地上，时间长了会变味，但王和民他们也会勉强让自己吃上一点。

在不长的时间里，王和民就走遍了西藏的7个地区40多个县。援藏工作结束后，他给中央汇报时这样写道：西藏的稳定，首先要解决农牧民的生活问题。

老一批援藏干部每人都是一本书

从1950年18军进军西藏开始，近半个世纪以来，从中央机关到全国各地，源源不断地以各种方式，送去了一批又一批援藏者。如今，高原上有许多50年代、60年代进藏干部，有的是夫妻长年分居两地，有的是藏汉通婚都在西藏。他们默默无闻地一干就是十年、二十年，甚至三十年。

王和民接触了好多这样的援藏干部。老一批的援藏干部每人都是一本感人的书。过去的援藏干部和王和民他们这一批不一样，王和民他们是三年一轮换，而过去很多援藏干部的后代也在西藏，是真正的献了青春献子孙。老的援藏干部们都有着需要解决的困难，比如孩子到内地上学问题，年老退休之后想再回到内地，住房如何解决也是一个大问题。还有更悲哀的，有一些援藏干部在西藏工作十多年，回到内地工作后，身体不适应调整，这个人说没就没了。总之，西藏每一步的发展都凝聚着无数个援藏干部的鲜血和汗水。

王和民谈起了自治区监察厅的一位副厅长。王和民刚到西藏时，就是把三居室的房子让给他住的。这位副厅长也刚从日喀则地区调上来，他60年代从四川去了西藏，家人在四川，后来孩子也去西藏了。几十年来，他一个人在西藏，每隔两三年才回一次四川和亲人团聚。王和民能想象得到，这位副厅长在偏远地区工作的那个时期，生活和生存条件异常艰难，加之长年夫妻分居两地，他把自己的一生都献给了西藏。

有一位在西藏工作十年的援藏干部在日记中记述着自己的心情，不禁让人动容———

"当我躺在床上蜷缩着身子又一次体验高原反应的时候，我的心飞回家里———我多想妻子能给我拿一片药，我多想儿子能给我递一杯水；我多想牵一下妻子的手，我多想去抚摸一下儿子的头，哪怕只对他们说几句话。然而，这一切太奢侈了，这一切都是妄想。"

告别亲人，战胜寂寞，需要坚强的意志，可以说，忍住寂寞，坚强地工作生活下去，本身就是一种奉献。

西藏的蔬菜等食物很匮乏。有一次，王和民出差到县里，食堂里有几根发黄的黄瓜，就是他们几天的蔬菜。在县里工作的援藏干部和单身的干部们几个人一起搭伙吃饭，很多县长县委书记下班之后就去街上买牛粪，回宿舍烧火做饭。所谓的街就和内地农村的村子差不多。

在王和民他们这批援藏干部之前，曾派过援藏八年的干部，那些干部们一到八年也开始想办法往回调。王和民在自治区纪委工作，有好些援藏干部请求协调调回内地，王和民他们费了九牛二虎之力，才终于调走了两对夫妻回内地。事实上，至今仍有庞大的援藏干部队伍留在西藏，真正能调回内地的是少数，有的在原地找不到合适的工作岗位，有的干脆就适应了西藏的生活。当年十八军的退休干部，现在很多人都住在成都，但他们也会每年去一趟西藏，他们对那里已有很深的感情了。

作为援藏干部，王和民他们这批是很幸运的，他们都是援藏三年就回原来工作单位，没有了过去援藏干部的后顾之忧。

西藏山高路难行，很多时候，危险就会悄悄降临。这也是援藏干部们所要面临的。和王和民一同进藏的一位干部就因为车祸而瘫痪。而王和民，也经历了一次危险之遇。

那是一次从拉萨去阿里的路上，一路上，遇山翻山，遇河淌河，在穿过一条湍急的河流时，王和民的这辆车突然熄火，眼见车窗外黄水已漫过车顶，王和民还未意识到危险的来临，只是焦急地看着司机在不停地点火，终于车点着了，跃上了河岸。上岸后，他坐在河边抽烟时，才想起刚才一幕有些后怕，万一车点不着火，大家从车里都出不来了。

王和民说，西藏现在的变化还包括修了机场和柏油路。原来从西藏到灵芝是土路，要走一天时间，现在是柏油路。灵芝和阿里都建了机场。

藏民心中的亲人解放军

由于消息闭塞，地处偏远的西藏老百姓家中还挂着毛主席的像，他们对毛主席和解放军有着深厚的感情。外面的世界怎么变化，他们不知道，只知道遭遇天灾后，那些穿着绿军装的人会来帮他们。

王和民讲了一件事。1998年藏历新年，王和民带着司机从西藏去青海的格尔木，行程一千多千米。1997年9月之后，藏北地区一直下雪，造成几十年不遇的雪灾。救灾的解放军官兵很快赶到那里。沿途看到在冰天雪地里冻死的牛羊，路面是发亮坚硬的冰块。夜里，王和民他们到达唐古拉山下面的安都县，这里海拔4700米。他们准备到县招待所住宿，但救灾部队已住满了。不远处，县委县政府的办公楼里灯火通明，干部们在商议救灾事宜。王和民在另一个招待所终于找到一间可以住的房间，其他的房间，救灾部队也住满了。有一个营长模样的军人来到他们房间问，有什么困难需要帮助可以告诉他们。军人的脸因紫外线和寒冷而变得黑而紫，嘴唇干裂。王和民对军人说谢谢。招待所给了他们半纸箱牛粪，刚好够烧一壶水，但点了半天，牛粪因为受潮，点不着，他们把报纸和笔记本都给撕了一起烧都点不着，最后在车上弄了一点汽油才点着。那天的温度是零下20多度，很冷很冷，再一看，房顶是破的，都能见到天，冰挂子还悬挂在那里。王和民和司机穿着军大衣又盖着绵被还是缩成一团睡不着。王和民心里就想，这样艰苦的环境，那些解放军在这里救灾那么长时间，是需要坚强的毅力才能坚持。第二天一看见那些战士，个个脸上都是干裂发紫。战士们晚上住在冰窟里，白天则是开着车拉着粮食和饲料，在空旷荒芜的高原上到处寻找受灾的牧民，往往一走就是好几天甚至是一周才能回来。解放军要完成他们救灾的重任：一是不能死人，二是尽量不让牛羊死亡。

那个冰冷的夜晚，让王和民一生难忘。

而那一路翻越昆仑山，在大雪中艰难行进的感受，让王和民感到，之后青藏铁路的建成对于西藏的发展有多么重大的意义。

援藏对人生、工作的重要影响

1998年6月，王和民完成了援藏任务回到中纪委担任案件审理室主任，2006年担任中纪委驻商务部纪检组长。

援藏三年对王和民的影响很大。首先是人生的影响，那样艰苦的环境都工作过了，没有什么困难不能克服。其次是对工作的影响。到西藏工作后，他学会了换位思考，即处理事情要和当地的实际情况相结合。王和民在中纪委的同事说，他回来后，就率先进行改革，如，改变审理案件的观念，不能死扣条文，推动副处级干部的竞争上岗等等。

他们这批援藏干部每年都会聚一两次，每次谈的也都是西藏的话题，对西藏的感情已割舍不开。王和民说，就在我采访他的前两天，他还看到西藏自治区党委书记张庆黎答记者，说要解决藏区老百姓的安居工程，再过两三年，就能解决。王和民说，这方面的问题解决了，就太好了，他很关注这方面的事情。

他说，现在的西藏发展变化很大。不过，如果要真正去了解西藏，不要总去拉萨、日喀则、山南、灵芝。而是要去更偏远的地方去看看。

王和民说，中央关于西藏的政策要贯穿到基层还是要靠人，所以要用好人，用好资金。只有这样，让西藏200多万人真正体会到生活水平提高，西藏就会更加稳定更加发展。

◎手记◎

敢讲真话

在调任中纪委之前，王和民在检察院工作过，他办理过许多精彩的案件，不过，采访他的主题并不是以这个为主，而是他曾有过三年的援藏经历，对于许多在位的官员来讲，谈一段特殊的工作经历是大多人能接受的。

商务部的地理位置极佳，就在离天安门不远的长安街上，临上楼前，我心里还在琢磨：王和民曾在西藏有着艰苦的岁月，如今在这里办公真的是天壤之别了，不知他心里的真实感受是什么，是庆幸如今回来了有了一个很好的工作环境，还是更加感慨仍在那里的援藏干部的不易？

王和民身材很高，无论是面相还是言谈举止，都让人有种很容易接近的感觉。

他的确对西藏很有感情，他说他时时都在关注西藏的发展。的确，回到北京后，他更加感慨仍在援藏的干部们的不易。当然，他也谈到了西藏在发展中存在的一些问题，比如说，中央为支持西藏发展每年给很多经费，中央各部委也对口支援西藏各地区，以辅助其发展，但个别地方领导干部用这些经费配置很昂贵的汽车，而西藏的交通条件决定了这些汽车很多时候都派不上用场，等等，这些行为让人感觉很不爽。这些情况，王和民都向中央作了真实的反映，他敢讲真话，没想过会不会因此得罪人。

王和民代表中纪委到商务部担任驻部纪检组长后，压力一定是很大的，因为我们大家都知道，商务部的个别官员中出现了腐败案件。根据自己多年的工作经验，结合商务部的工作性质，王和民就党内监督工作有了创新的研究，他说："更多情况下，党内监督表现为一种善意的提醒和帮助，是对党员干部的一种服务，是预防腐败的有效措施。如果不开展积极的监督工作，平时你好我好、放任自流，等出了问题再处理就晚了，既是我们的失职，也是对干部的不负责任。"

王和民并不是装腔作势的纪检官员，他不仅敬业，而且敢讲真话，这一点，让中纪委的许多同事都欣赏他。

成功之道

援藏三年对王和民的影响很大。首先是人生的影响，那样艰苦的环境都工作过了，没有什么困难不能克服；其次是对工作的影响。到西藏工作后，他学会了换位思考，即处理事情要和当地的实际情况相结合。王和民在中纪委的同事说，他回来后，就率先进行改革，如，改变审理案件的观念，不能死扣条文，推动副处级干部的竞争上岗等等。

◎ 张全景 ◎

全国党建研究会顾问、中组部原部长

　　张全景，男，汉族，1931年12月生，山东省平原县人。1946年2月参加革命，1949年9月加入中国共产党。历任山东省德州市委副书记、山东省委组织部副部长、中共中央组织部部长。1999年从中组部部长的岗位上退下来，现任中共中央党的建设工作领导小组副组长、全国"三讲"教育联席会议负责人、全国党建研究会会长、顾问。是中共第十三至十五次代表大会代表，第八、九届全国政协常委。

中组部部长的退休生活

——全国党建研究会顾问、中组部原部长张全景

　　一次，有位记者采访张全景，说有一个县就有11个副县长，问他怎么看待这个问题，张全景脱口而出："官多为患。"此话立即被该媒体作为"重中之重"报道出来，随后国内外上百家媒体竞相报道，引来社会上的一片热议，绝大多数人对说这句话的高官投以敬重之情："这位老党员敢说真话！"也有个别人说，这话怎么在位的时候不讲呢？其实，这话张全景还在位时就讲过多次，只是没有被公开报道并热炒起来。

　　为什么会有这般效应呢？原因就在于说这话的人的特殊身份，尽管张全景1999年已从中共中央组织部部长的位置上退了下来。

　　张全景说他真没想到这么一句话竟让他成为媒体的焦点。老人为此很感慨，并赋诗一首："文章讲话万千言，莫如四字波浪翻，惹来众议说长短，赤诚为党在心间。"

　　对于这位德高望重的高级领导干部，一个毕生为党的事业兢兢业业奉献一生的老共产党员而言，并未因为众议纷纷平添思想负担，相反心底异常坦荡。

　　更多的老百姓很关心这位曾担任中组部部长的高级领导干部，从重要岗位上退下来之后到底在忙些什么？

关注基层党组织建设

　　但凡见过张全景部长的人都会对这位老人有很好的评价，这是一位随和的老人，说话不紧不慢，一口浓浓的山东口音，慈祥的面容上总是挂着友好的微笑。

　　张全景1946年参加工作，1949年入党，新中国成立后的50多年间基本上都从事组织工作，无论是资历还是组织工作经验，都深受从事组织工作的同行敬重。从中组部部长的位置上退下来的时候，中央领导找他谈话，他谈到之后的退休生活，四句话：学习为主，调研为辅，适度锻炼，继续贡献。

　　因为长期从事组织工作，他对自己的这份事业有着至深的感情，他打算退下来之后仍然长期关注党的建设工作，特别是基层党组织的建设。曾经从山东基层的组织部门一步步成长起来的他认为，要发展经济，维护当地的社会稳定，就必须要加强基层党组织建设。他说，基层的党员绝大多数都是很好的，比如在洪水来临时，在危难险阻面前，以身作则，勇挑重担，带头做好各项工作。不仅如此，还把带领群众致富作为首要任务。但个别基层党组织也存在一些问题，有的

核心作用发挥不好，脱离群众、弄虚作假，欺压群众等等。

1985年，在山东省委组织部工作时，张全景曾前往临沂农村考察，考察时间整整17天。临沂是一个革命老区，又是一个贫困山区。他也是一个农民的儿子，看到解放那么多年了，临沂的老百姓还是那样贫困，他感到阵阵揪心。这个地区的13个县中就有7个被国务院列为重点扶持的贫困县，不通电、不通汽车、不通广播、饮水困难的现象比比皆是。有的农户更是"地瓜干当干粮，老母鸡当银行"，连温饱都没有解决，适龄儿童的入学率只有80%。通过十多天的考察，张全景写出了《农村要致富，必须建设好支部》的调查报告，他要求当地要"突出重点抓后进，集中精力抓整顿"。1986年又在这里召开了全省贫困村党的建设工作会议，推动全省农村党建工作。特别是1994年，按照中央加强农村基层组织建设的要求，每年对村级班子状况进行一次分析排队，对后进村建档立卡，选派一批市县乡机关的干部驻村，集中进行整顿，农村班子后进面逐步缩小。因为班子的强化，80%的村子发生了明显的变化，1995年这个地区在全国18个连片贫困地区中率先实现整体脱贫。

山东临沂地区农村的翻天覆地变化正是抓住了基层党组织建设这个关键点，这也正是张全景当年的工作思路。虽然张全景1991年就已离开山东调到中组部工作，但这么多年来一直到现在，临沂发展农村经济的思路仍正是按他的这个思路在走。临沂的这种发展模式也被全国各地所借鉴。

离开山东后，张全景仍时时牵挂着临沂的发展，但因工作太繁忙始终没有时间亲自前往，他当时就在想，一定要再去看看。2001年，这时的张全景已退了下来，终于有时间可以再次前往了，这次他沿着十多年以前考察的路线走了一圈，临沂的巨变让他感到格外兴奋，他深深感到了基层党组织所起到的至关重要的作用。在沂南县仁义庄村，原来连续几年选不出群众满意的支部书记，支部书记也换了好几个，村里面貌仍依旧，1985年，这个村人均收入150元。群众们都说："指望这样的支部致富，得太阳从西边出。"后来年富力强的鲍庆忠担任支部书记后，他和支部一班人带领群众打井修路修渠道，扩种水稻，建起了石灰窑厂、变电站，农民人均收入是1985年的23倍。

他发现，临沂市为选好村的党支部书记，许多做法都非常好，一是内举，就是让党员和群众代表推荐，特别是从复退军人、回乡知青、科技带头户中推荐。二是回请，把本村以外或在乡镇企业等部门工作而适合担任村党支部书记的党员请回本村任职。三是公开选拔。

回到北京后，他连夜赶写了调查报告《沂蒙巨变看党建》，高度概括总结了新时期加强和改进农村基层党组织建设的经验和规律。

基层调研回来后，既要报喜又要报忧

过去在位时，张全景也常常到基层去调研，但由于走的地方太多、时间也太紧，拿他的话来说，就是看得不是很细。退下来之后，他就仔仔细细去了许多革命老区，如井岗山、延安、瑞金，广东的粤东粤西等地。当地政府和老百姓对他充满了感激之情。

2002年，张全景前往甘肃省的庆阳地区调研。这是一个革命老区，许多县还处于极其贫困的境地，比如环县，50%的老百姓没有解决吃水的问题，30%的地方不通电，行路难，上学难，看病难的现象在这里很普遍。张全景当时就感到心情久久不能平静：我党在环县已经执政了70多年，这个地方的老百姓还是那么艰苦！他当即就和庆阳当地的领导座谈，共同探讨进一步加强革命老区建设的问题。

回到北京，张全景不顾多日的疲劳连夜赶写了一个向中央汇报的材料。这个材料写得非常详细，包括针对地下资源、旅游产业的发展，中央应给予支持等等。在报给中央的整个建议中，他实事求是地谈到了许多具体问题，这些问题在一些地方是普遍存在并且也是不怎么敢碰的敏感问题，比如他谈到了退耕还林政策的调整。庆阳地区丘陵占60%左右，干旱少雨，如不种树种草，恶劣的生态环境很难改变，但原定8年不变的政策，2年就变了，2004年前庆阳种植的45万亩林地没有享受到退耕还林的优惠，老百姓对此很不满……这个材料引起了中央领导的重视，几乎所有的领导都给予了批示，曾庆红同志更是在这个材料上批得很具体。庆阳当地领导专程赶到北京来感谢张全景，张全景却用贯有的微笑摆摆手说不用谢，关键要看落实的情况。

在调研农村的时候，张全景说他的最大收获是学到了很多先进的经验。这些先进的经验让他感到，农村的经济发展不能套用一个固定的模式，而是要根据具体的情况来发展。云南省云县茶房乡南街村就是这样一个特殊的例子。2001年5月，张全景在南街村仔细地转了又转，这个村在外人看来仿佛又回到了六七十年代，因为整个村子里渲染的就是毛泽东思想，一进大门远远就看一行大字：走共产主义道路！这个村的党组织战斗力很强，把经济和政治统一起来抓的，整个村实行全乡统一核算，走市场经济发展的路子，同时要求村民们学雷锋、学毛泽东著作、唱革命歌曲。村子里塑了一个毛泽东的像，民兵24小时站岗。张全景觉得很有意思，就问站岗有什么用？村支部书记就说，民兵也需要训练，站岗就是训练的方式，民兵24小时巡逻，流窜犯根本就不敢来，村里的治安非常好。说到这里，张全景突然想起刚才在村子里走了一圈，还真没见到哪户村民安装了防盗门。他称赞地说："南街村名不虚传，确确实实是一个经济繁荣、精神焕发、社会安定、党组织坚强有力的社会主义新农村……既体现时代的特点，又坚持党的优良传统，又要改革创新，你们的经验很可贵。"从南街村回来后，他又将调研的情况汇总写成了一个材料报给中央。张全景说，他下到基层调研，就是要实事求是，既要报忧，也要报喜。

2003年，张全景主编了《建设社会主义新农村的带头人》一书，书中介绍了100多位优秀村党支部书记的先进事迹。记者看过这本书，书中的人物都是最基层的农村党员干部，他们无私奉献的精神非常感人，当然也感动着一直关心基层组织建设的张全景。采访中，张全景不止一次地谈到了这个高尚的群体，也特别谈到了原江苏华西村的党委书记吴仁宝，他说，这是一个全心全意带领农民致富的典范。吴仁宝带领村民经过几十年的奋斗，倾注他毕生的心血使华西村发生了翻天覆地的变化，被誉为"华夏第一村"、"中国首富村"。1994年，张全景第一次前往华西村参观，从那时开始，他就和吴仁宝这个老支书结下了深厚的友情。2006年12月，华西村举行建村45周年的庆典，张全景应邀又踏上这块土地。在庆典上，张全景的心情异常激动，他发表了感言，他说，1961年的华西村，人均分配只有53元，而现在华西村人家庭存款最少50万元，最多的500万元。华西人为什么够改变一穷二白的面貌呢？张全景总结说："吴仁宝和华西的党员干部几十年如一日，正确处理个人利益和群众利益、集体利益、国家利益的关系。吴仁宝同志经常用'家有黄金数千吨，一如不过三顿；高楼大厦独占鳌头，晚上睡觉只占一个床头。'教育干部遏制私欲。"张全景说，华西，是社会主义新农村的典范。

正直而率真的老党员

退下来之后的张全景，真的是做到了学习为主，调研为辅，继续贡献。除了学习在调研中发现的基层党组织的好的工作方法外，他平时还看大量的书，不过让人想不到的却全是马列和毛泽东著作。我开玩笑地说，别说年轻人看这种书的很少了，就连退下来的不少领导干部整天也忙着别的事，哪有时间看这类书呢？是不是很枯燥呢？张全景却认真地说："马列著作和毛主席的书是富含真理的，里面阐述的社会发展规律是变不了的。我在《求是》杂志上发了一篇文章，《恩格斯晚年放弃了无产阶级革命学说》，还写了一篇《中国领导人历来注重马列著作的学习》……"

采访张全景部长的感受真的不一样，能感受到这位老共产党员对党的事业有着一腔的赤胆忠心，同时他也对个别不好的现象怀揣着深深的忧虑。说到现在有些领导干部觉得自己收入不高时，这位一生正直的老部长说："我现在生活得很好啊，有一段时间听说还要调整工资，我就说我一个月几千块钱的工资已经很高了，不能再高了。我对国有企业干部的高工资，特别是年薪制，是持反对意见的，都是共产党的体制，你为什么比别人高呢？我总是说，那些企业的老板，你拿那么多钱，怎么去教育员工吃苦在前呢，怎么去教育员工艰苦奋斗呢，共产党的干部就是要以身作则。我把想法也向中央反映过，反对这种做法，我说现在为什么有那么多腐败的现象呢，原因就是这些人都在比较谁的收入高，这样的环境不改变，怎么去解决腐败的问题呢？"

张全景部长直率，就如文章开头叙述的一样，一句"官多为患"引起了不小的风波。这位老部长让人联想起这样两个词语：一身正气，傲骨风雪。

曾经身为中组部部长，可谓位高权重，但他对子女的要求却是非常严格。他有4个孩子，有一个孩子当年随他调到北京，问他为什么不把其他3个孩子都调到北京呢？老部长却是一板一眼地告诉我：只允许调一个呢。一个身居要职的高级领导干部调动一个人想必不是一件难事，但张全景却是按照纪律照办。就这样，他还有三个孩子留在了山东。令他欣慰地还有，孩子们都没有一个是做生意的。张全景从不允许家人利用他的关系和影响在外做一些有关个人利益的事。

还有就是张全景说的退下来之后的"适度锻炼"了。记者与这位老部长有一番对话，让人感动之余对这位正直的老人充满了崇敬。

记者："您平时的运动方式是什么呢？"

张全景："就是打打台球，老干部的机关活动室里就有台球，不用花钱，另外就是散散步。"

记者："可以打网球啊？"

张全景摇摇头："打网球很花钱，我不去。"

记者："很多领导干部都会打高尔夫，你会吗？"

张全景不假思索地说："那可是高消费，我也不去。领导干部如要打，就应该个人出钱。当年毛主席的游泳池都是拿自己的稿费去建的，现在有的高级领导干部拿着公款去消费，本身就是腐败。"

◎手记◎

活到老学到老

位于繁华地段西单商场附近，中央组织部的老办公地址在这里，目前，只有中组部的老干部活动中心等机构仍还在这里，主要的部门早就迁到马路对面新盖的办公大楼了。平日里，这里显得有点冷清。穿过一片像迷宫一样的有年代的平房后，有一处类似于小四合院的平房出现在眼前。退休之后的张全景便在这里办公。只要不外出，他每天下午都会来这里读书看报，偶尔也在这里接待来看望他的朋友。

又是两三年不见，见面时，张全景部长居然还认得我，只是，老人的耳朵有点失聪，我需要提高音量，他才能听得清楚。

张全景老人曾经是权倾一时的中组部部长，我当然不了解他当年在位时的状态，因为我采访他时，他早就退休了，但我对这个老人的印象非常好，他善良，而且，他有一种精神。有一句话是"活到老学到老"，我觉得用在他身上很合适，他的办公室里放了很多书，都是马列著作和毛选，退下来后，他就成了研究这些著作及精神的专家。在他身上，有种很传统的东西，一种老一辈革命家的情怀，他们对党怀有深厚感情，社会在进步的同时，出现了不少腐败现象，他们心急如焚，希望党加强各方面的制度建设……

和张全景老人谈话是开心的，因为他总是慈祥地对我们微笑着，他谈话的主要内容也是和基层党组织的建设有关，那种态度极其真切。我们如果谈到时下社会上发生的事情，他就会很认真地听，他很愿意多一些朋友向他介绍各种情况，他特别愿意和年轻人聊天。每次，聊的时间稍长，怕老人累了，我们便起身告辞，他就会热情地把我们送出门外。最近一次去看老人，他说有空他也想学学书法。

每次从张全景老人的办公室出来，我就会心生感慨，权力和富贵都将过去，每个人终会老去。我感到光阴似箭，在自己尚还年轻的生命里，要致力于完成自己心中所有的梦想，才不会愧对匆匆而去的宝贵时间。

成功之道

张全景身上，有种很传统的东西，一种老一辈革命家对党对国家的深厚情怀，有一种"活到老学到老"的精神。除了学习在调研中发现的基层党组织的好的工作方法外，他平时还看大量的书，他的办公室里放了很多书，都是马列著作和毛选，退下来后，他就成了研究这些著作及精神的专家。

◎ 高占祥 ◎

文化部原常务副部长，中国文联原党组书记

　　高占祥，男，1935年11月7日出生于北京通县。历任北京团市委副书记、共青团中央书记处书记、河北省委副书记、文化部常务副部长、中国文联党组书记等职。现任中华民族文化促进会主席。其主要著作有：《高占祥书法集》、《高占祥书法选》，以及《浇花集》、《微风集》、《微言集》、《文坛百论》、《人生宝鉴》、《文化艺术管理》等。

才华横溢的高级领导干部

——文化部原常务副部长、中国文联原党组书记高占祥

70多岁的高占祥，名气越来越大，他著书、绘画、书法、摄影、跳国标舞，样样在行。高占祥的家乡北京通州区为他建立了一个名人馆，以展示他为我国文学事业所作的贡献。2005年，高占祥有四喜临门，这是他人生中收获最丰的一年：荣获世界华人百年摄影经典奖；两件作品伴随"神六"遨游太空；世界诗人大会上当选"世界桂冠诗人"；被联合国世界和平周大会授予"和平使者"称号。

都知道高占祥曾担任文化部常务副部长、中国文联党组书记，还在岗位上的时候，他就常常以其独特的一面让人感到他实在是一个生活工作很精彩的人，哪知他2001年退下来之后还这般精彩呢！他越活越年轻，脸色红润，腰杆笔直，走路生风，以前秃顶的头皮上居然长出了三茬新发，你说奇不奇。高占祥被许多人称为"奇人"，这意思不仅蕴涵他绝妙的才情，也蕴涵了高占祥不一般的思想意境。正是有了这不一般的思想意境，高占祥这个昔日在位的部级领导干部才有了离岗之后的更加精彩。

从岗位上退下来之后的心态调整

2001年，高占祥从中国文联党组书记的位置上退了下来。对退下来一事，高占祥似乎一直都很积极，在文化部担任常务副部长的时候，按中央规定副部长是到60岁，所以年龄还未到，他就赶紧将自己在办公室里的东西搬了出来，准备让给新的接班人，没想到，这一年没退成，还被任命为中国文联党组书记，这是正部级。在满65岁前，他又写信给中央，希望早点派人来接班。高占祥真的就不想在领导岗位上多干哪怕一年吗？作为从政几十年的高占祥而言，他心里非常明白无论你当多大的官，都会有退下来的那一天，与其说他是想早点退，还不如说他已经早早地作好了思想准备。

对中国绝大多数官员来说，在位和不在位的心态是有着很大落差的，你想，一个从事革命几十年，日夜奔波的领导干部，突然间离岗了，心理上难免不适应。这种感觉高占祥当时也有，他形容这种感觉就像一个多年耕耘的农民突然间失去了土地，一个在大道上奔驰了多年的司机突然没有了汽车，从前的千军万马现在只能指挥俩，一个司机一个秘书。于是，失落、低落、冷落甚至衰落的情绪油然而生。可是高占祥很快从这种情绪中走了出来。他在中国文联的欢送会上有一个精彩的发言，他说："过去，我曾经看到有人在文章里写，人退休和离岗之

后，有可能用他几十年的经验，创造出人生的辉煌，我希望自己也创造出这样的辉煌。"话虽这么说，可高占祥回到家中后独自思考起来，自己究竟要创造出什么样的辉煌？他想，眼下虽没有了责任田，但还有自留地呀！而且这个自留地还那么宽阔，书法、绘画、摄影等等，以前工作太繁忙，没有那么多时间写东西，现在离岗了，有时间了，可以集中精力用搞责任田的经验来经营自己的自留地，把她经营成一个美丽的小花园，给祖国的花园增添春色，不是一件利己利民的好事吗？这样想着，高占祥心头突然就亮起来了，心态调整好了，生活的新支点自然也找到了。这一夜，高占祥睡得很香。他后来形容自己当时的感觉就像"是从蛹壳飞出的彩蝶，自由、享受和幸福"。他要让自己的每一段人生都活得精彩，他要走出所有这个年龄的人都要面临的"老"字围墙，把"风烛残年"这个词从脑海中扫出去。

"人活着就要活出个样子来！"这是母亲曾用来激励高占祥的话，这句话就如一盏灯一直照耀在高占祥的每一个人生路口。高占祥出生时家境贫寒，他从小兴趣广泛，9岁当童工时便创作了《童工谣》，之后一路成长起来成了母亲一生中最大的骄傲。不过，"文革"时期，他也是历经磨难，从北京团市委副书记的位置上被"揪了下来"，戴上"反革命集团复辟头子"的帽子，下放到北京郊区平谷县和山西的山沟里劳动了整整8年的时间，纵使阴霾的岁月，但高占祥也从不浪费时间，劳动之余学会了推拿和针灸。后来重返政界，总能提出一些别出心裁的理论，如文艺批评当以"浇花"为主，文化管理的"微调论"等，深受文化人士的称赞。他还倡导了许多在当时大家耳熟能详的活动：任团中央书记处书记时提出"五讲四美"；任河北省委书记时，提出"领导就是服务"；任文化部常务副部长时提出"德艺双馨"；任中国文联党组书记时，提出开展"万里采风"活动。看上去简单的一个个成语，却能折射出高占祥多年刻苦自学而铸就的深厚文学功底。如"德艺双馨"，当时的背景是在文化部的时候，高占祥想针对艺术家提出一个简明扼要的追求目标，他就想起曾在《水浒传》51回里看到作者描写一个叫白秀英的女人，她长得很漂亮，表演也很美，作者就说她是"色艺双绝"。高占祥认为这个形容很绝，是否可以用在当代的艺术家身上呢？仔细一想，高占祥摇摇头，不行。如今社会上对"色"字比较忌讳，于是又联想到了干部的"德才兼备"，最后就有了评价艺术家常用的"德艺双馨"成语。

一度成为"非议人物"

高占祥与众不同的从政风格还使他在位时一度成为"非议人物"。1993年6月20

日晚，首都体育馆内灯光绚烂，主持人倪萍用悦耳的声音对在场的近两万名观众说："1993年中国国际标准舞锦标赛现在开始，先由中华人民共和国文化部常务副部长、中国国际锦标赛协会会长高占祥先生为我们跳开场舞。"高占祥身着燕尾服和舞伴在动人的音乐声中翩翩起舞。台下口哨声、掌声此起彼伏，高占祥心里紧张极了，不知台下是在夸奖呢还是喝倒彩。中央电视台转播后，好多报纸杂志都登出高占祥跳舞的照片，一时间，高占祥跳开场舞的事在全国引了一场风波。有人说，只知道他能写，没想到他还能跳；一位老领导找高占祥谈话了，说没想到你跳得这么好。

但也有人说文化部长这样像什么，和一个女的勾肩搭背跳舞，准是他精神空虚了。丁关根也打电话来说，你这跳舞，电视台播出后，关注的人挺多啊。高占祥心里有些紧张忙问，您觉得怎么样？丁关根说，我觉得挺好啊，别人是露一手，你是露一脚啊！随后，哈尔滨的报纸就开一个专栏："从高占祥跳舞说起"，内容是怎样看高露这一脚，露这一脚是好还是不好？后来纪检部门开始查高占祥的账，说英国定的鞋和香港买的燕尾服，那么贵，哪来的钱？高占祥就说那是稿费，没有用公家的一分钱。早知道这舞跳了之后这么折腾人，还不如当初就别跳了，可高占祥从来就不后悔，他跳这舞就是要赌一口气。高占祥刚上任文化部常务副部长那会儿，有外国人说，15年之内，中国的国标舞难以在国际上取得好名次。高占祥不信这个邪，就支持建了国内第一所民办国标舞学校，还担任名誉校长。一次会上，有外国人就对高占祥说："高先生是国标舞协会会长，想必你的国标跳得不错。"其实那时高占祥跳得并不好，但他还是说："还可以吧。"对方马上接着说："那么明年的世界国标舞比赛就在中国举行，请高先生先跳开场舞，让各国选手一睹你的风采。"被将了一军的高占祥就这样硬着头皮苦练了一年的国标，最后忐忑不安地上了场，没想到跳得很好，连英国的国标舞冠军都对他竖起大拇指。之后，我国的国标舞在国际比赛中不断获奖，不少媒体称高占祥是"中国国标舞的贵人"。

不过，无论是遭遇挫折的高占祥，还是官场上游刃有余的高占祥，还是对文化事业作出重要贡献的高占祥，还是与众不同的"非议人物"，母亲的那句话始终都是最强有力支持他的力量。虽然，高占祥从部长的岗位上退下来了，但他仍是牢牢记住母亲的教诲——要活出个样子来。

常言道，无官一身轻，高占祥要换个活法。他对自己的文艺创作提出更高的要求：追求超越、经典、永恒。

良好的心态带来新的人生辉煌

在位时，高占祥就已出版诗集、散文、书法、摄影等40多本作品。在即将离岗时，他便计划要将那本历时11年著述的《人生宝典》正式出版。这部书收录了他精心论述的关于人生的250个问题，文章出文入史，发微钩沉，游刃于古籍与新说之间，全面深入探讨人生修养的道理。这部被他称为"一部自我完善的宝典"，实则也是记录了他50多年生活的得失等人生滋味和感悟。在书中，高占祥谈到"抱朴守拙"："抱朴，意谓抱守本真，不为私欲所惑。《老子》十九章云，'见素抱朴，少私寡欲'。守拙，即坚守秉直憨厚，不搞阴谋诡计的品德。陶渊明诗云，'守拙田园归'。许多俊杰贤士都以抱朴守拙而自豪……要做到抱朴守拙，需力行三戒：一戒处世圆滑；二戒投机取巧；三戒虚伪巧诈……"此小文旁征博引，以哲学家式的严谨论证，文学家式的巧妙手法，灼见迭出，让人获益。高占祥还谈到"自我平衡"："复杂的社会生活，使我们每个人都可能碰到这样或那样不如意的事情。而自我平衡，则能引导人们走出消极情绪和心理活动所笼罩的黑暗幽谷，奔向春光明媚、鸾凤和鸣的美好境界，从而活得潇洒、超脱、充实、愉悦。自我平衡的办法，还有向至亲好友倾诉、写诗作文宣泄、自我安慰、自我谅解、自我勉励等。我爱好书法，写了'八风出不动'五个大字条幅，并用小字行书写了一个跋：'在人生之路上，谁也难以逃脱得、失、毁、誉、褒、贬、苦、乐这八风的袭击。然而君子则能保持平衡，永不动摇'。我把这段话当做我的座右铭，帮助我不断实现自我平衡……"这是高占祥早年写就的一篇小文，至此，我们就不难理解高占祥为什么离岗之后的心态调整得那么快，那么好了。

2001年春天，《人生宝典》由中国青年出版社正式出版。在新书研讨会上，国学大师季羡林评价说："这是一部起点似低而实极高的书。是一部真正的人生宝典。"《人生宝典》是他的众多作品中时间写得最长的一本，并且完成于离岗之际，他当然感到很欣慰了。可令高占祥没想到的是，这本定价近50元的书第一版书刚到书店，许多读者一大早就冒着寒风赶去排队，不一会儿就被抢购一空。写了大半辈子书的高占祥，尽管许多作品被国外博物馆收藏、在国内外获大奖，但自己的书一下子成了畅销书可是没料想到的。高占祥被邀请到北京人民广播电台的直播室面对无数网友答疑释问。一位网友问："高部长，您现在已是65岁了，以您现在的位置，如果一旦退下来，会不会产生失落感？"这句话还真是高占祥特别愿意回答的，那会儿的他就快退了，他对网友说："铁打的衙门流水的官，谁都没法打个万年桩。不过当一个人正处于功高可居、春风得意之时，极易恋位恋权，很难自觉离岗让贤。人到这个时候，激流勇退恐怕比激流勇进还困难！我在8年前写过一篇'急流勇退'收入《人生宝典》中。人生变故，犹如环流；进退当宜，亦悦亦福；当离不离，必失其宜；当退不退，双方受罪。这是人生规律啊！老年是人生的顶峰，正如一部戏剧的高潮，我会主动去迎接这个人生高潮的到来。"

用高占祥的话来说，他离岗退位这几年，以"五新"来适应了离开领导岗位后的新变化：第一就是思想上渐渐走进新境界，步入人生第二春；第二是心态上寻求新支点，就是使自己的心态很平和；第三是创作上设定新目标；第四是生活上建立新方式；第五是业绩上要有新建树。高占祥真的步入了人生的第二春，迎来了创作的沉甸甸的金秋，这不就是一种新的人生辉煌吗？他终于实现了当年离开中国文联时说的那番话。

离岗后的高占祥共出版了24部不同类别的作品，包括《四微堂序集》、《人生漫步》、《高占祥风光摄影集》等等。本来就已著作等身的他，在2005年满70岁的时候，满打满算就有了70部作品。光是退下来之后的这些作品中，就有7部作品在国内外获大奖。难怪人说高占祥是"人到70最风光"。

高占祥的摄影、书法在退职离岗后到达了一个非常高的境界。就拿2005年他的四喜临门其中一喜的两件书画作品上了"神六"的事，不仅高占祥一人兴奋，整个国人都很兴奋的。这两件作品是：拍摄的一对亲吻的和平鸽，天然成趣，柔美和谐；创作的长诗《和平颂》，行云流畅，气势磅礴。也因这首诗，被第十九届世界诗人大会评为金奖，荣获"世界桂冠诗人"称号。中国国家领导人还将这两幅作品的仿真件作为礼品送给了美国前总统。

喜欢绘画是50年代的事，那时的高占祥真是画画入迷，逮什么画什么，后来走上领导岗位了，他也给自己定有目标，就是每5年攻一门。退下来之后，他就在想，还缺一个绘画集，为了使自己绘画艺术进步更快一些，他给自己定下时间，一到这个时间，他就关掉手机反锁门，有时从晚上一直画到第二天凌晨4点。有一次在医院动了一个小手术，头上还缠着绷带，他就在放药的桌上画。他说自己就是那种非拼出个子丑寅卯出来的人。每天晚上泡脚的时候也要求自己要画一张，哪怕是素描。2002年，高占祥以他离岗后的豪情获徐悲鸿美术奖特别荣誉奖。他还分别出版了国画集、油画集和梦幻集。现在，高占祥的绘画领域又多了一个"岩石画"。何谓岩石画？就是用岩石天然矿物质作颜料所绘出的画。我在高占祥的画室里看到几幅他的岩石画作品，有花、有山、有鸟，凹凸有致，粗犷中见细腻，豪放中有温情。高占祥介绍说这种画目前在国内还很少见，但可以肯定地说这种创作的方法源自中国，可日本人也在抢着说那是他们的创始，高占祥可不服气了，他组建了岩彩画研究中心，推进岩石画的发展和对外文化交流。

面对一个已70多岁，仍然能百花齐放且样样都有收获的曾经的高级领导干部，许多人都问过他为什么你总能成事？高占祥认真地说："苦斗了好几十年，我的体验是，学习是生命的奠基石，苦斗是命运的救生圈。"

为给山区孩子募捐，甘当"高级乞丐"去化缘

在有名的书画家圈子里，高占祥的字画被评为一级字画，行情看涨，拍卖会上，他的一个"义"字以37000元成交，有行家说："高占祥的字画是未来的黑色股票。"在位时，他从未卖过自己的字画，可退下来这几年他不得不开始收钱了。他现在的头衔比以前更多了：中华民族文化促进会主席、中国名人工委的会长、中国京剧基金会名誉理事长、中国国标舞协会的名誉会长等12个头衔。他利用这些头衔开始从事公益事业，当然，这些头衔是平台，募捐的手段是靠给企业家写字画画。

2000年，高占祥还在位时，就发起支持西部地区2000个孩子上学的活动。这个活动刚发起不久，高占祥就退位了。但是，这项公益事业并未因此间断，并且公益事业已成为高占祥离岗之后的重要事业。他以中国文学艺术基金会会长的名义前往广东地区，甚至前往意大利募集资金。整整5年多的时间，终于募集到了1500万元。这要钱的事真是很难啊，但为了那些山区的孩子们，这几年高占祥跑遍了天涯海角，阅尽了人间脸色。在意大利，他给当地企业家写字画画，从早到晚，一个多星期完成了50多张画，最后腰都直不起来了。在广东一单位募捐，他忘记自己也是风光无限的部级领导，和人家磨破嘴皮，点头哈腰，最后对方一听是来要钱的，当即冷眼相看。几年间，高占祥认领了包括希望工程在内的28个孩子。高占祥常常给这些孩子写信，逢年过节买书买衣服，那些山区的孩子们把高占祥的信视做最宝贵的礼物，放在洗净的玻璃瓶里，小心翼翼地埋在土里，过一段时间又翻出来看看。2004年，高占祥还在甘肃成县的偏远乡村募捐建了两所爱心小学。他两次冒雨前往那里，当地的县长县委书记感动得不得了，说你老人家募捐建学校又送图书和自己的字画，我们要给你在学校里塑一个像。高占祥忙说，千万别塑，这样就影响我的形象了。

2006年初，高占祥以中华民族促进会的名义倡导发起"山花工程"活动，高占祥在倡议大会上说："昔日打江山，山里人贡献最大，今日坐江山，山里人生活最苦，我们今天坐江山的人不能忘记打江山的人，我们应该对得起革命老区的孩子，关心他们，让山花烂漫。""山花工程"第一期工程将先支持革命老区10座大山：革命摇篮井冈山，革命胜利宝塔山，出红嫂的沂蒙山，出将军的大别山，出五壮士的狼牙山，出红色娘子军的五指山，出英雄儿女的太行山，出元帅的大巴山，出抗日联军的长白山，出打响抗战第一枪的大青山。高占祥还在北京

国标舞学院设立了奖学金，他将自己的4万元稿费送去作为奖学金。学生们非常感谢高占祥，他们在朗诵会上激情澎湃地朗诵自创的长诗：高占祥是我们最亲密的共产党。看着一脸稚气的孩子们，坐在一旁的高占祥乐得前仰后翻。

高占祥说他现在比在岗时还忙，他桌上放着远至一个月后，近至每天的日程表。他说约见他得先排队，连他的孩子也要排队。很忙，很快乐，是高占祥离岗之后最真实的心境。大凡接触过高占祥他的人，都会领略到他不经意间流露出的老小孩般的无邪和快乐。这也许是许多像高占祥那样退下来的高官们所追求的心境。

◎手记◎

永远快乐的年轻老头

算起来，高占祥今年也是76岁的人了，但在他这个年龄群里，能有他这样充满激情生活的老人不多。用"活力四射"这个词来形容这样一个老人似乎不太恰当，但这个词的确能体现出他身上的那股"劲"。在我的印象中，他总爱穿大红、大黄等非常艳的衬衣，一副不服老的状态。

2006年"两会"的时候，我到华润饭店去看望开会的高占祥，他的确很忙，就在他宾馆房间里接待我的短短半个小时内，还有另一朋友要来找他。我刚进门，同是政协委员的歌唱演员万山红就跟着进来了。高占祥在艺术圈的朋友很多，万山红就是其中之一。万山红曾经就是唱了高占祥作词的《公仆赞》而一炮走红的，她这次来找高占祥也是想请他再作一首歌词。趁高占祥打电话时，我和万山红就聊了起来。我问，高部长的朋友很多吧？她说，高部长好像和谁都是好朋友，他什么人的忙都要帮。这样说着我们就笑了起来。那边，高占祥仍然在认真地打电话，好像在谈一件不大的事，要是换了我，早就三言两语给挂了，可高占祥用他特有的亲切缓慢的语气耐心细致地说了好长时间。高占祥的电话打完之后，我就问万山红，你们是不是经常和高部长到外地去公益演出啊？万山红一听这话就乐了，她笑着说，是啊，高部长一句话，我们就不远千里地去，不仅不给钱，有时还倒贴路费呢！高占祥坐在一旁"嘿嘿"地笑。在笑声中，我在心里对眼前的这位老人更加崇敬。

高占祥说话很幽默。我写这篇文章在开篇时就说到他的家乡为他成立名人馆，以展示他对我国文学事业所作的贡献，然而我最开始把"展示"写成了"纪念"，高占祥拿到我的初稿时先是赞美了我的文章一通，接着又慢吞吞地说：

"有些词我可能要修改一下。"我就忙问是什么词？他说："你说的'纪念'这词，人家就以为我不在了，会问，高占祥是什么时候去的啊……"他话没说完，在座人就笑起来。高占祥心胸很豁达。

我从来没有见过像高占祥这样的官员，著书、绘画、写字等等样样精通，而且成绩斐然。我感觉，他将自己的人生打造得非常极致。他总是很忙，年轻人都赶不上他的步伐，也正如此，他的身体并不是很好，患有多年的糖尿病。就在不久前，我还给他去电话，没想到他已住进医院里，情况还很严重，他却在电话那头乐呵呵地说自己"离八宝山不远了"。愿乐观的高部长早日恢复健康。

成功之道

高占祥当官、著书、绘画、写字等等样样精通，而且成绩斐然，能将自己的人生打造得非常极致。还在岗位上的时候，他就常常以其独特的一面让人感到他实在是一个生活工作很精彩的人，退下来之后也活得很精彩！高占祥被许多人称为"奇人"，这意思不仅蕴涵他绝妙的才情，也蕴涵了高占祥不一般的思想意境，正是有了这不一般的思想意境，高占祥这个昔日在位的部级领导干部才有了离岗之后的更加精彩。

◎ 郑欣淼 ◎
故宫博物院院长

  郑欣淼，男，1947年生，陕西省澄城县人，中共党员，大专学历。1992年前在陕西工作，曾任中共陕西省委研究室副处长、处长、副主任、主任，中共陕西省委副秘书长，青海省副省长。2002年9月任文化部副部长、文化部党组成员，故宫博物院院长。2008年11月不再担任文化部副部长。任中国作家协会会员、中国鲁迅研究会会长、中华诗词学会会长。系政协第十一届全国委员会委员，政协第十一届全国委员会文史和学习委员会副主任。

两岸故宫重走南迁路的台前幕后

——故宫博物院院长郑欣淼

2010年3月，温家宝总理曾在会见中外记者时用一幅画牵出一段情：元朝画家黄公望的画作《富春山居图》一半放在浙江博物馆，一半放在台北故宫博物院，两幅画什么时候能合成一幅画？"画是如此，人何以堪？"

北京和台北两个故宫博物院是一个在历史大背景下关于悲欢离合、世事沧桑的故事。从1925年成立故宫博物院，到1949年初第三批文物运到台湾前，这两个故宫的文物共同在一起的时间有24年的历史，后来文物分三批南迁又是16年。直到新中国成立前夕，溃败的国民党政权先后分三次运走了2900余箱文物、档案到台湾。两岸故宫文物至此已分别60年。而文物南迁则是现代中国文化史上的一次重大历史事件，是中华民族"文化抗战"的一个重要组成部分。

2010年初，北京故宫博物院院长郑欣淼推出的"温故知新：重走故宫文物南迁路"，把两岸故宫的文化交流再度推向一个更新的高度。

2010年11月18日，我前往采访郑欣淼院长时，他刚开完一个重要的会议："两岸故宫第二届学术研讨会"的开幕式。他的办公室，是故宫神武门西侧两排平房中的两间屋，那青砖灰瓦的平房过去应是宫廷侍卫们的居所。作为故宫的守护人，郑欣淼讲述了"重走文物南迁路"背后的故事。

2008年是两岸故宫交往的重要拐点

至2010年，郑欣淼已在北京故宫博物院担任了八年的院长。

2009年3月，郑欣淼前往台湾与台北故宫博物院院长周功鑫见面，首次实现了历史上两个故宫高层的正式互访，并达成了包括"建立展览交流机制"等在内的9项共识。这次互访，被很多媒体称作是"两岸故宫的破冰之旅"。从那时开始，郑欣淼就在琢磨着如何加深两个故宫间的文物及学术上的交流。郑欣淼认为，两岸故宫的文物只有合起来研究才是完整的研究，其实也是对一脉相承的祖先文化的尊重。两个故宫本是一家嘛。这些年，因为历史遗留的原因，彼此的交往也是逐步深入进行的。2008年就是一个重要的拐点。

郑欣淼经常会回忆起2008年年末的那件事。当时，台北故宫计划举办一个雍正展，但策划者在策展选件的过程中觉得少了雍正的肖像画、行乐图、朝服像等(它们都在北京故宫)，感到非常遗憾，于是就考虑是否可以向北京故宫借展。2009年年初，他们试探着向北京故宫提出这一要求，北京故宫表示同意。面对北京故宫的诚意，台北故宫提议，能否把原本的借展办成双方联展？之后的2009年10月7日，郑欣淼院长和台北故宫周功鑫院长以"两岸故宫"名义，一起为展览图册作序、开幕致词、摁下揭幕启动按钮、接受媒体访问……

就在两岸故宫的交流有了非常好的开端时，郑欣淼又有了一个新的想法，这个想法来源于四川乐山安谷乡一个叫王连生的农民，他在当地租了一块地，建了一个纪念馆。抗战期间，在四川的安谷乡，有一批故宫南迁文物存放在这里七年之久。这是三批西迁文物中放得最多的一个地方，共放了九千多箱，除故宫的文物，还有代管的国子监、颐和园的文物。抗战胜利后1945年，国民政府为感谢民众对国宝的保护，颁赠了题有"功侔鲁壁"四个字的匾作为褒奖。当年7个存放点，每处有一块匾。几十年过去了，这些匾已不好找了，王连生找来剩下的几个零星的字拼凑一起，并征集到与当年文物存放有关的资料，办起了"故宫文物南迁乐山史料陈列馆"，还建起了纪念碑。这事引起了专业人士的关注，包括郑欣淼。

郑欣淼在会上对故宫博物院的同事们说："这些年我们忘了一件大事，我们的前人为了保护国宝付出了那么多的心血，在战时超过百万件珍宝通过陆路、水路辗转一万千米，保存基本完整，实在是个奇迹。对故宫国宝保护，当时的政府、军队、民众都给予了支持，这是全民抗战的体现，我们要记住这段历史，要弘扬先辈的精神。"

他说："当我们津津乐道故宫现有150万件（套）藏品时，却不得不提抗战时期故宫文物南迁的故事，正是这次文物大迁移，才使得大量文物避免了战火破坏，这也直接导致了'一宫两院'的隔海相望。两个博物院的一批元老级人物，都曾是国宝搬运中相濡以沫的同事和战友，曾有过深厚的情谊，在地覆天翻的历史转择关头，个人的作用是微弱的，故宫同仁在去和留的决择中，道路不同，信念却相同，那就是'和文物在一起'。"

如何纪念老一辈的故宫人，如何进一步探索与认识这一壮举的价值和意义？郑欣淼认为应该组织"重走故宫文物南迁路"活动。

2010年正值抗战胜利65周年、故宫博物院成立85周年，郑欣淼提出的这个想法很快得到台北故宫的响应。台北故宫还建议在"重走故宫文物南迁路"前面加上"温故知新"。仅从两个故宫提出的字面上的意义上来看，两岸故宫人对南迁路的人和事都怀有很深的情感。就这样，台北故宫派出10个人，北京故宫派出16个人，于2010年6月4日至18日先后寻访了37个故宫南迁的文物存放点。

见到老朋友庄灵

两岸故宫人分别从北京和台北起飞，同一天到达南京，如老朋友相见，温暖而快乐。南京是文物南迁的第一站，自然也是他们重走的第一站。

在南京的朝天宫保存库，原本从不对外开放的库房也因为特例对考察团一行人开放了。这次有了意外的收获。他们看见在库房的中部，摆放着几排当年文物南迁时所使用的木箱子，透过木板间的缝隙，依稀可见包裹过文物的旧报纸及稻草等填充物。文物箱上贴满了封条。从封条上的时间来看，文物每从一个地点的起运、卸运、库存，均有细致的点验查封。在那样一个战火纷飞的年代，各行各业的中国人都有着一颗爱护国宝的心。

郑欣淼见到了老朋友庄灵，他是"南迁"的后人，也是台北故宫派来的成员之一。这位已72岁的岛内著名摄影家见证了文物南迁的历史。

庄灵的父亲庄严曾参与了故宫博物院的创立，后任台北故宫博物院副院长，也是第一批故宫南迁国宝的押运者和负责人。从1934年开始，庄严就带着家眷与同仁们一起护送故宫文物南行。1938年，当这批文物迁至贵州时，庄灵出生了，随后庄灵与60余箱故宫文物一起一路南行，最后抵达台湾。而这也成为庄灵人生一段宝贵的经历，庄灵与故宫文物就此结下了不解之缘。庄灵就曾给郑欣淼讲过这样一段经历："贵州安顺和那里的华严洞成为我童年最早的记忆。每逢假日，父亲常会带着哥哥和我到华严洞去玩。天气好的时候，父亲和故宫同仁常会开箱，把容易受潮的字画取出来，在广场上摊开晾晒，我们就在一旁好奇地观看。"

从南京到贵阳，考察团一行人的飞行时间不过两小时的路程，而在当年故宫文物南迁之旅中却是历经曲折，异常艰险。1937年，为避免日军飞机轰炸，当年故宫南迁文物中挑选出的精品从英国展览归国后，仍旧放置在特制的铁皮箱中，从南京经水路运往汉口，转到长沙，直驱桂林，直到1938年1月运抵贵阳。首批八十余箱最终被迁移到地处贵州安顺县的华严洞储存，并成立了故宫博物院驻安顺办事处。

四十米高的华严洞，由于地形隐蔽，有数千平方米的大型洞厅，当年被选作理想的藏宝之地。据悉，这批秘藏洞中六年的国宝中有唐寅的《山路松声》、马和之的《闲忙图》等，如今都是台北故宫博物院的"镇院之宝"。如今，山洞入口已变成新的佛堂，金碧辉煌，甚至遮蔽了原来的样子。站在华严洞旁，郑欣淼感慨万千。这地方在几十年前更加偏僻和荒凉，庄灵的父辈及故宫守护者付出了多少的心血。未来华严洞之前，郑欣淼就已对这里充满感情。2007年，庄灵就和郑欣淼通过几次信，了解北京故宫五十年代初期从香港买回"三希"的《中秋帖》、《伯远帖》的详细情形，他们两人还互赠过自己的作品。他们第一次见面则是2009年10月，郑欣淼去台北时，有一天，庄灵就来到酒店房间找郑欣淼，他带了故宫文物南迁时的很多照片和资料来，说要捐给北京故宫，其中有一幅长卷，为故宫一位姓袁的同仁抗战胜利后凭记忆所画的一幅华严洞的图，其后是包括马衡在内的二十多位文化名人的题跋，郑欣淼看了之后很感动，也觉得很重要，便对庄灵说："庄先生，我觉得您不要急于给北京故宫捐献，您对这些题跋的作者比较熟悉，可否根据每件题跋写一篇介绍文字，由北京故宫《紫禁城》杂志刊登出来，等你写完后再谈捐献的事。"庄灵先生年龄大了，平时不太愿意动笔写，可郑欣淼这么一说，他也觉得很好，于是写了好几篇，已陆续发表在《紫禁城》杂志上了。其中有一篇专门写华严洞的，郑欣淼认认真真看了，所以他对华严洞很有印象。

郑欣淼说，他们一行人中，庄灵的年龄最大，但他却从始至终保持对这些南迁之地的感情和激情，这一点，让他很感动。

现年６２岁的梁金生在北京故宫工作，他也是重走南迁路中的一员。他说，他的祖父和父亲在上世纪三四十年代，曾协助保护文物。内战结束后，梁金生的哥哥、祖父和部分故宫文物一起到了台湾，而梁金生的父亲则留在大陆，继续看护文物，后又随文物返回北京。梁金生表示，"这次重走文物南迁之路让我意识到，我的父辈为此付出了多少努力。"郑欣淼曾看望过梁金生的父亲，这位故宫的前辈，还写过一篇介绍他们一家五代与故宫关系的文章。

发现了过去史料中未提及的珍贵片断

郑欣淼说，重走故宫南迁路，重新考证了那段历史，并发现了过去史料中未提及的珍贵片断。

比如在华严洞，当年的国宝在这里一放就是六年，其间还参加过国内外的文化交流活动，但是在史料中却是一笔带过，"实际在今天重新考证这段历史，可以感受到即使在战乱时期，战火丝毫没有泯灭人们对国宝的热情。特别是在贵阳举办的文物大展期间，观众纷至沓来，不少人把能够看到国宝当作一件幸事。尽管这是国宝南迁中颠沛流离的插曲，但如同当时民众的一种说法，如果不是由于文物南迁避寇，许多人可能永远无缘这些国宝。同时，与国宝相遇的经历甚至可能影响了有些人的一生。"南迁文物还在战时的重庆展出。当时日本飞机经常轰炸重庆，展览的宣传册子里有观众须知，其中一条是"如有空袭消息请来宾退出"。这些都令郑欣淼一行十分感慨。

在重庆，6月是酷热难耐的日子。白发苍苍的当地博物馆管理人员胡长建，在一条泥泞的小道上步履蹒跚地带路，身后跟着一队来自大陆和台湾的学者，他们朝着重庆郊区的一片竹林走去。胡长建说，当年故宫的大量珍宝，曾经储藏在那片竹林所在的位置。当年这里搭建了几个大木棚，用来安放珍宝。超过百万件的北京紫禁城珍宝，曾经"屈尊"在这里。它们中有精美的书画珍品、美玉、奇瓷，都是世间珍宝，价值连城。曾经，胡长建只发现了3个藏宝洞穴，但他坚信还有一个，最后，沿着一条铁轨爬上一座山，考察团终于发现了第4个储藏洞。

在上海，考察团还在档案馆里找到了当年租界打的收租金的条，当年故宫人租用租界的房屋用于放置文物。

重走文物南迁路，不仅重温了共同的历史，也加深了两岸故宫同仁之间的了解。郑欣淼深有体会地说："故宫文物南迁的意义正在被人们所认识，两岸故宫人也更体会今天所典守的国宝的份量与价值，更感到历史赋予的神圣使命，在两岸交流、祖国统一中发挥应有的作用"。

活动结束后，郑欣淼也一直在思考一个问题，他觉得，从整体来考虑南迁的历史文化价值，应该把当年存放文物的地方列为文物单位保护起来，因为故宫文物南迁路沿线的环境变化很快，有一些类似华严洞的遗迹正面临消失的危险。目前，他们正在积极地与相关单位协商做这方面的工作。

"重走南迁路"，引起了海外媒体的强烈关注，也引发了关于文物的归属问题。关于两个故宫的文物是否应统一放在一处，两个故宫的人在一起时都避免触及文物所有权的问题。庄灵曾多次说过，他的父亲庄严有一个遗愿。众所周知，乾隆时期三希堂的三宝：《快雪时晴帖》、《中秋帖》和《伯远帖》分别藏于台北故宫博物院和北京故宫博物院。庄灵说，他的父亲就曾亲自撰文讲述《我与三希帖的一段缘》，并希望它们早日聚集在一起。

◎手记◎

谦和纯朴的长者

我是在2010年的冬天采访郑欣淼院长的。郑院长那间古朴简单的办公室里，墙上挂着一幅临摹的古代名画，当我第一眼看见郑院长及看到他的微笑时，我就能感觉到他是一个待人谦和纯朴的长者。郑院长曾经担任过副省长，也担任过文化部副部长，尽管现在已是故宫的掌门人，仍能感到他曾经担任过政府高官的严谨风格，比如他给我提供了一些资料，嘱咐我一定不能弄丢，看后要还给他，文章发表后，他还又给我发信息告知我别忘了资料这事。当然，他留给我更深的印象还是他待人真诚和谦和，慈祥的眼中流露出豁达宽厚的为人。

郑院长很有才华，这些，我们能从出版的《守望经典——郑欣淼谈故宫》一书中看出来。这本书里汇集了他就故宫相关问题接受海内外媒体记者采访时的谈话记录，内容涉及故宫与故宫博物院的历史及现状、故宫大修、文物清理、故宫学与故宫文化、两岸故宫的关系与合作以及文物与文化遗产等诸多方面。

近来针对故宫发生被盗案后，网络上对这件事之后发生的一系列事情有着众多非议。为了写这个采访手记，我还给郑院长打过电话问这件事，他说网络上的关注都是因为很多偶然的事件结合在一起了，大家提出的这些问题说明大家是热爱故宫的，故宫会正确面对这些问题，今后一定会在工作中吸取教训。在与郑院长的电话交谈中，我的确感到随着时间的推移，大家会从另一个角度去看问题，而这一系列事件的发生，也会让故宫在今后的工作中针对每一个环节更加把关。更重要的是，我想说，郑院长在处理问题的方法上有其独到的一面，凭借他丰富的领导工作经验，相信故宫博物院在他的领导下将越走越好。

成功之道

他是一个待人谦和纯朴的人。曾经担任过副省长，也担任过文化部副部长的他，尽管现在已是故宫的掌门人，仍能感到他曾经担任过政府高官的严谨风格。他在处理问题的方法上有其独到的一面，凭借他的丰富的领导工作经验，相信故宫博物院在他的领导下将越走越好。

◎ 伍绍祖 ◎
原国家体委主任、国家体育总局原局长

　　伍绍组，男，1939年生，湖南耒阳人。1958年12月加入中国共产党，1965年参加工作，清华大学工程物理系核物理专业研究生，少将军衔。历任国务院办公室秘书、国防科工委党委书记、国家体委主任、国家体育总局局长、中共中央直属机关工作委员会常务副书记。系全国政协常委，中共第十二、十三、十四、十五届中央委员，第三、四届全国人大代表。

细说中国首次申奥失利的真实原因

——原国家体委主任、国家体育总局原局长伍绍祖

从一次举办亚运会，两次申办奥运会，他都亲历其中品尝个中甘苦。

他出身核工业，参与了国防科技工业军用技术向民用转移，以及导弹、核弹、卫星等研制试验的组织领导工作。出任体委主任，他又将科技概念引入体育，科技兴体。

他组织制定了《中华人民共和国体育法》和"全民健身计划纲要"、"奥运争光计划纲要"，"一法两纲"是他留给全国人民的体育财富。他就是伍绍祖。

虽然北京奥运会已成功举办，虽然距离北京首次申奥已是时过境迁，今天的北京和中国国际化程度不断提高，在国际舞台上早已不再青涩，但作为那个时期的一个特殊历史事件，却仍然让国人难以忘怀。伍绍祖至今仍对那段往事记忆犹新，"对我国来讲，举办奥运会更有特殊意义，它是一百多年来中华民族巨大变化的展示，也是改革开放新成就的展示。可以让世人看一看社会主义的生命力，同时也可以促进国内的各项工作，促进对外交流。国外有人把举办奥运会看作是一个国家或一个城市的'成人典礼'，是很有道理的。"不过，对首次申奥的失败，他却不以为然，他并不认为那就叫"失败"，而只能叫"失利"。

邓小平同志促成中国申奥

1990年7月3日上午，时任国家体委主任的伍绍祖陪同邓小平同志视察了国家奥林匹克体育中心。伍绍祖忘不了邓小平同志说的那番语重心长的话："我这次来是看看到底是中国的月亮圆，还是外国的月亮圆。现在有些青年人总以为外国的月亮圆，对他们要进行教育。""中国办奥运会下决心了没有？为什么不敢干这件事呢？建设了这样的体育设施，如果不办奥运会，就等于浪费了一半。"邓小平的这番话让伍绍祖既紧张又兴奋，紧张的是在中国举办奥运毕竟是一件大事，他一定做好充分的申奥准备；兴奋的是老人家给予的信心和鼓励。事后，伍绍祖立即就向中央领导汇报了小平同志的谈话，中央领导很快同意申办奥运会。可以说，邓小平同志的这番谈话让中国体育运动进一步走向了世界。

尽管中国老百姓对在中国举办奥运的盼望由来已久，早在1990年北京第十一届亚运会结束后，就有群众打出了"亚运成功，众盼奥运"的条幅。后来，国家体委又陆陆续续收到群众要求申办奥运会的信件达四千多封。但是"申奥"，对国人来说还

只是一个久远的梦想，就如伍绍祖说："过去我们对于举办奥运会只是一个朦胧的梦想，这次邓小平的谈话才是我们国家下决心申办奥运会的真正开始。"

1991年4月11日，北京市政府第一次公开宣布申办2000年第27届奥运会，并迅速成立了北京奥林匹克运动会申办委员会（简称奥申委）。当时，奥申委就在现在东直门一带的一幢小楼里办公，工作人员也几乎就是亚运会筹备委员会的原班人马。现在回想起来，除了国家领导的支持和群众的意愿，北京能够在亚运会结束后马上申请奥运会，也得益于筹备亚运会时积累的深厚经验。

出身军事科技的伍绍祖，早在负责筹备亚运会时就将"计划网络技术"这一先进技术引入到筹备工作中，并且取得了事半功倍的效果。伍绍祖从筹备亚运会讲起，就在他调任国家体委后，参加的一次体委办公会上，有关人员汇报了亚运会这一庞大工程的预计概况：亚运会将有37个代表团6500多人参加，将邀请境外的贵宾1300多人，技术代表、裁判员有2300多人；亚运会艺术节有73个中外艺术团体参加，共演出163场……在硬件系统方面，亚运会所需80个体育比赛和训练场馆，其中有55个都是新建与改建的，共涉及搬迁的单位有380个，共征地5770亩……此外还有，在服务系统方面，在宣传系统方面，在涉外系统方面，在精神文明系统方面等等，听得人耳廓轰鸣、眼花缭乱。而其中的每一项都不能出丝毫差错，否则将会造成难以弥补的损失和影响。当时，北京几乎没有举办如此重大赛事的经验，纷繁复杂的事项无疑是对北京亚运会组织者的重大考验。

怎么办？人们面面相觑。

"这好办，"伍绍祖依然平静地说，"搞出个计划网络图来，把亚运会要做的工作按轻重缓急、需时长短、牵扯面大小，都排在计划网络图上。"他见不少人瞪大了眼睛，又详细地解释道："计划网络技术是美国北极星导弹研制时首先使用的。很简单，像包饺子，应该先买肉，而不是先擀好皮再去买肉、买菜、剁馅子。把各种事情科学合理地安排一下，上升为理论就是计划网络图。我们研制'两弹一星'的工作中，也曾用过，并且有所创新、有所发展。"

此后，很多场合他都详尽介绍网络图技术知识，不遗余力地将这套国防科技工作中行之有效的科学方法，引入亚运会筹备工作流程中。在他的倡导下，亚运会指挥中心很快挂起了亚运会筹备工作计划网络图、组委会指挥系统图、指挥程序图、境外人员迎送工作流程图、场馆分布图、金牌产生日程表及中国队各项奖牌分获图等等。

事后证明，计划网络图将亚运会流程贯穿一线，将眼花缭乱的"指挥、控制、通信、情报"变成有效、有机、有力的整体，有利于工作人员进行准确迅速的指挥。因此，在2000年北京奥运会申办委员会成立后，奥申委顺利地沿用了这套系统，迅速地建立起奥运会筹备计划网络图，按部就班地展开申奥工作。

申奥首战失利，外因大于内因

1993年9月23日，北京以两票之差输给悉尼，兵败蒙特利尔。直到今天，相信还有很多人记得那个日子，这一天对于伍绍祖来说，同样难忘，难忘到十几年后的今天，他仍旧脱口而出这个日期，毫不迟疑。

了解伍绍祖的人都知道，他是一个眼界很宽的高级领导干部，对许多大事总能有清晰的判断和预见。"决心大，难度大，希望大"——这就是伍绍祖当年对北京首次申奥情况的判断，正因有了这样的心理准备，伍绍祖对此事的态度一直就很平和。但是，毕竟大家对此都寄予厚望，所以，无论是在去往蒙特卡洛的飞机上，还是在到达目的后的动员大会上，他都要求代表团的每个人"争取最好的，准备最坏的"，让大家有一个充分的心理准备。尽管如此，在蒙特卡洛的那几天时间里，大家的心情仍是非常紧张，他们的一举一动也牵动着中国所有老百姓期盼的心。投票结果出来的当晚，中国代表团一片消沉的气氛，大家都闷闷不乐，很多人想不通为什么当初我们付出了这么多，却会在最后的关头没能胜出。惟独伍绍祖显得很平静，他开导大家："俗语说，谋事在人，成事在天。现在，谋事在我们，成事在国际奥委会。我们不能因为这一次的失利，就丧失战斗的信心。目前需要我们做的，就是总结经验，继续调整，以利再战。"劝导之余，伍绍祖更为团员们仔细地分析成败的原因、国际形势等。

"第一次申奥失利，直接原因是美国捣乱。"伍绍祖一语道破。从北京宣布申办2000年奥运会，到1993年投票的短短两年间，美国制造了大大小小二十多起事端，几乎没有放过任何可能为中国造成不良国际影响的机会。比如，当时美国众议院通过一个决议，说中国是没有人权的国家，不支持中国举办奥运会，由美国国会通过反对一个国家申办奥运会，这在美国历史上也是很少见的。又如，参议院的六十个议员也给美国国会写信，说中国虐待动物等等。

伍绍祖清晰地记得，9月26日，北京申奥代表团从蒙特卡洛回到北京，很多大学生自发到首都机场迎接，喊出了"打倒美帝国主义"。当时他就很感慨，这没准是坏事变好事呢。中国那时刚改革开放，大国的形象需要展示给全世界，而以美国为首的国家以"民主、人权"为借口攻击中国，这次借申奥走出国门宣传中国，让世界人民辨清真伪，这不是一件好事吗？更重要的还对广大人民群众进行了爱国主义教育，特别是年轻人。

几天之后，伍绍祖参加国庆节的一个活动时，邓小平看到他并勉励他："申办不成，没有关系，总结经验。"邓小平说当他得知北京失利的消息后，第一反应就是有人捣鬼。邓小平同志的一席话充分体现出一代伟人的卓识远见。

当然，首次申奥还存在一个技术性的问题。伍绍祖介绍说，按照国际奥组委的惯例，一般申办奥运会的城市，很难有一次性成功的，都是要经过几次，四、五次甚至五、六次才能成功，第一次就志在必得，那是很少的。北京申办第二次就成功，说明中国在这个过程中积累了很多经验，同时中国在这个过程日新月异地发展，中国举办奥运会是众望所归。

"一法两纲"，打造体育软环境

伍绍祖不仅擅长统筹全局，更善于未雨绸缪。上世纪九十年代中期，正是兴奋剂困扰国际体育界的时期，很多国际赛事，都因为兴奋剂而被打乱了正常秩序。在我国，体育健儿也有因为这个问题在大赛上吃了亏。我们用不用兴奋剂？一时间引起了争论。

1988年，刚刚到任不久的伍绍祖，就对兴奋剂的问题提出了"一二三四五"："一"就是要端正一个认识，即使用兴奋剂不是为国争光，而是为国抹黑，是卑鄙无耻的欺诈行为；"二"是两条战线作战，一条是同西方反动势力对我国无端攻击的作战，另一条是同自身的错误思想和行为作战；"三"是"三严"，即严令禁止，严格检查，严格处理；"四"是"四个不用"，即拿不到金牌也不用，查不出来也不用，别人用了我也不用，别人让用也不用；"五"是"五个不符"，用兴奋剂一不符合马列主义，二不符合社会主义，三不符合人民的利益，四不符合国家的利益，五不符合运动员个人的利益。"1994年亚运会上，我们的运动员在亚运会闭幕后一个月被查出服用兴奋剂而被取消了11块金牌，情势非常被动。1998年类似的事情也有发生。说什么服用兴奋剂有用、无害、查不出，纯粹就是谬论。美国有个田径运动员乔伊娜，三十几岁就死了。"伍绍祖提起兴奋剂问题，至今还很气愤，他说这是害人害己。

在伍绍祖长期坚决的支持下，上世纪90年代我国运动员尿检阳性率为0.6%，仅仅是国际阳性率的一半。国际奥委会原主席萨马兰奇曾称赞说："中国在反兴奋剂问题上是世界的模范。"1999年2月1日，国际奥委会在瑞士洛桑召开世界反兴奋剂大会，专门请伍绍祖在大会上介绍经验。伍绍祖为这个长期争论的问题划了一个圆满的句号。

在净化竞技体育环境的同时，伍绍祖还致力于中国体育大环境的改善。国家体委主任的十二年任期内，伍绍祖先后修订了《体育法》，制定了《全民健身计划纲要》《奥运争光计划纲要》，群众体育被提上日程。"一法两纲"使中国体育从此走上法制化的道路。全国各地的群众体育运动也逐渐蓬勃发展。

"体育绝对不光是金牌。"伍绍祖旗帜鲜明地说。"竞技体育确实要争上游，夺金牌，但是金牌绝对不是一切。中国体育的发展思路是群众体育不是夺金牌。群众体育活动要和竞技体育相协调。大家都骂足球，有什么可骂？中国的足球才有一千人踢，美国七百万人在踢，因此，我们群众体育搞不上去，竞技体育就上不去。有了群众运动，才能让竞技体育发展，而竞技体育发展，也能带动群众体育。"

北京奥申委迅速走出申办2000年奥运会失利的阴影，并开始在硬件和软件的双重努力下着手筹备申请2008年"第二十九届夏季奥运会"。经过几年的休养生息，北京良好的发展势头已不容忽视。伍绍祖一口气列举了我们再次申办的显著优势，"1997年亚洲其他一些国家和地区不同程度地遭受金融危机时，中国的政治环境相当稳定，经济仍然保持了持续发展的良好势头；北京这几年在城市的综合治理建设方面又迈上一个新的台阶，特别是在交通和生态环境保护方面采取了一系列比较得力的措施。同时，在奥运大家庭中，中国愈来愈受到世界的关注，国际威望不断提高。我国的体育事业蓬勃发展，我国选手不但在各类国际大赛中运动成绩稳中有升，而且全民健身活动的开展也取得了富有成效的实绩，在我国体育影响力不断扩大的同时，也进一步推动了我国社会文明程度的提高。众所周知，2000年奥运会在澳洲的悉尼举行，2004年奥运会在欧洲的希腊雅典举行。2008年奥运会是否该由亚洲或非洲国家的城市举办？国际奥委会应当充分考虑到这一点。"但是，伍绍祖也认为，与首次申奥相比，我们申办2008年奥运会时理性更强。"比如，不再提'志在必得'，而是讲'积极争取'，既为我们申办创造了一个宽松的环境，也使得大众的心态更加平和。"

果然，经过2001年7月13日的不眠之夜，身负重望的北京如愿取得了2008年奥运会的举办权。2000年已离开国家体委到新的工作岗位担任领导职务的伍绍祖一直都在关注申奥的进展，这个结果也在他意料之中。

◎手记◎

性格耿直的高级干部的孩子

记得很多年前第一次采访伍绍祖时，我很兴奋，其实，与其说是兴奋，不如说是充满了崇敬。首先，伍绍祖是老革命的后代，他的父亲伍云甫、母亲熊天荆都是中国革命的先驱。其次，他也是名人。带着这样的心情，我来到他位于三里河的家中采访。作为一个部级领导干部，他的住宅并不宽敞，墙上挂着很多老照片，有他的父母，还有他婴儿时期的照片，看到这些老照片，让人仿佛回到了从前。

在他家略显拥挤的客厅里，我开始了采访。他的个性鲜明，非常直率，他谈到了他的人生经历，包括他的挫折，还谈到社会上一些不正常的现象，特别是谈到后者时，他表现出非常愤然的情绪。我就问他，您这种性格不怕得罪人吗？他摇摇头说怕什么！他说自己是最不像高干子弟的人。的确，他没有某些高干子弟的虚张声势和矫情，这是所有接触过他的人给他的共同的评价。除了大家公认的他的才华外，他为人正直，待人真诚，仗义执言。我想，他性格的形成与他的人生经历有关，他出生在革命家庭，正直而功勋卓著的父亲曾在那个年代遭到迫害，他也因此不能幸免地历经磨难。

伍绍祖是一个让人敬重的长者。让人敬佩的是，他无论是在国家体委任主任时，还是后来担任中直机关工委副书记时，繁忙工作之余一直笔耕不辍。

成功之道

他的个性鲜明，非常直率，他不怕得罪人，并直言自己是最不像高干子弟的人。除了大家公认的他的才华外，他为人正直，待人真诚，仗义执言，以及他的成长经历，都是他的成功之源。

◎ 周文彰 ◎
国家行政学院副院长

周文彰，男，汉族，1953年8月生，江苏宝应人，1970年10月参加工作，1987年10月加入中国共产党，研究生学历，哲学博士，研究员。历任海南省人民政府社会经济发展研究中心副主任，海南省委宣传部副部长兼省社科联党组书记，海南日报社党委书记、社长，海南省委常委、宣传部部长。现任国家行政学院副院长、博士生导师，兼任中国人民大学、中国地质大学博士生导师、中国书协理事。

做官做人的心境

——国家行政学院副院长周文彰

在众多的高层领导干部中，周文彰是一个独具风格的官员，正因为这样的风格，让许多人谈起他都会用上几句赞赏的语句。我们且不谈他的官职，也不谈他的理论才华和书法，而是谈他的思想。思想这东西很抽象很深奥，就像美丽的湖水深不见底，只有愿意探究深刻的人才会感受到这种精神上的洗礼。

一个能把"党性教育"这样看似枯燥乏味的内容讲得如此精彩，一个做官多年却能抛开俗套把做官的价值理念讲述得让众多官员信服，这，不仅仅只是需要口才了，还需要思想。

他说过，自己成功多年坚持的秘决是勤勉和执着，这种直白的表述来源于一个原本就朴素的心灵。他对待做官、对待人生有一种收放自如的祥和心境，这，一定也是他走上成功的另一个重要途径。

让学员们难忘的关于党性教育的经典箴言

2009年3月30日，海南省委宣传部召开干部大会，周文彰即将离开海南省省委常委、省委宣传部长岗位，赴任国家行政学院副院长，省委副书记于迅代表省委高度评价了周文彰在海南的工作：周文彰在推进我省思想文化宣传工作创新等方面，付出了巨大的努力，做出了突出的贡献。

尽管很多领导及同事朋友，甚至还有三家民间媒体也公开表达了对周文彰调离海南的不舍之情，但新的人生之路已在周文彰面前开启，50多岁的他怀着对海南那片土地的一种感动和牵挂到了北京。

从职务上来说，这是一次平级的调动，都是副部级，但是国家行政学院却是我国公务员培训的最高学府，而且，就在3个多月前，即2008年12月17日，他刚从这里的第三期省部级领导干部英语强化班结业，李源潮同志给他们颁发了结业证书。这里的领导、老师、服务、校园，都给他留下了美好的印象，周文彰从心里感激中央对他的工作安排。

国家行政学院的同仁对周文彰创新的才华早就有所耳闻，事实也是这样：这个副院长来新单位不久其才华就开始彰显。

刚到国家行政学院12天，周文彰就飞赴大西洋彼岸的美国波士顿，接受为期4周的全英语培训。因为他是分管教学培训工作的副院长，在学习中他便多了一分留意，即看看肯尼迪学院是怎么安排教学培训的。培训的时间只有短短4个星期，在学习的同时，他获取了很多知识、信息和教学管理经验。当然，更重要的是，设计国家行政学院院标的灵感在那一刻生根发芽。回国后他就向院里提交了使用国家行政学院院标的建议。得到同意之后，他组织专门人员很快将院标设计出来，如今，这枚让人看到便眼前一亮的院标成了国家行政学院的重要标志。

从2009年开始，国家行政学院学员结业仪式多了一个看似很小的环节，那就是周文彰代表学院向学员们送一句话。其实，这不仅仅是一句话，而是一次思想深刻的党性教育讲话。每次讲题不同，他循循善诱，娓娓道来，用自己为官的切身体会为这些即将成为或者已经成为国家中流砥柱的人以劝慰。他像一个布道者，向党员干部广布党性的光辉与责任。

2009年12月3日第十七期青海班结业仪式上，周文彰做了题为"做官、做事与做人"的讲话。他说："一个人从一般社会成员变成官，就意味着多了一份责任，即不仅要管理好自己，还要管理好别人、管理好一个部门、管理好一个地区……要做好官，做好事，就要做好人。做人不过关，做官、做事也做不好……做人是做官与做事的基础，也是做官与做事的保证。"

周文彰没想到，自己第一次尝试以这样的方式作为结业典礼的结束语，在学员及国家行政学院的同事中竟激起了很大的反响。将党性教育上升到直面官员的作风、由原本的理论和口号变换成一种通俗的语言，这的确让人耳目一新，而原本一成不变的结业仪式也由此成了学员培训班的最大亮点，很多学员甚至从入学开始就期盼着能得到周文彰亲自撰写的在实际工作中用得上的经典箴言字幅。

至今，周文彰已为学员们写了无数精彩的文章，并且很多精典语句已成为网上热词，比如："把前任确定的好的工作思路继续实施，变成现实，没人说你无能，只会显示才能；把前任没有做完的工作继续做下去，做出成果，照样创造政绩，而且彰显政德。"

很多学员为此写了感言，成都市人民政府副市长刘家强这样写道："2010年12月9日，周文彰副院长以'抛弃官僚主义'为题，为全体学员做了毕业赠言。讲话语重心长、感人至深，赠言字字珠玑、寓意深远。作为厅局级正职干部，我们要下深水、真实践、广纳谏、善思考，应该从自己做起，摒弃浮于表面、贪图虚名的不良习气，勤政务实，胸怀爱民之心，善谋利民政策，多做益民之事，常讲为民之道；要多站在老百姓、群众的角度，换位思考问题，多做点让群众满意、高兴的事情，为官一任，造福一方。"

后来针对国家行政学院的教学改革也陆续实施。

周文彰在国家行政学院有这样的创新，对于很多了解他的人来说，一点也不意外，因为他创新的才华早在海南时就已深入人心。

只要你是人才，总有被发现的一天

1998年，周文彰担任海南省委宣传部副部长，组织上对他的这个安排让他非常开心，做了多年学术研究的他感到这是一个可以施展自己才华的岗位，至于是不是被提拔做了官，他好像并不关心。在工作上，他是一个总能对事情超前做出判断的人，思维速度优于常人，正因如此，他在副部长的岗位上很快有了成绩。

当时在全国各地流传着这么几句话："到了东北才知道胆小，到了北京才知道官小，到了广东才知道钱少，到了海南才知道身体不好。"这样的顺口溜给海南造成了非常不好的影响，海南遭遇着一场空前的形象危机。一天中午，周文彰接到时任省委书记杜青林的电话，杜书记说："马上要开文明委会议，你看讲什么，我讲点形象问题怎样？"当时周文彰也正在思考这个问题，听书记这么一说，立即答道："太好了，我非常赞成，因为我们海南正面临形象危机！"之后在大会上，杜青林书记就以"齐心塑造海南形象"为题发表了讲话。书记刚一讲话，下面的人就精神百倍地竖起耳朵认真听，大家感到这事很新鲜，因为在过去这样的会议上，省领导一定讲的都是宏观类、口号类的话题。那次讲话让与会者刻骨铭心，因为内容谈到了为什么要塑造形象，还谈到了怎样树海南形象，特别是有经典的四个口号：在外国人面前树中国人形象，在中国人面前树海南人形象，在群众面前树公仆形象，在客人面前树主人形象。而这篇讲话稿的草拟者就是周文彰。连他自己也没有想到，这个口号提出来之后，各地迅速地响应并提出口号，比如齐心塑造海口形象、齐心塑造交警形象等等，总之，各行各业都动起来了。在那些年，海南省很少有哪个决策或口号能引起那么大的反响。

开了这么一个好头，周文彰将自己的创新才华发挥到了极致，具体组织实施省委部署：第二年即1999年，开展了"向不文明宣战"活动。第三年即2000年开展"以德治省，诚德守信"活动。通过三年的时间重塑海南形象，海南形象大为改观。

周文彰对海南省最大的贡献有两个，一是针对海南飞跃发展的理论研究成果，二是在理论研究基础上策划了一个个影响面很大、意义深远的活动，比如"海南文化建设"、"文明生态村"建设等等，大力推动了"文化海南"和"生态海南"的建设。可以这么说，周文彰对海南知名度的节节提升起到了重要的作用。

也许有人会说，周文彰能做出很多瞩目的成绩，当然是源于他有一个当宣传部长的平台。的确，没有一个可以施展自己才华的平台，有才之人只能是英雄无用武之地。而周文彰并不是一个机会主义者，他并不会依仗自己有过人的才华而去想入非非，而是先去脚踏实地地工作。他曾说："人生不是按定单生产的，我做好当下的每一项工作，做出成绩，将来才是获得机会的可能者。"

回望他从政之前走过的路，就能知道他一定是机会和机遇的获得者。

周文彰的从政生涯仿佛是晚了些，37岁那年才开始走上从政之路。他到海南工作之前是中国人民大学哲学博士毕业生，任职南京大学的教师，简单说，他就是一位纯粹的学者。1989年5月，他到海南省人民政府社会经济发展研究中心社会文化处工作，第二年正式担任副处长。从那时开始，他就常常在海南日报上发表理论文章，每周一篇的千字文章，内容都是关于海南经济特区的思想观念、改革开放、干部队伍。因为文章融创新理念和逻辑性、通俗性、可操作性为一体，很受读者欢迎，经常被放在报纸第一版的醒目位置。也因为这些理论研究课题，周文彰引起了省委领导的关注。同时，周文彰在相关会议上的发言因以其独到的见解很受欢迎。记得在一次省委理论研讨会上，每人只有15分钟的时间，轮到周文彰讲的时候，在场的时任省委书记阮崇武就对他说，你继续讲，时间不受限制。

让上级领导看到的周文彰还并不仅仅是一介会搞理论研究的书生，在实际工作中，他的每一次出手都是那样完美。早在1992年，他就和另外两位朋友成功发起了"海南国际椰子节"，打出的口号是"让世界了解海南，让海南走向世界"，这个句式后来被全国各地无数次拷贝。

周文彰认为，一个人能力才华是基础，伯乐的作用就是点石成金，他至今都很感恩他的伯乐。1995年时，周文彰在会议上做了一个关于"经济特区二次创业"的报告，当时的背景是，针对"特区不特"的议论他就提出，一次创业靠政策吸引，二次创业靠环境吸引。当时有一位省委副书记也在会议现场，听了之后就对周文彰说，你能不能给干部讲一次！？当周文彰真的去给干部们讲的时候，他发现那位要他讲课的省领导也在现场听他讲，他就是后来担任海南省委书记的杜青林。

之后曾有一位老同志很吃惊于周文彰怎么会认识省委书记，因为老同志感到省委书记与周文彰很熟悉。可周文彰心里却很清楚，要说自己的级别根本就不可能和省领导搭上话，但是，他的理论研究成果却是省领导们认识他并启用他的重要媒介，省领导常咨询他，要他提供意见。之后他被送到中央党校学习，从党校回到海南之后，便正式开始了名副其实的从政之路——担任省委宣传部副部长。

至今，早已是副部级领导干部的周文彰这样推心置腹地谈到自己的为官生涯：不用刻意逢迎领导，也不用去苦心钻营，做好自己的工作，只要你是人才，总有被发现的一天。

愿意用简单的眼光看待这个世界

很多人都说官场复杂而险恶，但周文彰却笑着摇头，他否认这样的说法，他说："事实上，官场复杂不复杂，取决于你自己。你简单，官场就简单；你复杂，官场就复杂。只要品行端正，监督再多对你无用，诱惑再大对你无力，攻击再猛对你无效，就这么简单。'为人不做亏心事，半夜不怕鬼敲门'就是这个道理。"

其实，对于像周文彰这样与共和国几乎同龄的那一代人来说，对于一个从江苏农村走出来的农家孩子来说，什么样的困难和挫折没有经历过？只是，一直以来拥有一个平和性格的他，从来就只是埋头干好自己的事情，根本无暇顾及外面世界的纷纷扬扬，因此，什么困难什么挫折在他的经历中仿佛从来就没有过，他总愿意用简单的眼光看待这个世界，用感恩的心面对所有的人。这正是所谓的性格决定命运。一个人简单了，他的快乐也就比常人多，一个人的内心纯净了，他对这个世界的爱心就会比别人多。

在他看来，做官与做人一样。他怀着一颗一尘不染的爱心对待身边任何一个需要帮助的人。

从六年前开始至今，周文彰一直都在资助海南岛最高峰五指山贫困山区的10个贫困学生。说起资助这事，还要从他的书法说起，2002年他50岁，这年担任中共海南省委常委、宣传部长，感到不会写毛笔字工作不方便，于是开始学书法，之后一发不可收拾。不过，他的书法作品有了真正意义上的市场价，是在2006年的中国（深圳）国际文化产业博览会。当时为了丰富海南展厅的内容，策展者和省书协商量，选8个海南书法家，周文彰是8人之一。正是这次博览会上，周文彰的书法被人买走。他没想到自己的书法还能卖钱，于是决定捐资贫困的孩子上学。

他请五指山市委宣传部帮助物色10名困难中小学生。名单很快来了，他一看学生情况介绍，选得很准，个个家庭极其困难：没有父母的、单亲的、父母下岗的或有病的。2006年6月底，学期快结束前，第一笔资助款6000元带到了五指山市。2009年3月，他接到了调离海南的通知。在告别事项中，周文彰一定忘不了对这些孩子们的安排，他把原来一再谢绝领取的主编费、作词费等一一领来，接着如数上交，请同事们以海南省委宣传部的名义继续资助下去。这些钱足可以让这些孩子读完高中。事情都办妥后，他带着一腔难言的感情给孩子们写了一封信："人生的道路是充满荆棘和坎坷的。我希望你们要有顽强的毅力，坚持不懈，勤奋学习，在校做一名好学生，在家做个懂事的好孩子。除了学习课本知识外，还要多看书，多学习做人的道理。希望你们从小树立远大的理想和奋斗目标，顽强拼搏，终将成为时代需要的栋梁！我离开海南后，仍会像以前一样关心、支持和帮助你们！"

　　在国家行政学院周文彰的秘书办公室里，我看到很多来自各地写给周文彰的信件，这些信件大多来自某县或某村、还有寺庙，信中要求周文彰给他们写一幅字，有的人还同时寄来一盒茶叶以示感谢。周文彰是一个古道热肠之人，尽管他与来信人素不相识，但他会全力去满足这些慕名来求字的人，在百忙之中抽出时间为对方写字，然后让秘书按地址寄过去，同时退回寄来的茶叶或一些小物品。周文彰的这种做法，让身边人不理解，现在的周文彰早已是中国书法家协会理事、多次参加全国性书展，是一个炙手可热的书法家了。万一来信人是骗子呢？怎么就随便给寄呢？心底纯净的周文彰把这些话当耳边风，一如既往，在他看来，人家有求于你，一定是真的需要帮助。一直到不久前发生了一件事，周文彰才稍微放缓了给素不相识的人邮寄书法的速度。2011年9月的一天，周文彰又收到了一封来自四川地震灾区的信件，信中说，乡村里正在建希望小学，希望周院长写一副字。周文彰看了这封信后，心底柔软的他马上就写了一副字，还顺带3000元钱给对方资助一个地震致残的孩子，几星期后，秘书竟然收了到退款，原由是：查无此地址，而书法却不知所踪了。原来奉献爱心也需要谨慎，这让周文彰百思不得其解。不过，他还是他，并不会因为一些小小的插曲改变自己对人对事的态度，毕竟，他的这个年龄和人生阅历，人生观、价值观已根深蒂固。

　　作为分管教学工作的副院长，周文彰的工作日程表安排得满满当当。尽管如此，凡是要求来见他的人，无论对方身份高低贵贱，他都会尽量抽出时间安排见面，有很多来求见者就是普通平民。凡是身边人提出需要帮助的，能办到的他都会去办，办不到的他也要克服困难努力去办。他不擅长拒绝，也从不愿意拒绝，所以他总是把自己弄得很累很忙。

　　用"好人"这个词来形容周文彰实在是平庸了。不过他说过，好人不一定是好官，但好官必须是好人。这就是周文彰做官的标尺。从他做官做人的态度，我们能感受到他的思想，既纯粹又深远。

◎手记◎

　　我在这本书正式出版前，才想起要去采访周文彰，他是一个有特点的官员。大概在一年多以前我曾应朋友之邀参加周文彰在国家行政学院举办的书法展，记忆中的他待人很客气，口才也极好，那天去了很多他的朋友，大家都以他为中心，看得出来他是一个很受朋友重视的人，而不仅仅因为他是一位副部级官员。当时我就在想，周文彰副院长练书法时间不长，怎么就可以到达那样的境界呢，结果猛一看他的书法，还真有点"毛体"的气势和风格。

虽然之后在香港开会时，也见过周院长，他总是很客气很热情的样子。所以这次在采访他之前，我甚至还把他当成熟人或朋友了，没想到见面之后，他这样问我，我们是在什么时间什么场合认识的？你在哪个媒体工作等等。哎呀，原来他对我一无所知，根本就和我不熟呢，又何谈我自我感觉良好的熟人或朋友呢？既然不了解，为什么又答应接受我的采访呢？后来我把这个疑问当作笑话告诉他的秘书，他的秘书听后并不觉得奇怪，他说周院长见过的人太多了，不管任何人来见他或是在活动上遇到，别人和他打招呼，他也一定热情回应，事后才问自己，这是哪一位啊？采访他后我才知道这真的很正常，能给那么多不认识的人寄自己的书法和钱，当然也就能接采我这个陌生人热忱联系的采访事宜了。这个可能不算是周文彰性格的缺陷，深层的原因是他不忍心让别人失望。我是这么理解的。

终于通过这次采访，他应该对我是熟悉了，顺便也知道了原来我还采访过那么多的高层领导干部。

和周院长交谈是一件很开心的事，无论在场有多少人，他都能将每个人照顾到位，他对人热情友善，幽默风趣的话语间常常透着睿智与新意。我问他，在官场上，很多人都不断想往上爬被提升，这种现象是不是不正常呢？他说很正常，人都有向上的理想，但不要不切实际地想入非非，你努力工作了就会有回报，即便你没有得到心目中的回报，但你在工作当中是快乐的，这也是收获。

成功之道

他不是一个机会主义者，他并不会依仗自己有过人的才华而去想入非非，而是先去脚踏实地的工作。他推心置腹地谈到自己的为官生涯：不用刻意逢迎领导，也不用去苦心钻营，做好自己的工作，只要你是人才，总有被发现的一天。

◎ 路甬祥 ◎

全国人大常委会副委员长、中国科学院原院长

　　路甬祥，男，汉族，1942年4月生，浙江慈溪人。博士学位，教授，中国科学院院士，中国工程院院士。历任浙江大学机械工程系副教授，浙江大学科学技术研究所流体传动及控制研究所所长，浙江省委高校工作委员会副书记，浙江大学校长，中国科学院副院长、院长，第十一届全国人大常委会副委员长等职。2011年2月，卸任中国科学院院长。系韩国科学技术院外籍名誉院士、匈牙利科学院外籍名誉院士、英国机械工程师学会名誉会员、澳大利亚科学院外籍院士、德意志利奥波第那自然科学院院士。

科学家的精神

——全国人大常委会副委员长、中国科学院原院长路甬祥

2004年8月27日上午，我们与全国人大副委员长、时任中科院院长路甬祥有了一次非常珍贵的对话机会。我们围坐在路甬祥院长办公室里的一张长条桌旁，很近的距离中洋溢着亲切与平和，这是一种聊天般的采访。坐在我们面前的路甬祥院长，说着一口舒缓有致、略带宁波口音的普通话，透过他淡定从容的举止和谦逊的言语，我们渴望知道他、了解他。"花甲"之年的他，虽是中科院历史上最年轻的院长，但在这个科技精英们疯狂叫嚣"35岁之前退休"的时代，是什么样的责任感带给他如此的工作激情？是什么样的信念支撑着他不断实现人生的跨越？

哲人说：如果你不快乐，是因为你不纯粹。路甬祥无疑是纯粹的，因为他是快乐的。游弋于科技与政界的他，有着典型的江南学者温文尔雅的笑容，它源自心灵深处，犹如一本书，你可以用一天读完，却要用一生去思索；他对我们谈的话，也许时间很短，但我们注定要用更长时间去品味。

几乎与新中国共同成长起来的路甬祥仿如一本厚重的著作，沿着他人生的足迹与命运的起伏，我们再次领略到了一种超然物外的纯粹之美。

特殊时期的自我约束和锤炼

路甬祥1942年出生于浙江慈溪一个普通家庭，1964年毕业于浙江大学机械工程系水力机械专业。在浙江省社教工作团三分团做了1年工作队队员后，回到浙大任机械工程系任助教，后来又做了讲师。当时国内的治学条件整体来说比较差，但激情四溢的路甬祥还是在年长一些的教授的带领下开始科研工作。"文革"开始后，他和从事研究工作的小集体，也不可避免地卷入其中，不得不放下心爱的科研。但是，毕竟是一批志在"治学"的人，慢慢地，他们便发现那个时期的所谓"派仗"是真的误人误事，没有什么意义，于是纷纷回到各自的工作岗位上去，从1966年底直至1967年初，科研活动也不得不转入"地下"。"文革"时期的学术权威们几乎都动弹不得，哪还能准许搞科研啊！还好的是，"路甬祥们"当时还不是权威，再加上当时大多是搞一些实用技术研究，出于生产的需要，领导也就睁一只眼闭一只眼，领导说，这个东西搞出来挺好！甚至还划拨了些钱。后来随着时间的推移，理解和知道的人越来越多，他们的研究也就慢慢由"地下"转为"地上"了。至今，令路甬祥颇为自豪的是他们参与开发的"渔船

高压油泵研究项目"。当时中、日两国间有一个海上公共渔区，两国捕捞条件是对等的。在这种情况下，理所当然最迫切需要解决的问题就是捕捞量。当时管理部门提出要采取新的捕捞方式，用灯光围网，也就是把灯放到水下吸引鱼群。但我们的灯光效果不好，日本方面比我们先进，他们拥有的很多渔具我们都没有。后来周恩来总理亲自过问这个事情，问灯光围网的油压、动力化能和拖网机等的改进问题。总理问得很细，涉及了灯光围网的方方面面，于是路甬祥和他的同事们便承担起了这个工作。经过试验、改进、再试验、再改进，不到2年时间便取得了成功。后来，我们国家的渔船用这项技术到外海去进行捕捞试验作业，效果很好。虽然这项研究与路甬祥后来诸多的科技成果相比，显得微不足道，但在当时那个特殊的年代，极大地提高了他和同事们的自信心，使得在后来的科研工作中，比如地下核试验，包括水下的全自动钻井机等，都取得了非常好的成果。路甬祥从自己丰富的科研与教学工作中，总结出一条定律，他认为：科技人员的成长，关键问题还是要把个人的成长投入到创新实践中去，也唯有在创新实践中提高，个人才具有成长性。显然，他把自身的成长归功于那个特殊时期的自我约束与自我锤炼。

说起在当时那样的特殊历史条件下，他以及他的同事为何能做到"众人皆醉我独醒"，路甬祥温和一笑，说："当时有一个朴素的想法，觉得知识和科技毕竟将来是对国家有用的，这个信念始终没有动摇。"

怀揣"朴素"想法的路甬祥，并没有把思想局限在"独善其身"上，他心里明白，国家大乱之后必然大治，要大治就必得有人才。于是，在毛主席曾经说过"大学还是要办的"这把保护伞的庇护下，他和他的同事不但一刻没有停止工作，而且还"照章办事"地招了一批工农兵大学生进到理工科来，另外还招了一些进修生。针对当时工作的特点和学员实际操作的能力，路甬祥和他的同事们就训练学员们搞自动化，搞新电子的控制这一类工作。由于在教学中有了一个互相学习的机会，再加上常常要备课，所以对于这些年轻的老师们来讲更是极大地提高了业务水平。于是，年轻时期"位卑不敢忘忧国"的路甬祥，由于自己最初那纯粹而朴素的想法，为自己赢得了命运中第一次转折的契机。当"文革"一结束，他便被委派负笈西洋，求学德国。

留学时赢得了西方人的尊敬

德国，在30多年以前，工科教育的水平名列全世界之首，路甬祥非常珍惜这次出国读书的机会。在德国亚琛大学，他不仅拿到了工学博士学位，还在当地申请注册了几项专利。这些被他谦逊地称为"小小的成就"的科研成果在当时引起了不小的哗然，更赢得了西方人对一位中国留学生的尊敬。也是这些"小小的成就"令他在回国后同样备受赞誉，当时党和国家领导人在人民大会堂北京厅接见了他。更令他难忘的还有，路甬祥在德国的导师也随这位爱徒专程到中国访问，这给了他莫大的鼓励。当年回国时，国内还没有比较好的工作条件，浙江大学的老书记，还有包括李铁映同志都很关心路甬祥回来后的工作情况，于是，大家凑了一点外汇，再加上路甬祥自己把基金会给的一点经费也拿了出来，从德国买了一些仪器设备，为初期回国的工作创造了一个在当时来讲堪称"很好"的条件。

路甬祥回国后常常随团参加一些国际会议，一些对中国友好的国家的代表们对他说，中国是一个有发展前景的国家，因为有知识的青年人在不断增加。这使路甬祥非常感慨，他回想起自己还在德国留学时，一件当地报纸撰文诽谤中国的事情：由于路甬祥是第一位在德国亚琛大学拿博士学位的中国人，而且还申请了几项专利。当地报纸就发表评论，说是一潭死水养不了大鱼。寓意路甬祥要是回国，以中国目前一潭死水的状况，他这样有才华的年轻人是不会有任何发展的。

回到国内的路甬祥很快崭露头角，开始独立领导一个研究室，后来做得不错，发展也很快，每年不仅有成果，而且还吸引了各方面的人才，这在求才若渴的当时自然引起校领导的关注。当时，刘丹是浙江大学的党委书记、校长，他直接找到路甬祥，说学校现在亟需能把科研和教学结合起来的人才，希望他出任浙大副校长，负责一些具体的管理工作。当时，满脑子装的都是科学研究的路甬祥，有意推辞此事，可老校长的一番真诚言词，使他最后思索良久，接下了此重任。他希望自己能如老校长所言，成为教学与科研相结合的带头人。后来，路甬祥担任了浙大校长。

就这样，一心扑在科研事业上的路甬祥踏上了管理岗位。路甬祥还记得当时教育部领导、学校领导、省委领导都鼓励他，希望他在岗位上学习，在学习中总结，在总结中突破。这无疑给了路甬祥一个全新的命题。如今回首过去，路甬祥仍旧感慨万千，他说："我们党的干部路线，实际上是任人唯贤的。注意以德才兼备的标准来挑选干部，注意培养年轻人，主要看重几方面的条件，看年轻人的发展潜力，而且不断给予帮助，不断给予教育。"

在浙大担任校长期间，中国科学院的前任院长周光召写信给路甬祥说，科学院的研究需要各方面的人才来参与。之后，路甬祥到了中国科学院，在这里，担任领导重任的他，开始探索中国科研事业的发展之路。

始终强调集体的力量

　　无论是担任科学院副院长，还是院长，路甬祥每年都会到基层去，研究并了解其他学科门类，接触工作在一线的科学家。他是一位科学家也是一位高层管理者，但他却不希望自己高高在上，能接触到最基层的实践工作，是他质朴内心的真切体现。这就是他的工作方法，很真诚也很随和，亦如无论是在浙江大学还是中科院，同志们都会说，路甬祥带领的集体，大家间的相处都非常轻松融洽，人际关系相对简单。路甬祥是一位很有凝聚力和亲和力的领导。

　　1997年，路甬祥从中国科学院副院长的任上接任院长职务。上任之初，在中央支持下，路甬祥提出了创新工程的建设计划，得到了江泽民主席的肯定和国务院的积极支持。再后来江主席亲自作批示，朱总理同意增加科学院经费上的投入，尤其对于各科技小组都作了具体的分工。谈及这些年来为中国科学院做出的成绩，路甬祥始终强调集体的力量，并且真诚地表达对同事与领导的感激之情。他说："虽然我是外来的，但在科学院这个集体里，没有外来的感觉，大家都按原则办事，都按规律办事，都有要把科学院和国家的科学事业搞上去的信心、决心和目标，大家的团结性搞得很好。"

　　中央领导希望用三四十年的时间，把中国科学院推进到国际一流的研究机构行列，从而推动中国的经济、社会、文化等各项事业的发展，使国防安全以及经济、社会水平提高到一个新的高度。对于这样一个宏伟蓝图，当然需要大批的优秀科技工作者来完成，为此，路甬祥感慨道："中国共产党有一个传统，那就是根据实际，根据发展潜力，根据工作的需要，以政治上优秀作为保证，来选择德才兼备的干部，来教育干部，引导干部，发现干部，特别是在中国，第二代领导集体在小平同志的带领下，恢复了解放思想、实事求是的思想路线，确定了一个更加合理的党的政治路线，对党内的干部路线、思想路线、政治路线、组织路线，都产生了深远而积极的影响。我们现在的原则，是根据德才兼备以及党管干部来挑选的，把最优秀的，最有发展潜力的人才挑选上来，具体到科学院的实际就是把在科技创新上有能力的、善于发现的人，在科技创新过程中有培养前途的，同时在科技创新活动中有实力发展的人挑选上来。"令路甬祥甚觉欣慰的是，在中国科学院里，从干部到普通职工，人人都把科学院的事情当成自己的事。这让他看到了希望，更看到了力量。他说："就科学院整体而言，没有什么派系、山头，没有因为个人情绪影响工作的，不是说一点没矛盾，有的研究所里也有矛盾，但是整体上来说，大家都把力气用在科技创新活动中，不是把劲用在推拉扯皮上，当然，这里面还有一个制度问题。"

强调人才的重要性

路甬祥认为，现在科学院逐步改善的治学环境并非一日之功，而是长期坚持实事求是的结果。他说："这种情况不止我们这一届是这样，上一届或者更前面一届也都是这样，科学院的传统一向是这样。"针对中国科学院不断创出的业绩，他归功于中央的正确领导，他说："最关键的问题还是中央的思想路线正确，如果天天喊口号，那问题就大了。中央提出'以经济建设为中心'，我们科学院则反复强调，一切'以科技创新为中心'，科技创新为经济建设、为国防安全、为可持续发展服务。衡量这一切的标准就是看你是不是适应时代发展，人才是不是不断涌现的。邓小平讲衡量生产力的发展有3个标准，我们也有3个标准，就是看创新能力是不是提高了，创新条件、创新文化是不是取得了成绩。"

作为中国科学院的管理者，路甬祥非常强调人才的重要性，他多次阐释为新的科技发展提出的16字方针，即"以人为本、创新跨越、竞争合作、持续发展"。他说："以人为本"既是指人才是创新的根本，同时也是指创新的目的的根本是为了人，为了人的全面发展，即创新为民。因此，他在积极鼓励中国科学院从国外引进急需人才的同时，更重视对本土人才的加速培养。他认为，唯有把引进与培养结合起来，才是我们这样的大国最终实现科技兴国大业的正途。除此之外，他还强调要建立自己的核心队伍。他认为，虽然可以以多种方式去吸引国外各类优秀人才，包括华裔中许多的访问学者甚至其他外籍人士，但都不可能从根本上解决中国科技人才匮乏的问题。路甬祥说："我们不可能要求人家一定留下来，所以如果我们光靠这种跑来跑去的人，不可能把中国的科技搞上去，必须要有科技的核心团队。这样的核心团队，无论是'海归'，还是我们自己培养的，都必须有共同的价值观和共同理念，没有理念不行，一定要有！我们不要求你一定讲共产主义，但我们要求你要讲爱国奉献，讲科学民主，讲求真务实，这是最基本的一个要求。最近我们又加了一条，科学也要讲究诚信，要诚信合作。"

路甬祥特地为我们列举了中外老一辈科学家中的杰出范例，他提到了大家都耳熟能详的钱学森先生。他说正是因为在建国初期有了像钱学森先生这样具有崇高理想和道德的人积极投身祖国国防建设，所以才有了我们现在空间大国的地位；他还提到了王大衍先生，他当时的工作条件很艰苦，他为中国的光学事业奋斗了一生。中国的光学事业主要致力于国家的国防安全和经济发展，因为我们需要许多两弹一星的观察仪器。1986年，王大衍先生和其他单位的科学家一起上书中央，提出要发展中国的高科技。小平同志批示、决策并最终实施了"863计划"，后来他又在科学政策方面提出许多积极的建议，比如中国的高档医疗器械、科学仪器等都应提升档次等。同时他还和其他科学家一起，建议要发展中国的大型飞机。王大衍先生毕生始终心系祖国，时刻关心着国家的科学发展大业。

还有，在外国科学家中，居里夫人是路甬祥至为敬佩者之一。为此，路甬祥曾专程前往居里夫人当年工作的地方瞻仰。此行的结果便是路甬祥从此对"信念"一词有了更深切的理解。他说："居里夫人用一口大锅这样简单的设备在世界上第一个提炼出了镭，她因此获得了诺贝尔奖。作为波兰移民，虽然身在法国，她始终心系波兰，她把自己的知识与智慧以及自己的研究成果最终都献给了自己的祖国乃至整个人类。她在学术上取得巨大成就。她在人生追求方面强调，只有把人的一生献给科学事业，人生才会有意义。"

一个个令人从灵魂深处感动的科学家们，使得身为中科院院长的路甬祥更加感觉到自己肩上担子的沉重：中国科学事业的发展必须要创新必须要跨越！

培养年轻人很重要

作为科学院院长、全国人大副委员长，更作为曾经的浙江大学校长，路甬祥对教育有着毕生难以化解的情结。采访中，任何一个题目，他都会自觉不自觉地，自然不自然地转移到教育这个话题上来。他说："教育方面，从我自身的体会来看，还是要强调理论与实践的结合。"他还从他在德国学习的经验谈到："现代德国的教育传统也是非常强调理论与实践相结合的。全世界都讲德国的产业竞争力主要来源于教育体系的竞争力。"正因如此，当年他从德国留学归来，在浙大任校长的时候，首先就大力推进了几个教育方面的改革措施，其中一个就是把科学研究与教育结合起来，尤其是把研究生和科学研究结合起来。这样做的直接效果就是浙大的科研总量跟科研水平，多年来稳步提高；第二个就是对本科教育进行改革，改成三学期制：两个长学期，一个短学期。短学期干什么呢？去社会实践！为了适应社会发展的需要，浙大还搞了双学位制……正是这些大胆而有益的探索与尝试，使路甬祥逐渐掌握了教育与人才的内在联系。到了中国科学院后，他也将这样的工作方法带了过来，这就使得今天的中国科学院比起10年前，其研究生数量增长了10倍，在校生达28000余人，成为全国最大的研究生院，而且其中有一半是博士研究生。而路甬祥也一直履行着博士生导师的职责，从浙大到中国科学院的10多年间，他还一直忙里偷闲带着浙大的学生开展科研，且硕果累累。直至2002年前，中国科学院院长的事务实在太忙，才不得已放弃。

路甬祥自己是一个热爱学习的人，也特别关注年轻人的学习和成长。他说："对于科学乃至科学学风而言，最好的熏陶是不断地学习，不断地学习科学前沿文化，不断地学习历史，科学的历史本身就是人类不断认识客观规律，不断将未知转变为已知的过程，是不断地探索真理的过程，对科学历史的了解，对科学未来的前沿的学习，对于思想方法、哲学理念，都是很有帮助的。世界是物质的，这是科学最基本的概念，也正因为世界是物质的，所以她也是有客观规律可循的，是可以被认知的。"路甬祥认为，现在需要不断给青年一代讲这些，是要鼓励他们勇于创新、善于创新。同时还强调，创新一定要尊重规律，一定要有严谨的学风，对于科学数据要反复验证。还要讲究科学的方法，要有严谨的逻辑推理，一定要把许多干扰因素排除，把问题简化，把问题放到一个可控的范围内进行测量与观察。

路甬祥特别看重科学家的质疑精神，认为这是创新跨越的精神内核。他认为科学家的这种质疑的精神是真正的科学精神，它甚至具有比学识更重要的地位和作用。他认为，尊重历史，尊重专家，尊重老一辈科学家乃至尊重已有的科学体系固然没错，但不能迷信。真理是无穷尽的，科学不是为科学而科学，科学是要尊重规律，要造福人类，科学家不能光发表文章，不能沉浸在自我欣赏，更不能仅仅为了学术界欣赏，要想一想对这个社会，对这个人类的发展，对这个国家的发展，对建设我们这个小康社会的宏伟目标有什么贡献。

从教育一直谈到科学家的质疑精神，路甬祥一路谈下来兴致盎然。而我们一行访谈者也竟忘了他的领导身份，于我们而言，他是一位成就非凡的长者，启迪我们人生智慧的同时，也让我们感怀于他为中国科学事业注入的创新和开拓的活力。对他的采访恰如与一位智者的对话，在领略了科学与科学家的魅力之时，更让我们看到了纯粹与纯粹者的力量。

◎手记◎

智者的风范

尽管之前我采访过许多省部级领导干部，但采访路甬祥，是我当时采访的第一位国家领导人。2004年初夏的一个清晨，我早早地赶往中科院，在临近中科院的路旁，是一排茂密的树木，走在树下，能嗅到植物的馨香，空气凉爽而湿润。一路上，仍在细细揣摩前几日拟好的采访提纲，有些话题内容是不是还应增加？如果某个话题路院长不愿意回答怎么办等等，我的心情着实有些紧张，全然没有采访别的领导人那样放松。我就在想，也许因为是"第一次"，而且，有许多同行也在看我的"第一次"。

有人说过这样一句话，官越大，就越随和，官越小，架子也就越大，我不知这是不是规律，但我所采访的高官们都没有谁很傲慢的，他们都非常随和亲切。你当然也知道他们是睿智而优秀的群体，但他们同样也是普通的人，正因如此，你有时就会细细琢磨，他们究竟以何种超乎寻常的智慧和力量去指挥千军万马的？这样的问题，对我而言，就琢磨过许多次，越是这样，就愈激起我想去探究他们、写他们的欲望。

这次采访是我做人物访谈以来阵容"最大"的一次，除了我的两位同行，还有一位专业摄影师。而从前的采访绝对都是我一人前往，顺便也兼了摄影师。

路甬祥穿着一件浅灰色的短袖衬衫正在办公室里等我们。进门前，他的秘书就用抱歉的口吻对我们说，路院长太忙没来得及换上西服。我就说没事的，你看我们大家都穿得很随便的。说话间，我就在想，秘书这话一定是路院长让转告的，我们仅仅只是普通的记者而已，路院长却是这么尊重我们，一个身居高位的领导干部这样做，令我们很感动。进门时，我就刻意观察路院长穿的这件衬衣：应该不是新的，应该已穿过好几次。路甬祥看似简单随意的穿着，倒让我们原来感到可能会严肃的场合多了几分亲切。路院长见我们一进去就很热情地走过来，和我们一一握手，他给人的感觉是儒雅中略显刚毅、随和中不乏严肃和严谨，不全然像官员，更像知识渊博的教授，科学家的风范让面对他的人顿生敬仰和尊重。办公室一角有一张不大的长条形桌子，上面放着一套白色的茶具。于是，他就招呼我们坐过去，每人面前一杯茶，彼此之间距离很近，就像和朋友坐在茶坊里聊天一样，采访就这样开始了。外面的阳光正缓缓地透过玻璃窗照射进来，我们的访谈也在路甬祥缓缓的语调中进行。

很难得的是，路甬祥并不忌讳我们向他提的任何一个问题，比如成长经历，比如过去的工作情况等等。我在心里甚至很感激路甬祥院长，让我的这个"第一次"进行得如此顺利。

后来有一天，我到中科院办事，在大门口遇到刚从车上走下来的路甬祥，我热情地走上前去说，路院长你好！他认出了我，穿过随行的警卫走过来和我打招呼，然后急匆匆走进中科院。路甬祥院长还是那样，随和亲切中不乏科学家的严谨，让身边所有的人对他充满了敬重。

成功之道

他是一位科学家也是一位国家领导人，但他却不希望自己高高在上，能接触到最基层的实践工作，是他质朴内心的真切体现。路甬祥每年都会到基层去，研究并了解其他学科门类，接触工作在一线的科学家，这就是他的工作方法。他给人的感觉是儒雅中略显刚毅、随和中不乏严肃和严谨，不全然像官员，更像知识渊博的教授，科学家的风范令人敬仰和尊重。

　　许嘉璐，男，汉族，1937年6月生，江苏淮安人，民进成员。北京师范大学中文系毕业，大学文化，教授。历任北京师范大学中文系教授、教研室主任，北京师范大学副校长、教授，民进中央副主席，民进中央主席，国家语言文字工作委员会主任等职。第九届、第十届全国人大常委会副委员长。2007年卸任民进中央主席，2008年卸任全国人大副委员长。

谦谦学者的赤子情怀
——全国人大常委会原副委员长、民进中央名誉主席许嘉璐

第一次见到许嘉璐副委员长是在2003年"两会"的重庆代表团里。他当时给我的印象非常深刻，身材高大、神采奕奕，有着谦谦学者的风度和让人过目难忘的魅力，使得他在人群之中格外突出。一年多以后的2004年国庆前夕，我终于如愿以偿地坐在了许先生的面前。我之所以称他为"许先生"，是因为他曾是北京师范大学副校长、而今仍在培养着博士生，他更愿意别人把他当成一名普通的知识分子，也就更乐于接受这样的称谓了。可是，我却感到，他的头发似乎比我第一次见到时更加花白，神态也略显疲惫。他说，前两天，他的右眼两次出现了短暂失明，医生紧急告诫他，这是一个非常危险的征兆……这话一说完，我又听到了许嘉璐爽朗、幽默的话语。

我想，只有拥有豁达开朗的胸怀才具备这样积极的人生态度。在执著于事业的道路上，许嘉璐付出的岂止是健康。

为"三农"办实事

2002年12月，许嘉璐再次当选为民进中央主席。这一年，他仍像往年一样繁忙，然而，对于全国千千万万农民兄弟们来说却是难忘的一年。这一年，民进中央在对自己的选题"长江中下游地区的环境保护与修复"调研过程中，在安徽省的池州市注意到农家院内都有一口小小的沼气池。所谓的沼气，就是将人畜粪便、秸秆发酵熟化所产生的甲烷，用于做饭、照明等。沼气的使用情况，许嘉璐是很清楚的。在过去的10多年里，农村就使用过沼气，可那是第一代和第二代，产气和安全没有保障，还死过人。现在是第三代了，很先进，很安全，农家用沼气就像城里人用燃气一样方便，同时，使用沼气还带来了林木不遭砍伐的好处。安徽这个试点，正是农业部实施的"生态家园富民计划"。许嘉璐和他的同事们想，这样的好事，如果上升为国家的一项工程不是力度更大、受益的农民更多了吗？安徽一行的收获是巨大的。后来，他带着人马专程到了甘肃、重庆、河北等地实地考察。在重庆市涪陵区，许嘉璐到了平原村。这个村子原在长江边上，三峡大坝一修，村子就会被淹，政府便将村子搬到山上去。许嘉璐去时，村民刚搬到新家。一排崭新的二层小楼，楼前是宽敞的水泥平坝，上面放着一堆堆的柴。这里的村民们常年做饭用的柴禾，都是长江上游发大水冲下来的"浮柴"，必须到汹涌的江水里去拦截，许多人为此丢了性命。

平原村的情景给许嘉璐留下了极深的印象。虽然村民们搬迁了，但烧柴及卫生问题还没有解决。

许嘉璐带领的民进中央考察团正是通过这样的实地考察调研，形成了厚重的建议，向中央提出："生态家园富民计划"上升为"工程"。于是，国家的支持也由几千万上升至14个亿，受益农户近200万户。

2004年，许嘉璐再次来到平原村，平坝上和灶房里没有了高高的柴草垛，屋里屋外干干净净，楼后修起了一排猪圈，圈里居然没有臭味，甚至连苍蝇几乎也没有了，家家户户用上了沼气。"焕然一新！"许嘉璐心里感慨地说。他对村民们说："要是彻底没有了苍蝇，更干净，就可以开家庭宾馆了。"当地政府原定只安排了几户村民与他座谈，没想到，整个村子的村民们全来了。许多村民还记得他，把他紧紧围住，有的拉着他的手，有的递上当地的烟。许嘉璐乐呵呵地说："抽我的吧……"话没说完，村民们便不客气地把烟接了过去向大家散烟："委员长的烟……"村民们你一言我一语地争着把对沼气的满意化做对许嘉璐的感激之情。许嘉璐更是激动，和村民们一起有说有笑，问这问那。他对我说，每当农民跟他这么亲近的时候，他就感到浑身的暖流带着浓浓的亲情在急速流淌。

许嘉璐一直深切关注"三农"问题。他说，作为一个参政党的领导人，他有责任在中共中央的战略部署下，关注社会的热点、难点和关系到群众切身利益的问题。2001年，他在西安举行的"星火计划"会上讲到"现在到了城市反哺农村、工业反哺农业、城市人反哺农民的时候了"。他动情地说："新中国之所以能建立，主要是靠农民。长征期间，30多万人的队伍，最后只剩3万人，牺牲的27万人绝大多数是农民；上海刚解放时，奸商将粮食囤积居奇，偌大的城市出现粮荒可不是小事，于是，一声令下，山东农民用独轮车千里迢迢推着粮食来到上海；社会主义建设时期，通过'剪刀差'，农村的财力、物力支援了城市，城里的楼房是农民盖的，工厂里劳动的工人大多也是农民兄弟啊……"

说到为"三农"所做出的成绩，许嘉璐不愿意谈自己，却大谈民进中央的工作作风，即实地调研、亲自走访，真心实意为群众办事，切切实实做好参政议政工作。而这些，我们能从许嘉璐每年的行程中看出：

仅从2000年算起，从连云港到河西走廊尽头，从乌鲁木齐到伊犁、到柯尔克孜；河北、青海、云南、贵州等地的崇山峻岭、人烟稀少之地，还有黑龙江的深山老林、江西的赣南山区。他走了多少个企业、多少家农户，已无法计算清楚。总之，许嘉璐平均每年有150多天在外地跑，当然，他主要是去贫穷的地区。

许嘉璐对我扳起了手指头，他说，民进中央2004年负债300万。为什么呢？每年，中央统战部让各参政党组织一次调研，财政部给拨款。而民进中央每年的调研都不止一次，就只能自费去。他说，别处省一省，这些调研一定要进行。

50多次遭遇险情后的淡定从容

2004年5月，许嘉璐带着民进中央考察团一行人行程3000多千米，来到位于滇西北高山峡谷之中的怒江傈僳族自治州考察。

和在别的地区调研不同的是，为许嘉璐开道的不只有警车，前面还走着铲土车。怒江地区山高路险，一边是峻岭的陡坡，一边是奔腾的怒江。路况不好，那几日天又下了雨，泥石流、滚石随时可能出现。如果从生物学和地理学来说，怒江地区是一个巨大而罕见的生物资源库，大自然造就了她的雄伟壮观，这里，有刀劈斧凿般的横断山脉，也有气势磅礴的大峡谷。可整个高山河谷却不适应人的生存。傈僳族的田地大多是紧贴山崖25°以上的坡地，为保持身体的平衡，不能用锄头耕作，只能用一头削尖的木棍替代，有时还需要一只手抓住草根或树枝，另一手用木棍在土坡上戳出小洞，投下玉米种子。就这样，每年仍会有二三十起人畜滚入江中的事故发生。

许嘉璐坐在车中，一边听当地同志的介绍，一边在想，像怒江这样的少数民族地区，其经济发展的落后，有其历史、自然的原因，怎样改变这种面貌？参政党有责任积极为农民说话。他已在为日后回京向中央上报的建议打腹稿了。此时，陪同许嘉璐前往的云南省委、怒江傈僳族自治州的领导同志随着汽车的颠簸，心也紧张地提到了嗓子眼：他们太了解这个地区恶劣的自然情况了，泥石流、洪水说来就来，其势凶猛，生命在这里可谓不堪一击。他们已告知过许嘉璐此去的危险，可许嘉璐却固执地前往，一路上还有说有笑，有意让大家放松心情。他知道，在他那次去之前，还没有国家领导人到过那里，那里的民族兄弟正在等着他。

一次，考察团就要出发时，一位随行人员发现自己的东西忘了带，于是快速奔回楼上房间，鬼使神差般竟没有乘坐电梯，等他赶到待发的车队时，已耽误了几分钟。不承想，这几分钟竟救了许嘉璐，救了跟随他的一行人。一座将要经过的桥梁几分钟前被突如其来的泥石流冲垮了。随行的当地领导吓出一身冷汗，而许嘉璐却笑着说，应该给那位回去取东西的同志发枚奖章。

这一路，许嘉璐带领的考察团遭遇了50多次险情。兴许应了那句"吉人自有天相"的俗语吧，险情在他们面前都化险为夷了。

同行的人都发现，每一次面对险情，许嘉璐表现出的都是镇静。谁不爱惜自己的生命？许嘉璐也爱，只是经历了太多生与死、荣与辱的考验之后，他变得更加淡定从容、宠辱不惊。他曾说过这样一句话："如果说有一天，我在弥留之际还有意识的话，回想此生没有白过，说小了，没有对不起师友、家人、同事，说大了，没有对不起党和国家，我就此生足矣。"

多年前那场与死神擦肩而过的经历，至今仍在许嘉璐身上留有伤痛，并时时在他的健康与生命之间闪烁着令人揪心的红灯。

1991年，时任民进中央副主席的许嘉璐前去青海果洛州检查义务教育法的实施情况。这里，海拔4200米，人烟稀少，空气中的氧只有平原地区的50%，人均预期寿命39岁。由于山路险峻，又刚下完一场大雨，许嘉璐乘坐的汽车猛地冲进一条沟内，又迅即弹跳起来，许嘉璐被"扔"起来了，颈椎严重受损，瞬间失去知觉，待醒来后，他的整条右臂失去了知觉，只有手指能动。钻心的疼痛几乎无法忍受。随行的人惊呆了，随队的医生哭了，医生懂得这是怎样的伤，如何的痛。这时，才走了一半的路，当地政府的陪同人员要求许嘉璐立即返回西宁就诊，许嘉璐却坚持要走下去，他说："不能返回，前面要路过几个州，那里的干部群众都在等我。40多年来，还没有中央的干部去过。"就这样，许嘉璐忍着伤痛，又颠簸了整整7个小时。果然，所到之处，在湿漉漉的雨中，藏族姑娘们手捧洁白的哈达，藏族小孩子们跳着舞打着鼓在迎接着他，有泪不轻弹的许嘉璐眼睛湿润了。

10天后，北京积水潭医院的院长对许嘉璐说："你算万幸！颈椎间盘再进去两毫米，你就没命了，至少也是高位截瘫，你是捡了一条命！"

从此，"捡了一条命"的许嘉璐变得对生命更加淡然了。当然，这次所受的伤整整折磨了他10个月。神经受伤的疼痛是持续的，没日没夜，没有任何药物可以解除，每天晚上，许嘉璐的老伴要起来6次为他擦抹红花油、按摩。但是，许嘉璐照样没有耽误一点工作。日久天长，他竟把这事给忘了，尽管右手时时发麻，右臂时感无力。直到2004年的某一天出现了右眼失明，医生告诉他会有3种结果：双眼失明、脑血栓、大脑坏死，他才不得不稍加注意。

许嘉璐的病情，我是看了关于他的报道才知道的。我以一个晚辈的口吻跟他说，你要对得住大家，首先就要爱惜自己的身体。我的确深深地为许先生的病情担忧，后来我告诉了一位好友，这位好友是许先生的学生，他听后惊诧不已，因为他的老师病情之重，连学生们都不知道。好友说，许先生这些年来虽不再担任北师大的副校长，但仍是博士生导师，还带着许多学生呢。有时，许先生忙的时候，学生们就到民进中央许嘉璐的办公地点去上课。许先生要备课讲课，还要给学生改作业呢！

许嘉璐要做的工作太多了，而他每一件事都力图做到最好。于是，我又想起了他那平添了许多的白发。

稿费都捐了出去

且不说，许嘉璐去过的少数民族贫瘠山区，许多地方的老百姓说，他是建国以来进去的最高领导人。就许嘉璐本人而言，他的确很"爱"去那些地区。贫富发展均衡的问题，是我们国家领导人势必关注的大事。许嘉璐通过对这些贫瘠地区的考察得出了他的看法："在全球经济化的背景下，中国的发展，有一个阶段必然是不平衡的。民族地区的落后，有其历史的原因，有生态脆弱的原因，这些地区要发展，怎么办？关键还是国家的关心和人的素质。比如说，老百姓要生存，就把山上的树砍掉种庄稼，树没有了，泥石流来了，越开垦生态越坏。民族的文化和生态是少数民族地区的两条生命线啊。要保住这两条生命线既需要国家的投入，又需要普及教育，提高人的素质。"

在考察这些贫困地区时，生于斯长于斯的老百姓们的点点滴滴也在时时感染着许嘉璐。

就是在怒江，桥被冲毁那次，因为要在原地等待修桥，许嘉璐临时决定到山上去看一看。山路泥泞，凭着用树叶铺的路，许嘉璐一行人一步一步艰难地走了上去。村里住着一位傈僳族老汉。老汉原来住在别的地方，因为生态实在太差，政府在这里给他们盖了房子。许嘉璐和老汉唠起了家常，老汉说有3亩地，粮食够吃，很满意了。许嘉璐临走时给了老汉一床棉被和300元钱，并告诉老汉，党和政府都关心着你们，希望你们好好生产，保重身体。告别了老汉，许嘉璐下山回到车旁，这时却发现老汉穿着一双拖鞋从山上跟了下来，他不会说汉语，无言地走到许嘉璐身旁，以表达对许嘉璐去看望他的感激之情。许嘉璐感到一身的暖流在涌动，多么纯朴的老人啊！84岁的高龄啊！几百米的陡山坡啊！他紧紧拉住老人的手，两人各自用对方不懂的语言诉说着，但彼此的眼睛已告诉对方：我懂了！

许嘉璐每到农村，就像来到久别的亲朋之中。在甘肃、河北，农民们拉着许嘉璐的手一直不放，让他看房间、厕所、猪圈。许嘉璐问大家："你们还有什么要求？"农民们高兴地说："什么都不缺，太满足了。"

许嘉璐感慨地想：农民兄弟并不指望你为他做很多，有个安定的生存生产环境就非常满足了。我们应该多为他们做事，让农民尽快富起来，没有理由不做！至今，那位84岁傈僳族老人默默寡言的神情仍时时冲撞着许嘉璐善感的胸怀。

我出生在四川凉山彝族自治州，但生活在城市里，从没有感受过贫困地区的落后。许嘉璐却走遍了大小凉山，他能细数出那里的自然生态和贫瘠的面貌，让我这个凉山人大受震撼。说到我的家乡，许嘉璐说："我作为人大副委员长，一个大男子汉，竟还有当场掉泪的时候。我有时想，是不是人老了，感情也变得脆弱了？"

许嘉璐作为一位国家领导人，留给我的印象是：爽朗、乐观、仗义，并且心地善良。他每个月的工资都交给家人，额外的收入便是稿费。稿费没法交给家人，因为都代表着他的心意被捐助了出去。

2004年7月，新疆的南疆地区，茫茫的戈壁滩上黄沙漫天。许嘉璐一行人看到了这样一副令人触目的景象：连绵的沙丘已淹没了村边的树木，沙丘边缘就是村民住房的后墙，而沙丘正以每年两米的速度向前推进。看到这些，大家的心情非常沉重。他们来到一户维吾尔族村民家中，这家因为母亲生病，就把在喀什念书的女孩叫了回来照顾母亲。生病的母亲需要治疗，家中变得一贫如洗。后来，母亲去世了。许嘉璐就对那个女孩说："你可以去找一份工作啊。"女孩一听就哭了，因为要交300元给学校才能把毕业证和就业证拿到，可家里没有这笔钱。许嘉璐一听就从口袋里拿出500元钱，交到女孩父亲的手上："300元钱，去把你女儿的毕业证拿回来，剩下的200元钱你拿去补贴家用，或买两只羊羔吧。"他拍拍女孩的肩膀说："不要哭，拿到毕业证不见得马上就能找到工作，但你总能找到的。"女孩一下就扑到许嘉璐怀里大哭起来。在场的许多人无不为之动容，许嘉璐再也无法遏制自己的眼泪。他想，人心都是肉长的，这女孩如果是我的孙女又该如何呢？

在贵阳市的修文县，许嘉璐一行人来到一所小学校。孩子们凌晨5点吃完饭就从家中出发，翻山越岭走两个小时到学校，下午5点放学回到家中才能吃第二餐饭。家里穷，带不起饭。孩子们空着肚子上课、做操，再空着肚子走回家去。孩子们说："爷爷奶奶，叔叔阿姨，跟政府说说，给我们盖间宿舍吧，我们想读书，可是有的时候真坚持不住了。"在场的人，包括全国人大去的许多同志都落泪了。还有比这更让许嘉璐不安的是，贵州黔东南地区有不少孩子因交不起学费和书本费而不能入学，于是他立即供养了10名贫困学生。

就在我前往采访许嘉璐的前一天，许嘉璐又"命令"秘书寄钱到四川南充地区给一位农村教师。那是因为许嘉璐在电视上看到一则报道：四川南充地区南部县龙马镇小学的民办教师王守奇，22年来，每天划船到各岛去接学生上学。后来干脆把孩子们接到了自己家来住。他每天凌晨4点起床给孩子们做饭，晚上还要给孩子们盖被子。孩子们每人一学期交给他70斤大米，可每个孩子至少要吃120多斤。那近一半的大米他来出。他每月只有600元钱的工资。为了使这些孩子吃得上肉，他的老伴就在家中养了猪、鸡、鸭。22年来，孩子们欠他的书本费、学费已达5万多元，他从来没有想过让家长归还。他的儿子到了结婚年龄，因为没钱，结不了，心里有意见，可意见归意见，星期一还是跟着父亲去接孩子们上学。老伴呢，一声不吭，给孩子们做饭，洗衣服……也许，像王守奇这样的民办教师还有很多，就像南疆的贫困农民还有很多，许嘉璐的那点稿费哪顾得过来那么多？可许嘉璐说，自己的帮助只是杯水车薪而已，他知道他帮不了所有的人，但只要是他知道的，就一定会尽力。他说，这不是施舍，就像是给自己的父母或儿女寄钱，是发自内心的。

他的执著源于年轻时代的吃苦和勤奋

许嘉璐是研究中国古代语言文学的学者，他到基层调研的方法有些与众不同。

许嘉璐到少数民族地区和村民们聊天的时候，会问一些特别的话题。在四川凉山，他会问汉彝间或不同的少数民族间是否通婚，当得知这种现象比较普遍时，他很高兴；到了新疆，他问一个因干事业耽误了婚姻大事的维族姑娘有男朋友没有，对方说："没有，你给找一个吧。"许嘉璐就说："我给你找，就只能找汉族小伙子了。"没想到那姑娘听了竟很高兴，说："我就是想找一个汉族小伙子！"并说自己的父母肯定没意见。许嘉璐知道，维汉间通婚在过去是很少的，看来，民族间通婚的一些屏障正一步步地淡化。这意味着什么呢？意味着民族的团结融洽，意味着彼此尊重。而民族间水乳般的交融，又意味着国家的安定，有利于民族地区和各民族自身的发展。

许嘉璐是民进中央主席，又是全国人大副委员长，两种角色有着相当大的差别，他是怎样结合协调这两种角色的呢？

人大副委员长，经常性的工作是立法和执法监督。所以，许嘉璐带领民进中央考察团到基层去看环境保护、看农民生活、看乡镇企业、看少数民族地区、看学校时，就对中国的国情和老百姓需要什么，在想些什么有了充分了解，于是，在立法的时候，便对怎样立法符合中国国情有了自己的看法。仅这一点，我不得不佩服身为教授的许嘉璐。

民进中央和许多部委的关系都非常好，有着很多实实在在的合作。农业部、科技部、国家计委、新闻出版署等许多部委，都愿意邀请民进中央共同参与调研。调研的结果怎样呢？例如黔西南州，原来有些农户种植金银花，民进中央发现后经过实验论证，与国家林业局一起再调查研究，事情由小做大，发展到30万亩，每户农民单这一项就可以增收2000元至3000元。像这样抓住一件事跟踪到底，逐步扩大战果的事例何止几件！许嘉璐的老伴半嗔怪半开玩笑地对他说：

"呵，滚雪球啊。"是的，雪球越滚越大，许嘉璐也越来越累，可他愿意。他的这种执著源于年轻时代的吃苦和勤奋。

许嘉璐小时候家里穷，家务活干过不少。年轻时又经常下乡，北方的农活几乎都干过。所以当看到农民们使用沼气，他会感慨地说，现在农村的条件比过去好多了，有了沼气就不用"起猪圈"了。养猪并不累，最累的是"起猪圈"。年轻时代的许嘉璐曾经不止一次地在臭气熏天的猪圈里，一铲铲地把猪粪等抛到高高的猪圈外面去。1954年，许嘉璐考入北京师范大学，逐渐形成了他的人生追求。这是许嘉璐奠定人生基础最关键的时期。"文革"期间，下厂下乡，虽然耽误了许多学业，但有一点却让许嘉璐可以享用一生，那就是对工人、农民更加深厚的感情。年轻时的许嘉璐爱好很广泛，游泳、乒乓球、下棋、跳舞，还曾是学校管弦乐队的成员。可无论哪种爱好，许嘉璐都是浅尝辄止，一旦感到影响了学业，就立即刹车。如今的他，仍是那样，只要一干工作，就忘了其他。"我不是不会'潇洒'，但是贫困地区的百姓，还有千万个学生需要我多干一点。"许嘉璐不经意间对我说了这么一句话。

和不少知识分子一样，他也曾有自命清高的时候。年轻时，他的理想是当一名优秀的语言学家，从来没有想过有一天会走上领导的岗位。但是，命运既然把他推上了这条道路，他就想着如何走得更加扎实。他发现作为一个领导人，眼界开阔了许多，他认为，这就是宏观和微观的结合，于工作于学术都是有利的。

尽管许嘉璐因多年前的那次颈椎撞伤身体每况愈下，许多不好的症状在时时警示着他，但却看不出他的工作节奏有什么改变。虽然他嘴上也说，该悠着点了，都这把年纪了，可他哪能让自己停下脚步？他又在琢磨着下一步的工作计划了。他说："我现在满脑子想的是怎样落实科学发展观。作为一个参政党的负责人，就应该根据科学发展观参政议政。"

告别许嘉璐副委员长的时候，见他又匆匆赶往某个部委去谈工作，我就想起他说的话，医院已很郑重其事地要他第二天前往检查，否则就太晚了。但愿此去身体无大碍，也愿许先生在思虑如何改变贫困地区落后面貌的同时，更多关注自己的健康。

◎手记◎

幽默的好口才

许嘉璐很开朗，口才也非常好，不仅在政界，在教育界也是一个颇富声望的名人。许嘉璐讲话的音调抑扬顿措，并且很幽默，采访时，我常常被他幽默的话语逗得笑起来，而他也在一旁哈哈大笑。也许是身为教授的缘故，许嘉璐的嗓音自始至终很洪亮，他的思维异常活跃，把本来枯燥的事情讲述得精彩动听。

我发现这个很具演讲家口才的国家领导人，其实是很容易被感动、愿意尽自己的力量去帮助别人的。正因如此，他多次前往贫困地区调研屡屡都流下了眼泪，而在事后谈到这些事时，他的眼眶里仍然湿润，有好几次，我的情绪深受感染，泪水在眼中不停打转，强忍着才没掉下来。从他身上，我看到了一个很具人性的国家领导人。我当时就想，西部还是很贫困的地区，因为有了像许嘉璐这样的领导人对那里的真诚牵挂，他们改变面貌的进度将会更快。

作为作者，在写许嘉璐这篇文章的时候，我是用一种感动的心情来写的。我在文章中谈到了许嘉璐因到山区调研，身体受了伤，致使后来留下了后遗症，眼睛有失明的危险。文章发表后，很多地方的媒体都给我联系要求转载，为什么会有这样的结果呢？我想，广大的老百姓还是愿意看到一个真实的、关心普通民众生存现状的领导人，许嘉璐这位国家领导人正是符合了大家的心声，所以读者们才爱看。但是，很长一段时间我都不知道，文章出来之后，给许嘉璐本人带来了许多"麻烦"。

许嘉璐当时是民进中央主席，自文章出来后，几乎全国各地的民进机关和不少的单位都把许嘉璐秘书的电话给打爆了，大家焦虑地询问许主席的身体怎么样啦。于是，秘书耐心地答复这些关心许嘉璐的人，为此占用了不少时间。事后，他的秘书开玩笑地说，你把这事给闹大了。

我以为，大家对许嘉璐身体的关心，或多或少会让他引起对健康的高度重视，然而，我发现，许嘉璐好像并未因为大家对他的担忧而放慢了工作的脚步，我仍然能在电视上报纸上看到他匆匆的身影。

成功之道

许嘉璐是个很具演讲家口才的国家领导人，同时他又很爽朗、乐观、仗义，并且心地善良，很容易被感动、愿意尽自己的力量去帮助别人的。他的成功和对事业的执著源于年轻时代的吃苦和勤奋，只要一干工作，就全然沉浸其中。

◎ 司马义·铁力瓦尔地 ◎

全国人大副委员长、新疆维吾尔自治区原主席

　　男，维吾尔族，1944年11月出生，新疆疏附县人，新疆大学数学系毕业，历任新疆维吾尔自治区喀什行署副专员，喀什地委副书记、行署专员，新疆维吾尔自治区人民政府秘书长，新疆生产建设兵团党委常委、副政委，新疆维吾尔自治区党委常委、政法委副书记，自治区党委副书记、自治区主席。2008年至今，任十一届全国人大常委会副委员长、党组成员。系中共第十六届中央候补委员，十七届中央委员。

治理新疆的 "铁腕" 与 "柔情"

——全国人大副委员长、新疆维吾尔自治区原主席司马义·铁力瓦尔地

2005年，在庆祝新疆维吾尔自治区成立50周年而举办的新闻发布会上，中共中央政治局委员、新疆维吾尔自治区党委书记王乐泉和自治区党委副书记、自治区主席司马义·铁力瓦尔地两人默契地回答记者的问话，让人亲眼目睹了这对"黄金搭档"的风采。两位领导的默契和亲密，让人真切地感受到，在新疆这个多民族聚居的地方，民族团结尤其是领导班子的团结至关重要。也正是源于这样的团结，才有了新疆各族群众的满腔豪情，才有了新疆翻天覆地的巨大变化。

谈起新疆50年来的成就，司马义主席抑制不住内心的喜悦："在中国共产党的领导下，在党的民族区域自治政策光辉照耀下，新疆的经济和社会发展取得了巨大成就，城乡面貌发生了巨大变化，各族人民的生活有了巨大的改善。新疆各族人民站起来了、富起来了、强起来了，走上了社会主义现代化建设的康庄大道。"

对政府机关约法三章

人们不会忘记，2003年2月24日，也就是司马义·铁力瓦尔地刚当选自治区主席1个多月的时间，新疆的巴楚—伽师一带发生了6.8级强烈地震，268人在地震中丧生。地震发生时，司马义·铁力瓦尔地正和中共中央政治局委员、自治区党委书记王乐泉同志在北京开会，当听到地震的消息后，他们当即乘机赶回乌鲁木齐，又从乌鲁木齐乘机赶往1500千米外的喀什市，最后又驱车200多千米，在第二天凌晨4点赶到灾区。那时，新疆还是冬季，晚上的气温很低。司马义和王乐泉不顾路途的疲劳，立即听取汇报，看望灾民，现场指导救灾。当时，受灾严重的地方房屋几乎全部倒塌了，抗震救灾形势异常严峻，面临的问题很多，最突出的是吃饭问题、保暖问题、饮水问题。

这场灾难，对刚当选主席的司马义来说无疑是一次严峻的考验。为了把灾区群众的问题解决好，确保所有灾民能够在当年搬进新的抗震房，司马义在半年多的时间里先后6次去灾区，看望灾区群众，检查、指导和落实灾后重建工作。为了能够筹集到更多的资金，他对政府机关约法三章：不准购车，不准盖楼，不准出国。在中央及全国人民的支持帮助和自治区的努力下，灾区没有一个人挨饿，没有一个人受冻。这一点，让司马义·铁力瓦尔地很欣慰。10月6日，司马义最

后一次去灾区检查，当亲眼看到灾区民房的重建工作已经全部完成，学校、卫生院和马路面貌一新，他非常激动，立即向自治区党委作了汇报，并以党委、政府的名义写了书面汇报，向党中央、国务院报告了灾区重建工作的好消息，真诚感谢党中央给予新疆各方面的支持。

司马义对灾区群众的那份牵挂正是由于他对基层群众真挚的感情。他的一位部下曾谈起一件小事：有一次，司马义前往新疆的塔什库尔干塔吉克自治县调研，当他听说这里有一个养路工是全国劳模，便执意要前往看望，这是事前没有安排的行程。听说主席要来，养路段所有工人都来到了现场。在整整40多分钟的时间里，工人们一直处于很兴奋的状态，大家深情地说：从来没有见过这么大的领导进山来看我们。

司马义对改善群众的生活一直十分关切，并投入了极大的热情。2003年以来，在中央的支持下，在各级党委、政府的努力下，新疆解决了许多关系群众切身利益的大问题。2004年开始，对全区56个县205万名学生实行免费上学的政策，取消了课本费和学杂费。2004年2月，自治区决定在全区城乡实施抗震安居工程，投资20亿元，用5年时间，对全疆地震多发地带的居民住房，全部按照抗震的要求进行新建和加固，让所有群众都能住上抗震安居房。当年，新疆筹集资金1.67亿元，新建和加固改造抗震安居住房18.5万户，有72万人搬进了新居。2005年开始，新疆全面取消了农业税。这些都是"民心工程"，让千家万户的各族普通百姓真正感受到了政府的关怀和温暖，也让大家记住了这位上任不久的自治区主席。

从不同的角度完善自己

司马义·铁力瓦尔地1944年出生在新疆疏附县，祖祖辈辈都生活在那片贫瘠的土地上。司马义·铁力瓦尔地的童年、少年时代都在农村里度过。他的父母是地地道道的农民，小的时候，家里有少量的地，父母靠种粮食、水果和养羊维持一家人的生活。他的母亲有过7个孩子，其中4个在很小的时候就夭折了，最后活下来的只有他、一个弟弟和一个妹妹。解放初，他的家境与当地的很多农民一样非常贫寒。他是在解放之初上小学的，当时有8岁。后来又到喀什市一所学校念中学。

新疆人能歌善舞，可司马义这个地道的维吾尔族人却一点都不会，学生时代的他把所有的时间和精力都用在了埋头读书上。因此他的成绩很好，表现也很好，一直都是班干部。高中毕业后，他顺利考上新疆大学，当时，他是村里唯一的第一代大学生。得知他考上大学后，他的父母并不高兴，父母不同意他上大学，在当时有一种旧的观念，十七八岁的孩子就应该结婚了，父母是想早早抱上孙子，还为他找好了一个姑娘。可司马义却坚决不答应，他想，自己祖祖辈辈都是农民，都不识字，现在有这么好的读书条件，就应该成为高素质的人。

1962年，司马义怀揣理想前往乌鲁木齐的新疆大学。多年以后，前往上学之路的每一个场景仍深深留在他的记忆里。那时的新疆还非常落后。他从老家坐毛驴车赶到喀什市，然后换上卡车，经过7天7夜的颠簸到达乌鲁木齐。在新疆大学读书的5年时间里，司马义没有回过一次家。家里没钱给他回家的路费，日常的花销也只能靠自己想办法。于是，他就在寒暑假的时候去打零工，到建筑工地拉沙子、和泥巴、搬土块。司马义在大学里学的是数学，他整日沉浸在各种数学公式里面，即便后来到了"文革"，外面吵吵嚷嚷闹各种运动，他仍是生活在数学书籍里。如果说有什么爱好的话，那就是踢足球。司马义为人真诚，爱帮助人，无论走到哪里，都有着极好的人缘。

大学毕业后，他有一个美好的愿望，就是回家乡当一名中学老师。但这个愿望最终没能实现，至今司马义仍觉得是一个遗憾。参加工作不久，司马义的人生之路发生了巨大的变化。开始时，他的家乡急需翻译人员，他被分配到疏附县拖拉机站当翻译。在拖拉机站工作的一年多时间里，司马义认真勤奋、为人踏实的作风让人们记住了他。这之后，他被调到乡里工作，后来到了疏附县委组织部。这段工作经历，对司马义来说很重要。组织部门是考查干部的，司马义在考查干部时，也从不同角度完善自己。这些都为他日后担任领导奠定了基础。

深入基层与老百姓面对面

1990年，司马义担任喀什地委副书记、行署专员。喀什是中国最西端的城市，有300多万人口，全新疆三分之一的维吾尔族都居住在那里。在喀什工作期间，司马义对两件事情抓得很紧：一是粮食生产。因为喀什人口多，土地少，一旦粮食不够吃，就要出大问题。而且，当时不可能从别处调粮来解决这个问题。他常说的一句话是："在粮食安全上绝对不能出问题。"二是团结稳定工作。因为喀什地区是一个敌情社情比较复杂的地方，团结稳定始终是一件事关整个新疆的大事。在这两个方面，他下了很大的功夫。比如对粮食工作，制定了明确的指标，要求粮食的种植面积一亩也不能少，粮食的产量一斤也不能减。司马义带领大家经常深入基层进行实地的调查研究，发现问题，解决问题。司马义有一个工作习惯，下基层不提前给下面单位打招呼，只带一个秘书一个司机前往。那时，电视还不太普及，农民也不认识他，不知道他是地区的专员。他经常走进田间，与农民聊天，一起干活，从中了解到很多真实的情况。有一次，他在路上看到路边的林带用大水灌溉，浪费了很多水，他很生气。到了县里，县长汇报完工作，他说："你说这也好、那也好，难道就没有什么问题了吗？你自己到那块地里去看看再汇报。"司马义就是这种雷厉风行的性格。粮食生产保证了，但如何增加农民收入还是个大问题。为此，他要求各县、各乡镇在保证粮食生产的同时，一定要因地制宜，适宜种棉花就种棉花，适宜种水果就种水果。现在，喀什已成为新疆最重要的棉花产地和水果产地。司马义还非常重视干部的团结，特别是少数民族干部与汉族干部之间的团结，其中领导班子成员的团结又是重中之重。在这方面，他在喀什受到各族干部群众的交口称赞。

2003年，上任自治区主席的司马义更感责任重大，他希望能在有限的时间里，为各族人民做更多的事情。用他朴实的语言来表达，就是"白天黑夜都在想怎么努力发展新疆"。他给自己定了一个目标，争取要在一年的时间里走遍全疆。这一年是多灾多难的。年初是喀什的地震，接着便是"非典"，然后是7月、8月的防洪救灾，年末又是伊犁昭苏的地震。整整一年，司马义没日没夜地忙碌。即使这样，他也总是挤出一切可能的时间，到偏远的县市，深入建设工地、工矿企业、田间地头、农牧民家中了解情况，检查工作，慰问看望基层的干部群众。新疆有14个地州市，他在一年时间里全部跑遍了。88个县市，他跑了70多个。担任自治区主席两年多时间里，司马义几乎没有休过节假日，主要节日和大假都是在基层调研中度过的。2003年国庆节，司马义带着一行人开始了10天的"长途跋涉"。他们从乌鲁木齐乘飞机到库尔勒市后，乘着越野车出发，从库尔勒市到若羌县，到且末县，走遍了新疆最遥远的和田地区的7县1市，最后又去了喀什地区的5个县、克州的一个县。在喀什地震灾区重建现场，走了一个乡又一个乡，一个村又一个村，在炎热和尘土中连续奔波。中午在乡政府草草吃点东西，立即上路，从来不休息，一些同行的年轻人身体都支撑不住了。几年来，司马义去的最多的是偏远落后和最艰苦的地方，他直接走进贫困农牧民家里去了解情况。2005年，新疆最偏远、最艰苦的塔什库尔干塔吉克自治县，他已经去了3次。

讲政治顾大局的少数民族领导干部

对少数坏人破坏民族团结、搞分裂，司马义深恶痛绝，他教育各族干部必须时刻保持着高度的警惕。他说，维护祖国统一，维护民族团结，这是党和国家的最高利益，也是新疆各族人民的根本利益所在。

上世纪90年代初，受国际大环境的影响，在境外恐怖势力的支持下，一小撮暴力恐怖分子在新疆境内制造了一系列暴力恐怖事件，严重危害了国家安全，危害了新疆各族人民群众的生命财产安全，危害了新疆的社会稳定。面对严峻的反分裂形势，作为一名党培养多年的少数民族干部，司马义坚决地站在反分裂斗争的第一线。

为了打击"三股势力"的嚣张气焰，自治区党委、人民政府决定对重点地区进行集中整治和严打专项斗争。1999年，司马义担任新疆自治区党委常委、政法委副书记。他临危受命，被自治区派往南疆的和田地区坐阵指挥，开展集中整治。由于充分发挥了当地各级组织的作用，仅仅依靠各族干部的力量，仅用了一多月的时间，就把严重危害新疆稳定、制造多起恐怖事件的库来西暴力恐怖集团彻底铲除。2000年2月，司马义再次带队来到阿克苏地区指挥开展专项斗争，短短一个月的时间，便扭转了这一地区社会治安不正常的被动局面。

在新疆各族人民的心目中，司马义是"铁腕"和"柔情"交替的形象。"铁腕"是代表他讲政治，顾大局，对恐怖分子决不手软，工作作风雷厉风行；"柔情"是代表他心系百姓，情系民众，全身心致力于新疆的稳定和发展。作为一名少数民族领导干部，司马义的功勋自然是卓著的。虽然，那些制造分裂的恐怖分子在私下里对他恨之入骨，但司马义却初衷不改。他热爱党的事业，热爱新疆各族人民，更热爱这片哺育他成长的土地。

司马义是新疆发展变化的见证者、建设者和领导者。从前自己坐7天7夜卡车到乌鲁木齐的缓慢而落后的行程，如今都已成为久远的往事了。如今，司马义·铁力瓦尔地会时常回家乡看看，虽然自己的亲人大多数还是当地的农民，但从那一望无际的棉花地，房前屋后的果园和不时从屋子里传出的欢声笑语，无不让人感到家乡的巨大变化。家乡的发展正是新疆巨变的缩影，司马义·铁力瓦尔地由衷地自豪。

◎手记◎

可爱可亲的少数民族高官

司马义是一个非常爱国爱民的民族领导干部，采访他时，他多次深情地说，要让新疆一些地区生活还贫困的老百姓过上好日子。他向我描绘着新疆有多么美，问我怎么就没去过呢。司马义是一个可爱的老人家，他说："你长得像我们新疆姑娘，就应该去看看新疆啊。"

见过司马义主席的人都会说他是一个热情好客的人。热情在哪呢？比如，他常来北京就住在新疆驻京办的招待所，许多记者就想去采访他，只要能联系上采访的，他总是耐心地给你时间，让你一次问个够，等到了吃饭时间，他就把你叫上一起去吃新疆菜了。2005年的一个夏天，我就获得了这样的机会。采访完后，司马义主席就对我说，一起吃饭吧。司马义身边围满了很多的工作人员，他们走在前面，我就和他的秘书等人闲聊着走在最后前往吃饭的地方。我们来到新疆驻京办的餐厅里，这里的布置有着浓郁的民族特色，而且生意异常火爆，据说这里有在北京做得最地道的新疆菜。我被引进了一个包间，而司马义主席和另几个领导就在隔壁不远的包间就餐。我们刚一坐下，有人就进来说，主席让你们过去吃。我高兴地站起来，我心里希望和主席一起就餐，我总是希望有这样的机会，可以用常人的眼光去观察作为平常人时候的高级领导干部。

这是我第一次和司马义主席就餐。司马义不太爱说话，但他很随和，大家和他开开玩笑，他就随着大家高兴地一乐，他长着一双维吾尔族人特有的大眼睛，笑起来的样子很像一个可爱的老小孩。我趁机细细观察一脸慈善的司马义主席，发现他的耳垂很大，我就开玩笑说，主席，您很有福气哦！主席就笑了，大家也快乐地笑了。和他在一起，你会很轻松，根本没有丝毫压抑感。因为司马义的和蔼亲切，你有时很难想象，他就是令暴力恐怖分子闻风丧胆的人。

2008年，司马义到了全国人大担任副委员长，我还常常在电视上见到他。虽然他离开了新疆，但他在新疆人心中的威望依然很高。

成功之道

司马义·铁力瓦尔地求学时就非常认真勤奋、为人踏实；年轻时县委组织部的工作经历对他来说很重要，他在考查干部时，也从不同角度完善自己，这些都为他日后担任领导奠定了基础。他主持新疆工作最大的特点就是"铁腕柔情"，"铁腕"是代表他讲政治，顾大局，对恐怖分子决不手软，工作作风雷厉风行；"柔情"是代表他心系百姓，情系民众，全身心致力于新疆的稳定和发展。

◎ 杜青林 ◎

全国政协副主席、中央统战部部长

　　杜青林，男，1946年生，吉林磐石人，历任吉林省长春市委副书记，吉林省委副书记，海南省委副书记、书记，农业部部长、四川省委书记。现任第十一届全国政协副主席、党组成员，中央统战部部长。系中共第十四届中央候补委员，十五届、十六届、十七届中央委员。

真诚为农民办实事

——全国政协副主席、中央统战部部长杜青林

占全国人口64%的九亿中国农民，是一个对中国革命有着巨大奉献的无私群体。他们世世代代以土地为其生存的命脉，在茫茫的黄土地上、在贫瘠和困惑之中播种着丰收的希望。他们有着伟大的创造力，从中国改革开放初期的家庭联产承包制，到十一届三中全会后创立乡镇企业，他们的愿望朴素而现实：要摆脱贫困走向富裕。尽管如此，大多数农民的生活水平仍远远低于城市居民，农村中还有三千万贫困人口，六千万人仍徘徊在温饱线上。

党的"十六大"把解决"三农"（农村、农业、农民）问题，作为全面建设小康社会的重大任务提了出来。身为中华人民共和国农业部部长杜青林是重任在肩、责无旁贷。

农民种的大豆卖出去了，他很高兴

杜青林2001年8月份从海南省调到农业部任部长后，便提出每年都要为农民做实事，2002年，做了13件实事，2003年又做了11件实事。这些事所要体现的便是一个"实"字，杜青林会考虑这一件件事对农民是否真的有好处？这种形式似乎在一些大部委中很少见，然而，这却是杜青林长期在基层工作的经验总结，他要的就是这种"实"的做法和结果。

如今，农业部的同志们只要是一提起2002年的"大豆振兴发展计划"便会不由自主露出兴奋的神情，的确，这是我国加入WTO后，我国农业打的第一场硬仗，也是2002年农业部为农民办的"实事"之一。

大豆，因富含丰富蛋白质而深受人们喜爱，而由大豆加工成的数百种品种，多年来在国际市场上都是备受宠爱的绿色食品。我国在历史上是大豆原产地，是大豆生产王国，直到20世纪60年代，我国的大豆产量和出口量仍居世界首位。但是，长期以来，由于在科研、推广及生产方面缺乏重视，致使相当一部分地区只将大豆作为轮作倒茬的作物对待，大豆由此产量低、品质差，生产发展缓慢。与此同时，美国、巴西、阿根廷等国却乘虚而入，在大豆品质改善、出口补贴等方面狠下功夫，向我国进口优质、廉价的大豆。特别是1996年以来，大豆进口数量直线上升，2000年进口量突破1000万吨，相当于我国大豆一年的生产总量。大豆问题引起了党中央、国务院的高度重视，时任国务院副总理温家宝同志连续作了重要批示，要求抓好大豆生产。大豆成为我国加入世贸组织后第一个面临挑战的

农产品。杜青林正是此时上任农业部长的。杜青林认为，大豆所面临的形势也预示我国其他农产品陆续将面临的形势。他决定以大豆为切入点，制定好各种应对入世措施，以使我国的农产品在风云变幻的国际形势中站稳脚跟。

有首老歌《我的家在东北松花江上》，歌中这样唱道："满山遍野的大豆高粱……"可如今，随着大豆的减产，这种壮观的景象已渐渐远去。我国大豆的主产区主要分布在东北三省和内蒙，这里得天独厚的土质和气温是种植高油高蛋白大豆的黄金地带，实质上，也只能种植大豆，这些地区并不适宜种植水稻等其他农产品。可以想象，如果不种植大豆或所种植的大豆产量、质量下降卖不出去，仅东北地区1000万农民将会面临收入减少、贫瘠不请自来的生存困境。如何改变这一状况？杜青林首先认真分析了我国大豆到底有无竞争的潜力和优势：国产大豆全部为非转基因，蛋白含量高，属无公害食品，一批高油、高蛋白、抗性强的品种，其含油量已达到或超过世界先进水平。振兴我国大豆生产是有条件和机遇的！杜青林决定在这几个大豆主产区实施"大豆振兴发展计划"，计划的指导思想定位在"增加农民收入"上。杜青林深知，农业问题并不简单只是一个供给问题、经济问题，它像紧紧相扣的生物链，最下面的那一环是农民最根本的生存问题。

2001年深秋的一个上午，哈尔滨的空气中挟裹着已似初冬的寒冷。杜青林从北京飞往哈尔滨的飞机上下来后，便直赴黑龙江省农业厅。此次前往东北，就是专程为"大豆振兴发展计划"而来，在与有关人士座谈之后，他去了哈尔滨高科技园区内的一个大豆加工企业。杜青林兴致勃勃地参观了这家企业用大豆生产出来的各种豆制产品，当他听这里的负责人介绍说，已经在大豆主产区建立原料生产基地时，他非常高兴，这意味着农民种的大豆卖出去了！有收入了！

2002年，农业部按照大豆振兴计划的总体目标："一年有突破，三年见成效，五年打翻身仗"，在东北、内蒙四省区重点抓了1000万亩高油高产大豆示范。农业系统配合开展有关技术培训，免费向农户提供豆种，按每亩土地提供补贴，1000万亩高油高产大豆全部与加工企业签订了产销合同，解决了农民卖大豆的后顾之忧。2002年8月，在哈尔滨举办的大豆产销衔接会上，近百家企业和80多个大豆主产县签订了400多万吨产销合同意向。整整一年，示范区大豆的产量和品质便超过了预期的目标，优质大豆终于在入世之后抵御住了进口大豆的冲击。这一点，杜青林发自内心地感到欣慰，因为，他为农民实实在在做了一件实事。

又一件2002年为农民办的实事，看似很小，却时时牵动着杜青林的心。农业部和中央电视台合办的七频道农业节目，由于汇集了农村政策、产品技术及市场等方面信息，农民朋友非常喜欢看这个节目，一些从七频道上录制下来的光盘也很有销路。一位河北的农民说，他是七频道的直接受益者，他在电视上看见许多地方需要某树种，便按照电视上的技术栽培方式对树种加以培育，之后，从广西等地赶来的农民大量购买了他的树苗，他因此有了可观的收入。这位河北农民对农业节目热爱有加，他说，谁要把七频道给断了，他就找总书记告状去。七频道的农业节目已经成为农民朋友致富的渠道。但是，一些边远地区的农民仍收看不到七频道节目。杜青林知道后，心里很着急，他说："你给农民送电脑，他们用不上，顶多只能用到乡镇，还不如为老百姓做点更实际的事，让他们看到农业信息。"他责成有关同志主抓此事，并说要把这件事当做2002年为农民办的又一件实事。农业部专门拨出600万元经费，用于购买无线发射设备，将安徽和黑龙江的20个县作为试点。终于能看到农业节目了，农民们都非常高兴，而杜青林更高兴。

海南工作的岁月

其实，对农民兄弟的情感并不是杜青林上任农业部部长后才有的，这种朴素情感由来已久。他出生在吉林地区美丽的长白山脚下一户农民家庭，对那片质朴的山水和日出而作、日落而息的人们有着深厚的感情。之后，杜青林靠着自己的刻苦好学，走出了长白山，并走上了为官一任之路，他是真正从基层一步一个脚印踏踏实实走上来的官员。虽然，身份地位在不断地发生变化，但难得的却是他骨子里的质朴从来没有改变过，他不会作秀，也不会表演，他有着非常难得的真实。

1992年，杜青林从四季分明的东北吉林，调到四季如夏的海南，职位也由吉林省委副书记变为海南省委副书记，1993年当选海南省人大常委会主任，1998年当选海南省委书记。海南省作为中国最年轻的省份和最大的经济特区，杜青林亲眼目睹了它那些年的巨大变化，因为他在那里一干就是整整十年的时间。1992年的海南，正是房地产被人为掀起高潮之时，城市的发展速度非常快，星级酒店遍地开花，一段时间里，海南省GDP的年增长速度竟达到40%。海南，瞬间以它灯红酒绿的繁荣吸引着全国各地的热血青年，人们甚至相信，要不了多长时间，海南将变成又一个"香港"。但是，繁华的景象并没有令杜青林激动、宽慰，他以冷静的目光关注着隐藏在繁华之后的贫困农村。海南是著名革命老区，当年抗击日寇的琼崖纵队威震四方。海南全岛面积约为3.4万平方千米，人口为700万，其中有黎、苗、回等少数民族120多万人。居住在五指山四周的黎族是海南的主要民族，这个聪明智慧的民族善纺织、印染，居住、服饰和饮食具有鲜明的民族特色。

杜青林到海南的1992年，正值酷热难挨的夏季。他决定考查坐落在五指山一带的贫困农村，为那里的村民寻找致富的路。他坐上一辆越野车前往黎族村子。车到山顶时，再也没有路可走了，而距目的地仍有8千米的路程，他就跳下车步行前往。白天忙于考查村子的情况和走访群众，晚上的时候，他决定就在那里住下来，他告诉当地的同志，要住在最穷的人家里。黎族人家住的房子非常简陋，上面盖着茅草，四周的"墙"用竹子编制而成，三块石头上面放一口锅，便是简单的灶，茅草房里因陈年累月烧火做饭，始终弥漫着浓密的烟熏味。杜青林就在屋的中间挂一张蚊帐，蚊帐中间是一张硬板床，海南的蚊子又大又厉害，一咬就是一个大红疙瘩，蚊帐是村民们防范蚊子的重要武器，杜青林就在那张硬板床上度过了深深思索的一夜。这户人家说什么都不相信，这个高高大大的汉子，对人那样和善可亲，竟是海南省委副书记。

杜青林从村里回来后，就在思考着一个问题，几千年来，由于民俗风情及文化的不同，黎族等民族似已习惯了居住在山中的茅草房里，过着知足平静的生活，即便是海南如今发生了那么大的变化，他们依然仿佛生活在世外桃园。社会在不断发展和进步，杜青林希望他们得到来自外界的更多信息，更希望他们远离贫穷走向富足。首先，他要让漫山遍野的茅草屋消失。这便是杜青林到海南后的第一个重大举措——"消灭茅草屋工程"。

"看到他如此深入实际，我们都很感动，他作为一名省委书记，实实在在把农民当兄弟，当自己的亲人，身在高位却能心眼向下，忧农、亲农、全心全意地帮助农民。"海南农垦局的一位同志曾经这样评价杜青林。这位同志的话是发自肺腑的。

地处偏僻的海南乐东黎族自治县福报乡内昌村，全村人均收入四五百元钱，住的是茅草屋，村里没电，生活用水是用几块石头堵起来的水沟水。不甘贫穷的农民们给有关部门写了一封信，这封信被转到了省委书记杜青林的手里。2001年6月的一天，杜青林来到位于山上的这个村里，他与村民座谈，到农户家里走访，到田间地头查看，当场拿出方案：修好内昌村到村委会的3千米路，让村民用上电，解决用水问题，改建房屋。同时，杜青林还给这些村民开出种植芒果、椰子的致富经。当天夜里，杜青林就住在一户村民家里。这户村民事后告诉旁人："他躺的是木板床，吃的是地瓜稀饭，临走还给了200元钱，说是抵伙食费。"

杜青林在海南工作的十年间，已不知有多少次就这样住在农家，真正的深入基层，开展调研。与他共事的同志都知道他为人非常低调。海南新闻媒体，特别是电视媒体一直都想拍下海南省委书记深入农家的镜头，可每每都未能如愿，就连最后简单地发一个文字稿件，杜青林也要求尽量简短，不突出个人。

十年间，四面透风的茅草屋已渐渐消失，取而代之的是水泥或土坯建造的房屋。这个巨大的变迁，代表着老百姓渐渐远离了贫穷过上殷实富足的生活，也凝聚了杜青林和当地同志的多少心血。十年后的2001年8月，当杜青林从海南调任农业部之时，眼见当年的"消灭茅草屋工程"至今已变为现实，感慨良多，"在其位谋其政"，身为老百姓的父母官，他从心底感到踏实。

离开海南一年多以后，2003年的"两会"期间，杜青林来到海南代表团驻地，看望时任省委书记的王岐山和省长汪啸风。老友相面，自是分外高兴。汪啸风谈起了农业部支持的海南沼气建设，王岐山则说希望老领导继续关心海南……的确，杜青林无不关心着海南的"三农"问题，他动情地对王岐山和汪啸风说："我在海南工作了十个春夏，九个秋冬，我特别热爱海南，对海南各族人民有着很深的感情。"

关心农民不能停留在表面上

2001年8月，全国人大常委会第23次会议上任命杜青林为农业部部长时，国务院在提请审议的议案中说，杜青林熟悉党务工作和宏观经济工作，有较强的组织领导能力和驾驭全局的能力，有长期从事地方工作和基层工作的经验。他事业心强、责任心强、作风深入……是农业部部长的合适人选。

从那一刻起，杜青林的角色由海南省委书记转换到了农业部部长。对此，杜青林没有感到任何的不适应，几十年的基层工作经验，他太了解农民，他懂得怎么与农民沟通，也知道农民兄弟需要什么，到农业部任职，让他更有机会放眼全局，关心全中国的农民。以前在基层的时候，他上午开完会，见下午有点时间，便叫上司机就往乡下跑。而到农业部后，机关的工作形式更多一些，但是，这并不妨碍他设身处地为农民增收和减负着想。这个不喜欢说冠冕堂皇的话，不喜欢摆"花架子"，只讲实干的新上任的农业部部长很快赢得了农业部上上下下的好评。

早在党的"十五大"和十五届五中全会上，中央就提出了要把农业产业化经营作为推动农业现代化的重要途径。这不仅有助于提高我国农业在国际市场上的竞争力，还关系到农民的增收问题。农业产业化是亿万农民继家庭承包制、乡镇企业之后深化农业改革的又一大创造，其内容是以家庭承包经营为基础，依靠各类龙头企业和组织的带动，将生产、加工、销售各个环节有机结合起来。在海南的时候，杜青林便按照中央的精神重视农业产业化经营的发展，到农业部后，他便立即将其提到议事日程，并把这当做一场战役来打。2001年底，杜青林主持召开了"全国农业产业化经验交流会"，会上，将山东的经验向全国进行了推广。山东的经验到底是什么样的经验？2002年初，杜青林来到福建漳州，这里有着与山东异曲同工的成功经验。漳州这家龙头企业主要生产豆角、菜花、毛豆等无公害蔬菜，这些产品远销国内外及台湾地区，效益在原来的基础上增值了4到5倍。龙头企业效益好，农民的收入自然就高，这就是生产、加工、销售一体的产业链带给农民的实惠！杜青林非常高兴，临走，他对这家企业的发展提了一些要求，他说，一是要思考怎样把龙头企业做大、做强，二是要与农民建立好关系，同时，抓好产品质量。据统计，截至2004年，全国有各类农业产化经营组织6.6万个，带动农户5900万户，平均每户从中增收900元。

杜青林到基层去调研时，常常直接进到一户户农民家里，让农民把一些费用的发票拿出来，他就一张张地认真翻看，看这些负担哪些合理哪些不合理。2002年6月，他陪同温家宝同志到安徽去考察农村税费改革的情况，有一户村民就向他反映了农业机械乱收费的问题，他当即就让一位同出差的分管同志立即处理这件事。他希望就任农业部长之时，能尽最大努力为农民减负。

杜青林对农业部的同志常常说的一句话就是："心里要时时装着亿万农民，真心关心农民，而不是停留在表面上。"

杜青林不光是对农民朋友，对下属、对身边的人也同样充满着真诚和关怀。有一年，农业部青年干部进行竞争上岗。竞聘前，杜青林语重心长地对大家讲："参加竞争上岗，对一个干部的成长来说，是一个非常重要的人生阶段，关键是怎么看待上与不上？上不了怎么办？应该把这件事当做一个锻炼自己的过程来看待……"大家听了这话后，紧张的情绪得到了松弛。竞争上岗后，杜青林又召开座谈会，他更多的是关心那些没竞聘上的年轻人。他善解人意的一番话让在场人为之感动："听说，在面试中，有的人连自己做什么工作都不知道。他可能是太紧张，是紧张给闹的。"事后，他又找到办公厅的负责同志，用非常关心的口吻说："去找他谈谈心。"后来，这个没竞聘上的年轻人得知杜青林部长对自己的关心时，大受感动。

农业部的同志都说从没见到一脸和善的杜青林发过脾气。杜青林不随便批评人，尽管他在工作上对大家要求很严，但他更多的是入情入理地循循善诱和热情地鼓励。一次，一个部门根据他的要求开展了一项工作，可最后的结果仍离杜青林的要求有一定差距，但他仍会鼓励对方："你们真是下了功夫了，真是作了很大的努力。"杜青林就是这样一位人情味很浓的领导，他的亲和真诚，他的善解人意，让与他共事的同志处处受到感染，大家觉得跟这样的领导在一起工作，心情好，对工作自然更有信心。

当然，杜青林也是一位原则性非常强的领导。他对长白山下的家乡有着很深的感情，尽管那里早已没有亲人，但杜青林常常为家乡的贫穷落后感叹："那么多年了，我的家乡还是那样。"他想为家乡做点事，这几乎是每一位成功之后的人们对家乡表达感情的一种方式，只不过杜青林把这种感情建立在了不违背原则的基础上。有一次，家乡的县长、县委书记来找过他，还未见到他，就被有关同志给挡住了。因为县长县委书记说想申请一个蝗虫防治监测项目，这位了解杜青林的同志就委婉地说："你们那里的蝗虫并不是突出的问题，这个项目在你们那里不合适。"他知道杜部长是不会同意这事的。杜青林知道他的家乡适合种植大豆，家乡便是"大豆振兴发展计划"的直接受益者。

　　杜青林作为高级干部，多年来形成一个独特的工作作风，那就是他每次出差只带上能直接解决问题的同志，他从不带秘书在身边。为转变新一届政府的机关工作作风，农业部在全国农业系统开展"一站式"服务，所谓"一站式"就是为方便农民和企业办事而开设的一个便捷的窗口。2003年4月17日，杜青林赴重庆考查这方面的情况，他带了三个人去，一个是办公厅副主任，因为办公厅副主任分管这事；第二个是种植业司司长，因为需要去看当地农业生产形势；第三个是经管司司长，为的是查看当地农民负担问题。刚好三个人，再加上杜青林本人，没有一个多余的。到重庆后，照例没有轰轰烈烈的迎来送往，因为杜青林不喜欢前呼后拥、大设宴席，他的这个习惯早已有之。曾在海南当省委书记时，他就有过在省纪委会上严厉斥责个别地方政府官员用公款吃喝的义愤。刚到农业部的时候，他出差到地方，有地方非常盛情地接待他，甚至用警车为他开道，他不忍伤害对方的一片好意，却又不能接受这种方式，便婉转地说："大家都很忙，就不要辛苦大家了。"后来，只要一出差到外地，杜青林便会让人发传真给当地：不搞层层陪同，不安排旅游景点，不接受宴请和土特产……久而久之，一些基层的同志便了解了杜青林的这一工作作风，并开始尊重他的这一习惯。基层的许多同志这样直白地评价杜青林："他很重感情，不像有的官员特别淡化人与人之间的关系，他不是官僚。"

　　到重庆的当晚，杜青林便从电话中得知北京"非典"疫情愈加严峻的形势，他立即指示办公厅副主任与在部里的领导取得联系，连夜向全国农业系统发电报，立即进入抗非典第一线。随后，农业部采取了一系列防止非典疫情在农村扩散的有力措施，打了一场农村防"非典"的攻坚战。杜青林不愧是一位有着高度政治敏锐性和对大局把握很准确的领导，他知道，"非典"疫情一旦在农村蔓延，后果将不堪设想！后来的事实证明了他正确的判断。农业部在农村防范"非典"工作中做得非常出色，九亿农民提高了警惕，他们用各种方法护卫着自己的家园，中国广大农村终于抵御住了"非典"的入侵。杜青林嘱咐另三位同志继续留在重庆开展工作，而自己却由于"非典"疫情的大事不得不提前乘飞机返回北京。临走，农业部的同志也未送上他。杜青林一个人拎着一个包回到北京，然后，和来接他的司机赶到了农业部，马上召开紧急会议，进一步研究部署农村抗击"非典"工作。部长出差回来，竟然没有人去接？杜青林就是这样，很平民化，农业部的同志都习惯了。

◎手记◎

从不接受媒体采访的高官

在我采访的众多高官中，杜青林部长是唯一一个没有进行当面采访的，但我非常感谢他能审阅并同意我的文章发表。

写这篇文章的时候，我曾走访过农业部的有关工作人员，但最重要的是，我走访了在杜青林身边工作过十多年的一个人。他就是时任农业部办公厅副主任的刘维佳，他多年来一直在杜青林身边工作，非常了解杜青林。正是因为这位朋友的帮助，我完成了该稿。

杜青林是一位不喜欢媒体对他报道的领导干部，无论是当年在吉林和海南担任领导，还是后来担任农业部部长，这都是他一如既往的风格，比如说，当年他在海南深入贫困农家去调研，我就希望找到类似的照片，可刘维佳对我说，杜青林到基层调研根本不带记者，也不允许媒体报道，所以根本就没有深入农家的照片。也许正因他的低调，多年来，许多老百姓并不十分了解杜青林，尽管杜青林在不同的地方担任领导都有过许多业绩。

私底下，杜青林是一个不太喜欢应酬的人，就算是和他同级别的领导干部，要约他出去应酬，大概也不是一件容易的事。也许是他这个性格影响了周边的人，在他身边工作的人，都和他一样，不太喜欢交往和应酬，刘维佳就是一位非常不喜欢应酬、为人做事很谨慎的人。但是，杜青林也并不因为自己的这个性格就不提拔与他不同性格的人。农业部一位副局级领导要提拔为正局级，有人就到杜青林那里去反映说这个人交往太泛，杜青林就找到这个人谈话，并真诚地说了自己的想法，后来，这个人被提拔之后，一直都很感恩杜青林，杜青林是那种对人不带偏见的高级领导干部。

尽管杜青林对人很随和，但他深沉的外表让许多人并不敢轻易接近他，然而，了解杜青林的人却告诉我说他其实是一个很重感情的人。

我曾在后来的几次大型活动中见过杜青林部长，他喜欢着一套深色西装，风度翩翩地往那一站很引人注目。儒雅的外表，平静的语调，不事张扬的个性，让人对他心生敬重。

吉林、海南、四川，在这三省份均担任过要职的杜青林，有过这么多重要经历的他，之后担任全国政协副主席、中央统战部部长。很多人用"脚踏实地"来形容他的成长经历。

杜青林是吉林人，后来因在海南工作生活10年，对海南有着深厚的感情，至今，他的家人仍生活在海南。

成功之道

身在高位却能心眼向下，忧农、亲农、全心全意地帮助农民，做事一定要体现在一个"实"字上，这是杜青林长期在基层工作的经验总结，他要的就是这种"实"的做法和结果。同时，杜青林还是一位人情味很浓的领导，他的亲和真诚，他的善解人意，让与他共事的同志处处受到感染，大家觉得跟这样的领导在一起工作，心情好，对工作自然更有信心。

◎ 孙安民 ◎

全国人大法律委员会副主任、全国工商联专职副主席

　　孙安民，男，汉族，1948年11月生，北京人，1968年12月参加工作，北京钢铁学院冶金机械系毕业，工程师。 历任北京市石景山区副区长、北京市经贸委副主任、北京市工商联会长、北京市政协副主席、北京市副市长。2002年任全国工商联副主席，现为专职副主席。第十一届全国人大常务委员会委员，全国人大法律委员会副主任委员。

他眼中的的中国民营企业

——全国人大法律委员会副主任、全国工商联专职副主席孙安民

2001年，时任北京市政协副主席、北京市工商联会长的孙安民主编了一本书《走向成功》，文中列举了51个北京市的民营企业，透析他们为何走向成功的原因。

弹指一挥间，仅仅只是几年后，当初红红火火的企业中，有一半都倒闭了。说到这里，孙安民深深地叹了一口气，惋惜之情溢于言表。

为什么会倒掉？因为经济危机，也因为竞争等诸多因素。

企业发展的道路上，政府的作用是重要的。但面对民企和国企，政府的关爱往往是偏向后者，比如说在经济危机来临之际，国家为保增长采取了一系列刺激性的措施，国企因受惠而正以做强做大的声势以雷霆万钧的态势前进，而民营企业得到的帮助只是间接性的。

在这样的情况下，民企应如何发展？民企与政府的关系应该怎样才是恰到好处？

全国工商联副主席孙安民说，工商联没有行政权力，是充当政府的助手在为民企服务。正因工商联是如此的助手地位，没有实权，企业不用在他们面前卑躬屈膝，所以他们在看待民营企业的问题上更客观和趋于真实。

孙安民与工商联颇有缘分。孙安民曾担任北京市副市长，之前他担任过北京市工商联会长。两次在工商联担任领导，他对这里非常有感情了。他就上述话题与我坦率真诚对话的同时，也用自己的成长经历告诉年轻人在成长的路上应具备怎样的心态。

政府要给民企成长一个足够的空间

我：您曾谈到，国企应退出一些竞争较强的领域，给民营企业（非公经济）留出空间。为什么这么说呢？

孙安民：民营企业在我们国家的生存发展是经历了几个时期，要从源头上理解他们的发展空间，我想可以从这样几个层次来说明，我们国家改革开放确立了社会主义市场经济体制，当时提出两个调整，一是调整产业结构，二是调整所有制结构，就是要留出一部分市场来发展非公有制经济，使非公有制经济成为国民经济发展的重要组成部分。1993年，《中共中央关于建立社会主义市场经济体制若干问题的决定》，确定了非公经济的地位，而国有经济在国民经济中的主导作用主要体现在控制力上。非公经济能够发展到今天，完全是党的政策确立和推动

的，不是自身产生的，没有国家的政策出台就没有非公经济的空间。

但是，从1993年到今天已过去十多年了，有很多人已不了解当初中央的这个设计了，其实，那个设计是非常好的，是很不容易的。改革初期搞市场经济体制，政府要让利于非公有制经济。但是现在看来还是没有做好。我觉得政府应该重视非公有制经济，给他生存空间，他才能发展，而现在它已成为弱势地位了。

我：您认为是什么原因造成了如今这样的状况？

孙安民：利益的驱动。随着国家经济的发展，出现了一个普通的现象，就是我们的国企也向竞争性领域迈进，国企进入这些领域有与民争利的嫌疑。因为他们的背后是国有资产，国有资产的利益实际上是国家和地方政府的利益，让出市场就是要让出利益。

我：能举个例子吗？

孙安民：比如说我就曾提出国企应该退出房地产领域。就拿北京的房地产来说，有些国有大公司，大片地占地，他们背后有雄厚的资金，由于高额利润的驱动，他们都进入房地产市场。国企有钱，他们有大银行的支持，投向房地产很容易。是暴利驱动房地产业的大发展。我赞成郎咸平先生的观点，大家制造业不做了，都投向房地产，这实际上很危险，因为房地产没有后劲，是一次性的，开发完了还干什么？剩下的就是政府去管理，完全交给政府了。

我：政府管理也很困难吧？

孙安民：实际上是给政府增加负担，有许多房地产项目完成后，政府还要加倍投资建设周边环境，比如修路扩路，北京的天通苑就是很好的例子。地产商开发完发财了，他们不考虑相应的配套设施，你看一些新建的房子，紧挨着路，给政府带来一大堆难题。如果是非公有制经济来搞这个行业，政府完全可以公平地来管理，严格执法就行了，非公有制经济是最好管的，依照国家法规来管，实在是经营恶劣就可以吊销执照，国企是最难管的，无论他们做了什么不合规的事，谁能吊销他们的执照？

我：那您认为应如何解决这些存在的问题？

孙安民：现在的国企纷纷进入高利润领域是与1993年的中央文件精神不相符的。我认为走到这一步，要不要进一步的修正当初中央的设计决定，或者重申这些决定，确定国企改革的方向和非公有制经济发展的方向，要不要继续给非公有制经济以空间，我认为这是一个重大的问题。

老板愿意和人品好的官员交往

我：您认为当今企业家是什么现状？

孙安民：改革开放三十年，最大的成就是造就了一支企业家队伍。他们涉猎很多领域，对社会的发展起到了重要的作用。我到过许多国家，我们的企业家与国外的企业家无论在思维上还是发展理念上都很一致了。

我：您说的企业家也包括国企的吧？

孙安民：我觉得只有民企的管理者才称得上是企业家，国企管理者从严格意义上来说不是企业家。国企的管理者只能是干部，是政府的附属，因为每一级都有人管，没有独立的决策能力，有的投资还需要上级来决定。真正的企业家是独立思考、独立决策的。

我：您认为民营企业的现状是什么？

孙安民：中国民营经济一开始就是在公有制经济和政策夹缝中生存的，其利益面临被官方剥夺的危险，为了寻求生存和发展，千方百计向政府靠拢，与政府挂钩，巴结官员以获得保护伞。在这种情况下，民营企业家一开始就缺乏在商言商的传统，喜欢在政治圈子里转悠，也希望在成为富商时，在政治上得到官方的承认，正所谓"商而优则仕"。在市场经济体制充分发育之前，政府与民营企业之间关系处于一种扭曲状态。一方面，民营企业如果不向政府部门及官员做一些灰色的地下非经济性活动，其生产经营将在很多方面面临困难，或付出更高代价。另一方面，在市场经济体制变更的过渡阶段，政府垄断和掌握着大量经济资源，包括对众多企业的市场准入审批制度、众多政府采购、团体采购行为的灰色化，这样，政府官员就处于经济生活的中心。企业也乐意通过寻租来获取正规交易所得不到的利益和办不到的事。

中国的体制问题很多，政府管得太多，游戏规则不透明，如果企业家按照规则办事，循规蹈矩，合法经营，什么事情也干不成，更不用谈发展了。但是不按照规则办事又会带来更大的风险，甚至有杀头坐牢的风险，所以有话说"不违规等死，违规找死"。

我：可否举个例子？

孙安民：他们在初期是独立决策的，但到后期因为过多的社会干预，企业家最后不成样子，所以说，越是领导关注的企业，企业越是不好做。比如说做"脑白金"的史玉柱当初还没有发迹的时候，他在珠海准备建一栋楼，因为一级级的领导去关心和干预，使初期本来设计没有那么高的楼房变成了88层，最后这楼也没盖成。我曾在几年前和史玉柱交流过，我感到他和政府的关系就只是交朋友，不做事，他完全游离在体制外，简单地说，就是很多组织去找他给他什么头衔，他也不热心这些事。到后来他做了"脑白金"有名了，是在政府指导下做起来的。他到现在也没有什么头衔。这是一个很典型的例子。

我：政府对企业指手划脚是很普遍的现象，您认为作为民企本身，他应该如何处理好这样的关系？

孙安民：民企要有独立思考能力，要冷静地思考外部的环境，这种独立思考是具有核心竞争力的，千万不能为人所指挥。

我：我们看到近些年的许多现象是，官员和企业家的关系太近也容易出事。

孙安民：问题的关键是官员手中的资源太多，如果这些资源在民间就不会出这样的情况。你不和官员搞好关系，你就不可能发展。中国的情况太特殊，所以民企老板要方方面面考虑周全，合理地处理好和官员的关系。

我：许多官员在与企业家相处时，也掌握不好分寸，不能太近也不能太远。您是官员，您和企业家在交往时会怎样相处？

孙安民：我不介意亲密的交往，因为这些企业家从政治上来说和我们都是一致，我也不怕他们拉我下水，只要是经济上没有交往就可以。老板们也愿意和人品好的人交往，他们对那些贪恋之官很快就能发现，并在内心深处抵触这样的官员。我认为一个企业家和一个贪官之间，他们是不信任的，他们不是朋友，他们都成了利益的结盟。你看那些文学作品中，很多老板到最后是忍无可忍了。所以，作为领导干部，在和企业家打交道时，别贪就行。

我：我还发现了一个问题，就是无论是国企还是民企，管理高层大多不愿接受媒体的采访。

孙安民：总体来看，反映改革还不充分，严格说，他们有一种成功的恐惧，还是政府太强势，所以在政府面前总是很弱势，所以他不敢说。总的来说，政府该退出的没有退出。

以自己的经历谈当代年轻官员的历练

我：您刚才说，企业老板喜欢人品好的官员。您认为怎样才能做好一个真正为民企服务的官员呢？

孙安民：我认为还是真诚、不贪便宜。我来全国工商联后，就主持了好多次的给企业招商引资的会议，企业很满意，都很感谢我们，我们也乐于为他们服务。

我：您认为一个好的官员应该有哪些历练？

孙安民：不久前，我看见网上报道了一个20岁的年轻副县长，在下基层时有人给他打伞，网上的热议很多。我觉得这不足为奇。中国的官员就是这样，当你到了这个位置，周围的人都捧着你，如果你不成熟，就很可能被惯坏了。我感到特别是年轻人要有经历，成长是有阶梯的，不要破格提拔，对他成长不利，容易浮燥，周围对他捧杀也很厉害。

我：您那个年代的人经历就很丰富了，年轻时有没有想到要做官？

孙安民：人在年轻的时候都有理想、抱负，我个人也是这样，但在我的各种人生追求之中，唯独没有想到做官。我当年在陕西插队返京后在北京钢铁学院毕业分在北京重型机器厂工作，进厂后一个偶然的机会写的稿件在厂里的广播里播出了，我当时非常兴奋，也感到一定要好好干。后来我就走上了行政之路，当上了副厂长。我常常在想，机遇对于人生的偶然和必然在于：有准备的人不一定能得到机遇，但得到机遇的人都是有准备的。所以，我一直非常感谢所有给过我帮助的人，我常怀感恩之心。我感到只要是持有一颗平常的心、感恩的心、敬畏之心，就能以饱满的精神状态去投入工作。

我：和您交谈，您多次谈到心态的问题，您认为您的心态是在年轻时候就有的吗？

孙安民：我在农村那会迷上了科学种田。为了引进水稻粮种，专程从延安赶到北京，敲开了农科院教授的房门，教授们很奇怪，那时的他们被当作牛鬼蛇神是大家避之不及的人，怎么还会有一个年轻人带着一脸的笑容和谦虚推门而入。我幸运地学到了很多东西。为了把这些先进的知识教给农民，我就利用干完农活之后晚上的时间把大家组织起来，普及农业科学知识。尽管那时我认为自己可能就一辈子留在农村了，但即便是这样，心情也并不悲观，我总以积极乐观的心态面对一切，我觉得我有一个特点，那就是从来不放弃内心的希望。现在的年轻人面对困难时，往往缺的就是积极乐观的心态。

我：回过头来看您的成长经历，您怎么评价您自己？

孙安民：我勤奋，干什么都想干好。我对自己很知足，为什么呢，中学时我是北京四中毕业，那是联合国扶持的重点中学啊，都是高材生。到现在为止，我是班上发展得最好的，同学中还有在烧锅炉的呢。比较他们，我很知足。

我：您到全国工商联工作之后，您的绘画爱好终于有了用武之地吧？

孙安民：我从小就学画画，后来文革后期拜著名画家王森然先生为师。我从先生那里不仅学到绘画知识，还学到了良好的为人处事及做人的品行，王老先生曾送我一副字"有容乃大，无欲则刚"。你看现在还摆在桌上呢。过去在北京市工作时，工作压力很大，现在到工商联后，没有那么大的压力了，我就想把过去绘画的爱好捡起来，工商联是一个和企业交朋友的地方，画也是一种交朋友的媒介，所以有企业家喜欢，我就送给他们。

◎手记◎

低调温和的官员

很早之前就知道孙安民，因为他曾当过北京市副市长，曾经在首都担任副市长，一定有很多故事。更重要的是，我在网上得到的信息是，孙安民是原全国政协副主席孙孚凌之子。高官的子弟是否也传承了他的父辈们的从政天赋？那天正好是2008年的全国两会，我在北京代表团见到了他，当时正休会，他和联想的柳传志在谈话，我就拿起相机拍了几张照片，然后向孙安民要了电话。没想到，这个采访就等了差不多一年的时间。

感觉孙安民并不是一个十分健谈的人，也非常的低调。作为一个人物专访的记者，我当然非常希望他能多讲一些故事，然而他都以"记不起来了"来回答我。其实并不是他"记不起来"，而是他并不愿意谈那些已经过去的成绩，特别是在北京当副市长的那些年的事。当然，他也有谈得很多的地方，比如作为全国工商联专职副主席，他分管的工作等等。另外谈得多一点的就是他年轻时插队的岁月，这当然是他那一代人必经的艰苦，但他却不认为那是磨难，他说那是成长中很自然的经历，那时的他一样的该快乐就快乐。

他的笑容很率真，没有做作的成份。

这次，我也通过他澄清了网上传言他的父亲是孙孚凌的假信息。他说，很多人都这么说，但真的不是。

记得我还问过他，他的职位是否应该对他的孩子有所帮助，比如读书啊，工作啊。他摇摇头说，还是都靠她自己，她在外企工作。

他说，有准备的人不一定能得到机遇，但得到机遇的人都是有准备的人。无论在人生的任何阶段，他都以一颗平常心、感恩心、敬畏心，以饱满的精神状态去投入工作。

◎ 李永海 ◎

中国老区建设促进会副会长、中华全国总工会书记处原书记

李永海，男，1938年生，山东人，研究生学历，1965年12月入党。历任北方交通大学党支部书记、校党委青年部筹备组成员；全国铁道团委学校部部长、常委兼旅游部部长和中国铁道青年旅行社总经理、共青团全国少工委委员；中华全国总工会书记处书记等职。系第九届、第十届全国政协委员，全国政协社会和法制委员会委员。现任中国老区建设促进会副会长、中国职工对外交流中心顾问、中华全国总工会法律顾问委员会委员。

得到温家宝总理的多次批复

——中国老区建设促进会副会长、中华全国总工会书记处原书记李永海

2006年3月，全国政协第十届四次会议第二次全体会议在人民大会堂举行。全国政协委员、中华全国总工会书记处原书记李永海在会上做了关于"加快革命老区发展"的发言，台上的李永海，深情并茂，会场内非常安静，台下的委员中时时传来啜泣声。这是全国政协历次大会上少有的情形，是什么样的发言令委员们如此感动？

那时，关于"革命老区"的问题，李永海已经关注3年多了。2004年"两会"期间，是他第一次给温家宝总理写信。2005年和2006年这两年的"两会"期间他又写信给家宝总理。整整3封信，内容都是关于老区的，温家宝总理在百忙之中很快批示了3次。

李永海说，这3年多，他和他的同事们去了革命老区的40多个县、40多个乡、50多个村，深入了100多户贫困农民家庭调查。这3年是感动的3年，是辛苦的3年，也是非常有意义的3年。

老区的贫困落后是心中的痛

1938年出生的李永海，2003年从全总领导岗位上退下来，正值政协换届选举之年，任第九届全国政协委员的他又当选为第十届全国政协委员。作为政协委员，李永海重视调查研究，关注民生和社会热点问题。这一年，他由中央极为关注的"三农"问题思考开来，想到了革命老区。他决定从第十届开始做关于革命老区的调研。

李永海先后就读于北方交通大学、北京大学等学校，年轻时代在北方交通大学任教10多年，应该说相关的历史知识已读过一些，但当他查阅大量有关革命老区的资料时，仍是兴奋不已、泪眼婆娑。

革命老区，是指第二次国内革命战争和抗日战争时期，我党建立的革命根据地。这些老区涉及全国的1389个县、18955个乡，分别占全国县乡总数的69.1%和50.7%。目前，在国家扶持的592个贫困县中，是革命老区的就有305个。李永海想，新中国成立特别是改革开放以来，老区同全国一样，经济社会有了很大的发展进步，但为什么众多老区县仍是国家和省级贫困县，不少人甚至极度贫困。他感到，贫穷落后的状况与老区人民曾经付出的惨重代价和巨大贡献，反差太强烈了。于是，他带上全总的几个同事，开始前往这些革命老区调研，了解贫困的具

体状况、原因，探求脱贫致富的对策。

李永海前往的第一站是被誉为"将军之乡"的湖北黄冈市。董必武、李先念等200多名开国将帅均是黄冈人。这里仍是贫穷，每个村的负债率很高，35万人饮水都困难。李永海来到一户人家，这个家里只有一个老母亲，丈夫已去世，成年的孩子都有残疾，不能行走，家里的生活重担都压在这位老母亲身上，可以想象这户人家的贫寒。

江西的吉安市，是革命摇篮井冈山的所在地。这个市有5个贫困县的农民人均年收入只有1197元。李永海到了贫困率很高的遂川县，他们来到一个自然村，这个村刚遭遇过水灾，迎面一间破草房，便走了进去。这是一户靠种植油茶树为生的4口之家，由于油茶籽产量低，又卖不出好价钱，一家人的生活相当困难。孩子的床和父母的床仅一席之隔，一张小字条贴在床头：第一，放学立即回家；第二，放下书包给妈妈挑水；第三喂猪……最后一条是做作业。这是一个刚上初中二年级的小女孩写的自律。李永海非常感慨，真是苦孩子早当家啊！

在江西，李永海走完了原中央苏区所在地的赣南11个县。在寻乌县的黄砂村，李永海看到了震惊的一幕：不大的村子里竟有127个残疾人。这个被当地人称为"全红村"的村庄有着极其悲壮的故事。第二次国内革命战争时期，这个村参加红军的青壮年数达658人。由于牺牲的人太多，全村男少女多，婚姻极度混乱，致使后代人的健康受到了严重影响。一个16岁的男孩两条腿连在一起，脚丫子像菜芽一样地向外张开，让人痛心。在会昌县，这个毛泽东在诗词中写到"风景这边独好"的地方，李永海在村子里遇到一个70多岁的老人，就去他家看。这是一个单身老汉，屋里一贫如洗，床上有一床破绵絮，一个用稻草捆扎而成的枕头，李永海深深地叹了口气，临走给了老汉300元钱，让他买点被褥保暖。没想到这老汉拿着钱一直追到李永海他们的车上，老汉说，我是老共产党员，这个钱我不能要，你们给比我更困难的人吧。老区人就是朴实啊！也是在会昌县，一个老汉带李永海进到自己那间昏暗的屋里，老汉用钥匙将那口陈旧的木箱子打开，箱子里有一个小铁盒，打开后，一枚一角的硬币静静地躺在那里。老汉还一副乐呵呵的样子，李永海的心里却是一种很浓的酸楚。

老区老百姓的生活都非常贫穷，就是扶贫工作做得较好的山东沂蒙和陕西延安，仍有不少生活困难的人。许多老区的农民仍然处于解放前就有的"通迅靠吼、交通靠走、生产靠牛、治安靠狗、娱乐靠球"的生存状态。老百姓伤心地对李永海说："革命战争年代我们献人头，社会主义时期我们献木头，现在我们吃苦头，将来我们没盼头。"

老一辈革命家对老区人民怀有深厚的感情

如今仍深陷贫困的老区，究竟曾经为革命付出了多大的代价？李永海的发言稿中有一组数据摧人泪下：原中央苏区所在地的江西瑞金等11个县（市），革命战争期间有179.78万人，其中就有42.64万人参军、66.46万人支前，12.59万人为革命献出了宝贵生命；山东沂蒙老区，在抗日战争和解放战争期间，共有100万人支前、20万人参军、6万人牺牲；湖南茶陵县，大革命时期牺牲5.7万人，占当时全县人口的五分之一。

许多老一辈国家领导人对老区都怀有深厚的感情，因为他们的第二次生命是老区人民给予的。

迟浩田同志曾经深情回忆说，他在战争年代6次负伤，其中5次在沂蒙。沂蒙老百姓对共产党的感情是至深的，他们的口号是"一斤粮食送军粮，一块盐巴送伤员，一个娃儿送前线"。一次，迟浩田的腿上中弹无法行走，为躲避国民党的追杀，老百姓用独轮车推着他离开县城，半路上，迟浩田受伤的腿部开始病变，长满了蛆，没有用于消毒的盐和药，老百姓只得用手和扫帚把那些蛆往地上扫，接着又推着他跑。迟浩田说，没有沂蒙老百姓就没有他。在征途中，毛泽东生病了，老百姓倒穿草鞋背着毛泽东跑出危险区，为什么要倒穿草鞋呢？为的是让追来的国民党部队在识别草鞋方向上产生错觉，最后国民党部队反方向追了去。这个故事是李永海在江西时听老百姓说的，据说，1949年开国大典时，毛泽东还点到了这个当年倒穿草鞋背他的老百姓，请他到天安门来参加国庆盛典，毛泽东没有忘记救过他的老区人民。毛泽东最得意的军事之作——四渡赤水，有四个县：贵州的习水、赤水，四川的叙永、古蔺。这四个县的老百姓让毛泽东非常感动，毛泽东什么时候要渡水，老百姓就什么时候把门板拆了，甚至连棺材板也拆了，拿来搭浮桥过江。当地老百姓给李永海讲了一个真实的故事，说当年有一个老汉家里的门板已经拆了，同时还要拆了自己的棺材板，红军感动之余坚决不收老汉的棺材板，老汉就发火了，说，你是盼着我早死还是怎样？最后，老汉的棺材板成了浮桥上的一块。

李永海三次给温家宝总理的信中都深情地评价老区人民的可贵品质。李永海将这种品质归纳为"情、诚、神、火"。"情"是对党和人民的深厚感情；"诚"是对党和人民坦诚、忠诚；"神"是满腔坚定的信念；"火"是星火辽源，可成大业。

一个国家的总理工作之繁忙是可以想象的，李永海在信中到底写了些什么，能让温总理以最快速度批复呢？

他决定给温总理写信

说起给温家宝总理写信这事，还得从2004年"两会"说起。当时李永海听了温家宝总理的政府工作报告和答中外记者问，总理亲民的形象给李永海留下了深刻的印象。通过几个月来在老区的走访调查，他在这次政协大会上已作了关于加快革命老区发展的书面发言，他的建议很快得到采纳，修改后的《政府工作报告》中增加了"国家继续采取措施，支持革命老区加快发展"内容。这令李永海非常高兴，然而老区需要解决的问题实在太多，如果能得到温总理的支持，想必解决的速度会更快。这位被同事们称为"笔杆子"的李永海决定给温家宝总理写一封信。在信中，他深情地叙述了老区人民的贡献和今日的贫困，他建议"把加快革命老区的发展作为解决'三农'问题的一个突出的重点来考虑和安排，采取更加特殊的和积极的政策措施，着力推动革命老区经济社会的发展步入'快车道'。"这封信是2004年3月16日全国政协大会闭幕后的第二天送呈总理的，温总理19日批复给了相关领导和国务院扶贫办。据说，国务院研究室的同志还根据温总理的批示精神进行了认真研究。

第二年的2005年3月16日，李永海又给温总理写了一封信，汇报了一年来在老区了解的情况，并说，加快贫困地区革命老区的发展，是对革命老区人民应有的回馈。温总理在第二天就有了批复："扶持贫困地区、少数民族地区和革命老区加快发展，是统筹区域发展的重要任务。李永海的建议请国办分送发改委、扶贫办等有关部门参考。"

第三年的2006年3月16日，李永海给温总理写信，汇报了自己在此次政协大会上的发言中提出的发展老区的几条措施。这封信，温总理当天就批复给了国家发改委和国务院扶贫办。

李永海提的几条措施如果能够实现，的确能解决老区的很多现实问题。诸如成立相关的工作机构、加快《老区发展促进法》立法进程、加大基本建设的投入、建立专项扶贫基金、扶持困难群体等等。

相关部委根据温家宝总理的批示落实发展老区的相关措施。2006年7月25日，国务院扶贫办根据家宝总理的批示第一次召开座谈会，李永海应邀出席。李永海3年多为革命老区的奔走呼号已逐步有了收获。

通过对老区的调研，李永海有着太多的感触，其中包括忧虑和困惑。他认为，老区经济发展的落后，一是国家对革命老区的投入不够；二是革命老区的长期欠债很多，基础设施差，医疗教育落后。不过，李永海同时也认为，老区自身也存在一些问题，究竟是哪些问题呢？

贫困老区存在的突出社会问题

李永海认为贫困老区自身存在的突出社会问题包括几个：计划生育、义务教育、传染病防治。

2005年李永海前往贵州省一个老区县所在的乡村调查，到了之后已是晚上六七点了，顾不上吃饭就去了村里。到一户村民家中时天已黑了，屋里没有灯，这家主人一看李永海他们进去之后，就急忙抓起一只破手电筒，拨弄了半天也没亮，李永海拿过来倒出电池一摸都坏了，就说，你这电池都流汤了，不能用了，我眼睛看得见。借着屋外的一点光亮，李永海吃惊地看见脚下坐了一地孩子，一数有7个！问这些孩子的父亲多大岁数了，就是刚才拿手电筒的那个，他说他44岁。李永海再走到他家锅台去看，一个女孩子正在那里做饭，灶上煮了一大锅的玉米茬粥。这个父亲就说煮饭的是他的老三。李永海就问那孩子，你是老三啊？孩子则说我是老五，我爸记错。李永海心想，这孩子也太多了，父亲连自己的孩子都记不清了。刚开始，这个农民有点紧张，以为这些人是搞计划生育的，后来听说是去扶贫的，心情就放轻松了。这时一个老奶奶也从屋后出来了，还背了一个最小的孩子，共8个孩子了。李永海就问为什么不遵守国家的计划生育政策？你爱人到哪里去了，是不是肚子里还怀了一个？男主人笑而不答。一旁的村干部就很尴尬地对李永海说，你看，我们村就这么一户被你看到了。李永海说，但愿就这一户，心里想，肯定不止这一户。

在老区，计划生育反弹的现象非常普遍。

贫穷落后的地区，不控制计划生育，饭都吃不饱，怎么求经济的发展生活的改善呢？李永海心里感慨啊，而基层干部的某些作假现象更令李永海忧虑。

一次，在四川某县的座谈会上，县委书记主持会议，县里各部门的领导基本都到场了。李永海就说想听听县里的教育问题，于是就有了以下一番精彩对话。

教育局长："我们的普九率（九年义务教育）是99.8%。"

李永海很疑惑："你这可是国家扶持的贫困县啊，国家公布的普九率才99.3%，你说的是真的吗？"对方说是真实的。接着李永海又问："你这个县生育的男女比例是多少？"

教育局长："108：100。"

李永海："真实吗？全国第五次人口普查是117：100，你是相当好了，没有重男轻女，没有剥夺女孩子出生的权力。你全县适龄儿童从小学一年级到初中三年级的有多少个？"

教育局局长有些着急了，就说忘带数字，一旁的统计局长连忙翻本子，接着说："全县有48000人。"

李永海："男孩多少？女孩多少？初中和小学的男孩和女孩分别又是多少？"

统计局长又翻本子，说了个数字。他不知道李永海到底在唱哪出戏。

最后李永海说："如果你们大家说的都是真实的，那么我现在就提一个问题，按你们说的，请问初中少了5000个女孩子上哪去了？小学里少了3000个女孩子上哪去了？真实的结论只能是以下两个中的一个，要么你们的男女性别比例是135或140：100，而不是你们说的108：100。要么你们的普九率是70%，而不是99.8%。"

座谈会的场面一时变得尴尬起来，教育局长红着脸说："对不起李书记，我说假话了，如果不这样说的话，就拿不到补助。"

李永海："我早就知道你说假话了，因为我昨天在村里就调查了情况。我是在研究你们这里的教育，教育上不去，你这里就脱离不了贫穷！"

李永海说，贫困老区教育落后的问题，让人心急心疼。在江西某县的村小学校，李永海看到同学们喝的水是黄色的，发现是墙角处的水龙头里流出来的，李永海就翻过墙去看，原来是稻田的水。200多名学生就喝这样的水，李永海难过地对当地领导说："这些孩子喝这样的水，对生命和健康会带来多么严重的影响，要是出现中毒事件，是不是会轰动全世界啊？你县里再困难，给学生打口井总是没有问题的吧？"后来李永海回京后，县里就打来电话说，李书记，井已经打了。

李永海在贫困老区走访中，时常会遇到一些患有传染病的农民，农民看病难的问题也和上述问题一样突出。

李永海认为，加快老区的发展，需要政府的关心、老区人民的奋斗，还需要党政干部的求真务实作风。

帮助建起了"农科教"结合的学校

应江西赣州市政协的要求，李永海答应在重点扶持的江西会昌县建一所小学。整整一年的时间，李永海感觉自己太累了，不是筹集资金累，而是统一当地有些干部的思想太累。

从2003年12月开始，李永海已去了5次会昌县。他看见会昌珠兰乡中心小学的小学生们睡在木板上，窗户都是破的，整个教育的基础设施非常差。李永海就让他们报一个资金预算计划，他们报了一个90万的计划。李永海回京之后就忙开了，一些热心公益的企业家同意出资建校，全国总工会也支持了20万。这时，会昌那边报来第二份计划，资金是150多万，后来又报了250多万。李永海就纳闷了，决定下去看看究竟为什么前后有三个不同的资金计划？他一到会昌县就把这三份计划放在桌上，很严肃地说："学校的名字我都初步想好了，就叫'江西会昌革命老区珠兰示范小学'。建这所学校的目的就是要起到一面旗帜的作用，是示范革命老区艰苦奋斗、锲而不舍的精神，是示范把希望寄托在孩子身上去改变家乡面貌，而不是去示范你修了多漂亮的楼房，要是那样，花多少钱也不够，而且也没有示范意义。"一席话让对方无言以对。李永海说他前后去了五次，都是在强调一个问题，就是希望大家把精力花在办校的内涵上，而不是外观上。

会昌这所可容纳600名学生的学校有一个非常大的特点，就是李永海根据中央的精神策划的"农科教"结合。首先是在这所学校的前面山坡上开垦100亩的脐橙田，李永海要让孩子们从小就学会种果树的技术，同时也让孩子们知道，你们不是没有资源，你们守着这么好的资源如果不努力就没饭吃。第二是建一个可以养50头猪的养猪场，用其粪便建大沼气池，用沼气给孩子煮饭烧水，为农村的普及沼气起示范作用。第三是学校要挂一个村，指导这个村按新农村的要求建厕所、猪圈、房屋、建设沼气，学校的图书室、电脑室要对这个村开放，让农民学到更多的知识，形成"小村庄、大教育"的格局。通过示范"农教科"，李永海要让孩子们热爱农村，改变农村，建设新农村。

到老区调研的日子，也是李永海感动、感触颇多的日子。他希望更多的人关心老区的发展和人民的生存状态。

李永海决定再给温总理写一封信。

◎手记◎

关于品质

李永海虽已从全国总工会书记处书记的位置上退了下来，但他还常去他在全总的办公室，我也曾有机会多次去拜访他。这是一个正直善良的老人。

我与多个媒体的记者曾跟随李永海前往江西会昌县珠兰示范小学，这所小学经过他多年的努力终于建了起来。那次，去的人很多，有北京、江西去的官员，也有捐资者，还有媒体，但所到之处，大家都以李永海为中心，特别是那些读书的孩子们亲切地称他为"李爷爷"。那次，我们和孩子们还在山上种下了橙子树，这是李永海为那所学校出的主意，种橙子可以锻炼孩子们劳动的习惯，也可成为学校的一笔收益。橙子树种下的第二年，我们受邀去了全总，孩子们不远千里把成熟的橙子送到北京来请我们品尝，那橙子真是甜啊！这次，我又见到李永海，他热情地招呼着大家。

李永海曾担任过尉健行同志的秘书，我觉得这段工作经历对他的影响一定非常深，我曾经问过李永海，他说，尉健行同志非常正直，对他的影响的确非常大。我认为，一个人品质的形成，有着方方面面的因素，而李永海无官架子、热心助人、为人为事正直，是一个品德高尚的人，这些，都足以让我们去尊敬。

2010年底，李永海给温总理又写了一封信；温总理在2011年新年的第三天就给了批复。看来，李永海对老区发展的关注将持续一生了。

成功之道

正直善良一直是他为人为官的秉性。退休之后致力于改善老区人民贫困的生活，并为之奔走不息，他更加获得了大家发自内心的尊重。他做人同样成功。

◎ 杜景臣 ◎

海军参谋长、中国海军首次护航编队指挥长

　　杜景臣，男，1952年生，山东郯城黄山镇柴口村人。历任海军旅顺基地副参谋长，海军参谋长助理，海军南海舰队参谋长，中国海军赴亚丁湾、索马里海域护航舰艇编队的总指挥。2009年12月任南京军区副司令员兼海军东海舰队司令员，2010年12月任海军参谋长。2011年6月晋升海军中将军衔。

首次护航背后的故事

——海军参谋长、中国海军首次护航编队指挥长杜景臣

2009年5月25日，中国海军南海舰队首批护航指挥员杜景臣（少将）来到海军总部汇报已完成的护航工作。此时，距他完成首批护航任务一个多月，4月28日那天，他带领护航官兵从亚丁湾回到了海南三亚某海港，将指挥权交接给了启程的第二批护航编队指挥员。

2008年12月26日，中国海军从三亚军港出发至亚丁湾、索马里海城参加护航任务，历时124天不间断航行并且全程不靠港的执行任务，这在中国海军史上、乃至世界海军史上都是史无前例的。

全新的工作，全新的领域，中国海军创造了许多个第一：第一次组织舰艇、航载机和特种部队多兵种跨洋越海执行任务；第一次与多国海军在同一海域开展军事行动……

这支在国际上赢得了很高赞誉的威武之师，在如此陌生遥远的海域，如何与海盗较量？如何克服多重困难？

商船甲板上写的四个大字让海军官兵们感动

2008年12月上旬，担任南海舰队参谋长的杜景臣接到上级的命令前往护航编队任指挥员。

按照联合国安理会有关决议，经中国国务院和中央军委批准，2008年12月26日，中国海军首次派出舰艇编队从海南三亚军港起航，赴亚丁湾、索马里海域执行护航任务。编队由"武汉"号导弹驱逐舰、"海口"号导弹驱逐舰和"微山湖"号综合补给舰组成。3艘军舰共有官兵880余名，包括部分海军特战队员。

2009年1月6日，护航舰艇到达亚丁湾。

杜景臣乘坐的是"武汉"号。站在甲板上，望着绵延起伏的大海，他的心情无法平静，几百名官兵肩负的是国家给予的重任，他们的一言一行代表国家的形象，而作为指挥员的他，也和大家一样面临全新的挑战和危险，有可能发生战斗，也就有可能出现其他一些危险，还有很多不确定因素的发生。时年56岁的他在海军服役已有39年，这次将要去工作的地方是最遥远、时间最长的一次。这些，对一个军人来说都不最重要的，最重要的是，这是无任何借鉴经验的一次国际行动，一切经验都要靠官兵们边工作边总结。

刚进入亚丁湾海域，中国海军就护航了4艘中国商船。这些商船在得知中国

海军即将来护航时，就早早地通过互联网提出了申请，在规定的时间里，他们早早地前去等候参加护航。令海军官兵们感动的是，当直升飞机飞临上空时，看见河北"翱翔号"商船的甲板上用白油漆写下了四个巨大的字：祖国万岁！

船员们告诉海军官兵：之前，他们晚上从来不敢脱衣休息，在从亚丁湾到索马里海域的1000海里的行程中，商船速度最快也要行走40小时左右，慢的50小时，一路上，大家都高度紧张和戒备。中国海军的到来，无疑给了中国商船巨大的帮助，船员们对祖国的感激之情朴实而真挚。

杜景臣至今还记得刚到亚丁湾时，一艘在2008年11月被劫持了108天的天津商船，在交付赎金后终于被海盗释放，这时正值中国海军舰队前往护航，天津商船的油已耗尽，20多名船员的衣服包括拖鞋都被洗劫一空，海军官兵们给他们补足了油，还给了衣服等物品。船员们感动地流下了眼泪。

至今，杜景臣仍珍藏着厚厚的一摞感谢信，这是中国内地包括台湾地区商船写给中国海军的。他说，每次看见感谢信，他都想流泪，这是对官兵们日夜辛劳护航给予的肯定，也是老百姓给予他们的至高荣誉。

来自商船"织女一号轮"的船员们在信中这样写道："我们的谢意是发自内心的，我们的敬仰是真诚的，感谢我们的祖国培养出如此优秀的士兵，你们不愧是威武之师……"

2009年3月1日，"织女一号轮"参加了中国海军的护航，之前，这艘商船曾跟随其他国家海军护航舰，由于速度太慢被孤零零地甩在了后面，于是，他们通过电子邮件联系中国海军护航。为这事，杜景臣思索考虑了良久，为什么呢？因为这是一艘外国的商船，按照此次护航的任务和要求：中国海军是为中国的船和人员及国际粮食计划署运送人道主义物质的船舶护航，对其他国外船只提供必要的人道主义救助。可船只虽是国外的，上面的船员却又都是中国人。杜景臣决定为他们护航。很快，杜景臣他们就发现"织女一号"速度很慢跟不上护航队伍，于是就派出6名特战队员荷枪实弹到"织女一号"上为他们随船护航。这一路上，"织女一号"遭遇了海盗的6次进攻，每一次都有惊无险。特战队员发现海盗船向他们逼近的时候，首先发射信号弹，见海盗不予理会又发射了非致命性的暴力弹，可海盗们乘的小船还是不断地冲过海浪接近过来，最后，特战队员用机枪警告才驱逐了海盗。事后船员们感激地说："在美国大片中才能看到的情景，我们却亲身体验的一次，如果不是特战队员护航，我们的船已被劫到索马里了。"

护航中的三大难

采访中，杜景臣告诉我，此次护航遇到的困难有三个最突出：对海盗的发现难、鉴别难、处置难。

出发前，杜景臣和领导班子就在一起做了许多案头工作：海盗乘的什么船？通过什么样的方式来达到劫船的目的？及遭遇哪方面的情况应该如何处理等等。但是，真正到了亚丁湾海域却发现许多事情并不像如他们想象的那样简单。

首先是海盗活动的时间。按照来之前的推测，海盗应该夜间或是风浪大的时候出来活动，因为这时的商船正是放松戒备之时。可到了海域才知道，海盗都是白天出来，因为他们虽然有先进的定位手段，但没有雷达这样的夜间观察设备，很难察看到商船的位置，所以就会在白天出没，而且一般是视线较好的早上和下午。风浪大，他们也不会出来，因为海盗的船都很小，风浪会使他们遭遇危险，所以他们都在风浪较小的时候出来。

其次是发现和辨别海盗很难。海盗乘坐的船和渔船一样，很小，在海浪的掩护下，忽隐忽现，发现很难；鉴别难是因为如果不是近距离看见他们身着武器，从外表上看与普通渔民没有什么区别。

中国海军通过对商船的护航，很快总结出了一整套完整的发现、鉴别海盗的方案。

杜景臣介绍说，发现有可疑船只向商船靠近时，不能立即使用武器，怕误伤。如果是渔民，军队发出信号弹后或非致命性的暴力弹后，他就不会再过来，如果是海盗，则反之。这些海盗拥有高速快艇、自动步枪、榴弹发射器、全球定位系统（GPS）接收机、无线电通讯器材、海事卫星电话及海面搜索雷达，甚至具有可攻击直升机的防空导弹等先进装备。他们靠近目标船只后以武力相威胁，然后登船控制住船员，并将船只驶往偏僻海域。

如何处置海盗是各国海军面临的棘手问题。关于这个问题，中国海军也不时与别国的海军进行交流。海盗是国际犯罪，国内法对海盗在处置问题上还没有准确的定论，不久前，美国海军把抓到的一个海盗带回到美国后在处理上就遇到了法律上的障碍。你要是把海盗交给索马里政府，那里很动荡，交给他们，他们把他当成英雄。还不能交给其他国家，其他的国家也不接受。所以，许多国家在抓获海盗之后最后也只好把他给放了。这从另一个角度来说，助长了海盗的继续犯罪。关于这一点，各国政府也在商议对策，现在主要的做法是交给联合国有关处置海盗的法庭或者组织。

多国海军的友好协作

此次护航与多国海军合作非常令杜景臣难忘。

在中国海军前往护航期间，共有18个国家的60多艘舰艇在亚丁湾执行护航和反海盗任务。这对所有同行来说，都是一个很好的学习机会。中国海军刚进入亚丁湾时，就接到了美国海军的邀请，要他们去美国的两栖舰艇，就海盗的活动规律、识别判断、反海盗经验等方面进行交流。之后，中国海军与14个国家的护航舰开展了多种方式的交流，取人之长补己短，以促进任务更好地完成。

2009年2月，一艘德国的液化石油气船被海盗劫持，船长立即通过国际通用频道呼救，在海域上航行的所有船都能通过无线电讯号听到呼救声。当时，中国军队看见呼救地点离他们很近，就迅速赶了过去，同时，印度、美国、希腊的军舰也不约而同地赶过去。去后看见海盗已登上商船将船长控制住了，海盗威胁船长说，如解救就开枪，顿时气氛紧张起来。在对峙了几分钟后，船长对赶来的军舰说："你们不要救我了，请你们远离我，我跟他们走。"海盗同时向军舰开枪。在这样的情况下，按照要求，为了保护人质的安全，军舰只有眼睁睁地看见海盗将人质劫走。

杜景臣说，解救人质的最佳时间应该是在被劫人呼救的20分种内。2009年1月29日，中国海军就在最短的时间内解救了一艘希腊商船。当时，发现呼救船离我方只有24海里（50千米），如派军舰需要一个多小时才能到达，杜景臣下令直升飞机飞临希腊商船上空，仅用了15多分钟到达，此时，已有7艘海盗船从不同方向包围希腊商船，其中3艘正以高速向商船接近，这条商船在也门领海附近，我方就立即呼叫对方让其离开领海到公海上，同时直升机迅速下降高度，向海盗发射信号弹，海盗才无奈离开。那天法国的军舰也赶过去了，他们赶到时，我方已处理了这件事。

尽管多国海军并没有建立合作机制，遇到紧急情况，大家都不约而同地主动采取措施。

保证参与护航商船的安全

国外海军这样评价中国海军：你们组织得最好，你们护航最专业。

各个国家海军的护航方式都是不一样的，中国海军的护航方式可圈可点。

中国军舰在护航中根据被护船只性能、数量、类型等具体情况，灵活运用伴随护航和随船护航。伴随护航的方式是中国海军的特点，就是将商船排成纵队编好号在中间，两侧是两艘军舰，商船每隔一个小时给军舰汇报一次情况。

护航方式的不同，安全系数也不同。在欧盟的安全航线上就出现过商船掉队被劫的情况。杜景臣说：只要商船参与护航，肯定能保证他的安全。中国军舰护航的安全系数是非常高的。

在总结这次护航工作时，杜景臣还着重谈到了对没有参加护航的商船的担忧。

因为中国军舰从起点到终点要在海上航行两三天，这两个点的护航时间也是每隔两三天才有一次，有的商船等不及就出发了，遭遇海盗的危险系数是很高的。海军舰队曾通过媒体呼吁商船一定要参加护航，但仍有个别船只没参加，这个状况令杜景臣很担忧这些商船的安全。

中国海军表现出来的国际人道主义令外国船员称赞。尽管中国军舰原本只为中国商船护航，但出于国际人道主义也为外国商船护航。按照规定，外国商船需先将申请提交本国外交部，然后再按程序报批。但在实际操作中，如有外国商船靠近中国军舰提出要参加护航，根本没有时间报批。杜景臣介绍说，在这样的情况下，中国军舰往往都会同意，并保证对方的安全。他们先后为33艘外国船舶护航，解救遇袭的外国船舶3艘。中国是一个负责的国家，中国军人更是负责任的军队。

中国军舰在124天的时间里，就这样来回行驶在1000海里的海域上，到目的地后，休息两三个小时就又出发。先后为212艘船舶护航，有的商船是几次参加护航，渐渐地，海军官兵和商船的船员们也有了深厚的感情。当船员们得知这些为他们创造安全环境的军人们在海上长时间没有新鲜蔬菜吃的时候，就自发给海军们送蔬菜。有一艘台湾商船上的船员还自己花钱给海军官兵买了300公斤蔬菜，其实，这点蔬菜对于880名官兵来说，一人平均也就几两，太少了，但这份情谊还是令官兵们感动，他们派去直升机取回了这些蔬菜。杜景臣说，飞机的费用都不止买这点蔬菜了，但这份感情是不能忽略的。

杜景臣为自己的几百名官兵感到自豪。海上航行那么长时间，而且又都生活在一个封闭的狭小空间里，对人的心理、生理及毅力都是一个巨大挑战，但大家都非常出色地完成了任务。尽管杜景臣也和大家一样，希望能早日回来，这是人之常情，但真正到回来的时候，心里却是恋恋不舍。他想起了商船上挂出的巨大条幅：我们爱你，祖国！感谢中国海军护航；还有商船燃放鞭炮列队向护航编队敬礼；船员们打出五星红旗向他们致敬；外国船员对他们说，感谢上帝，感谢中国海军！……还有那么多的感谢信。这一切，令杜景臣和官兵们感动得流泪。

杜景臣回来后将护航指挥权交接给了第二批护航编队的指挥员，同时还把一整套在工作中总结出来的经验也交了出去。杜景臣介绍说，第二批编队护航的时间没有那么长，而且也允许靠岸。值得一提的是参与首批护航的补给舰，官兵们没有休息又跟着第二批出发了。这就是军人，为了国家的荣誉，无怨无悔。

采访中，杜景臣不止一次说到一个词：祖国荣誉。他说，参加首批护航任务是他一生中最难忘的工作经历。而中国海军所表现出来的责任感、使命感，更将载入中国及世界海军史册。

◎手记◎

山东人的健谈豪爽

这之前，我从没有采访过军人。在当时，南海护航舰队在亚丁湾执行护航任务是一件让海内外关注的大事，通过军队高层首长的联系，我最终获得了对杜景臣进行采访的机会。像这种联系采访军队高级领导干部的事情，并不像采访政府官员那样相对简单，需要经过不少严格的手续。有一天，我终于得到了海军的通知，说杜景臣来北京了，就在海军大院里，我赶了过去，在一个宾馆里见到了杜景臣。我也和他的秘书一样，跟着称呼他为"首长"。

杜景臣少将穿着海军的制服已等候在房间里，他很随和，也很健谈，就是山东人的那种豪爽健谈，并没有如我当初想像的，作为一个军队的高级军官，他有可能会在访谈中对某些话题感到顾虑，而使采访在某个时间段陷入停顿。整个采访氛围非常融洽，结束后，杜景臣还乐呵呵地和我开起了玩笑。也许，对于他的部下来说，他是严肃并让人敬畏的首长，可我却感觉他很好相处呢，至少他很擅长与媒体打交道。

文章发表后不久，2009年12月，杜景臣少将到东海舰队任司令员，我本打算有机会去宁波出差时去拜访他，没想到2010年底他回到北京任海军参谋长晋升为中将。真的祝贺他呢！

首次护航没有任何国际经验可借鉴，如何克服重重困难，需要超高的指挥能力及智慧，最终他没有辜负国家的重托，正因如此，他日后再次被委以重任。

◎ 金立群 ◎

中投公司监事长、亚洲开发银行原副行长

　　金立群，男，1950年生，江苏常熟人，北京外国语学院英语专业研究生毕业。历任财政部世界银行司司长、财政部部长助理、财政部副部长、世界银行中国副执行董事等。2003年8月1日出任亚行副行长。2008年9月至今任中国投资公司监事长，党组副书记。

在国际金融舞台上赢得喝彩

——中投公司监事长、亚洲开发银行原副行长金立群

> 两鬓有着些许斑白、精力永远充沛、气质儒雅的金立群是一个很特别的官员，他的一言一行潇洒而不拘泥。
>
> 他擅长脱稿讲话，引经据典，言简意赅，精彩幽默，让人开怀之余陷入深思。
>
> 他能用一口流利地道的英语和国际友人讨论西方的哲学、历史、美术、音乐等等文化题材。他写得一手漂亮的英语文章，令很多英语母语写作高手都赞叹不已。
>
> 他在国际金融界的知名度颇高。作为中国财政部主管国际经济事务和金融的副部长，他在1997年亚洲金融危机时受命操办了财政部发行的10亿美元主权债。他在亚洲开发银行担任副行长5年时间，他是迄今为止第一个以副部级高官的身份担任亚行副行长的中国人，也是亚行自成立以来首位中国籍的副行长。

20年前就和亚行有了缘分

2003年8月1日，金立群前往菲律宾的首都马尼拉正式上任亚洲开发银行副行长。这一天，无论对中国，还是对金立群个人而言都非常难忘。

1966年12月19日，亚洲开发银行正式营业，总部设在菲律宾首都马尼拉。这是亚洲和太平洋地区的区域性金融机构，宗旨是通过发展援助帮助亚太地区发展中成员消除贫困，促进亚太地区的经济和社会发展。亚行成立之时，中国正值"文革"期间，无暇顾及外面的世界，从而给台湾以可趁之机，成了亚行的会员。

说来也巧，金立群早在20年前就和亚行有了缘分。

1983年5月，当年只有30多岁的金立群随时任财政部副部长田一农前往菲律宾参加"第十一届国际亚太地区审计会议"，并相机和亚洲开发银行开展首次接触。当时，中国恢复在国际货币基金组织（IMF）和世界银行的席位虽然还只有三年，但已经开始考虑解决在亚洲开发银行的席位问题。由于历史原因，台湾问题在这个机构中有其特殊的敏感性。为此，中方和亚行约定在马尼拉的一家餐馆会面。金立群和田一农副部长与时任亚行行长藤岗真左夫的工作午餐会持续了将近两小时，除了他们三人，没有其他人在场。双方开门见山直接进入中国加入亚行的实质性问题。金立群见证了会谈的过程，并将田副部长的意思用英语准确地传达给对方。马尼拉的首次会谈，拉开了中国政府解决在亚行中国席位的序幕。此后，中国和亚行的谈判由中国人民银行负责，经过3年的努力，中国终于在1986年加入亚行。基于历史的原因，最后允许台湾以中国台北的名义留在亚行，

但中国台北没有专门的席位，其代表最高只能担任副执行董事，且需要和本选区内的其他会员轮流担任。而中国进入亚行，拥有自己独立的永久席位。

中国进入亚行之后的十多年，一直都在努力争取高级管理的职位，但没有结果，中国籍职员充其量不过是达到副局长的级别。在管理部门中没有高管，就不可能深入得到具体的贷款业务的决策和管理，不可能和亚洲借款国家的主要领导人和各部部长等进行实质性的磋商，不可能真正深入到发展项目的制定和管理中去。而亚行的两个最大的股东，日本和美国，分别永远占据着行长和副行长的位置。剩余的两个副行长分别由来自欧洲的成员国和日本以外的亚洲国家的人员轮流担任。在2003年之前，代表亚洲地区的副行长一直由印度人和韩国人担任，而中国派出的竞争者必须具备超出这两个国家人选的实力，否则很难胜出。2004年初，亚行增设了一位副行长职位，但那是专门安排给亚洲低收入的发展中国家的，以更好地反映这些软贷款国家的要求和利益。

2003年韩国籍副行长退休时，中国有了一次机会。中国政府推选金立群作为候选人竞争这个职位，基于几个方面的原因：他有世界银行工作的经验；作为亚行的副理事，他直接指导财政部主管业务司对亚行的政策导向；他有深厚的英美文学功底。

金立群成功入选。对于他而言，国家的影响力可以使他进入亚行，担任副行长要职。但是，在亚行的业绩，则必须完全由自己干出来，他的工作业绩的优劣，会直接影响到中国的声誉，关系到今后中国候选人成功当选的机会。

金立群进入亚行不久，中日关系进入了中日恢复邦交之后的小冰川时期。他面临的难题是如何在这样的情况下，在这个机构里与日本籍行长、日本籍高级职员等保持正常的、良好的合作关系；作为主管贷款业务的副行长，如何为发展中国家提供贷款，促进经济和社会事业的发展。当然，还有诸如如何处理好与各个成员国之间的关系、与其他副行长的关系等等，许多困难在等着他去克服。

面对的三大挑战

金立群一上任就以其对发展问题的深刻理解和实践经验，以其处理人际关系的娴熟的技巧，以其勤奋、认真、果断、务实的工作作风给大家留下了深刻的印象。

金立群到亚行后有三大挑战必须应对。首先，要处理好与日美两国的代表即执行董事的关系。日美两个并列第一的股东在重大问题上并不总是一致。作为副行长，自然要和日本籍行长保持良好的合作关系，但是，在有些关键问题上如处理不当，也会使美国的执董产生误解。第二是处理与发展中国家的关系。借款国家会有许多要求，不可能有求必应、事事处处予以满足。遇到这种情况，主管副行长就要做耐心细致的工作。第三，调动亚行员工的积极性。亚行的专业人员大都有发达国家名牌学校的高学历、专业能力强、语言表达能力强，不少人的母语是英语，要让这些人才对一个中国籍的副行长口服心服，金立群没有实实在在的真本事是不行的。

金立群在亚行的企业文化中注入了新的风格。他上任的第一天，就遇到了亚行内部不同部门对泰国一个火电项目的不同意见。负责融资的私人部门已经做了大量工作，坚持要上这个项目，而负责环保和动迁问题的区域可持续发展局则坚决反对。金立群同意哪一方的意见都会对他以后的工作带来后遗症。他拿出一个解决办法，第一，让私营部门转告合作伙伴，给这位新上任的副行长两个星期的时间做决定；第二，让私营部门根据区域可持续发展局的意见进一步完善项目设计；第三，他本人和泰国当局沟通。不到两周，他再把有关部门召集一起，转达了泰国政府对上该火电项目的能源战略考虑，表扬了区域可持续发展局对项目审查的负责态度和敬业精神，对私营部门提出了严格的要求，但同意上这个项目。私营部门拿到了项目，区域可持续发展局的工作得到了肯定。会后，双方都说自己赢。熟知内情的人说：什么叫双赢，这就叫双赢，金行长的协调能力，果不虚传。

在亚行人眼中，金立群总是不辞辛劳、不顾危险前往发展中国家开展工作。他亲自过问的老挝大型水力发电站是亚行和世行合作的大项目，建成之后可给该国带来丰厚的外汇收入，改善当地人生活，使他们停止砍伐，森林和资源都得到保护。项目前期，金立群在老挝的深山老林里考察了3天，和农民们交谈，晚上就睡在工地附近的客栈。阿富汗的大面积战火虽然停息，但是恐怖活动仍然猖獗，这不能阻止他亲自飞往阿富汗。总统卡尔扎伊带着经济班子来和他会谈。金立群对总统说，我们两个国家有相同的地方，你们经历过战乱，我们经历过文革的动乱，都是从混乱中走出来的，人民希望安定，中国加入世界贸易组织时，人均GDP才260多美元，到2004年时就已经1000多美元了。总统对此非常感慨，就问周围的人："我们何时才能够实现这样一个目标？"内阁成员面面相觑。金立群安慰他们说，阿富汗也会有这么一天的。人民要安定，要搞经济建设。金立群从没有忘记用自己特殊的身份宣传中国。他还风尘仆仆地赶到斯里兰卡这个饱受20多年内乱的国家，他乘坐直升飞机越过高山丛林，来到了重灾区贾夫纳半岛，亲自察看那里的重建工作。他必须深入到遭受战乱重创的地区，了解亚行重建工作的进展，倾听当地人民的呼声。金立群务实的精神，给斯里兰卡的领导人留下了深刻的印象。在亚行工作5年期间，他一共去了4次，科伦坡不时地发生恐怖活动，但是，他照常去开会，考察。金立群深得斯里兰卡国家领导人的信赖，每次访问都会受到总统的单独接见。

金立群还对每个民族的文化、历史、宗教等等留心，认真揣摸他们的感情。

他常说，我不信教，但是我尊重各种宗教，理解人们的宗教信仰。有一次，到孟加拉国考察，同时参加亚行代表处20周年成立活动。当时正值伊斯兰教的斋月，教徒在白天不吃不喝。他临行之前严肃地通知亚行驻孟加拉的代表处，让他们转告当地政府说，在白天出去考察的时候，他们和当地人一样，一整天不吃不喝。结果中午时，接待方把他带到一个地方，安排了一桌丰盛的饭菜。金立群吃惊地问："我不是说好，我和你们一样不吃吗？"当地人就说："请你放心，这是让非穆斯林人做的，我们让他们陪你。"事后，亚行代表处的工作人员告诉他，接待方说"如果金行长没有如此强烈地要求遵守我们的宗教习惯，我们可能也就不会特意为他作这样的安排了"。金立群给国家赢得了广泛的赞誉，给亚行赢得了声誉，也增进了世界人民对中国的友好。

亚行人在非正式场合都称金立群为"老金"

金立群在亚行担任副行长3年期满后，因为工作出色，行长又将他留用了2年。离任那天，亚行的同仁们对他依依不舍，亚行中国职员联谊会的成员们还为他精心制作了一张碟片，里面储存了他在亚行的工作照片，还有员工们饱含真情写下的与他共事的难忘岁月。

亚行人在非正式场合都称金立群为"老金"。

他在亚行的一位下属回顾起过去的往事时说："金在亚行各种重要会议的发言往往起到意想不到的效果。"他举了两个例子，一个例子是在亚行召开的一次软贷款增资会上，欧美捐赠国对亚行业务评价体系百般挑剔，认为在教育部门的业务评价指标过于宽泛，仅仅衡量受益学生的人数还不够。其实，这些西方国家的官员根本不知道现实情况。瞬间，会场的气氛显得有些紧张起来。对此，金立群解释说："这个绩效评价体系其实是很完整的，但是，不能理想化地过度要求考核指标。衡量学生受益数能够反映教育项目的绩效，但也只是相对而言，否则衡量完学生数，你会问到底有多少学生会辍学，而毕业的学生又有多少留在当地，你还会问老师的水平如何，然后你还会问坚持下来的学生中有多少考上了大学，这样的话，你永远也无法评价教育项目的成效。"他说完之后，捐赠国代表也就不再过分苛求了。最后，亚行和捐赠国之间就评价体系的框架达成了一致。这位下属还介绍说，亚行的管理层和各位董事经常在执董会上就一些问题展开辩论，有时分歧很大，金行长总是能发表有见地的看法。他的发言很精彩，有新意，有说服力。在亚行，金立群的出色表现赢得了各位执董和其他高级管理人员的佩服，而金立群也很尊重大家。金立群的下属笑着说，真不知道金离开亚行后，各位执董和管理层还会有着怎样的博弈呢。因为再也找不到像金立群这样擅长协调各方意见的副行长。

在亚行同仁的记忆中，金立群总是在适当的时机代表中国和发展中成员国发出声音。2008年6月的一天，亚行行长召开第一轮"市政厅"（townhall）会议，即所谓很多人参加的大会。参加会议的欧美人、印度人和日本人占大多数。行长谈到了亚行的长期战略规划、软贷款增资和即将开始的普遍增资和其他问题，行长让各局按照亚行的长期战略规划来准备工作计划和预算框架，与会人员附和着行长的话发了言。轮到金发言时，他谈到了三个问题，其中谈到了亚行应根据发展中成员国的形势变化来灵活采取措施，并举例说，最近粮价疯涨，许多国家陷入无米之炊的境地，亚行的援助是应当的，但要有后续的动作，不能一年给一张支票就了事。金的发言得到了行长的赞许，会后，行长立即敦促项目局加快提出解决粮食危机的项目。

金立群充分信任下属，让他们放手去工作，从不会束缚他们的手脚。但是，他也不是真的大而化之，不闻不问，在关键问题上从不马虎。一次，他发现了报表上的数字有误，但是他没有轻易下结论这是错的，只是让下属再去核对。工作人员非常惊讶："我们的副行长连这个也看？"他的这种工作方法让下属对他敬而不惧，但对他们是很大的鞭策。

金立群工作之余的最大爱好就是看书，他的读书笔记几十年如一日，分中、英、法三种笔记。除了金融领域的成就之外，他涉猎古今中外的哲学、历史、文学、音乐、艺术等。亚行人就深有体会，无论是午餐桌上，还是高尔夫场上、联谊会上，只要有他在，他都能长江之水滔滔不绝，用英语侃莎士比亚、侃音乐、绘画，让来自英语国家的职员都自叹不如。

在亚行人眼中，老金平易近人，工作精力旺盛，性别乐观，热心助人。金立群在亚行的5年时间，只要他在办公室，大门永远都不关，他告诉大家不用预约，随时可来找他，无论是工作中还是生活中的问题，他都乐于给予最有力的帮助。

金立群说："在一个国际组织里工作，如果你表现得很傲慢，专横刚愎自用，何以让人相信一个崛起的中国是一个友善的国家？我们的国家要让人家感到我们对和平的积极作用，我们是一个负责的大国，我要让大家感到我是来自一个负责任的国家的官员在这里工作。这5年，我的一言一行代表了中国的形象。"

良好的家庭熏陶对他日后的成长非常有益

金立群是共和国的同龄人，但凡中国经历过的风雨挫折他也都经历过，他说他们这代人对祖国都充满使命感和责任感。

金立群在小学时就受父亲的影响偏爱文史哲，并由此延伸至对英美语言文学的爱好，爱上了英语，后来考入江苏省常熟中学，这里的外语师资力量使金立群从中获益很多。那个年代很少有人喜欢英语，而且那个环境让人不相信会有谁执着于外语的探究。金立群上初中的那个时候正值我国三年自然灾害，处于半饥半饱的状态。

高中一年级时，金立群已能读《毛选》英文版，并掌握了系统的关于英美语言、文学方面的知识。高中毕业后，正值"文革"，金立群上山下乡到了江苏省常熟白峁公社，整整10年的时间。刚到农村时，大家都还拿着书去看，可过两年后看不到前途就把书也扔了，金立群从来就没有放弃读书，哪怕是在田里干活一有空就看书。因为自己有在农村劳动多年的经历，金立群对中国农民的思想深有体会。许多年后他到财政部和世界银行工作，从事了大量有益于农村的项目，比如扶贫项目、发展农村的建设等。金立群尽最大的努力希望用外资来发展中国的农村。金立群总是感慨地说："农村生活对我是很有帮助的。"

1978年，金立群考入北京外国语学院，幸运地成为王佐良、许国璋一代名教授的研究生。他出色的外语语言能力让老师们都很惊叹，许教授甚至还认为自己的这个学生得到过名师的指点。1980年，金立群毕业之时正值中国加入世界银行，许国璋教授将他推荐进了世界银行中国执行董事办公室工作。

金立群认为家庭的因素对个人日后的成长影响很大。他的父母乃至祖父祖母都乐善好施，为人正直。至今祖母102岁还健在。30年前，当金立群从财政部到世行工作时，他把这个工作安排告诉了祖母，祖母听了之后就对他说："你现在有两个包了，一边是公家的，一边是自己的，千万不要把公家的放进自己的包了。"金立群说，祖母是从旧时代过来的，也没有文化，却没问他到底能赚多少钱，而是告诫他千万不能犯错误。

2008年10月，金立群离开亚行到中国投资有限公司担任监事长，这是一个全新的岗位。他说金融危机为什么使国际上很有实力的企业也会倒闭，不是钱的问题，而是公司内部的治理结构出了问题。他这个监事长就是要关注中国企业的治理结构并使之在国际上健康地发展。

◎手记◎

绅士且幽默的官员

我是在参加欧美同学会组织的一次论坛上见到金立群先生的，那一次，有很多知名的专家学者登台演说，而金立群的演讲却是独具风格、自成一体，绅士且幽默，特别是精彩的演讲中或夹杂着熟练的英文，给人留下了深刻的印象。茶歇时，我立即奔到前面面对金立群，说出了我想采访他的想法，他爽快答应了。我感到这个曾担任亚洲开发银行副行长的他，一定有着特别的故事。

在中投的金立群办公室里，我对他进行了专访。对于我这个采访过很多高层政要的记者来说，已经非常熟练如何与官员对话。但金立群却是一个不一样的官员，也许是因为他曾在国外工作多年并且长期从事国际间的工作，形成了他独特的思维方式、工作方式及待人接物的方式，他说话直接，待人待事很阳光。不过，正因如此，他在回答我的提问时，没有提出说有哪些事情不能写、哪些事情可以写等等，采访和后期发稿都很顺利。

2010年在香港的一次活动上，我又一次见到了金立群，记得他当时演讲的话题是关于中国经济在国际上面临的发展问题，他的演讲仍是那么受大家欢迎。

成功之道

金立群是一个不一样的官员，也许是因为他曾在国外工作多年并且长期从事国际间的工作，形成了他独特的思维方式、工作方式及待人接物的方式，他说话不转弯抹角，待人待事很阳光。

◎ 李小林 ◎

中国人民对外友好协会会长、前国家主席李先念之女

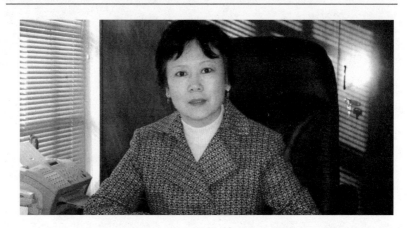

　　李小林，1953年生，湖北红安人，原国家主席李先念之女。1973年7月加入中国共产党，1969年2月参加工作，硕士研究生。曾是总参谋部第23测绘大队战士。历任中国驻美国使馆一秘，中国人民对外友好协会美大部副主任、主任。1996年11月至2002年4月任中国人民对外友好协会副会长、党组成员。2002年4月任中国人民对外友好协会副会长、党组副书记。2011年9月任中国人民对外友好协会会长、党组书记。

个性鲜明的名人之后

——中国人民对外友好协会会长、前国家主席李先念之女李小林

1953年出生的李小林是前国家主席李先念的小女儿。对于李小林的成长，李先念曾经有过一个经典的评价。一次，他在接见美国亨利·路斯基金会会长时，外宾问他："你是怎么培养你这个女儿的？"李先念说："我这个女儿从来不听我的话，她永远坚持做她自己想做的事。"

李小林做事风风火火、性格外向、敢讲真话，是个直肠子，如她对某个事情有看法，绝不会转弯抹角，她总要直截了当说出来。这样的结果肯定就会得罪人，但她说这就是她的个性，只要认为是对的，她就不会放弃。李小林是一个非常自信的人。自信源于她的家庭背景吗？不是，如她所说，没有这个家庭背景，她仍然会努力干得很好。那么，自信就是来源于那双大而明亮眼睛，那里透出作为女性难能可贵的洞察、处理事物的能力。

在事业上，李小林勿庸置疑是一个女人中的强者，但她并不是一个彻底的女强人，她也有很女人的一面，我看见她的车钥匙上挂了一个可爱的卡通小人。她有着白晰的肌肤，爱穿典雅的服装，两耳上总变化着各种颜色的耳环。

李小林是一个极有个性的女性。

有感女性领导干部成长的不易

中国人民对外友好协会地处长安街黄金地段。友协大院很宽敞，由一个个小花园链接而成，绿荫中小道蜿蜒，四栋充满欧洲风情的小楼在阳光下泛着白色的光芒。凡是到过这里的人都会惊讶于繁华喧嚣的都市中心还有这么一片静谧美丽的地方。这里，曾是意大利驻华使馆。据资料记载，此宅初建于1902年。1900年八国联军打进北京城，火烧圆明园，意大利是八国之一，之后意大利就占据了长安街口的这片风水宝地，建起了使馆，历经满清和民国，直到新中国成立收回了这座宅院。1972年，经周恩来总理批示，中国人民对外友好协会迁入此院办公。

1972年这一年，也正是李小林结束在甘肃、青海当兵，到武汉大学外语系读书的日子。小时候，李小林曾想到医院当护士，因为她曾在301医院做过扁桃体手术，得到了护士们热情周到的照顾，那时她就感到白衣天使是一个很崇高的职业。当她把这个想法告诉父亲后，父亲说你这人怕血又怕死人，干不了那一行，你性格外向，爱说话，喜欢与人交往，还是从事民间友好工作吧。就这样，1975年李小林到了中国人民对外友好协会，从最普通的翻译干起。当然，友协的同事

们都知道她的家庭背景，也在看她到底是不是有真本事，李小林心里比谁都清楚这一点。她在当兵的时候，喂过猪挑过粪，什么苦都吃过，练就了她吃苦耐劳、坚忍不拔的个性，这样的个性被她带到了在友协的工作中，她是一步一个脚印地走出来的。说到自己在事业上的成长经历，在友协工作了30年、并在副会长的岗位上干了10年，她深感女性要想在事业上成功并非易事。男性可以通过抽烟喝酒交朋友，女性则不行。李小林说了一句真心话，她说，能干到副部级以上的女性领导干部，她们付出的努力是男性的许多倍，而没有家庭背景的女性更艰难。这就是李小林性情中的直率，不含糊，敢讲真话。那么李小林不就是有家庭背景吗？她的家庭背景是不是对她的今天很有帮助呢？李小林说家庭背景对于个人有好处也有坏处。好处就是，别人会将对她父亲的尊重延续到子女身上，有些问题可能对别人比较严，对你就相对宽容；坏处是，无论你怎么努力，人家都说你是有背景的，即便很多事情是靠自己辛苦干出来的。

诚然，家庭背景是不可选择的。李小林感到了家庭背景给自己带来的压力，所以在很长时间，她都不愿谈自己的家庭，她告诉我说，你们别总写我的家庭，读者未必愿看，人家会说他们这样的人每一步的人生台阶都安排好了，你们怎么不去写那些没有家庭背景的人呢？其实，李小林的这个心态和一些高干子弟一样，他们要摆脱家庭背景笼罩在自己头上的眩目光环，他们要独创一份事业，他们要看到自己亲手种下的小树开花结果。

用了四年的时间让友协大院旧貌换新颜

李小林的工作能力是友协同事们所公认的。

如今，我们大家看到的友协美丽的花园就是李小林的其中一个成绩。当年，院内的几栋小楼早已陈旧破败，四周都是乱七八糟的违章建筑。友协这么多年在民间外交上做出了很多成绩，然而接待国外友人时却往往很没面子，这院子也太没有形象了。想改造修复这里的建筑，是历任会长都想竭力完成的大事，可都由于资金的问题搁浅。1997年，现任会长陈昊苏把这个光荣的任务交给了李小林。李小林多年来因为工作关系，和国外许多友人结下了深厚的感情，这个良好的人际基础使她在不长的时间里募集了四百多万资金，再加上友协从别的渠道争取的经费，李小林开始干起了这件大事。先说设计，她到国外留过学，更有着见多识广的眼光，她将友协内的四栋旧楼设计成意大利风格，楼内摆设则是中西结合，独具风情。然后开始装修，按照文物保护规定，院内的小楼大框架不能变，只能在原来的基础上装修。于是，如何在保持原有构架的基础上突出欧式风格，如何在装修的同时加固原有的建筑等等，成了李小林那段时间晚上睡觉都在想的事，为了寻找好材料。她几乎跑遍了北京所有的装修城。现在大家看到的"友谊馆"曾经享有盛名，从20世纪50年代起，曾有5位国际友人在那里居住过，其中新西兰朋友路易·艾黎住得最久，直至去世。这个楼里曾经是高朋满座，我国的领导人也常常来这里看望这些著名的国际友人。然而由于小楼年久失修，地板都快塌陷了，楼上一走人，楼下就能听到"吱吱嘎嘎"地响。李小林1998年开始装修这栋小楼，工程完工后，无论是楼外，还是楼内，变化都极大，就连友协工作的人都很吃惊。在建楼之前，李小林就想好了一个名字"友谊馆"，同时，她请江泽民同志题写了这三个字。如今，"友谊馆"这个有着特殊历史的小楼已成为友协接待国内国际友人的窗口。小楼修复后，李小林又开始对院内进行修整，使之成为一个花园。这个工作从开始到完成，历经四年的时间。

李小林干起工作来很执着，同时她也是一个很具智慧的女性。女性领导干部的智慧体现在哪些方面？李小林认为，女性做事因为要掌握很多分寸，所以说女性做事要有更多的智慧。这种智慧就如你有一个美好的理想，但一人不一定能完成，需要你去说服身边的人一起去干，共同实现你的理想。说服的过程便体现一个政治家的智慧。

对民间交往情有独钟

李小林是一个绝不会虚度自己生命的人，她说人的一生很短暂，一定要做一些事情的。她现在不仅是友协的副会长，还是中国友好和平发展基金会的理事长，每天的工作日程都安排得非常满，手边的手机随时都在响，有人开玩笑地对我说，李会长的电话是平均五分钟有十个。我能感知李小林的繁忙，为完成这个采访，我和她约了好几次，还见过三次面，断断续续才完成。她留给人的印象是精力充沛、干练。

李小林对友协的工作情有独钟。1982年，她曾远赴美国加州大学洛杉矶分校攻读美国历史，并获硕士学位。毕业时，许多美国公司看中了她的学识和能力，以及在友协的工作经验，希望以高薪挽留她在美国工作，但是对祖国的热爱使她毅然踏上了归国之路。曾经，她的父亲不是很赞同她出国读书，主要是怕她留在国外。李小林信誓旦旦地对父亲说你放心吧。后来一拿到学位，第二天就乘飞机回国了。在李小林的心目中，民间外交是我们改善国际环境、适应多变的国际形势不可缺少的组成部分。她总感到自己工作性质有一种神圣感。

在担任副会长前，李小林曾经担任了很长时间的友协美大工作部主任。美大工作部主要是负责和美国、加拿大等国家的民间交往。1995年担任副会长后，仍是分管美大地区的工作。美国是发达的西方大国，中美交往在国际上的意义不由分说，然而，这此间也是充满了风云变幻，所以，李小林特别关注中美间的交往。过去，在她还没有到美国学习之前，她和中国许多老百姓一样，回首美国人曾在朝鲜杀人放火，就认为美国人是不是凶神恶煞的样子，随着1972年尼克松总统访华，中美双方打开了交往的大门，中国老百姓才有机会了解美国人。李小林说，自己当年到美国学习时，对如何与美国人交往，心里也没有底，但真正一接触之后，就发现他们都很友好，素质很高。李小林组织开展了许多中美间的民间交往活动，并和不少的美国人成了很好的朋友，其中值得一提的是和前美国总统老布什的交往。应该说，老布什和李小林及父亲的交往是很有渊源的。

1985年7月21日至31日，中国国家主席李先念正式访美，这是中国国家元首首次访美。访问期间，中美签署和平利用核能等四项协定和议定书。这是一次极具历史意义的出访，为中美关系打下了非常坚实的基础。当时，美国总统是里根，副总统则是老布什，李先念主席和老布什有过一番畅谈，但从未想到在十多年后自己的女儿也和他成了朋友。

1997年，中国人民对外友好协会邀请老布什到北京参加亚洲金融危机研讨会，他要在会上做主旨发言。作为副会长的李小林上前自我介绍后，老布什便紧紧握住了她的手，他清晰地记得十多年前和她父亲在美国相见的情景。老布什的家族在美国很显赫，在南部地区主要以经营石油为主，政治上也颇有影响，后来他的儿子小布什也成为美国总统，这是众所周知的事。老布什曾在美国前总统尼克松时代担任美国驻华联络办主任，他在中国呆了几年的时间，他能感觉到中国今非昔比的巨大变化，他对中国人民有着很深厚的感情。让李小林感受最深的是老布什的随和，他和人交往从不在乎对方有无官衔，他总是希望近距离地和人交往，他本人有很强的亲和力。有一次李小林陪他去故宫参观，四周都有武警严密保护着他，他却挤出圈子老远就和观望的老百姓打招呼，用中文说"你好"还和人家握手等等。一旁警卫的战士都很紧张，就怕万一出现安全问题，可老布什却认为这是他到中国访问期间最快乐的事。

和老布什的交往充满了乐趣

随着了解的加深，李小林和老布什成了无话不谈的朋友，老布什说李小林是他认识的中国人中最敢讲真话的朋友。他们之间有一个友好的约定，友协每年邀请老布什来参加各种国际会议，李小林则每年去一次美国到老布什家做客。

老布什常常对李小林说，中美关系是美国最重要的双边关系。当然，由于国家不同，意识形态不同，两人在一些问题上会有分歧。比如，针对美国爱拿中国的体制说事，李小林对老布什说："你们应该大度，应该容忍别的国家实施别的社会体制，只要老百姓接受。"当然，老布什很骄傲他们的社会体制。李小林就说："美国在两百多年的发展中，体制确保了这个国家的发展，这是毫无疑问的，但也不能说你的体制就是唯一的，别人就一定要照搬，因为每个国家都有他不同的文化、历史、国情，我们要学你们好的东西，所以彼此之间应有更多的包容，我中有你，你中有我。邓小平同志曾说，市场经济不是你资本主义国家特有的，应该相互学习借鉴，取长补短，互相尊重。"

1999年5月7日，美国和北约轰炸了中国驻南斯拉夫使馆，造成三人遇难、二十多人受伤、大使馆被毁。这是人类文明史上见所未见、闻所未闻的野蛮事件。李小林到美国访问时，前往老布什的家，她对这事百思不得其解，对老布什说："两国交战都不斩来使，美国怎能炸第三国的大使馆呢！"老布什认真地说："你一定要回去转告中国的领导人，这是一个大傻瓜犯的一个最愚蠢的错误，千万不要认为是美国政府故意炸的。"不过，不管有意或无意，中美两国的领导人都以极高的政治智慧把这事给平息了，使中美关系继续平稳健康地向前发展。

李小林感到，老布什有很强的政治理念和政治信仰，是一位充满活力的政治家，虽已是80多岁高龄，仍活跃在国际政治舞台上。李小林常常开玩笑地对他说："我在主席台上坐久了都感觉累，你是每天都要面对手拿照相机的记者却从来没有累的感觉，如果不是酷爱政治是做不到这一点的。"老布什听后笑而不答。

生活中的老布什是怎么样的呢？李小林讲了两个小故事。

老布什虽是80多岁的老人，却是身材挺拔、活力四射。李小林非常佩服这位老人。2004年，老布什为了庆祝自己80岁的生日，决定在他出生的家乡德克萨斯州高空跳伞。这是许多老年人绝对不敢想的事情。李小林和时任中国外交部长李肇星、中国驻美大使杨洁篪前往观看老布什的跳伞表演。老布什对李小林说，自己为什么要跳伞呢？他要让全世界的老年人都知道，老年人想做的事不要放弃，只要你想做的事都可做到，人生就是要有勇气，要面对所有的困难。他向大家表示85岁时还要跳。

有一次老布什离开北京回国，李小林等人送他到首都机场。在等待登机的间隙，老布什突发奇想，说要和李小林打赌，西藏拉萨到底有多高？赌金五美金。李小林当时就说：海拔三千四到三千五；老布什说是三千九到四千。两人说完这个数后，就分别找证据核实。哪知5分钟后，老布什突然改变规则，称：

"三千五以下你赢，三千五以上我赢。"最后，查询的结果是三千七。老布什赢了！李小林虽然输了五美金，却是深深体会到老布什的睿智与风趣。

李小林是一个喜欢做事的人，只要她认准的事，都能够完成得很漂亮，她自信地说她很少有失败的例子。也正因为她出众的工作能力和直言不讳的性格，难免会招来一些非议。对此，李小林也坦然，总不能因为别人说你，你就不做事吧？

◎手记◎

干练而自信的女强人

我相信，只要是采访过李小林的人都会说她是一个非常有个性的人。

出生在一个特别的家庭里，李小林留给人的印象自然是神秘。抛开这层神秘不说，她给我的印象是工作能力很强、与人交流能力很强。对外友协的很多重要的工作，的确是她一手做出来的，比如促进中美之间的交流，因为她的父亲李先念曾作为国家主席与美国前总统老布什之间有过友好交往，这为李小林之后与布什父子间的交往打下了很好的基础。在她的办公室里，有三张照片是放在她外间的接待室里的，一张是她年轻时在大海边的照片，那张照片很美，充满了青春的朝气；一张是她与父亲李先念的合影，她说她的父亲非常宠爱他这个小女儿，李小林和她父亲长得很像；一张便是她与老布什、小布什的合影了。

采访中，她的电话频繁响起，她很忙碌。她说话的语速很快，很直率。也许是她的家庭、也许是她的成长经历、也许是她总能张罗着大家做出一番大事情，总之，她留给人的印象是：自信。

成功之道

她认为女性做事因为要掌握很多分寸，所以说女性做事要有更多的智慧。这种智慧就如你有一个美好的理想，但一人不一定能完成，需要你去说服身边的人一起去干，共同实现你的理想。

◎附 录◎

各界名流及地方政要

◎ 耿莹 ◎

中国华夏文化遗产基金会会长、国务院原副总理耿飙之女

　　耿莹，女，1939生，湖南醴陵人，原国务院副总理耿飚之女。擅长中国画，作品有《听琴》、《文姬归汉图》、《游园惊梦》等。现为中国华夏文化遗产基金会会长。

性格中太多遗传了父亲
——中国华夏文化遗产基金会会长、国务院原副总理耿飚之女

耿莹已是70多岁的人了，可怎么也看不出来。她身材高挑适中，一条黑色贴身裤子，配上一双黑色的皮靴，穿行在和她同龄的老头老太太之间，步履轻盈，声音洪亮，老远就能听到她爽朗的笑声，尽管那高高挽起的花白头发，也让人无法准确感知她的年龄，这是她留给人的第一印象。第二印象就是，她热情、友善，是一个性格干练的性情中人。

不过，她的身份更加令人关注——她是耿飚的大女儿。

耿飚是老一代革命家，曾任国务院副总理。耿飚在世时曾给耿莹题字"莹儿，雄心壮志"，这句话，包含了父亲对女儿的了解和浓浓的爱。

耿莹说她的性格很多都是遗传于父亲耿飚。回首人生的路，耿莹属于那种爱折腾的人，她说她喜欢去做有挑战的、困难的事情，她说这样的人生才有意义。她这一生中做过多份工作，而现在担任的中国华夏文化遗产基金会是她最后一份事业，她说她会把这个句号画好。她身边的人都了解她：倔强，不服输。

不喜欢一生只做一件事

耿莹一岁的时候就被父亲放在马兜里辗转在硝烟弥漫的战场上，也许，这段独特的经历已为日后耿莹独特的人生经历埋下了伏笔。

耿飚常说自己的这个大女儿聪明且敢作敢为，而在耿莹自己看来，她是一个喜欢设计自己人生的人。她说人的一生很短暂，她不愿意这一生只从事一个职业，正因为如此，她频繁更换过很多职业，而且，每一个职业都认真地做。1961年，中专毕业的耿莹被分到北京地质队，爬了10年山，找了10年矿。"文革"后，她被调进北京制药厂当工人。37块钱一个月的工资，耿莹整整拿了17年。耿莹不喜欢靠着父亲的权力去解决困难，面对困难她总是自己去解决，当然不求人最好，可什么职业不求人呢？当医生。于是她便开始钻研中医。正好她听说厂里要成立肿瘤研究所，就开始策划，她说："那时候厂里有篮球队，领导经常去看比赛。为了认识那些领导，以便有机会进入肿瘤研究所，她每天早班下班后，都赖在篮球场等待机会。一次，我一个漂亮的三步上篮，领导看见愣住了，便问我是谁，愿不愿意到篮球队来。"就这样，耿莹让领导记住了她，最后如愿进了研究所并当了实验员。她是一个工作很认真投入的人，在外面总是风风火火，丈夫

受不了她这些，提出了离婚，什么都要，但两个女儿都不要。那时，小女儿才九岁。如今耿莹说起这段往事仍是欷歔不已，她说自己这一辈子总是能去帮别人解决很多困难，可自己的困难却是解决不了。这段痛苦的往事对耿莹影响很大。就这样，耿莹成了带着两个孩子的单身母亲。为了养家糊口，她决定做生意。

在一次到湖南老家去时，她找到了商机：为家乡的陶瓷在外沿海开个窗口。很快，她给单位打了一个辞职书后南下珠海。她兴高采烈地把刚拿到的公司营业执照给父亲看，当父亲看到法人的名字是"耿莹"时，他不无担忧地说，女儿啊，你十元钱都数不清还要做生意。知女莫若父，父亲没有阻挡她。就这样，耿莹像模像样地干起了生意，并很快小有收获。正当此时，命运与她开起了玩笑，"突然政策来了，中央说高干子弟不可以经商，我的所有资产一夜之间被封了。"

就这样，50岁那年，耿莹选择到美国闯荡。她的这个选择很胆大，连英文字母都不会的人要在美国立足谈何容易，在美国，她摆过地摊，后来她开始卖画，不到三年时间，她便在美国买了房子。

所有的磨难和挫折都被耿莹看成是一笔财富。

耿莹是一个把人生看得很透彻的人，她不想让自己有一天年老时还后悔自己人生的碌碌无为。她总是说，一个人这一生有三个不知道，一是不知道出生在哪家，二是不知是否有来生，三是不知何时离开。既然有这么多不知道，她就要在她年龄和身体都许可的情况下去努力。其实，在内心深处，她最真实的想法是，要对得起她出生的这个家庭，对得住自己的父亲。

耿莹常说父母这一代人教会了她很多很多，她回忆说，父亲对孩子总是严格要求，要给孩子们做新衣服，就是让裁缝去买一匹灰布，给孩子们做一样的款式。从小到大她都没有坐过父亲的车，有次她跟父亲请求要用车去机场接个人，父亲问为什么，耿莹说赶不及了，父亲责问为什么会赶不及，为什么不早一点儿去。家里有电话可以打，可父亲告诉子女，电话是外交部给我装的，不是给你们装的。

策划国共两党高级抗日将领后代的活动

但凡从新中国成立前的战争年月走过来的老革命们，在离开这个世界时都会有一个期望，那就是两岸统一。近几年，两岸关系就已经开始了友好地互动，但作为曾经的国共两党高级将领的后人之间的互动，耿莹开了一个头。

2009年11月8日，人民大会堂，一场特别的活动在这里举行。来自两岸的曾参与过抗日战争的国共两党高级将领的后代共100多人在这里见面，他们因中华文化遗产保护为主题的活动聚在一起。这是新中国成立以来首次以国共两党高级抗日将领后代为主导举办的系列活动。这个活动由中国华夏文化遗产基金会主办，基金会理事长耿莹早早来到现场，和在场的嘉宾谈笑风生，嘉宾中有左权的女儿左太北，有罗荣桓将军之子罗东进，有张治中将军之子张一纯，有赵登禹的女儿赵学芬。不一会，一个特殊身份的人到场了，他就是原国民党将领、曾担任台湾"副总统"的陈诚的儿子陈履安先生。耿莹和陈履安的手紧紧握在一起。耿莹拉着陈履安依次向他介绍共产党高级将领的后代们。第二代人的友好团聚是他们上代人没有想到的，整个气氛融洽而温馨。最开始，耿莹还想彼此之间可能会比较陌生，说起话来可能会拘谨。没想到，大家一见如故，谈笑自如，大家都亲切地称耿莹为"大姐"。本来就是一家人嘛。

其实，早在2004年，耿莹就在北京见过陈履安。陈履安从台湾监察院长的位置退下来后，多次来往于台湾和大陆之间从事慈善和文化保护类的工作，两人当年见面时，就是想在各自从事的事业上找一个契合点。当时两人不可避免地谈到了各自的父亲，耿莹说自己很小就听父亲说过，国民党高级将领中陈诚打日本鬼子很厉害。谈话在轻松友好的气氛中进行。耿莹告诉陈先生说自己打算成立一个文化遗产保护基金会，陈履安表示很有兴趣，他说自己的儿子现在就在北京发展，并希望日后大家能合作。告别时，两人互赠了自己父亲的传记。

时间一晃就是五年，这一次，两人又见面了。这一次，他们谈得更多的是关于孩子的助学和健康。他们已经谈妥要在这方面进一步合作。

这次活动最大的亮点是采土。耿莹策划的这个活动旨在以民间文化交流的方式，在两岸同胞民族认同的基础上，增进了解融洽感情，推动两岸文化交流及两岸关系和平发展。2009年11月，取土的第一站是曾经的抗日战场北京卢沟桥，采土出发仪式拉开了"华夏魂——首届海峡两岸大型文化交流"系列活动的序幕，全国人大原副委员长何鲁丽同志及数十名参加过抗日战争的国共两党高级将领的子女出席活动现场，庄严见证采集车队的出发，沿途精心采集平型关、台儿庄、武汉、长沙等战地圣土，以及宝岛台湾阿里山之土。

按照计划，11月10日上午，两岸嘉宾将会聚长城脚下，将采自于著名抗日战场的土壤放入已安放在长城广场的"华夏宝鼎"。可没曾想，前一天，大雪纷飞，提前而至的大雪天气让耿莹十分担忧第二天的活动是否顺利，因为天气预报说第二天仍是下雪。第二天一大早，一行人乘车前往长城，一路上，天空有些阴霾，还刮着冷风。可当车行至长城时，天空骤然间变得湛蓝起来，金灿灿的阳光从空中倾泻下来，八达岭长城被镶上了银装，真是一幅绝美的图画。特别是台湾来的嘉宾兴奋地跳下车，用尽各种形容词形容眼前的美景。大家都惊呼这是老天给予大家的一个好天气。耿莹开玩笑地对大家说，是我们的父辈在天上保佑我们这些第二代人，老人们在天上对老天爷说，过去我们一直在打，现在孩子们都七老八十了，都还在做好事呢，别把他们冻坏了。在场人都相信耿莹所言，想想上辈人的兵戎相见，再看看身边的已不再年轻的后代们，心生十分的感慨。

致力华夏文化的保护和传承

中国华夏文化遗产基金会成立于2007年，至今也就两年的时间，可耿莹却带着基金会做了很多的事。

面对当前中国文化遗产保护的现状，她意味深长地说，由于保护不力、开发过度，中国面临着一部分的文化、自然和文化遗产逐渐消失的危机。老一辈革命家打下了江山，建设了中国，也力所能及地保护了自然与文化遗产，和平解放北京城就是一个明证。现在重担落到了我们肩上，我们就要积极努力，在有生之年建立一个保护自然与文化遗产的平台，让所有有志于从事这项事业的后来人发挥他们的聪明才智，让我们优秀的民族文化和优美的自然文化遗产，能够子子孙孙地传承下去。

耿莹去了贵州关岭县两次，学过地质的她在大山里发现了已经裸露的三叠纪、白垩纪的地层，看到一个完整的27米长的鱼龙化石。她拍了很多照片，非常兴奋地说，这是一个极具研究价值的生物化石。为了保护好它，耿莹自己掏钱让附近的村民来做看护。

耿莹在一位村民家里还看到一棵2米高、非常完整的海百合化石，村民告诉她打算以800元价格卖掉，耿莹当即花了1200元买下了。回北京后，耿莹找到国土资源部的领导，阐述了她关于保护当地化石地层的想法。2004年1月，保护区面积达到200平方千米的贵州关岭化石群国家地质公园建立了。

说到这些有着2.2亿年历史的化石，耿莹显得很激动，她说，它们对于研究地壳，研究人类，太有价值了，千万不能破坏，破坏了就不会再生了。

2008年8月，一支来自内蒙古呼伦贝尔大草原的儿童合唱团"五彩呼伦贝尔"在北京展览馆剧场演出，36名来自内蒙古牧区、森林和农庄的孩子，用5种民族的语言演唱了30余首本民族代代相传的童谣。2008年9月，新疆民族文化和非物质文化遗产音乐剧《五彩传说——帕米尔高原的童谣》在北京保利剧院上演，演出者是继"五彩呼伦贝尔"儿童合唱团之后成立的"五彩喀什噶尔"儿童艺术团。

上述两个演出的主办方是中国华夏文化遗产基金会，具体工作和创意是基金会副会长、凤凰卫视王纪言台长一手培育的。

耿莹告诉我，"五彩呼伦贝尔"和"五彩喀什噶尔"两个合唱团有一个共同的特点，那就是团里所有的孩子都是来自人口较少的民族或部落。这些少数民族全都保留有自己的民族语言，人们能歌善舞，艺术天分出众。这些地方都拥有许多散落于民间的歌舞、传说、史诗、民俗等，亟待挖掘和保护，否则，随着时间的流逝，一些古老的艺术形式也许会因此消失断流。通过艺术团孩子们的表演，可以让更多的人来关注、关心这些可爱的孩子，帮助他们将自己民族的历史、口口相传的文化弘扬、传承下去。

为了让这些孩子学习文化知识及本民族的语言和历史，为将来能够考入民族艺术院校作准备，2008年，中国华夏文化遗产基金会投入200万元，与内蒙古呼伦贝尔市合作，在呼伦小学创办"五彩呼伦贝尔"儿童合唱团的基地——"五彩呼伦贝尔"儿童艺术中心，从此改变孩子们的一生。

"我们已经有了'五彩呼伦贝尔'、'五彩喀什噶尔'，我们还要继续创建'五彩四川'、'五彩云南'、'五彩贵州'等等。我们要一个民族接一个民族地做，从源头做起，从孩子做起，用孩子最质朴最纯真的表演让少数民族文化星火相传，这就是'五彩传说'计划的方向和责任。"耿莹动情地说。

耿莹说，父亲对她的影响是深远的，至今她做任何事情都会想，如果是父亲，他会怎么来处理呢？最后，她就会选择父亲可能去选择的方式来做事。她说，她总感到父亲在天上的眼睛一直就没有离开过她，正看着她怎么做事和做人。

◎手记◎

她没有某些高干子女的趾高气扬

耿莹大姐年龄70有余了，除了花白的头发外，她的所有状态却不像那个年龄的人，她的皮肤很白，身材匀称苗条，她活动四射，思维敏捷，纤细的手指很潇洒地夹着一支女式香烟。她的办公室布置得很有中式特点，许多小挂件能看出耿莹大姐年轻的心态。当然，墙上一定挂着她和父亲耿飚的合影，这是一份对父亲深沉的感情。

和她第一次见面是在卢沟桥的抗日战争纪念馆，那次，她邀请了很多老革命的后代，包括国民党老将军的后代。在那次活动上，我便有了和耿莹大姐的第一次谈话。感觉她是很能"罩得住"场面的人，方方面面几十号人，她逐一给大家引荐，说话得体，幽默开朗。耿莹用自己特殊的身份拉近了两岸间的关系，据知，国共两党高层军人后代聚会尚属首次。

她这些年一直奔波在公益事业当中，而她身边总有一个年轻女性跟随其左右，那是她的女儿。虽然单身几十年了，但耿莹大姐说自己过得很幸福，她和女儿一家人住在一起，三代人其乐融融的氛围幸福地包围着她。

尽管她的父亲是曾经为共和国做出贡献的中央领导人，但耿莹却坦诚地说兄弟姐妹们并没有沾到父亲什么光，没有做大官和赚大钱的，都是平凡人，过着普通的生活。

耿莹大姐待人热情坦诚，采访中我并没有问到她的婚姻状况，但她却很坦率地讲起了这些事情。她自己也开玩笑说自己没什么心眼，也不会防人。她有很多年轻朋友，这是她的心态年轻的重要原因。她不喜欢浮躁的人和事，她的身上鲜见某些高干子女的趾高气扬。

成功之道

虽是高干子弟，却未沾上父亲什么光。人生经历过很多磨难，却难以磨灭她心中的执着，她喜欢去做有挑战性的、困难的事情，她说这样的人生才有意义。

　　曾宪梓，男，1934年生，广东梅县人，现为金利来集团有限公司董事局主席、中华全国工商业联合会副主席。曾经在香港担任香港特区筹委会委员、港事顾问、香港中华总商会会长、贸易发展局理事等职。1997年获得香港特别行政区政府发勋街制度中的最高荣誉奖章——大紫荆奖章。

常回家乡看望

——中华全国工商业联合会副主席、金利来集团董事局主席曾宪梓

在香港商界中，曾宪梓先生的名字无人不晓，而在内地，他的名字更是广为人知，特别是他几十年如一日报效祖国的举止令人感动。

2009年7月，笔者来到广东省梅县。位于粤西北山区的梅县尽管这些年经济有了不错的发展，但比起广东的沿海城市仍是相差较远。但是这座被称为"华侨之乡"的小城是幸运的，因为这里的人在历史上就有到海外创业的习惯，他们在功成名就之后非常乐于让自己的家乡变得富裕，而曾宪梓就是其中最有影响力的著名华商，他和他的"金利来"品牌的影响力波及全世界。

尽管曾宪梓的成就广为人知，但他在生活中最真实的一面却鲜为人知，笔者有幸近距离接触并感知到曾先生身上最真实的东西。

节俭和幽默

曾宪梓每年都会从香港回梅县小住几日。每次他都让司机开上五个多小时的车程把他从香港送过来，其实，从梅县到香港有飞机，可曾先生说太贵了，还是开车过来划算。这一次，曾先生在梅县住的时间最长，有一个月的时间。

曾宪梓于1985年在梅县建立的"金利来"梅州工业中心，是那时最早落户梅县的外资企业，多年来为当地解决了很多就业问题。2008年，曾先生又把工业中心的一片空地开发成了"金利来城市花园"商品房，这是目前梅县最高档的楼盘，无论是布局还是小区的环境均为一流。曾宪梓酷爱各种花草，亲自对花草的布局作了设计，花草引来了小鸟，每天早晨都能听到鸟叫的声音，真是鸟语花香。曾宪梓住在其中的一栋楼里，这也就成了他每次回到梅县的新家，曾先生的朋友很多，来自四面八方，不分高低贵贱，特别是他家乡的村子里会有许多乡亲来看他。朋友到来，曾先生总是努力尽地主之宜。这里，每天都是高朋满座，欢声笑语。

因为曾先生的身体原因，我们更多地是在吃饭时间能见到他。

熟悉曾先生的人都知道，和他在一起吃饭，千万不要客气，就像他在饭桌上对我这个新客人说的："我不给你夹菜啊，你不要客气啊，大家都吃饭，客气就犯规。"这样也好，少了许多拘谨。虽然不会给你夹菜，但他很照顾大家，一会扭头告诉这个朋友，这个菜很好吃，你要多吃一点，一会又扭头告诉那个朋友，那个汤很香你要多喝一点。他不挑食，什么都吃，偶尔还会有些小发明，比如他

会滴几滴生抽在粉红色的西瓜上，说这样很好吃。他从小就很喜欢吃梅县当地人手工做的一种面条，这次朋友从很远的乡村里带来，他一口气吃了两碗，边吃边说很香呢，吃不完带回香港去！有一天，我们正在外面逛街，就听他的秘书给司机打来电话说他想吃一种当地做的包子。我们的车子就在小县城穿街走巷寻找买包子的地方，最后在一个又窄又老旧的小巷口停下，司机进到一个光线昏暗的小饭馆去买了几个包子出来。曾先生说他就想吃家乡的东西，每当吃到这些东西时，童年的记忆油然而生。

曾先生很节俭，和他在一起吃饭，感受不到他是一个有钱人，饭桌上都是家常菜，我发现他夹菜时掉在桌上的都会重新夹起来吃，他吃饭的碗很干净从来不剩一粒。他曾经出差到北京，住在北京饭店，吃一顿早餐一个人就要70多元，他就让秘书到饭店旁的小餐馆去买便宜的，回到饭店时怕被别人看见有想法，就用报纸包好后再带进饭店。对自己他是斤斤计较的，但他对国家或是需要帮助的贫困的人却很慷慨，多年来他在中国内地捐助8亿多，这一次他回梅县一个月的时间就又为家乡捐了一千多万。个人的节俭和慷慨无私的捐助，是多么的天壤之别，没有一种高尚的境界是很难做到的。

曾先生很幽默，经常说笑话把大家逗得哈哈大笑，比如说他告诉我，这一桌菜都很新鲜呢，就连牛肉也是几个小时前从刚宰杀的牛身上割下来的，我知道那些肉菜绝对都是纯天然食品，没想到牛肉也是那么新鲜，正在我信以为真时，大家都笑起来，我这才知道曾先生是在开玩笑。只要有机会与曾先生相处就能感受到他对大家的关心和宽厚。比如他会关心外地来住在他家的朋友晚上起来是否有凉开水喝？梅县金利来工业中心的负责人张姐出生在香港，她很小就到曾宪梓的领带家庭作坊里当学徒工，至今与曾先生共事了四十年，她说，她很感谢曾先生让她学到了很多东西，无论是做人还是做事。能让一个人把自己大半生的光阴都交给一个企业，不能不说这个企业的老板很具管理能力和人格魅力。

热衷捐资教育

曾宪梓出生在梅县扶大镇所里村一个贫困的家庭里，如今他的祖屋早已空空荡荡，有一个亲戚在帮他看屋。每年他回到梅县都要去老屋看一看，那里有他童年贫苦的记忆。

那天早晨，大家陪着曾先生去了他的祖屋，也就是他的出生地。车在蜿蜒的小路上行驶着，最后停在一栋很有年头的房屋面前，这是客家人典型的围屋。乡亲们一大早就等候在路的两旁。曾先生在朋友的搀扶下进到院子里，这一切对他是多么的熟悉。乡亲们点燃一串欢迎的鞭炮。而我则走进了一旁的小屋，里面一张古旧的雕花床，曾先生就出生在这里。斑驳的墙上挂着他母亲年轻时候的照片，空气中仿佛还飞扬着年代已久的尘埃。

这一次，曾先生在祖屋里停的时间也不短，兴许是他想念自己的亲人了。

曾先生去的第二站是他捐资的三个学校。这三所学校间的距离不近，他身边的工作人员也担忧他的身体是否能吃得消，因为天气非常闷热，但曾宪梓却已作决定，按他的性格谁也改变不了他。

在丽群小学（以曾先生的太太黄丽群女士的名义捐资的学校），曾先生认真地看着学生们写的毛笔字，不断发表评论"不错，不错"，脸上甚是欣慰。在曾宪梓中学初中部，他对老师们说，学英语很重要。在曾宪梓中学高中部，曾宪梓来到一个宣传栏前面，上面贴着全国优秀学生及广东省优秀学生的照片，校长向他介绍说，今年的高考，梅县有三个学生考上了清华大学，其中一名就来自曾宪梓中学。曾先生听说后非常高兴，他当场就说要请这个学生上他家去吃饭。第二天中午，校长带着这个学生来到了曾先生家中，曾宪梓很热情地接待了这个学生，和这个学生聊起来，他说，人首先要爱自己，成为一个品行端正的人，你才能去爱国家，为国家做贡献。我感到曾先生对年轻人的教育更多是从人格和人品出发，就如他说，他年轻时创业很辛苦，从来没有任何不良嗜好，后来成功了，他仍然没有任何不良嗜好，他还是他——一个思想和言行举止还停留在传统的50年代的曾宪梓。的确，一个在事业和人品上成功的人才能算是一个成功的人。

在梅县，曾宪梓对当地的教育事业支持是很大的，仅就捐建学校就支付了一个多亿。曾宪梓先生曾经邀请教育部的一位副部长来考察梅县的教育情况，这位副部长很惊讶：在这个不发达的小县城，学校的建筑和设备怎么那么好？

梅县是客家人聚集之地，在客家文化里，一直都有崇尚文化、重视教育的习俗。曾宪梓生长在这样一个人文环境里，通过自身的努力考上大学最终改变了贫困的人生，所以他很重视教育，正因为有了很多如他这样热爱家乡的华人的支持，再加之这块土地上本就有"读书为先"的风气，梅县学生的大学升学率都非常高，就拿广东省的重点中学、曾宪梓曾就读的东山中学来说，每年仅是考上本科的就在八成以上。

梅县有一条街道叫"宪梓大道北"，走过这条大道就到了"丽群小学"。这是梅县人用最简单而纯朴的方式在感激曾宪梓及家人对家乡的爱心。在中国，曾宪梓是名人，一个对国家卓有贡献的名人，而在梅县，曾宪梓却不仅仅是名人，更是一种精神，是一座城市的自豪。

友善、乐观、坚强

曾宪梓身上流淌的爱国热血仿佛每时每刻都会迸发，这不仅仅限于他在公开场合中的讲话，在日常生活中，他更是不经意地流露。

他谈起中国近代史非常有感情，无论是清代的鸦片战争，还是近代史上中国共产党的浴血奋战，他说，只有了解中国革命的历史，才会明白只有共产党才能领导中国。每当说起这些，他的眼眶总是湿润的。大家都知道，香港的顺利回归，曾宪梓的功劳是卓著的，无论是回归前，还是回归后，反对派只要有任何言论，曾先生几句话就能让对方不敢再说下去。他的敢讲敢做，在香港政商两界是出了名的。许多人就说，他们敬重曾先生并不因为他的富有，而是因为他正直的人品。

多年前，经媒体报道，曾宪梓先生的身体状况成了全国人民关注的焦点，这么一个对祖国贡献很大的慈善老人，要让他赶紧摆脱疾病的困扰！于是，素不相识的人从四面八方寄来各种祖传药方，曾先生很感动，他说他很感谢大家对他的厚爱，他知足了。

曾先生是一个很坚强乐观的人，每当他发出爽朗的笑声时，你很难想象这是一个每天需要靠透析才能维系生命的老人。他总是以阳光的心态面对每一天。每天早晨，雷打不动地游泳一个多小时，他的蛙泳游得非常好，他年轻时就是运动健将呢。和朋友或客人在一起，他总是愿意把快乐送给大家，可他身边的人都知道，他的身体很虚弱，讲话多了就很累。有时他太累不想说话就告诉大家，我很累不想说话了，你们别以为我生气了啊。他总是为别人着想。

他是一个非常谦虚的人，每当有人当面去夸耀他的成就时，他就会摇摇手，我只是个普通人而已。

他是一个非常认真的人。他常常会去视察他捐资的学校是否按照正确的教育思路去培养学生，当发现有的学校做得并没有那么好时，他就很生气。

从全国人大常委的位置上退下来后，他仍然很忙：各届人士要去看望他，他需要安排时间接待，就算是一个名不经转的小人物去看他，他也决不会敷衍；他捐资的各项事业，他要去关注，不是说钱拿出去就不管了，他要努力实现好的结果。

在告别曾宪梓先生回北京的路上，我一直都在沉思，短短的几天时间，我从他身上感受到了一个富商内在的一种精神。

◎手记◎

他愿让旁人都快乐

我前后为曾老先生做过两次专访，前一篇文章重点写的是他的创业经历和慈善事业，而后一篇也就是这本书选用的这一篇更多写的是我感知的他最真实的一个侧面。

曾宪梓老先生有如今的辉煌，让人很难忘却他艰难的创业史，当年年仅34岁的他带着家人到香港创业，每天靠在街边卖领带维持全家人的生活。他的创业史和慈善事业在网上能搜索到很多。正因为对他的敬佩，我有了对他的第一次专访，那是2007年的冬天，我在北京饭店采访了他，当时他告诉我他站不起来，只能坐在椅子上接受采访。采访间歇，他的私人护理还给他注射针剂进行治疗，曾先生曾两度换肾。2009年，我应曾老先生之约前往梅州他的家乡对他进行了第二次专访。梅州是他的家乡，他的企业在那里开发有房地产项目，其中的一栋带着电梯的四层小楼就是曾老先生每次从香港回来居住的地方，屋内的布置简洁大方，有两个菲律宾籍的佣人照顾着大家的生活。我就住在他家。梅州当地的官员几乎每天都有人来看望他，对梅州来说，曾宪梓就是他们的贵人，他无数次地捐助过当地的各项事业。

曾老先生留给人的印象是快乐的，但他身边的人知道，一个再坚强的人受疾病折磨十多年，坐在轮椅上每天都要打针吃药，哪能天天都快乐？曾老先生善于为他人着想，他不愿意带给别人不快乐的东西。很多人会羡慕他有钱，但曾老先生却对我推心置腹讲了这么一句话：有钱人也有有钱人的烦恼。

成功之道

老先生有如今的辉煌，让人很难忘却他艰难的创业史，当年创业靠在街边卖领带维持全家人的生活。成功商人的背后总有着勤劳与诚信做支撑。

◎ 邓亚萍 ◎
人民日报社副秘书长、人民搜索总经理

　　邓亚萍，女，1973年生，河南郑州人，前国家队乒乓球运动员，获得过18个世界冠军、连续2届4次奥运会冠军，是第一个蝉联奥运会乒乓球金牌的球手，被誉为"乒乓皇后"，是乒坛里名副其实的"小个子巨人"。 2001年北京申奥团成员之一，北京申奥形象大使；2009年4月16日，就任共青团北京市委副书记。2010年9月26日，邓亚萍任人民日报社副秘书长兼人民搜索网络股份公司总经理。

申奥背后的艰辛

——人民日报社副秘书长、人民搜索总经理邓亚萍

从1997年退役后，邓亚萍的学习和工作一直和奥运会息息相关。她参与了前后两次申奥工作，为之付出了不少心血与努力。她说，参加两次申奥也使我个人受益匪浅。如今的她，已步入政界，成为一位成熟智慧的女性。

奥运会是要让更多的老百姓受益

2001年2月，由国际奥委会委员和相关专家组成的奥组委评估团要到北京来考察。当时还在英国诺丁汉大学读书的邓亚萍接到北京奥申委的通知，要她立即回国。2月20日，邓亚萍考完最后一门课程，第二天立即赶回北京，参加评估团的接待工作。送走评估团之后，她又担任5位申奥形象大使之一，从此开始参与申办工作。回国后不久的一天，她到商场买东西，一个售货员看见她，非常激动，跑过来拉着她的手说："邓亚萍啊，你是申奥形象大使，你一定要努力工作，多拉选票，一定要让北京办奥运会！"邓亚萍反问她道："为什么您这么希望北京办奥运会呢？"售货员回答说，"如果我们北京办奥运会了，我们家的老房子马上就能拆迁了。"

"我当时真没想到是这样的回答。这句话一直在我脑海里回响。我可以想象她的处境，如果申办成功，她就可以住新房子了。她不仅仅代表她一个人，她代表一个阶层，他们比谁都需要机遇，他们需要这次机遇改变生活，提高自己的生活质量。"北京奥申委曾做的调查显示，有94%的北京市民支持申办奥运会，国际奥委会同样在北京做了调研，他们的调查结果比我们还高，是95%。"为什么我们申办奥运这么得人心？中国老百姓期盼奥运会，不仅仅是因为奥林匹克精神，更是因为能改变他们的一些生活状况。"

这个故事让邓亚萍很难忘，后来，为了成功申办北京奥运，在给国际奥委会委员做工作时，她时常讲起这个例子。"大道理他们很难听进去，这个鲜活的例子却能打动他们"。在卢森堡拜会大公时，邓亚萍和他谈了半个小时，讲到这个故事时，对方很激动，他意识到这一票投下去是非常神圣的，能让中国的老百姓受益，是很有价值的。

"实际上，奥运并不仅仅是弘扬体育精神，还有更多的内涵，比如说国际奥委会委员们希望奥运会能够帮助更多人，北京有1300万市民，能够让他们的生活得以改善，不是比在任何其它城市举办意义更大吗？"邓亚萍也经常跟委员们

说：“传播奥林匹克精神，是不是要到人更多的地方传播？从这个逻辑上来讲，也应该到中国来办啊。”

用真诚化解偏见

两次申办，历时8年，这是一条漫长而艰苦的路，邓亚萍用“残酷”来形容其过程。“1993北京在最后一轮以两票之差失利。在第二次申办时，我们更加谨慎，不放过任何一票，因为任何一票都可能是致命的。”

在向国际奥委会委员宣传中国的过程中，最大的困扰是大部分委员没有来过中国，对中国不了解，有些甚至抱有成见。“从第一次的失利中我们总结了很多经验教训。2001年的这一次，我们更加注重以人为本，在给委员做工作的时候更加人性化。”邓亚萍讲了一个例子：瑞典的一位奥委会委员公开反对北京申奥，跟他预约见面他也拒绝。为了争取他这一票，国际羽联主席吕圣荣得知了他的生日，又通过驻瑞典大使馆找到了他的住址，在他生日这天上门拜访。他住得偏僻，几番辗转才找到，不巧主人还没在家。吕圣荣在门口等待良久，只得把带来的鲜花留在门口才离开。这位委员回到家后看到门口的鲜花卡片，又听邻居说那位中国朋友如何苦苦等待，十分感动，“因为人心都是肉长的，对方能感受到我们的真诚。之后他对中国申奥的态度也转变了。”

身为国际奥委会运动员委员会以及体育和环境委员会委员的邓亚萍自然责无旁贷。“我有一个比较有利的条件，我与运动员委员会的委员们共事过，大家都是运动员出身，比较容易沟通。”

运动员委员会的十几个人，只有两三个人来过中国，且是多年以前。用他们的话说“你们当年穿的衣服只有三个颜色”，言下之意是，也就十多二十年也一定还是那样没有什么变化。可他们哪里了解中国这十多年的变化是多么地翻天覆地。为了做他们的工作，邓亚萍先与在欧洲的委员们联系，然后按着预约的时间开始跑。为了见到在美国的鲍伯，邓亚萍曾在3天里从北京到洛杉矶打了一个往返，就是为了跟对方吃顿饭。澳大利亚游泳运动员苏珊·奥尼尔是一个很难攻克的“堡垒”。由于中国也是游泳强国，她本就有所抵触，且她早年来过中国，对中国有些成见：“你们游泳池的水脏得要命，我想象不到如果我们的运动员到中国比赛将是个什么环境。”再加上中国以前出现过兴奋剂问题，她的态度很强硬，每次约她答复都是“没什么好谈的”。邓亚萍还是抓住一切机会给她做工作，“真是磨破了嘴皮子”。在投票前一天晚上，邓亚萍约她吃饭，跟她谈了三个多小时，“我跟她讲，要看积极的一面。世界反兴奋剂组织公布的数据显示，中国每一年都是大大低于世界平均值的。只有中国把反兴奋剂条例写进了体育法，说明中国政府反兴奋剂的决心。我们有信心举办一次高质量的奥运会……"最后，虽然对方没有给出任何承诺，但是邓亚萍能感觉到她被自己说动了。北京申办成功后，苏珊·奥尼尔参加了大使馆举办的宴请会，"如果她不支持中国，怎么会来呢？"

回忆起那段日子的辛苦忙碌，邓亚萍说："我做的工作其实是寥寥的。北京奥申委已经把各方面工作都做得充分细致，像何振梁先生、吕圣荣先生，他们做得更多。"

最后的战役

投票前一天，还有一场"硬仗"要打，那就是北京申奥代表团的新闻发布会。"这短短的半个小时对我们来说是很大的挑战，因为要面对来自全世界的记者，应对任何敏感尖锐的问题。"

申办工作临近最后关头，任何闪失都可能让前面的努力功亏一篑。为了这次新闻发布会，奥申委做了充分的准备和必要的培训。"事先把最困难最尖锐的问题想清楚了怎么去化解。"

7月12日，新闻发布会在俄罗斯莫斯科斯拉夫饭店举行，由奥申委秘书长屠铭德主持，王伟、楼大鹏、廖秀冬、邓亚萍出席。

记者们就北京的环境、交通、财政、人权状况以及体育场馆建设等方面提出的问题，均得到了圆满的解答。最后，一位瑞典记者起身问道："为什么瓦尔德内尔极力支持北京申奥？因为他参与拍摄北京申奥宣传片，瑞典民众对他意见很大，你们怎么看？"这个与运动员有关的问题，自然由邓亚萍回答。她的回答是："瓦尔德内尔从80年代初就在中国训练，没有中国，就没有他今天的成绩。他真正看到了中国20年来的发展，所以我理解他为什么愿意拍这个宣传片。乒乓球是中国的国球，作为乒乓球运动员，他当然愿意奥运会在热爱乒乓球的国家举行。"这个回答迎来了记者们的掌声，新闻发布会圆满结束。

邓亚萍说："这么多的中国运动员，我能赶上这个机会是很荣幸的。我也逼着自己必须学很多东西，把我们上下五千年的文化，改革开放这些年来的成就熟悉了解，还要通俗易懂地讲明白，不然就没有办法应对。"

两次陈述

两次申奥，邓亚萍都作为运动员代表作投票前的总结陈述。93年的时候，邓亚萍还一句英语不会，由国际司的刘北剑写好几句话，她一句一句硬背下来。"陈述的前一晚我基本没有睡觉，嘴里反复叨唠那几句话，比参加世界大赛还紧张。轮到我上场时，我感觉心里怦怦直跳。但毕竟参加过那么多场的世界比赛，一上场还是能够镇定下来，把那几句话顺利地背下来了。"

2001年再次准备申奥总结陈词时，邓亚萍已经在英国诺丁汉大学攻读硕士学位，可以用英语写论文了。为了突出运动员的特点和感受，北京奥申委决定由邓亚萍自己来写这段陈述。短短两分钟的发言，要给人留下深刻的印象。邓亚萍反复思考，写了好几稿都被自己推翻。这时，邓亚萍回忆起在2000年悉尼奥运会的时候，自己参加火炬接力，那时她真正感受到了老百姓是怎么看待奥运会的。"家家户户都把桌椅搬到了路边，喝酒、聊天，每张脸上都是笑容，就像过节一样。"这时，一群孩子围过来了，问各种各样的问题："你从哪来啊？""为什么选你当火炬手啊？"一个三四岁的小男孩指着邓亚萍手中的火炬问她："我能摸摸吗？"邓亚萍微笑着蹲下身说："当然可以啊，你可以拿着它拍照。"

"那个孩子的眼睛里闪着惊喜的光芒。他那一刻的笑容给我的印象太深刻了。我当时就想，我们国家有4亿青少年，如果让他们能感受到这种喜悦，那多好啊。"

于是，邓亚萍把这段经历写进了最后的陈述中。2001年7月15日的那一刻，邓亚萍对世界这样说："让我与您及我的朋友杨凌分享我在悉尼参加火炬接力时的一段经历。人们高兴地欢笑着。一个小男孩向我走来，当他触摸到火炬时，眼睛一下子就亮了。我能感觉到，在那个时候，他的一生发生了变化。如果奥运圣火能够来到中国，在4亿青少年的心中点燃，那该有多好啊！现在，我们请您给我们一个亲身经历一届伟大的奥运会的机会。北京的奥运会将成为奥林匹克历史和中国历史中的一个里程碑。这将是激动人心的时刻，现在，我想与我的朋友一起与您们分享这一激动人心的时刻。"

陈述结束后，邓亚萍觉得更有信心了。"大家都感觉北京的陈述报告要比其它几个城市好。我们准备得太充分了。"

任何事情从现在开始做都不晚

从5岁开始打乒乓球，一直到24岁退役。她几乎将所有的时间都放在训练和比赛上。1997年，由萨马兰奇亲自提名并任命她为国际奥委会运动员委员会委员，后来又担任体育和环境委员会委员。但是由于语言不通，无法跟其他委员沟通，因此，她选择到清华大学英语系学习，就是为了过英语关，以胜任奥委会的工作。

刚进清华时，老师想看看她的水平，让她写出26个英文字母，邓亚萍费了好大劲才写出来，还是大小写不分。"当时知道自己的水平，肯定是最差的一个。但是我做了一番分析，我经历的事情，我所承受过的压力，是其他同学无法和我比的，这是我的优势。我也坚信，任何事情从现在开始做都不晚。抱着这样的信念开始读书。"

每天5点起床，读音标、背单词、练听力，直到上课；晚上整理讲义，温习功课，直到深夜12点。每天14个小时，她拿出训练时的勤奋，与英语搏斗。快一年过去了，她开始找到自己的路子，"我开始逐渐找到自己学习语言的门道了。虽然语言和打球是两回事，但任何事情做到一定高度后，其实都是通的。"最终，邓亚萍凭借论文《国球的历史及发展》顺利拿到了清华大学的本科文凭，更在毕业典礼上用流利的英语向老师致词。

过了英语关后，邓亚萍又发现仅仅会语言是不够的。"在国际组织里中国人没有多少。怎么样有中国人的声音，怎么样有中国人的一席之地，真的要看个人。国家是强大的后盾，但个人的魅力也要有。于是越发感觉到自己的知识不够，还是要往前再走一步。"

在这个信念的激励下，邓亚萍又到诺丁汉大学攻读硕士学位，专业是中国当代研究。2002年底，她以4万多字的论文《从小脚女人到奥运会冠军》，顺利获得了硕士学位。后来这篇论文被收藏在国际奥委会的博物馆。之后，她又把目标锁定了剑桥大学博士学位。从2003年开始，邓亚萍一边工作，一边攻读博士学位，研究方向是奥林匹克品牌，"我的专业就是发掘奥林匹克的商业价值，实际上是寻求奥林匹克发展的原动力。"为了完成博士生论文的一部分，她曾把自己关在家里整整写了20多天，没有下过楼，每天吃速冻饺子。长时间固定姿势写稿诱发了邓亚萍的颈椎病，头不能移动，她就以一种固定的姿势坚持查阅资料和写作。

多年的国外留学经历，邓亚萍认为西方教育给自己最大的收获是："做任何事情都要先去调查研究，做深入的扎实的分析，在此基础上做决策，就可以把风险降到最低。"

如今，历任国家体育总局体育器材装备中心主任助理、北京奥运会组委会奥运村部副部长、共青团北京市委副书记、人民日报副秘书长兼人民搜索总经理的邓亚萍正在不同的岗位上做着让大家关注的事业。

◎手记◎

聪明与勤勉的女性

用聪明这个词来形容邓亚萍好像还不足够，因为她的确将她的聪明才智发挥到了极致。

采访她时，举国上下正在准备迎接北京奥运，而她也正准备调任奥运村宣传部长。采访她时，每问一个问题，她都会谈得非常好，而且语句中充满了机智和智慧。她的口才很好，让人感觉到她可不是一般的奥运冠军呢。第一次见面，我就感觉到她非常适合从政，因为她对问题的处理方式绝不像普通运动员那样简单，而是有着非常清晰和缜密的思路。

除了感觉她的聪明才智外，还能感觉到她不一般的勤奋和努力，一个根本不会一句外语的人，到现在可以用一口流利的英语去演讲，可以想像她在学习时努力的那股劲。有的奥运冠军，几年后就被大家淡忘了，而她，始终在人们的视野里活跃，而且一直在向事业的更高境界发展。

最后一次见到邓亚萍是因为一个评选活动，我电话通知她参加，她是被评选出来的精英人物之一。尽管她身材不高，长得也并不漂亮，但她在人群中总有一种吸引人的气场。关于邓亚萍的"气场"，人们并不陌生。当年乒坛，她的打法以凶狠、强悍、咄咄逼人著称，有一种掌控全局的霸气。如今，这种霸气里更平添了从容与恬淡温和。她的成功绝非偶然，她是一个很聪明的人，懂得自己要做什么，懂得如何在聪明与勤勉的交织中去散发出最美好的光芒。

而今的邓亚萍已在人民搜索担任总经理，有媒体这样报道她：从体育走来的邓亚萍，已经颇具商界大佬的气场了。她在北京寸土寸金的国贸商圈有近5000平米的办公场所，有总经理助理若干、秘书若干，团队还里有很多IT行业的牛人……

成功之道

有的奥运冠军，几年后就被大家淡忘了，而她，始终在人们的视野里，而且都是向事业的更高境界发展，她的成功绝非偶然，是她将自己的聪明才智与勤奋努力相结合并进行了最有效地发挥。

◎ 张力 ◎
教育部国家教育发展研究中心主任

　　张力，男，1955年生，北京人，北京大学物理系毕业。现任教育部教育发展研究中心主任、研究员、博士生导师。系北京大学、北京师范大学等多所著名高校的兼职教授。兼任全国教育科学规划教育战略学科组组长、中国教育发展战略研究会常务副会长、北京市政府专家顾问等。参加了中共中央、国务院、国家教委和教育部许多重要文件、重大教育政策的调研起草工作，在公共教育政策分析及研究方法等领域有深入的研究。

为宏观教育政策研究提出好建议

——教育部国家教育发展研究中心主任张力

张力，国家教育部教育发展研究中心主任。从上世纪80年代中期以来，他一直致力于国家宏观教育政策的研究，多次参与党中央、国务院及教育行政部门有关教育政策的调研起草，他提出的很多建议都被中央文件参考和采纳。

作为瞄准世界最大规模教育体系的一名政策研究人员，他的这一段特殊的人生经历必定让他一生难忘。

张力在教育部的办公室书柜里放满了书，茶几上也都是期刊和报纸，空间显得有些狭窄。瘦高的身材、花白的头发及学者的风度，这就是张力，外形的特征让人很容易记住他。他很忙，不停地出差调研，不久前刚忙完《国家中长期教育改革和发展规划纲要（2010-2020年）》的起草。他笑着说，要闲下来就要等退休以后了。

力度最大的国家级教育扶贫工程

1994年，第二次全国教育工作会议召开，这是张力特别难忘的一次会议。有两个原因：一是因为80年代末到90年代初我国刚刚进入改革开放，教育改革发展面临的困难太多，最大的困难就是经济条件薄弱等，这是一次具有里程碑意义的会议；二是因为这是张力到国家教委后第一次全程参与整个会议的前期和后期工作。

1985年，改革开放以来第一次全国教育工作会议召开后的两个月，张力从北京大学调入国家教委政策研究室工作，他参与了有关后续政策调研。1988年，他开始参与第二次全国教育工作会议筹备，这是他首次参与国家重要文件起草工作，张力和他的同事受命对全国教育发展指标进行分析，为党中央、国务院制定到2000年的《中国教育改革和发展纲要》做准备。

记忆中，那些倚墙而立的孩子们总是勾起他的阵阵心痛。从1988年开始之后的五年里，张力前往贫困地区调研就成了常态性的工作。

张力和同事们跑了宁夏、陕西、甘肃、四川、贵州等省区的许多贫困县。在一所破旧不堪的农村小学，张力被眼前的景象深深震撼了——校长一敲破犁铧片，学生涌入教室，争相抢占靠墙根的位置。原来，教室内只有老师的一张课桌，所有学生站着上课，靠墙总比站在中间省些力气。此时已是初冬，1/3的学生竟还穿着单薄衣裤。有的家长为了供孩子读书，把家里唯一下蛋的母鸡都卖了，就为交杂费和书本费。张力说，不少学生每天往返十多里路，有的家长觉得念书太辛苦了，念了也没什么用，索性就不让孩子上学了。

1993年，张力和他的同事把精心梳理的专题报告呈交当时的国家教委，随后，历经五年调研的《中国教育改革和发展纲要》正式出台，明确提出"积极支持贫困地区和民族地区发展教育"。

"但这毕竟只是一份国家级的纲要，迫切需要一个专门的教育扶贫项目做依托"，张力说，筹措资金是当务之急。

几个月之后，他就接到任务，向来华考察合作项目的世界银行高级项目官员毕和熙（HalseyBeemer）先生介绍中国政府落实《纲要》的设想。于是，张力在《关于全国义务教育扶贫工程的初步设想和建议》中提出，国家能否拿出一笔专款，用于贫困地区校舍改造和教师津贴。

张力没有想到自己的这个建议很快有了好消息。1994年，当时的国家教委和财政部即派人赴山西、内蒙古等地进行专题考察，确立了实施国家贫困地区义务教育工程的具体建议构想，很快，在第二次全国教育工作会议召开后的1995年，为期5年的第一期"国家贫困地区义务教育工程"正式启动，中央财政投入专款39亿元，地方配套资金87亿元，共计126亿元。此后，中央和地方又大规模追加投资，实施了"国家贫困地区义务教育工程"二期和三期工程。我国改革开放以来财政资金投入最多的教育扶贫工程，就这样成为国家教育政策的重要组成部分延续下来。

能参与其中，并且提的建议被参考采纳，最终使"千百万贫困家庭的孩子，实实在在地感受到了国家的温暖"，当然就成了张力一生难忘的事。

为国际组织提供中国教育经验分析报告

从事宏观教育研究多年，张力能亲身感受到中国多年来的教育改革及变迁。

张力一直在关注世界各国特别是发达国家教育战略政策的动向。比如日本韩国的教育为经济起飞提供了重要支撑，美国政府为应对金融危机大幅增加教育投入，再如2010年的《欧盟2020战略》确定了智能增长、可持续增长和包容性增长的目标，试图以教育促创新，以创新促增长，以增长促就业，以就业促和谐。国外的这些经验也为中国政府的教育决策提供了有意义的参考。他也曾多次随同中央和教育部领导去国外考察和参会，每一次都有很大的收获。

2003年9月，联合国教科文组织第32届大会在巴黎举行。190个会员国约300名部长近3000名代表出席了会议，会议重点是推动全民教育、消除贫困、促进不同文化间对话。张力作为中国教育代表团代表出席专题会议，在会场外经常遇到一些国外专家和朋友熟人，私下里大家交谈甚欢，但在这样的政府间专题会上，彼此之间要进行坦率的辩论。张力的表态口径不是个人意见，而是代表团集体议定的，还要根据现场代表讨论情况做出及时调整。"记得当时的发言是希望联合国教科文组织进一步重视农村教育革新经验交流，呼吁加强全民教育领域的'南南合作'，这得到了发展中国家代表的积极响应。"他回忆说。

随着改革开放的深入，近年来中国教育政策不断完善。

2010年7月，党中央、国务院召开的第四次全国教育工作会议及发布的到2020年的《教育规划纲要》引起了海内外广泛关注。相比前三次全国教育工作会议的文件，这次的十年规划更具有新起点上的跨越性，就如温家宝总理所说的，"是对我国未来10年教育事业发展进行全面谋划和前瞻性部署"。

张力是此次规划纲要的工作小组办公室成员和继续教育战略专题组长，他最深的体会是，未来十年中国教育面临的将是更多的挑战："中央领导高度重视教育，出台了一系列重大教育战略政策。现在关键是执行力的问题，胡总书记近年来反复强调优先发展教育，要尽快形成科学规范的制度，可以说这是一项异常艰巨的任务。"

因为积累了较为丰富的宏观教育研究经验，张力本人也得到了相关国际组织的认同。

2009年11月，张力受欧盟之邀前往布鲁塞尔开会。欧盟高等教育的博洛尼亚进程是2000年启动的，核心内容是加强在高等教育质量监督领域的合作，制定出可比较的标准和方法。在十年评估项目中，欧盟选择了不到10位的国际专家，其中中国的专家就是张力，因为张力的宏观教育政策研究成就在经济合作组织、世界银行等专家圈内有了一定声望。欧盟专家组和张力签了协议。张力为他们提供了2008-2009年的中国教育经验分析报告，并对博洛尼亚进程项目报告提出书面评议意见。布鲁塞尔会议的专家意见成为2010年3月欧洲47国高教部长在布达佩斯会议对博洛尼亚进程十年总结评估的背景材料。

教育改变了他的人生

张力走的是一条用教育改变他人的奋斗之旅。而教育，曾经也改变了他的人生。

高中毕业时，张力曾与教师这个职业沾上了一点儿边。他就读的高中是北京朝阳中学（现陈经纶中学），当时，美术老师经常患病请假，张力是学校美术组成员，既跟着老师打基本功，又要课余画全校的黑板报，所以有了一点美术功底。1973年，学校就临时指派待业在家的他当美术代课老师，"文化大革命"期间教学不规范，一个高中生教8个初中班的美术课，每个班一星期只上一节课，就是画些宣传画，红旗、拳头等，那时课堂秩序普遍很乱，但他还是认真地把课代教了一个冬天，尽管没有报酬。

1974年春，他到京郊通县插队。张力回忆当时农村教育水平很差，村里小学算是普及了，但还有少数文盲，主要是女童，回乡初中生和插队知青都算是文化人了，所以好多人被选上当技术员、赤脚医生、代课教师、电工等。张力也先后当过技术员和电工。后来因为肯吃苦，得到群众认可，很快挣到了壮劳力满工分，入了党，当选为大队支部副书记，后调至公社知青农场当抓生产的副书记。当时张力和当地群众有了很深的感情，真想在农村干一辈子了。

国家恢复高考，对很多人都是一个命运的转折点，张力也不例外。"记得当时我白天带着知青干活，晚上才能复习一会儿，临睡前还要看看贴在墙上的数理化公式，最后考上了78级。"张力还回忆起当年在北京大学物理系读书时的点点滴滴："当时校园里图书馆、自习教室占座就像打仗，运动场也少，下午锻炼时人挤人地跑步，但是教学质量上了新的台阶，教授们饱经风霜突然解放，视学生如儿女，给我们上本科专业基础课的教授许多是相当于院士级别的，还有早年诺贝尔物理奖得主的亲传弟子。"

自从调到教育部政策研究室，走上了研究国家宏观教育政策之路后，张力一干就是25年，而且带了10年教育政策分析专业的博士生。"如果从事物理研究，我可能仅在自己的研究领域做出些许成绩，但今天，目睹成千上万的贫困学子都有了上学的机会，我为自己能在其中付出一份辛苦感到开心。"他深有感触地说。

作为教育政策研究学者，有一件事最令张力自豪。2006年8月29日，他被选派为十六届中央政治局第34次集体学习的讲解专家之一。新华社曾在2007年有如下报道："在中南海怀仁堂，胡锦涛总书记主持学习。讨论时，政治局各位领导同志问题一个接一个。中央领导同志对教育问题非常关心，提及的问题都是人民群众关心的热点难点问题，如农村教师队伍状况、我国教育方针水平和世界其他国家相比处于什么位次等。"

◎手记◎

忙碌的文字工作者

张力总是很忙碌，尽管他的朋友也不少，但他很少去参加一些饭局。一直以来，他就是一个搞文字工作的人，与我们这些记者不一样，他的文字都变成了一篇篇详实的资料上报给相关领导同志，能干好这份工作的人，首先得静得下心来，其次就是有严谨的思维方式，最后一点很重要，那就是要耐得住枯燥文字带来的寂寞。我总是很钦佩那些在机关里写材料的人，我曾经也干过那样的工作，知道要持之以恒地坚持是需要一种精神的。

张力的确是一个很严谨的人，在采访时，其实他谈到了很多不错的故事，但基于对方方面面的考虑，他也不让我展开去写了，对这点，我非常能够理解，作为一个国家机关的局级领导干部，过份突出自己的成绩不太好。不过，张力的确也不是那种喜欢炫耀自己的人，他为人做事很踏实。

因为他对义务教育的关注，并且常去偏僻地区进行调研，中央教育电视台也常常邀请他去做这方面的节目，我单位就在中央教育电视台的楼上，张力每次来都会给我打个电话，可很遗憾我每次都恰好出差在外。其实，我也希望和他选一个教育的话题对他再做一次采访。

成功之道

他的工作需要一个人心静得下来，其次就是有严谨的思维方式，最后一点很重要，那就是要耐得住那些枯燥文字带来的寂寞。这就是他的精神。

◎ 温铁军 ◎

中国人民大学农业与农村发展学院院长

温铁军，男，1951年生，北京人，中国人民大学新闻系本科毕业。1987年公派赴美国密执安大学社会调查研究所和世界银行进修，获抽样调查专业结业证书。1983年毕业分配到中央军委总政治部研究室工作。1985年末调入中央农村政策研究室、国务院农村发展研究中心联络室从事农村调查研究工作。历任全国农村改革试验区办公室副主任、农业部农村经济研究中心学术委员会委员。2004年至今任中国人民大学农业与农村发展学院院长。

乐意当草根的经济学家

——中国人民大学农业与农村发展学院院长温铁军

社会节奏加快，大家都想成功，却避免不了"浮燥"二字。

温铁军是中国人民大学农业与农村发展学院院长兼乡村建设中心主任，学校还给他新增了两个职务，一是可持续发展高等研究院执行院长，二是中国农村金融研究所所长，再加上成堆的社会头衔，一般人很容易会心气浮躁，但在书桌前给学生解惑的他却如此气定神闲。

温铁军出名始于1996年首提"三农"问题，之后随着他的名气越来越大，褒扬和非议一直就没有消停过。他自称"另类学者"，自诩从不信邪。如果从旁观者的角度来评价的话，他确实是个敢讲真话，不受任何意识形态话语体系羁绊的人。当然，"另类"的他幽默、直率、淡泊、思维速度很快。

温铁军的文章一定要认真看，细琢磨，否则会感到文字之中那思维跳跃得厉害。他的文章不是循规蹈矩的那种，他惯用直刺本质的语言来描述一件事情的内在逻辑，比如1996年写"三农"，他开头道：中国的问题，基本上是'一个人口膨胀而资源短缺的农民国家追求工业化的发展问题'；顺理成章地，只要农村生产力要素持续净流出，就会使"三农"问题趋于严峻。

多年来，温铁军带着一帮来自各地不同高校的学生奔走在田间地头，既给农民帮忙，也给地方政府和企业支招，对海外，他自称是个"票友"。

听听他的故事，也许我们会感受和深思到什么。

现在的"三农"问题被庸俗化了

温铁军每天忙得几乎得按小时分配时间，但他说，这些年的工作既不是"份内"的，也不是自己找来的，而只不过是被别人的需求推着走，他俨然成了一个乐此不疲的志愿者。

我：很多年前就知道您，您被称为"温"三农，这个头衔对您有什么意义吗？

温：是个外号罢了，给起个外号就有意义啦？虽然把国内"三农"问题作为概念加以论述，确实是1996年我以公开发表文章的形式提出的，2000年又出版了第一本关于"三农"问题的理论著作，但从来没想到会被强调为国家的重中之重、写入这么多正式文件，更没想到在新世纪之初竟会被社会广泛接受，甚至连国外都接受了这个中国概念。可当年之所以归纳为"三农"，只是对于九十年代官僚化和教条式的政策理论做个批判，立此存照！因为在大多数发展中国家里，"三农"才是最具有普遍意义的问题。可惜，现在"三农"问题也几乎被庸俗化了。

我：大家很关心的是，"三农"问题提出来之后，这些年，您是否一直都在开展这方面的研究工作？

温：我现在表达意见的一种主要方式是更多地开展基层试验和实践，做个老实验员和志愿者；这与那些当初压制"三农"问题、现在又修正回到官僚化条条框框的人形成很大区别。比如说，我的一个学生在北京郊区搞了一个"小毛驴市民农园"，就是动员市民跟农民结合，直接参与有机农业生产，这是当代发达国家都市农业的一个常见类型，而在我们的大城市里做的人很少，像这样的事就需要人帮忙，去做些必要的解释，因为有机的食品生产，比如我们没有使用瘦肉精和激素养猪，那养的时间就比较长，肉就比较肥，有机产品的完成基本上是在自然状况下生长的，这种生态猪的肥肉多，可消费者长期是在化学猪的影响下，被动地改变了肉的消费观念和口味。这就要多去解释，逐步推进。还有，进城来打工的农民办的艺术团、打工学校、博物馆等等，他们只要找我，我就会去帮忙，哪怕是捧个场。

我：我还听说您在帮农民朋友销售产品呢？所以有人就说你是农民的"代言人"。

温：我一直不同意这个说法，也不可能是任何利益群体的代言人，到现在为止，在中国能代表农民的只有共产党，而我只是一个普通老师。我做的那些事只说明社会改良需要"从我做起"，从"勿以善小而不为"做起乃至"上善若水"。只要有利于人类可持续发展，我就应该表示一点力所能及的支持。如果一定说有个人的考虑，那不过是一种文化传统的"行知"体现。

我：总之，您的研究都与农民朋友有关？

温：正因为我是在实践之中研究"三农"，才深深地体会到农民之不易。关心农民要真正关心到实处，不能仅停留在表面说辞。比如对北京市的外来打工人口，不是需要有更多的人关心他们吗？当前在城市化的过程中，如何解决进入城市中就业农民的社会保障、包括医疗、职业教育、子女教育、文化生活、社会组织等一系列问题。我多次以墨西哥、印度等国家为例警示社会，上述这些问题解决不好的严重后果将是：大城市形成弱势群体聚居的贫民窟，在这里"黄赌毒"泛滥，一般警力不能控制，黑社会猖獗，最终形成动乱。

"乡村建设学院"惹来争议

我：为什么想到要创立这么一个乡村建设学院？

温：我80年代被国家送出去学习社科研究方法，回来以后就跟世界银行及有关国际组织配合在中国做农村政策科学化的试验，一做就是十几年；所以，我习惯做农村试验。

2001至2002年，我当时正好主持一个媒体的工作，就搞了个农村版，也就来了一批有志于服务"三农"的青年知识分子和学生志愿者。有两个编辑带着支农的学生到了这个村，春节跟老百姓一块包饺子，一块联欢贴对联，写的是乡村建设慨而康。村里的干部就找来说你们对这事有兴趣，咱们联手一块干。接着，他们就说要搞一个乡村建设学院作为培训机构。

我：看了一些报道，说好多农民千里迢迢冲着您的名气去学习。但是每天吃饭之前必须进行一个仪式——男女老少要一起唱完歌才能吃饭，这种方式有些奇怪。

温：我给来学习的农民说，从大包干恢复了小农经济以后，分户经营虽然是有经济效率的，但是这种去组织化的结果是村东头的不认识村西头的，继续着几千年传统农村的一盘散沙。到这里来培训的农民也是几十年来一盘散沙。所以得大家一块出操锻炼，一块唱歌喊口号，早饭中饭晚饭都排队，这样做，尽可能让每个人都感觉到他是生活在这个团体的一个成员。到最后培训结束的时候，来学习的人都抱头痛哭，农民说活了这么多年，在这儿的十几天，我活得最像人，你说感动不感动。虽然，也有人拿农民动情流泪来说事。咳，我早年搞农村政策试验的时候就有各种说法，那时候就说"听蝲蝲蛄叫还不种嗨地了？"结果，还真就不能种地了！

我：办学校需要资金，如何解决呢？

温：想办法去筹啊，记得一次在纽约跟一个华商介绍这个事情，他当时就开抽屉拿5000美金给我，说我信任你这样的学者一定会做好事，连收据都不要。后来也有很多麻烦和筹不到款的时候，那就自己拿存款来垫，然后再发动其他的有良知的知识分子稍微来支持一下。比如，大家来讲课的时候不要钱了，也别报路费了，自己负担了吧。我们知识界还有这样的人，包括咱们北京这些较有名的知识分子都跟我说，铁军，你让我上那讲一课吧，我倒贴一千块钱！有善良愿望的知识分子大有人在，人间自有良知在。不过，也有来了觉得条件差，或者觉得不对路，回去发牢骚的。

反正，就这么一来二去地依靠民力先搞起来了；还不到三年，就自负盈亏，运转得很好了。

我：听说，来的农民收获都很大，说学到了很多实用的知识。

温：乡村建设学院里做的这些培训内容的安排到底如何，得去问问农民需要不需要？当然，如果问他最需要什么？也许回答是给现钱最需要，任何人都可能这样回答。要钱我也给，办起合作社的给点开办费。帮人要帮志，扶贫要扶心。

我：但是还是有一些非议呢，比如说，您建起来的有机农业试验区，据说不让锄掉旁边的杂草，有的人肯定不能接受。

温：只要是懂得一些生态农业有机种植的人，无论是否是专家也都会知道，人为地把所有的生物物种都除掉，只留一个物种，这不符合生态农业内涵的多样性原则。我们院子里到处杂草丛生，鸟语花香，客观上有利于生物防治。对此有不同看法是正常的，我从来不在乎只说不做的人怎么说，除非说的人身体力行地做了很多事，才可能有"行知"比较意义。

人生经历对后来研究"三农"很有帮助

我：您的第一个11年是怎么过来的？

温：无论干什么工作，我得把那份工作干好。插队时我挣的工分差不多是最高的，当兵时是汽车兵，军事训练和技术考核都是最出色的，后来在一个商业单位里，我做过冰棍、涮过澡堂子、站柜台卖酱油跑采购，五行八作都干过。那时年轻，各种工作干起来都很勤奋。

我：从那个年代过来的人每当回忆起那段经历都会感到是一段挫折，回味起来很痛苦，你好象很轻松？

温：这么说也许是被无聊文人误导了。那段经历确实很有意义，1968年插队时我们那个生产队一个工也就五毛钱，大家就想提高分值，我那时是队长，就带着大家去搞副业，想多挣点钱，村里有一些比较激进的人说我是走资本主义道路，还把我给斗争了，当时我才17岁，后来就让我上山放羊去了，我就和羊满山转悠，记得一个晚上在山上看羊，裹着大皮袄睡觉，突然觉得有人盯我，睁眼一看是一只长胡子山羊，跟我面对面贴很近，月光下像个鬼，挺逗。都过去了，我又不写通俗小说，不会把这些喧染得特惨。

我：挫折是财富吧？

温：应该是吧，人有点挫折是好事，不用想得那么凄惶！我遭遇过太多困难，从来都很乐观，你不乐观又怎么样？话又说回来，我可能一直属于那种懵懵懂懂、不那么灵光的人。

我：您是一个大家呢，大智若愚？

温：不是，也许是从小读书太多都读淤塞了，我是人大附小的学生，小学一年级时就开始读长篇小说，六年级时把图书馆差不多翻遍了；那时连走路都看书，晚上家长给熄灯了就打着手电蒙着被子看，整个一个书虫。直到现在我都不是很懂社会上的事情。记得文革时候我家楼上和对面楼上两派红卫兵打得你死我活，全楼的人都躲武斗跑了，没人管了我正好就在楼里看书，外面的世界跟我没关系。由于从小是个书虫子，这第一个到基层当工农兵的11年对我来说就很重要，去滚了一身泥巴变成一个普通劳动者，你不会再浮躁。一个人什么都经历过的话，那他可能会比较踏实一点。

我：您的第二个11年呢？

温：1987年在农村改革试验办公室工作起到1998年不能再从事基层试验为止，正好11年。当时世界银行给了中国的第一笔五年期的农业政策调整贷款，由我们来操作这三亿美元支持的项目，我的英文好，世界银行代表团第一次来就是陪同兼翻译，此后就在实际工作中和他们聘请的外国专家们打交道，成了改革开放之初农口的洋务派。我们还是第一个向国际社会承诺推进农村市场化改革的单位，比1992年的中共十四大提出市场经济早5年。因此，我就有和世界一流学者合作共事的机会；而派来的专家主要是推进世界银行所代表的西方世界在中国的战略意图，比如，如何促进中国的产权清晰化、交易市场化、经济自由化等。

我：这期间您感受最深的是什么？

温：举个例子吧，1987年我和20多个国外专家一起看温州，地方政府主要介绍这里的社会主义市场经济发展，可外国专家一看，就说温州现在的基本态势相当于作坊手工业。温州的城镇化块状经济刚有雏形，那也就相当于地域集中的工场手工业。无论官员们怎么解释，外国专家没有我们这样的意识形态约束，直白地指出这类似早期欧洲原始积累的情况。而我在1988年发了一篇在当时具有另类意义的文章《民间资本的原始积累与地方政府行为》，也是当时和外国专家一起调研后形成的。

我：外国专家对中国有帮助，那么中国的专家是否也能说服外国专家呢？

温：有啊，双方讨论就是各自提出意见，最终达成妥协。我们也修改了好多外国专家对中国的看法，例如在1987年的苏南地区，外国专家都认为那里不应该种粮食，我们在共同调研中指出，苏南的地方工业化是乡镇企业为主，在国家只对市民保证粮食供给的城乡二元结构制度条件下，工业化的村社仍需种粮食自己保障村民的需求。大凡用客观的描述就能把事情说清楚的时候不一定非得说农村社会主义集体经济。

在世界银行的五年项目完成后，对方诚恳地说我们是真正的老师，因为，在其他的发展中国家，都是按世界银行的意思办，而在中国得听我们的。事实上我和外国专家中的大多数都是在讨论中碰撞彼此的观点，偶然也有个别人坚持西方意识形态，那我就会坚持中方原则，所以我现在的融会贯通是当年办洋务的时候打出来的，不是去跟着洋本本念书学出来的。

看似洒脱的温铁军也有许多困惑

我：在1987年以后，你有两次出国进修的经历，对你研究中国的农业问题有帮助吗？

温：我去国外进修不止十次，美国的好大学我差不多都去过了。早期我是去学方法论，后来也是不断更新方法，但对西方社会科学理论上的东西只是概要地知道，没有时间去详细地思考这些理论提出的背景和条件。这是因为我在华盛顿的世界银行总部跟班操作发展项目的时候就讨论过，大多数西方国家的理论都缺乏在发展中国家的经验依据，特别是在中国的经验依据。有人会把出国进修学习当成是一个吹嘘喝洋墨水的资历，我却常常告诉在社会科学领域共事的年轻人，要是你出国，就一定好好玩才对得起出国一趟，其他的事可大做也可小做；另外有功夫就把外语好好练练，那些被老外认可的中国学者大多靠语言好。

我：那你认为自己的特点是什么？

温：我是个不信邪的人。

我：工作中有没有困难？

温：来高校几年了，感到教育工作有三个困难：一是了解发达国家情况的人多，而了解发展中国家的人很少，这方面的资料少，进入教材或学科体系的更没有可能，所以研究时只有靠自己去用脚走；二是没有我们自己的评价体系，大家都以去美国为荣，而去印度或非洲就是等外品，我往往得自费去发展中国家做调查研究，可要真正做一个国际化的中国人，看世界就得稍完整一点，别只是下眼皮发肿只看上面；三是该干的事太多，能干的事人太少，特别是到草根去干事的人很少很少。

我：对自己满意吗？

温：对自己从来就没什么想法，走一步看一步吧。现在既然年轻人都跟上了，我就想当好一块铺路石，让后来人踩上去的时候能稳一点。

我：在您心目中，您觉得您更像官员还是专家？

温：很惭愧，无论是在机关，还在是学校工作，我一直都被领导定性为政治上不成熟，这个缺点决定了我永远做不成官员。现在我虽名义上是院长，但人财物都不管，完全是甩手掌柜，副院长们管得很好。我的确不懂得如何占有和使用权力，走哪里任职都既没有带人去，也没有安排过人。

我：那么您的副手们有重要事情总要向您汇报让您决策吧？

温：他们分管的工作也做得很好，即使个别情况不尽人意，也不必苛责；我一向没有做决策的气魄，也没有权力感。

我：你是专家，这是大家都认可的。

温：谈不上，我也不知该把自己如何分类，放在高校的哪个学科栏目中都不合适；我不专，和一般意义上的专家也不一样，何况也绝对没有成名成家的想法。其实，就是一个普通的中国人做了他力所能及的事情。

我：您获过很多奖，对哪个奖项最看重？

温：1998年的"政府特殊津贴专家"和1999年的"科技进步一等奖"。前一个奖是对我在农村试验区岗位上十多年默默无闻地从事政策科学研究的一个官方肯定，后一个奖应该算得上是对"三农"理论的肯定。原本我报奖的目的是为了博士学位论文答辩，那时候我读研究生，学分够了，可学校说我这样破格的博士候选人至少得有科技进步三等奖才能进入答辩，我就把那11年的"三农"研究报上去了，没想到得了一等奖，那时候风气没坏，谁是评委会，怎么评的我一概不知道。但以这些研究为基础形成的论文又差点被毙掉了，论文答辩委员会专家当时确实有不同意见。至今仍很感谢老一辈学者宽广的胸怀。

我：业余时间有什么爱好？

温：喜欢走走路或是看书休息。从小喜欢书，就是"无事乱翻书"那种人。也许算是个杂食动物，好读书不求甚解，从不仔细地推敲琢磨，往往是"S"形地看下去，一本书很快就看完，囫囵吞枣不记得什么细节。这种看书方式纯粹是从小养成的习惯。有年轻人曾问过我，哪本书对我影响很大，确实记不得。此外就是喜欢缩在沙发里享受音乐，虽然什么样的音乐都可以接受，但受不了哼哼唧唧的流行歌手，还是习惯听古典的。

◎手记◎

把自己看成草根

温铁军是名人了，但我还是很有幸联系上他进行了采访。

采访温铁军前，我感觉他一定是一个说话很犀利的人，不仅仅因为他是中国农村改革的先锋，更因为之前看过他的一些访谈，那么有思想的学者，面对我这个不懂农村经济学的记者，会不会没有耐心？可见到他本人之后，却不是想像的那样，他为人很客气，他的学生在他的对面做笔录，我们的采访就这样开始了。

我想，温铁军上的课，一定很受学生们欢迎，因为他的语言及表情幽默丰富，能将一件普通的事件讲得绘声绘色，而且富含哲理。谈到有人对他的做法有置疑时，他笑笑轻描淡写而过，他是一个坚持自己理想的人。谈到自己年轻时的一些事情，他从不回避，他是一个很率性的人。

　　最深的印象是温铁军虽然现在是三农专家，功成名就了，但他仿佛总是把自己看得很低，他的博客也被冠以"草根"之名。他不像有的成功人士那样高高在上，他有着很好的心态。

成功之道

　　曾经的挫折年代于他而言是很有意义的事。他善于将国外与国内的经验总结起来，形成独辟蹊径的观点，他是一个非议人物，但他说话并不犀利，心态很平和。

◎ 史东明 ◎
中影集团副总经理

史东明，男，1952年生，北京大学中文系毕业。1968年到1973年在呼伦贝尔盟插队，历任广播电影电视部研究室主任、艺术处处长，北京电影制片厂副厂长。2000年至今任中影集团副总经理、董事。

电影《建党伟业》的幕后故事

——中影集团副总经理史东明

中国电影集团公司副总经理史东明被称为"金牌策划人"，对这个称谓，史东明摇摇头很谦虚地说，那是大家对一个老同志的尊称而已。他说他就要退休了。

2009年，《建国大业》创下了意想不到的成绩，那就是，一个本是主旋律的影片，因为其具有观赏性和艺术性，吸引了很多观众的眼球，创造了高票房。这部电影的总策划就是史东明。而今，他又担任了建党90周年献礼片《建党伟业》的总策划，这部于2011年6月上映、被媒体热炒的片子，究竟有着怎样的幕后故事？

在中影集团不高的楼层里，初冬的阳光明晃晃地投射在窗玻璃上，很温暖。史东明留给人的印象是温和而谦逊，他坐在办公室里向我娓娓道来。作为总策划人，他说，拍《建党伟业》最大的压力就是时间很紧。

千锤百炼剧本内容

《建国大业》影片最成功的经验就是将之打造成了商业化的影片，社会效益和经济效益双丰收。这是中影集团和国家电影局没有想到的收效，连电影的主创人员都没有料到。

当时，有人就说，《建国大业》这个经验模式太特殊了，一是建国60周年的背景，二是有那么多一线明星的积极参与。因其特殊，将来这样的成功模式可能很难再有了……不过，中影集团的董事长韩三平不相信，史东明也不相信，他们要借《建国大业》的东风把这类题材的电影再推上更新的高度。"韩三平当时就提出要做一个复兴大业系列。要把建国之后发生的一系列历史事件拍成片子，从而形成中影的品牌。"史东明如是说。

2009年8月，《建国大业》还未上映之时，中影的高层们就在一起商议定下要拍摄当时还被称为《建党大业》的电影。2011年是建党90周年，配合这个年份，中影要推出更新的力作。于是，中影集团将这个事情向广电总局电影局汇报，广电总局又报到中宣部和中央领导那里，其时，中央也正在考虑建党90周年的一系列宣传活动。中影集团的报告很快得到上级单位的批准。

"这事定下来后，韩三平就调集了《建国大业》的原班人马开会，看材料，构思这个故事，同时还把营销发行人员也都请来论证。9月16日，《建国大业》

公映，放映了一个月时间，这个片子播完后，《建党伟业》的班子也就建成了。因为《建国大业》上映时，所有的主创人员都在跟着跑。《建党伟业》里，导演还是韩三平和黄建新，编剧则是后来参与修改《建国大业》的人员，那些人员当时没有署编剧的名字，还有摄影，营销发行都参加了这次会议。会后，大家就开始开展各自的工作。"

作为总策划，史东明更多是对剧本的重点把关。"这个影片的内容无论是哪一种意见都不是哪个人提出来的，都是大家会上交谈，私下交谈，反复碰撞交流出的东西，可以说是群策群力的智慧。"当然，他也有个人坚持的观点："我个人比较坚持的是这还是一个政治片，故事体例要发挥《建国大业》的风格，展现的是波澜壮阔的故事和背景，而不是一个小故事和几个人物。"这个观点也是很多人都坚持的。

最开始，有人提出是否可以按照老电影《列宁在十月》的方法来拍摄，主线就是列宁。但这个说法很快被否定，围绕一个人来写，这是常规的写法。"当时我们就想，1911年是辛亥革命，这之后一直到1921年整整10年间，有那么多政体政党，包括当时朝气蓬勃的国民党，可后来为什么会诞生一个共产党？靠写某一个人的某一个故事是不能完成的，我们把那个时期对中国有特别重大影响的人物都放进去了，描述当时非常壮阔的政治长卷，才能把共产党的意义和影响表现出来。还有就是时间跨度上，有人觉得写10年时间太长，还是写3到5年间发生的事集中一点。但是最后大多数人都坚持写10年的跨度，只有把很多事情写清楚了，共产党成立的历史必然性才能够表现出来，故事才显得丰满。"

2009年11月，电影名字正式定为《建党伟业》，剧本的第一稿完成。至2010年8月18日正式开拍前，史东明牵头的剧本论证就有几十次，正式修改就多达14次。就是开拍之后，剧本还在不断修改和完善。"因为历史容量很大，从80后、90后观众主体的观赏能力来说，从历史和哲学的高度，还必须对一些戏份进行增加和删除，拍的时候，还会不断地丰富一些东西。《建国大业》很多东西也是拍的时候增加进去的。剧本的每一句话都经过论证和推敲，可以说是千锤百炼。"

选演员是一件很费脑筋的工作

在反复修改写剧本的同时，选演员也成了一个很重要的任务。韩三平将片中要展现的历史人物及小传印成厚厚的一本，发到主创团队的手中，针对每一个历史人物，每个人至少要提出一至两个扮演的候选人。

说起青年毛泽东的扮演者刘烨，史东明讲起了一个小故事。

唐国强在《建国大业》里演毛泽东，但《建党伟业》里的毛泽东是青年时代的，唐国强的年龄显然不合适，要选一个长得像的年轻人来演，还要求有演技，这着实让大家费了一番脑筋。当时，刘烨正在拍中影集团的电影《硬汉二》，他和中影的几个领导包括导演黄建新也都很熟，突然有一天，有人说，刘烨在某个场合及某个角度，有点像毛泽东，再加上刘烨的夫人也说他哪个地方长得特别像。就这样，大家赶紧凑凑情况后，一致认为刘烨演技很好，可以让他来试试装。于是，刘烨来了，化装师给他造型之后拍了一张照片送到中影。史东明和同事们一看简直喜出望外，太像了！然后又报到韩三平和电影局那里，一致通过，最后决定由刘烨出演毛泽东。事后，化装师说，过去给演毛泽东的演员化装时间都很长，因为要修饰和填补面部，但给刘烨化装的时间是最短的。

后来，史东明到拍摄现场去探班时还见过刘烨，他先是对刘烨说了很多鼓励的话，接着又说："我看过你拍的《硬汉二》，表演得非常棒，但那部戏里的优势决不能带到这个戏里来。"刘烨轻松地说自己一定会认真琢磨，实际上他压力也很大。为了让刘烨完成好这个角色，导演给他推荐了大量的有关毛泽东的书籍、影像，还专门从湘潭请来两个老师对刘烨的生活细节和语言进行指导。史东明说："我们在现场看他的表演和看回放的片子，对他的表演都很满意。"

还有一个重要人物就是周恩来，演员也一定要选好。史东明早在《建国大业》中看陈坤演的蒋经国时，就已看好他。"我当时就觉得给他戴上一顶军帽就是黄埔时期的周恩来。我们手上有周恩来黄埔时期穿军装和法国时期穿西服的照片，我觉得陈坤外形就很像，他演技也很好。所以我就提了他的名。当然，很多人包括导演也提了他。"确定由陈坤出演周恩来后，陈坤还在日本拍戏，他兴奋地从日本赶了过来。正拍的那部戏和《建党伟业》档期上有很多冲突，经中影及陈坤本人的协调，最后也没有问题了。

陈独秀是众多历史人物中的一个，之前的影视作品还从未客观公正地评价过陈独秀。史东明说："我们这个片子就是要客观公正的评价陈老先生，他是共产党的创始人之一，1921年之前，他的功劳是不可磨灭的，至于他后期脱离了共产党，是有其历史原因的。当然，他犯过右倾错误，给党带来了很大的损失。现在我们党对历史的研究越来越客观，2010年的召开的党史工作会议上，重申对历史人物要客观真实地评价。在我们这个片子里，对陈独秀的评价是过去所有片子里没有的。"还原历史、公正客观，是拍摄《建党伟业》的准则。

每个星期都有重要领导亲临拍摄现场观看

拍摄这部片子，史东明说有许多事情让自己很难忘。

《建国大业》有172位明星参与演出，而《建党伟业》也将延续这样的风格。史东明说："在片场，还会见到一些去探班的明星，他们现场就要求导演给任务，有没有台词都无所谓。《建国大业》时，明星就是要求无偿来演，这次也是，但我们这次会给明星们适当的报酬，只不过不会那么高。"

明星们的敬业让史东明很感动。2010年国庆节期间，他前往天津拍摄现场，那天的片场上明星云集，最引人注目的就是周润发和赵本山。周润发演袁世凯，赵本山演段其瑞。史东明亲眼看到这两个大腕在一次次认真背台词，一个镜头不满意又重来，没见有一点脾气，"赵本山那几天身体还不好呢，过去总有媒体报道说哪个明星耍大牌什么的，我们这个片子的演员都没有这些情况。"那天，现场还有20多位一线明星和众多的群众演员，大家都很努力，秩序都很好。

除了明星纷纷请战，导演也是争相加入。因为这部电影场景很多，时间很紧，导演韩三平和黄建新两人无法分身，李少红、陆川、沈浩主动请求参与，于是，这部电影又增加了三位实力派导演。陆川负责拍五四运动场景，沈浩是八一厂的导演，他拍战争镜头，李少红则前往法国拍摄。

史东明说，这部电影自开拍，因为中央及社会各界对这部电影的关注度很高，所以，每周都有中央及各部委的领导前往拍摄现场观看，这么高的探班频率，是过去没有过的。在片场，领导们看了演员的表演都说好。还有许多老革命的后代也去看拍摄。

史东明对主旋律影片是很有感情的。这位北京大学中文系毕业的高材生，曾经在电影局文化处任处长，那时他的工作就是"吆喝"着各电影厂拍主旋律的电影。但那时他的困惑就很大，电影厂的任务是完成了，可拍出的那些政治片，观众就是不爱看。比如和《建党伟业》同一题材的有一部电影《开山辟地》，那片子90年代上映的，却没有给人留下什么记忆。1997年他上任中影集团副总。2004年中影拍摄《张思德》就是一个转折，当时的各大城市的第一轮票房就达两千万，这件事给了史东明和他的同事们很大的鼓励。亲历了观众不买主旋律电影的帐，再到观众一片叫好声，他说，主旋律片子真正走向商业化也是多年来在积累很多经验之后才打造而成的。

◎手记◎

豁达的电影人

希望能采访史东明，是好几年前的事了。记得那次我参加湖北赤壁市的一个活动，我与史东明交换了名片，特意请他留下了手机号。史东明很友善，这是他留给我的第一印象。这次活动后，我就电话联系他告知希望采访他的想法，他当即就同意了，并让我在某个时间再联系他，之后，因为忙于到外地采访，我竟然把这事彻底给忘了。直到2010年的一天，我在网上看到中影集团正在拍摄电影《建党伟业》，我才想起曾经联系过史东明副总一事，我就想，那就请他谈谈拍这部电影时幕后的故事吧。

我忐忑不安地打去电话，就怕史东明对我有看法，他多年前留下的电话号码没变，电话那端的他还是那样的客气，兴许是我多想了，不过，他的确已经不记得多年前我联系采访他的事了，他工作忙，见的媒体记者多，记不住很正常，不过我倒是松了一口气。后来，我也一直在想这事，兴许史东明在我的提示后也想起几年前那事来了，只不过他很豁达大度。

见面的第一句话，史东明就告诉我说，他要退休了，要我就别采访了，我就开玩笑地说，正是你要退了才应该采访啊。说起他作为制片人有着众多的成功作品，他却连忙摇头，说那都是大家的努力，不是他个人的成绩。史东明是一个没有一点架子让对方很放松的人。

成功之道

亲历了观众不买主旋律电影的帐，再到观众一片叫好声，而他也在工作中成为让人熟知的金牌策划人。他并不乐意这样的称呼，他很低调。

◎ 赵林中 ◎

三届全国人大代表、浙江富润集团董事长

　　赵林中，男，1953年生，浙江人，富润控股集团有限公司党委书记、董事局主席。全国优秀党务工作者，全国劳动模范，曾获全国"五一"劳动奖章。1986年从县委机关到国营诸暨针织厂任厂长、党支部书记，使濒临破产的针织厂起死回生并跳跃式发展，20年间先后兼并22家困难企业，化解债务6亿多元，安置职工9450名，把濒临破产的小厂变成浙江省百强企业，资产增值500倍，2005年实现销售20亿元，利税1.1亿元。系九届、十届、十一届全国人大代表。

忠孝老总对职工的孝道

——三届全国人大代表、浙江富润集团董事长赵林中

浙江富润集团办公楼异常简朴安静，会客室没有一把沙发，全是简易板凳，白墙壁上贴着红字口号：凝聚产生力量，团结诞生希望。集团总部最漂亮、最豪华的一幢大楼竟然是住着250多位老人的"敬老院"……

在国内，赵林中是国企改革的领军人物，他的许多成功经验曾被广泛推广。

身为上市公司的董事长，他有诸多头衔：除了全国劳模、全国五一劳动奖章获得者、全国人大代表外，还有全国孝亲敬老之星、浙江省十大杰出孝子。后两个头衔颇引人关注。

母亲重病在床，他搬去钢丝床与母亲夜夜相伴，他在向母亲敬孝；在富润，他是长子，他也要尽孝和尽责，员工是他的亲兄妹。

不让一名职工下岗

1992至2003年，富润兼并了二十一个困难企业，共接纳了近一万名原亏损企业的职工，如何安排好这些职工的工作和生活？赵林中拿出了一个又一个的解困就业的政策，比如广开门路办"三产"，免费提供房子搞经营、无息贷款给予支持形成集团内部的融资渠道，优惠办理提前退休等等。总之，不让一个职工下岗。

赵林中发自内心将企业职工视为兄弟姐妹。

有一年的腊月二十七傍晚，一位姓蒋的普通纺织女工高高兴兴地离厂回家，在途中不幸惨遭车祸，造成重伤。赵林中得知这一消息后，立即叫来财务人员开出一张10万元的支票，急匆匆赶到医院，他找来院长、外科主任医生等，当场拿出支票，请求他们："无论多少钱，也要把人抢救过来。"此后3天，包括赵林中在内的三位公司领导各带4名职工值班，24小时分三班轮流守护在蒋师傅的身边。此情此景，在场的医务人员都情不自禁地说："富润的工人真值钱，我们很少看到一个企业的领导班子为一名普通职工的安危如此操心。"因伤势过重，蒋师傅大年三十那天离开了人世。听着满街的爆竹声，赵林中想：唉，蒋师傅一家除夕之夜要不太平了。他马上通知企业领导班子成员，一起到蒋师傅家里过年。面对赵林中等企业领导在除夕之夜来陪自己吃年夜饭，蒋师傅的丈夫万分感动，他哽咽着说："林中，我们只是普通家庭，你如此关照，老伴一定会含笑九泉的……"

经过这件事，赵林中给自己定了这样一条规矩，凡是职工生病住院，企业领

导一定得挤出时间到医院去看望。职工去世了，他除出差及特殊情况外，都会亲自去参加追悼会。有位职工动情地写信劝他："现在企业有万余名职工，这种事很多，你平时又那么忙，以后你就不要再出面了。"

赵林中的回答很实在："一个企业好比一个大家庭，哪有亲属不在了，家人不最后送一送的？我不过是企业领导，我去一去也许能给死者家属带些安慰，难道我连抽出四五十分钟的时间都做不到吗？"

大家庭中的长子应尽的"孝"

赵林中常说："富润"是个大家庭，我是这个家庭中的长子，对职工的"孝"和职工对企业的"忠"是辩证的，但"孝"字为先，先要尽"孝"，这是我作为一个长子的责任。

2005年2月8日春节之时，赵林中早早来到了富润控股集团总部。他来到工会联合会办公室，拿出一个厚厚的信封，交给了集团"特困职工基金会"秘书长、工会联合会主席周新木。他说："昨天刚领到市里发给我的2005年的考核奖，这点捐给基金会，给最需要帮助的职工。"接过厚厚的信封，周秘书长的手微微颤抖，他已不是第一次从赵林中那里接过这样大数额的捐款，他知道赵林中这个国有企业老总，在全国的国企老总收入排名中是倒数第三，年薪3万元左右，家里有老有小，经济并不宽裕。

1996年底，赵林中倡导成立"富润集团职工特困基金会"，把思想政治工作渗透到解困济贫之中，发挥集团人多的优势，用互助互救的形式，依靠广大职工团结的力量战胜困难。不少困难职工由此摆脱了困境。

那是一个寒冷的初春季节，富润集团原百货大楼女工吴君罹患急性胰腺炎，难以承受昂贵的医药费。她家人绝望之时，赵林中安排富润特困职工基金会10多万元救助款源源不断地送到病床前，在医务人员的精心治疗下，她终于战胜了病魔。原纺织总厂有位退休老职工杨奎生，家住诸暨青山的偏远小村，兼并前由于企业困难，医药费数年未报销，老人无儿无女，生活十分困难，有病得不到及时医治。富润兼并后，赵林中首先为职工报销医药费，4000多元现金送上门……

不仅是在企业内部，就是在诸暨市当地，赵林中年年带头参加各类慈善捐赠活动。

"企业好比一个家庭，企业领头人好比是管家，要像对待主人一样善待每一位员工。"

连续好几年，赵林中被评为十大"感动绍兴"的人。

对员工、对别人，赵林中爱心无边，可对自己却是很苛刻。他的简朴出了名，他至今没有买过一件名牌衣服，没有自己的专车，每天步行上班，出差在外大多数坐火车或大巴。曾经有记者去采访赵林中，有两件事让这位记者很惊异：赵林中的办公室狭小而简单，空间最多约10平方米出头，丝毫没有高档或华丽的装饰；二是赵林中竟然没有一套西装，平日就习惯穿些很随意的深色衣服。"这是我新换不久的办公环境啊！比起以前和7个员工挤一间办公室，现在不知好了多少呢！"赵林中的话语中透着满足感。

一封人民来信

爱是双向的。有一天，诸暨市市长突然来访，跟赵林中说："林中，富润兼并了那么多企业，市委政府从来没有收到过一封告状信，但是，今天市委书记和我却接到了针对你的人民来信。信的内容我读给你听！"

"我们看到赵林中前不久为百货公司一名职工生病的孩子捐款，我很感动。可是，又有谁去关心一下赵林中他自己那生病的孩子呢……"

赵林中永远不会给外人说起自己的困难。在外人看来，他就是一个什么困难都能克服的顶天立地的男人。但是这封人民来信让许多人第一次了解到赵林中的家庭困境。

熟悉赵林中的人知道他有一个十多岁的儿子，儿子患的是"脑瘫"。

为了替孩子看病，夫妻俩亦曾外出求医。某年的腊月二十九，赵林中刚刚忙完了厂里的工作后，就和妻子一起抱着患病的四岁小孩悄悄地坐火车北上山西太原求医，儿子的病早该治了，但赵林中实在是抽不出时间啊，他只有利用春节短短几天假。大年三十下午6点多，火车到达太原，赵林中夫妻抱着儿子开始寻找医院，直到七点多才找到，稍稍安顿一下，一家三口买了碗筷在医院食堂里草草吃了一顿，算是在异乡度过了一个难忘的除夕之夜。

平时的赵林中忙得无法为儿子求医奔走，他只好托亲戚朋友抱着儿子去上海、杭州、西安、北京等地求医问药，但目前的医学现状看，纵是扁鹊转世也无济于事。赵林中常常披着星光回家后第一件事就是先看儿子，看着儿子无助而单纯的目光，他的心如刀割，捏着儿子的小手，让他轻轻抚摸自己的脸颊，赵林中的心在滴血，泪水从指间溢出……是的，他能将"连神仙也没法救活的"国有企业一个个起死回生，而面对亲生骨肉所受的痛难却无力解除，人生最大的哀痛莫过于此，此类锥心之痛，成为赵林中夫妇心头永远的痛。

赵林中的心头哀痛远不止于此。赵林中写过一篇追忆他的母亲的文章《母亲：世上最难写的两个字》，文章文笔细腻，饱含心酸，读后令人怦然动容。

赵林中的母亲身体一直不好，1993年他母亲住院时，他把自己的钢丝床搬到了医院，白天上班，晚上陪护，4个多月里没回过一次家。2001年，患脑血栓的母亲再次住院，却再也没能出来。期间赵林中又一次用上了钢丝床，630多个日子，他常常一下班就直奔医院，旁人都说可以请一个护工，但是他不同意，怕别人照顾不周。他把医院当成了办公室，在病房里还不忘抽空处理文件。为了给母亲治病，这个拿着3万元年薪的老总几乎倾其所有。

"想起母亲，想起我为她写的文章，我的眼泪随时会落下来。一个人如果对亲人都缺乏爱心，很难对他人、对社会有爱，也很难算得上是一个纯粹意义上的人，更难说是一个有高尚情操的人。"赵林中发自肺腑地说。

在富润职工心里，赵林中是个极富人情味的"老总"。而事实上，这样的"人情味"正是中国最厚重的仁义文化。

◎手记◎

做事和做人的成功

赵林中不仅在浙江当地是名人，在全国也颇具知名度，即便是在人才济济的全国两会代表委员中，大家也对赵林中这个名字很熟悉，因为赵林中每年上会时都会带来引来热议的提案，他的议题内容范围很广，不仅仅局限于企业，还包括了很多民生问题。

赵林中是一个非常认真和善良的人，在当地，很多普通的老百姓有什么诉求也找他，有什么困难也找他，他乐此不疲地帮助很多素不相识的人。

记者们都很喜欢与赵林中来往，赵林中对待任何人都是那样的真诚，从不会觉得自己是知名企业家而高高在上，也不会因为有人向他提出帮忙的要求而疏远对方，在他看来，对待他人能帮就帮，对人尽心尽力。

一个认真和诚恳的人，再加上他有着对企业发展的独有思路，他的成功是必然的，当然，他的成功不仅是事业，还有做人。

一个知名上市国企的老总，头上顶着众多耀眼的光环，但却实实在在地关心着普通的老百姓。他的成功不仅仅是他作为企业家的睿智，还在于他有一颗与低层老百姓同呼吸共命运的心。

◎ 邹凌 ◎

全国青联常委、天津泰达蓝盾集团董事长兼党委书记

　　邹凌，男，1966年生，中共党员。1989年部队转业后曾在天津市原大港区粮食局工作，1994年下海创办企业，十多年的时间里将一个名不见经传的小公司发展成从事石油化工、房地产、矿产资源等行业的集团化企业。现任天津泰达蓝盾集团发展有限责任公司董事长兼党委书记。系天津市十大杰出青年，市劳动模范，市第一届优秀中国特色社会主义事业建设者，市第一届"慈善之星"，映秀荣誉市民获得者，天津市党代会代表，市人大代表，中华全国慈善总会理事，全国青联常委委员，天津市青联副主席。

做大企业只为回报社会

——全国青联常委、天津泰达蓝盾集团董事长兼党委书记邹凌

邹凌给人的印象是质朴、友善，身高1.87米的他，并肩行走时需要时时仰视他，但他却没有他的身材那样"高调"，他总是谦逊，尽管他已是成功的民营企业家了。

和许多成功的企业家一样，作为天津泰达蓝盾集团发展有限公司董事长兼党委书记的邹凌也有许多令人瞩目的头衔：天津市十大杰出青年、天津市人大代表、全国青联常委、中华全国慈善总会理事……

然而，邹凌与很多成功人士也有不同的地方，那就是不同的理念、境界及为人为事的风格。正因为如此，邹凌的企业蒸蒸日上，成为天津的知名上市企业，并获得各种奖项200余次。

在很多人眼中，邹凌是个大好人，大善人。而他却说，做善事是作为民营企业家应承担的社会责任，他还说，要回报社会，首先是要把企业做大做好，否则怎么去回报社会呢。

着力打造的慈善品牌

多年来，只要一有机会，邹凌就做慈善，但随着时间的推移，邹凌开始反思自己的慈善行为，并将单纯施援式的慈善义举提升为更为系统、更为制度化的社会责任。持续了8年之久的"蓝盾慈善行"活动，就是蓝盾公司着力打造的慈善品牌。

自2008年四川汶川发生大地震后，2010年的灾难又接踵而至：青海玉树大地震、甘肃舟曲特大泥石流。这些大灾难发生后，人们总能在现场看见一个忙碌的高大身影带着一个由十多名复转军人、党员干部组成的救灾队给灾民送去吃的、穿的、用的和现金。通过参与抢险救灾，邹凌还在自己的企业里专门组建了一支抢险救灾队伍。

2010年8月7日夜晚至8日凌晨，舟曲县突降暴雨，一场突如其来的罕见特大山洪泥石流灾害，使群山环抱中的舟曲突然间陷入绝境。此次特大山洪泥石流共造成一千多人遇难，数百人失踪。瓦砾废墟下，生命在呼救；洪水浊流中，群众在期待。邹凌在第一时间组织了以复转军人为主力的"天津复转军人救灾队"，13日，邹凌带领救灾队紧急行动，星夜兼程，驰援舟曲。

救灾队到达兰州后，通过电话与舟曲抗洪救灾指挥部迅速取得了联系，获知

灾区群众主要缺乏生活必须品，灾区小学计划于8月25日复课，目前尚缺帐篷、校服、学习用具等。救灾队经研究决定兵分两路，一路留在兰州筹备灾区急需物资，另一路赶赴灾区抗洪救灾。

月园村是离舟曲县中心城区最近的一个村庄，处于此次泥石流下游的中心，基本全部被毁，是此次受灾最严重的村庄。邹凌在山梁上的安置点见到了月园村的带头人——年仅25岁的尚方方，由于尚方方需要处理的事情太多，帐篷中他们只进行了简短的交流，初步了解了月园村受灾的基本情况。

邹凌向尚方方说明此次来月园村救灾的想法："据我们在映秀和玉树的救灾经验，在受到重创后，群众大多失去了主意，他们把党员干部当成了自己的主心骨。在这个关键时刻，村支书一定要把全村党员团结起来，带领全村群众渡过难关。我们本次来月园村救灾，不会给你们添乱，更不会给你们添任何麻烦。我们可以帮你们出主意，想办法，出资出力把幸存的群众安顿好。我们双方要把全村的党员团结起来，达成高度一致，提升组织形象，充分发挥党组织的战斗堡垒作用。"

在邹凌的提议下，月园村党支部同意天津泰达蓝盾集团在月园村成立天津泰达蓝盾集团舟曲县三眼峪临时党支部，与该村党支部共同开展救灾工作。双方党支部形成了《甘肃省甘南藏族自治州舟曲县城关镇月园村党支部与天津泰达蓝盾集团舟曲县三眼峪临时党支部共建宣言》，全体党员在《共建宣言》上郑重地签下了自己的名字。

至今，邹凌和他的团队除了在春节期间慰问玉树、舟曲百姓外，还在映秀陪当地老百姓过了三个春节。

每到年末，邹凌就和公司员工去困难家庭慰问，送去现金和年货。这项活动已经在公司员工和当地群众中深入人心。公司以此为契机，逐步形成一整套规范化、制度化的运作机制，进而形成具有特色的企业慈善文化。

邹凌做慈善的面很广：资助孤儿院、敬老院、医院、当地驻军、支援西部教育，以及帮助家乡搞新农村建设。在他的影响下，现有一大批人都加入了他的慈善行列。

贫穷的成长经历让他懂得回报

有的企业家是在功成名就之后，开始将慈善作为一件外衣来包装自己，但邹凌绝对不是。即便是在他并不富有的时候，他也是一个热心助人的人。他懂得感恩，并以帮助他人作为自己的快乐，这和他的成长经历有关。

邹凌1966年出生在天津农村，在村子里，有五个兄弟姐妹的邹凌家是最穷的了，穷人家的孩子总是成熟得早，很小的时候他就什么农活都会干。为了弥补家用及解决自己的部分学费，他每天上学时，书包里都会装上一根麻绳，放学回家时将路两边的草割来捆好，然后拿到街上去卖。还会到镇上去卖瓜子和鸡蛋，那是母亲头天晚上给他准备好的，记得有一次去卖鸡蛋时还被管理人员驱赶，在当时，他的行为属于"投机倒把"。不幸的是，在他9岁那年，才40多岁的母亲就突然病故，这个突如其来的悲痛让全家的生活更是陷入了绝境。过去，母亲在时，家里的那一片天就是完整的，如今这片天却倒塌了。邹家的贫困让村民们看在眼里，吃的、穿的都会常常送到邹凌家，邹凌还穿过用来套马的护颈改做的衣服。至今，邹凌仍能记得在农村的十多年里，他是吃百家饭、穿百家衣长大的。从那时起，他就在心里发誓，有一天自己有能力了，一定要回报乡亲们。

高中毕业后，18岁的他到河北张家口去当兵。四年的军旅生涯对邹凌的影响及改变非常大，他学到了许多在农村里学不到的知识。他是一个有着好人缘的人，即便到了部队也是如此。战友们都知道，这个来自天津的高个子不仅很能吃苦，而且乐于助人，只要谁叫他帮忙，他一定不会有二话。

从部队复员后，邹凌曾在地方工作过一段时间。这时候，有了工资的他开始回报乡亲们了，谁家的孩子读书没钱会找他，谁家有人生病缺钱也找他……他也乐于为此奔波。1995年，他辞职下海成立了"天津蓝盾商贸公司"。邹凌天生就有经营头脑，他从小生意开始做起，在他的详细规划下，企业越做越大。有钱了，自然也就不仅仅是回报亲人及乡亲们了，他把这种爱更加回报给社会；可是有钱了，他还是那样节俭，更让人感慨的是，这个有着几千名员工的上市公司的"大老板"居然不抽烟、不喝酒、不去娱乐场所，他骨子里依然有着农村人特有的纯朴和军人身上的优良老传统。与他谈话，他就会谈到责任，对社会、对家庭、对企业、对朋友……

企业家应回归慈善的本质

邹凌给自己公司定位的核心理念是"做健康人，发展健康企业"。

邹凌说，做慈善应该是源自内心深处的爱，企业家应该摒弃功利思想，回归慈善的本质。

虽然做慈善是不求回报的，但投身慈善事业确实能让企业"受益颇丰"。他说，首先，需要帮助的困难群体太多，对企业来说既是压力也是动力。其次，热心慈善事业的企业和企业家，在群众中具有良好的社会形象和口碑，这是一笔巨大的无形资产。另外，企业慈善文化的形成，有利于构建和谐劳动关系，增强企业凝聚力。

邹凌说，蓝盾公司近年来发展得很快，跟企业社会形象好、员工积极性高有很大关系。目前，蓝盾公司已从最初的几个工人运卖油品的状况发展为以石油化工和房地产为主业，在商业、国际贸易、电子科技、仓储运输等诸多领域均有良好发展业绩的大型民营企业集团。现有下属企业18家，员工1000余人，年销售收入近40亿元。

多年来，邹凌和他的企业做了不少善事，但从不宣传报道。蓝盾公司负责对外联络的同志说，邹凌个人捐款从不宣扬，经常是受捐单位给公司寄来"收条"，公司员工才知道。而且，经常有媒体来电要求采访，也被邹凌婉拒。

邹凌说，做慈善不是作秀，不要把慈善当成数字秀，只为追求在慈善榜单上有一个好看的排位和数字；也不要把慈善当成媒体秀，只为增加曝光率。他要求自己和员工，做慈善要"无声有色"，就是不要宣扬，而要带着感情实实在在做事，并且有亮点，有成效。

在汶川地震灾区，他就带领公司6位退伍军人，瞒着家人和员工，冒着余震不断的危险亲赴地震灾区，不仅开展救灾工作，而且给灾民送去了现金、帐篷、睡袋、食品、书本等。因为天气闷热、心情抑郁、劳累过度，邹凌一度休克。

他的慈善之心同样给予自己的员工。

一名叫吴春玥的年轻人刚进蓝盾公司不久，父亲就病故，母亲没有工作，家里四壁空空。邹凌亲自帮助她料理丧事，在第一时间送了两千元现金、棉大衣，安排了值护人员和车辆。后来还给她家中添置了彩电、微波炉等生活用品。是邹凌将她从精神崩溃的边缘拉了回来。

2010年7月，邹凌带着一位山东籍的员工去潍坊出差。忙完工作后，他坚持要去乡下看望这位员工70多岁的父亲。当他目睹老人独自住在破旧的平房里、生活设施极其简单时，心里感到一阵阵酸痛。邹凌想接他到北京安享晚年，可老人舍不得离开生活了几十年的家乡；邹凌想出钱为老人装修住房，可老人省吃俭用一辈子，舍不得花装修钱。离开前，邹凌给老人留下一笔钱，让他好好调理身体。在回程的路上，邹凌越想越不放心，走出20千米后，他又返回，找到当地的村干部，把自己身上所有的钱交给了他，并委托他负责为老人装修房子和添置家具、电器，安排专人照顾老人的起居。

私营企业里的党支部

军人出身的邹凌，在党的培养下，非常懂得感恩，他常说"党的政策让我们做大了企业，党建工作作为我们的发展做了定位，因此，我们要做有社会责任感的企业，做有社会责任感的企业家"。

作为一家集石油、化工、运输、仓储、油品贸易和房地产为一体的大型民营企业，泰达蓝盾集团的成长，离不开创始人邹凌的悉心"呵护"。1995年邹凌"下海"创办蓝盾之初，就感觉公司缺点什么，曾在部队大熔炉里得到过锻炼的他特别关注公司里的党员状况，他发现，这些分别来自部队、机关和国企的党员，失去了与组织上的联系，也就失去了起先锋模范作用的动力。于是，成立党组织的念头在邹凌的脑子里扎下了根。

1999年11月22日，天津大港唯一一个直接隶属区委组织部的民营企业党支部——"蓝盾公司党支部"成立了，挂牌这天，区委领导来了，其他民营企业的老总也来上门"取经"。党支部的成立，让公司的老党员们有了归属感，"没想到私营企业也有党支部！"老党员们主动把组织关系转到了公司，入党积极分子纷纷递交入党申请书。

原先的董事长现又多了一个身份——党支部书记，身兼二职的邹凌对于自己有着明确的定位："作为董事长，我是老板，员工是雇员，我和员工是雇佣关系；作为党支部书记，我和员工们的关系又成了同志关系。我要代表企业和党组织，把企业的温暖和党的关怀带给每一个员工。"

走进泰达蓝盾集团，党员活动室占了很大的"地盘"，墙上"创先争优"四个大字更是醒目，宣传栏里贴满了一张张简报，记录下了蓝盾在开展创先争优活动中所做的点点滴滴。

据了解，创先争优活动开展以来，泰达蓝盾集团党委有组织地开展救助和慰问灾区活动10余场次，捐资捐物1000多万元，为灾区群众办好事、办实事上百件次，集团公司党建工作也由此得到全面提升，基层党组织和党员队伍有了新的起色，30多名党员在抗灾救灾中被评为优秀党员和先进个人。

邹凌是在军营里入的党，他对党有着特殊的感情。

他对他的企业提出的理念就是"做健康人，发展健康企业"。健康不仅仅是身体，更是思想、行为等更深层次的东西，对于邹凌来说，这比金钱还重要。

◎手记◎

不善浮夸的人

采访邹凌后完成的文章原来非常简短，当初是由于版面字数所限，但我当时就感觉是一个遗憾，因为邹凌是一个很值得写的一个人，不仅因为他的慈善事业，更是因为他为人及做企业的境界。所以，在出版该书时，我就在原文的基础上作了完善。

邹凌以慈善著名。我曾问过他，公司是否每年都有具体的资金用来做慈善？他摇摇头，用惯有的缓慢语气说，没有具体的安排，慈善的事是遇到就做。他的慈善还做到了非洲赞比亚国家，他很受赞比亚人的欢迎，同时也和赞比亚总统成了好朋友。因为总统对他的信任及欣赏，他在赞比亚也有矿产项目在做。

在我和他见过的两次中，邹凌给人的印象是不太多言，不说话时，也常常处于思考问题的状态，一个企业从无到有做到今天这样，对于一个曾经的穷苦孩子来说真是一个传奇，他性格中的多思多虑显然很让人能理解。

邹凌不是一个喜欢浮夸的人，他为人踏实，不管是做他的员工，或是合作伙伴，还是朋友，你都会有安全感，为什么呢？因为他是一个非常有责任感的人。我以为，只有对身边的人有责任感，才会对社会有责任感。

邹凌是军转干部，他很能理解军转干部就业难的问题，所以他的企业总是对那些军转干部敞开大门。

成功之道

即便是在他并不富有的时候，他也是一个热心助人的人。他懂得感恩，并以帮助他人作为自己的快乐。他是一个极有责任感的人，他的成功与他的乐于助人及责任感有着密切的关系。

◎ 何燕 ◎

全国模范军转干部、昆山经济开发区管委会副主任

　　何燕，女，1960年生，1976年2月入伍，中共党员，研究生学历。1998年10月从苏州军分区司令部副团职政治协理员岗位上转业到昆山经济技术开发区工作，现任昆山经济技术开发区党工委委员、管委会副主任、留学人员创业园管理处主任。荣获"国家火炬计划先进个人"、"全国巾帼建功标兵"、"全国模范军转干部"等荣誉。

与留学生创业园共成长的故事

——全国模范军转干部、昆山经济开发区管委会副主任何燕

她是一位女中校，军人的特质在她身上显而易见，干脆利索、真诚执着。十多年前的江苏昆山留学生创业园区还在铁路旁的一间简易办公室办公，几个人、几万块钱，真正的白手起家。今天，创业园已成为国家级园区，园区内花红柳绿、人才济济。

据说，迟浩田将军听闻有个女兵办出了一个全国闻名的创业园，到苏州时点名要看看这个园区。以下是他们见面时的一段对话："当几年兵？""22年""创业园里都是真秀才，你这个兵遇上秀才，有理还说得清吗？""我们这年代的兵都有文化了，与秀才们沟通得很好。""哈哈，看来秀才遇到兵有理说不清成黄历了。""是的"。

她就是何燕，一个女军人与留学生创业园共成长的故事。

在全新的领域里白手起家

1998年，何燕从苏州军分区司令部转业，面临可以选择的转业去向，何燕也有过她的考虑：她的家人都在上海，她可以去那里，去上海工作是许多转业军人最理想的选择之一。然而她最后选择了去昆山。尽管之前对到地方的选择作了理性的思考，但到昆山前的那个晚上，想到要离开熟悉的环境，面对全新的领域、未知的将来，她还是犹豫过，私底下哭了一场。但军人坚定与服从的品性，最终令她踏上了到昆山创业之路，她担任昆山招商局副局长，负责昆山留学人员创业的创建工作。

白手起家是艰难的，再加上又是一个完全陌生的领域，这样就更加艰难。因为在当时，这样的园区在全国县级市和全国的经济技术开发区中尚系首创，何燕没有可供借鉴的经验，"创业园"实际上就是一个概念而已，如何将这个概念变成现实，将面临很多的挑战。

当地有个记者在10年前就和何燕打过交道，这位记者至今还记得采访何燕时的情景："采访她之前，我心里总会打这样一个问号：她干嘛要自找这份苦吃呢？当时留学人员创业园办公地是在铁路边的一幢间简易房内，周边一片农田，四五个人、5万元启动资金、一辆很破旧的韩国'大宇'，那次采访，她留我吃饭，饭是沿街小店里叫来的盒饭，大概是路不好走，等了一个小时。面对冷饭和难于下咽的菜她吃了一点点，我说你犯得着吗？她一语双关：这碗饭现在难吃，

这个过程必然要过的，相信以后会好吃的。"

何燕把创业园的标准定得很高。要办，就要办成一流的。

面对一大片清冷的农田，何燕苦苦地思索：创业园该如何建设？资金、项目、人才从何而来？每天，她清早就来到办公室处理事务，思考创业园的发展趋势，晚上九十点钟才回宿舍休息。饿了，往往以方便面果腹；累了，靠在椅背上闭闭眼睛。经过反复考虑，她决定借鉴开发区"富规划、穷建设"的经验启动建设创业园区，并在很短时间内完善了国家、省、市三级留学生信息网络建设。她还大胆地提出了"低门槛，零租金，费全免"的优惠政策，规定留学人员企业在土地使用、厂房租赁、税收、个人住房等方面可以享受特殊政策，这在留学人员中产生了很大反响。时间过得很快，仅仅是一年后，尚在规划建设中的创业园，已经有20多家企业进驻，并且在农村租借的厂房内陆续拿出了他们的产品。两年后，有关方面领导来昆山视察时，说起上海正在研究吸引留学人员回国创业的政策。何燕笑道："我们老早就这样做啦！"

何燕的同事还记得，共青团中央那时候正在开展全国科技创新示范基地的创建活动，

何燕闻讯后，千方百计把考核组请到昆山，组织了专题汇报，她拿着一张规划图，向考核组详细描绘了园区的蓝图，宣传了园区的优惠政策，讲述了昆山领导对创业园的重视和园区工作人员艰苦创业的敬业精神，给考核组留下了深刻的印象。通过层层考核、选拔，共青团中央终于把"示范基地"的铜牌授予了昆山留学人员创业园。为了更好地推进创业园的建设，他们又开始申报国家级创业服务中心，何燕还是兵气十足，她并非为了讨要荣誉，而是明白这将为提升创业园的层次，获得各方面支持，推进创业园的发展，带来极大的便利。

但事情并不是想象的那么简单，有位领导颇有微词，你创业园还在厂房里，连墙面都斑驳……何燕说：我今年就不要你这个批准了，明年造好了大楼再来找你。第二年，创业园3500平方米大楼真的造起来了，由留美、留英、留德、留日等国的博士、硕士创办的科技企业，雨后春笋般地在区内涌现。何燕的脸上呈现如愿以偿的笑容。可是，谁曾想过，这位从来没有搞过建筑的转业军人，为了筹集资金，协调各方面的关系，落实建设进度，度过了多少个难眠之夜。

创业园最重要的工作便是招商，为了弥补这方面的知识，她在上班后的第二个月，就跑到上海外贸学院去，与一帮20来岁的年轻人一起，经受三个月的招商引资强化训练。排队吃食堂，住简易招待所，啃厚厚的书本，她连眉头都没有皱一皱。

她用实际行动感召着留学生。有一次，全日本在职中国留学人员联谊会博士

代表团要来昆山考察。恰好何燕刚动过胆囊切除手术没几天，为了接待这个团，她直接从医院赶到了接待现场。代表团的留学生们看到她面显憔悴，在了解真相后深受感动，联谊会会长陈伟博士当即表示，要把昆山创业园作为联谊会创业平台的起点，并签署了联合建立"昆山海外学人科技创业园"合作备忘录。

2000年，她到美国达拉斯地区组织招才引智专场活动，在会上作了"带着电脑来创业，背着书包来发财"的演讲，在留学生中引起很大反响。对此，达拉斯的《美中晚报》、《达拉斯新闻》等媒体都在头版头条给予了报道，何燕下榻的饭店便成为留学生们穿梭往来的场所。留美博士黄玉龙听了她的演讲后，抛售了股票带着10万元人民币到昆山创办"网进科技"。

留美博士黄振春随团考察昆山途中，因美国家中有急事要先飞回去，临走时把电脑、资料全都存在何燕处。"何主任，这电脑和资料下月回国还要用，我不带走了，放在你这里我放心。"一个月后，黄振春博士回国给科技部有关人士作演讲，何燕派人专程送电脑去北京，一来一往，黄博士格外信任何燕，又是几个回合，黄博士携项目落户昆山了。

为留学生提供优质服务

10多年来，何燕对园区内的创业者，总是满腔热忱地扶持，帮助他们不断发展壮大。她说，随着形势的发展，原有的政策优惠已经弱化，我们要强化的是服务，靠良好的服务来弥补不足。

留美博士黄玉龙刚到昆山时，企业缺乏资金，技术人员也很少。创业园免费提供给他100平方米办公室，帮助他办理有关手续。经过一两年的孵化，黄玉龙陆续开发了E-shop，E-time，E-kunshan等软件产品，在国内外取得了良好的销售业绩，企业走上正轨，很快建造起4500平方米的研发大楼，并拥有软件工程师100多名，成为江苏省高新技术企业、苏州地区知名软件企业，软件开发的年收入达到八位数。

留法硕士徐绪炯创办的华恒焊接设备公司，起初只是一家在南昌的以代理销售自动管焊设备为主的贸易公司。来到昆山后，进入留学人员创业园，在何燕和她的同事们的扶持下，迅速发展成为一家专门从事焊接设备研究、开发和制造的高新技术企业，还斥资3000万元与清华大学共建了研发中心。公司的很多技术骨干是从国外留学回来的，自行研制的自动焊机广泛运用于航天、核工业等设施。风云一号、二号气象卫星，长征二号、三号火箭都使用过他们的设备。"全位置自动焊接系统"还被科技部评为国家火炬计划项目，公司被评定为国家重点高新技术企业。何燕又与发改委等部门合作，帮助华恒公司上市，冲刺创业板块。

谈到何燕，攀特电陶科技有限公司的创办者潘铁政感慨万千："我当初选择昆山，落户创业园是我人生最正确的决策。公司起步时，是何主任帮助我找准了定位，解决了资金难题；公司发展时，是何主任帮助我协调土地，拓展了企业的后续发展空间；公司产业化时，是何主任帮助我更新理念，使公司成为具有自主知识产权的规模型企业。"近几年，攀特公司先后获得国家中小企业基金80万元、江苏省重大成果转化基金500万元，昆山市政府也奖励了科技专项发展基金250万元，使他们有了很大的发展动力。最近，企业上市的工作也在迅速推进。

2008年底刚落户江苏昆山留学人员创业园时，李政德只有一张办公桌和两台电脑。半年后，李政德的公司已经拥有了7个人的科研团队，公司研发的智能机器人凭借体积小、速度快、成本低的技术优势，在食品、医药、化妆品和烟酒行业的自动卫生检测和高速包装领域得到了广泛应用。回忆起那段白手起家的日子，李政德心中满是感激。他说："没有昆山留创园这么好的平台和为海归提供的各种服务，很难相信我的企业能以技术优势迅速开拓市场。"

给创业园制定新目标

2002年，何燕担任昆山开发区副主任。如何创新后期园区管理模式、不断提升发展层次？何燕上任新职务后提出了"二次创业"的口号。

创业园经过几年的运转，不断吸引留学生企业进驻，空间已经占满。但是，2005年初当他们筹划建设创业大厦时，恰逢国家实施宏观调控，资金短缺成了拦路虎。何燕对大家说，我们可不能坐等政府拨款，一定要转变经营理念，充分发挥园区现有土地资源的优势，与区内留学生企业合作开发。只要肯动脑筋，没有钱也会变得有钱。果然，通过多元化投入、市场化运作、科学管理等方式，两栋共10万平方米5A甲级写字楼，很快就走下蓝图，拔地而起，使科技企业发展获得了后续承载空间。这就实现了技术资本、智力资本与货币资本的融合，企业资源、科研资源与政府资源得到了有效集成。

启动开发区国家博士后科研工作站的工作，是何燕的又一创新之举。其中的举措之一，就是以"政府运作、依托企业、服务全市"的创新运作模式建设国家博士后科研工作站。园区内世界500强企业丹尼斯克公司面临人才引进瓶颈，何燕就想方设法在该公司成立了博士后工作站。开发区博士后管理工作迈上新的台阶，形成了区域总站、企业分站、企业工作站三级管理模式，30多名在站博士后成为企业科技攻关的智力"引擎"：与NSK中国技术中心共同开展课题研究的陈於学博士，完成了中期报告，课题进展顺利；南京大学周全法博士与攀特电陶研发中心合作进行的"稀贵金属的无害化处置"课题，顺利完成理论和应用基础研究，科研成果填补了国内空白，并获江苏省科技进步二等奖；邹家生博士与华恒公司共同进行"船体双壳分段机器人柔性焊接工作站"项目研究，课题将填补国内空白。

在创新的过程中，留学人员创业园形成了一支合力拼搏的团队。

众所周知，外向型经济是昆山的一大特色。然而，怎样使"昆山制造"转变为"昆山创造"，仍是地方领导们苦苦思索的课题。何燕说，留学人员创业园责无旁贷。事实上，这几年来，高层次的科技人才已开发了200余项拥有自主知识产权的产品，软件的原创开发，并走向市场的全过程，都是在园区完成的。

今天的昆山留学人员创业园，往日的贫瘠和简陋早已不再，取而代之的是高楼林立、花木扶疏、空气清新的占地20万平方米建筑面积的花园式园区。"海归"们创办了200多家科技企业，涉及软件、集成电路、生物医药、光电等多个高科技领域，实现技工贸收入120亿元，上缴税收20多亿，提供就业岗位5万个。很多"海归"看到园区的环境，纷纷说："这里不是国外，却胜似国外。"

昆山留学人员创业园先后获得"中国青年科技创新行动示范基地"、"国家火炬计划先进管理单位"、"国家先进高新技术创业服务中心"等殊荣。而作为创业园的领头羊，何燕付出了艰辛的努力，也获得了应有的荣誉。

何燕每年都在为留学人员创业园制定新的发展目标，她说："我们园区紧抓主导产业，围绕电子信息、检测服务、智能机器人等产业链招商，力求在提升核心竞争力上取得突破，促进本地区产业结构的优化。"

昆山留学生创业园在成长，何燕也在成长，她见证了创业园风风雨雨的成长之路，也将见证创业园美好的明天。

◎手记◎

真诚的为人

两年前，我完成了何燕这篇文章。她是由国务院军转办推荐的人物。说实话，我最初纯粹就是抱着完成单位任务的目的去写的，因为在我采访的官员中，她的级别算低的了，也许就因为有这样的心态，我以一种不是很重视的状态开始了创作。

因为没有时间前往昆山，于是，昆山开发区的同志给我提供了很多资料，我在阅览这些资料时开始逐渐了解何燕——一个凭着自己的勤奋及努力在基层干出成绩的女性，她获得了领导的信任并担任开发区副主任，同时，她也获得了很多的荣誉：全国模范军队转业干部、全国巾帼建功标兵……我由此而产生敬重，她真的是一个很优秀的女性。

尽管我与她从未谋面，但我能感觉到她是一个很重感情的大姐，一个重感情的人，往往其人品也受人尊敬。这篇被我匆匆完成的文章发表后，她在电话里对我表示感谢，在后来很长时间后的一天，我都忘了这件事，她还托她来北京出差的同事给我带了一件小礼物。礼物大小并不重要，关键是她心里一直没忘记对我的感谢。这，让我真有点惭愧了。

在与何燕未曾谋面的交往中，我感到她的成功不仅仅是她的工作能力，还有她真诚的为人。同时，我也感到，尽管这是一个官本位的社会，尽管官员的级别分高低，但是人品的好坏才是决定你去发自内心喜欢她、并尊重她的理由。

我感觉，像何燕这样的事业型女性，在事业的道路上一定会越走越远。

成功之道

除了勤勉努力，她还胆大心细，提出的诸多优惠政策，在留学人员中产生了很大反响。对于园区内的创业者，她总是满腔热忱地扶持，帮助他们不断发展壮大。

◎ 龙安定 ◎
浙江省政协原常务副主席

　　龙安定，男，1942年生，祖籍江西永新，出生地安徽定远。1965年8月参加工作，1972年11月加入中国共产党。南京大学外语系英语专业毕业，高级经济师。历任河南省夕障办公室翻译、党支部书记，浙江省外经贸厅副厅长、党组副书记，中国银行浙江省分行行长、党组书记，省长助理、省对外经济贸易委员会主任，副省长，省政协副主席、党组副书记。2008年退休，现担任多个社会团体的会长。

坚守固执和原则

——浙江省政协原常务副主席龙安定

曾任浙江省政协常务副主席的龙安定是一个身材不高、偏瘦的长者，他为人谦和、热情，滔滔不绝的话语中，幽默会时时蹦出。浙江政协的同事说他就像一个老小孩，而龙安定的爱人毛水云则说他是个话唠。毛水云是军人出身，退休前曾担任解放军117医院副院长，她是个急性子，说话做事干脆干练。有一天，两夫妻前往看望一位百岁老人，行车途中，龙安定不停地打手机问路怎么走，毛水云就烦了，还没到目的地，毛水云就催着龙安定先下车，龙安定就说："车还没停好，你想摔死我啊！"龙安定两夫妻在一起总爱吵架，从年轻吵到老。在毛水云眼中看来，龙安定就是一个固执、唠叨的人，不仅如此，他永远都只顾别人，不管家人。但是话又说回来，老两口风风雨雨过来这些年，也算是相濡以沫、相互理解了。

龙安定曾担任过中国银行浙江省分行行长、浙江省副省长等重要职务，然而，不管是过去大权在握，还是之后仍为副省级干部，龙安定都是一个坚持原则的人，拿毛水云的话来说，他的原则有时近乎没有人情味。而在我看来，他这样的级别和资历，却乐于坚守工薪阶层的清贫生活，是另一番至高的境界。

父亲龙潜曾是迟浩田副主席的上级

龙安定时时以自己的父亲龙潜为骄傲。他的身材长相酷似其父，性格及为人的风格颇具其父的风范，包括父亲为人的热情，比如他父亲在世时，见到客人就会从口袋里掏出一个小礼物，乐呵呵地送给对方，龙安定也是，见到客人就会从口袋里拿出一个袖珍电筒送给对方，现在年龄大了记忆不太好了，往往就送重复了。龙安定说这叫"礼轻情意重"。父亲对龙安定的影响是非常大的，至今，那一幕幕和父亲在一起的情景还历历在目，父亲对子女要求很严格，父亲要求子女首先要做好人。1992年12月，他的父亲去世前，曾将龙安定叫到身边叮嘱："第一，要尊敬老同志，天下是他们打下来的；第二，对人友善，不能害人。"龙安定说这两条他都做到了。

在浙江省，凡是45岁以上的人几乎都知道龙潜这个名字。因为在"文革"时期，在杭州市大街小巷的墙上都写着大幅标语：打倒龙潜，解放浙江。那段时间，人们常常都会在杭州的广场上看到一个衣衫褴褛的瘦小老头，背着一个破水壶，造反派还未捆他之前，他就先将手背好，准备被捆起来批斗。那时的龙安定还在上大学，他挤在人群中远远地看着父亲，鼻子很酸，谁会想象得到这位老人在战争年代曾立过赫赫战功呢。

龙潜同志于1913年出生在江西永新县的贫苦农民家里，1930年加入中国共产党。土地革命战争时期，龙潜跟随毛泽东主席开辟井岗山革命根据地，在打退国民党军队对井岗山根据地进攻时，身负重伤。他曾荣获中央军委三级红星奖章。遵义会议后，龙潜调任中央军委干部团特派员，在邓发和李克农同志的领导下，负责中央领导及中央机关的保卫工作。抗日战争时期，龙潜受党的指派，在西安青年训练班从事秘密工作。解放战争期间，历任苏皖边区政府公安总局局长兼淮阴城防司令员等职。南京解放时，任南京市公安局局长。后任南京军区政治部副主任、浙江省军区副政委、济南军区副政委等职。龙潜同志去世后，许多党和国家领导人都送去了花圈，以示怀念。在龙潜同志的生平介绍中，我们看到了这样的评价：严于律己、生活俭朴、为人正派，对家属子女要求很严格，始终保持了我党我军艰苦奋斗的优良传统和政治本色。之后一天天成长起来的龙安定，正是深受父亲龙潜言传身教的影响。

2006年，中央军委副主席迟浩田同志曾前往杭州出差，亲自接见了龙安定。迟浩田回忆起了和他父亲龙潜交往的细节。迟浩田将军曾是龙潜同志的部下，十多年前，龙潜生病在南京住院期间，迟浩田曾前往探望。迟浩田对龙安定说，他当年去看望龙潜时，两位老战友还有过一番精彩的对话呢：迟浩田说，自己负伤了8次，龙潜说他负伤了13次，身上还有许多弹片至今未取出呢。龙安定听到这里时，心里很是难受，当年父亲龙潜去世火化后，在骨灰里找到了几枚一直未取出的弹片。

照一般人的想象，像龙潜这样的老革命在革命时期劳苦功高，之后理所当然应拥有更高的级别。对这一点，龙潜却不这么想，他认为自己一个穷苦人家的孩子能得到那么多已经很知足了，不能给中央提任何要求。龙安定的心态和他的父亲一样，决不是那种装出来的，他说他父亲文化程度不高，能到这个级别就不错了。就是龙安定对他自己的官职也看得不重，比如你现在跟龙安定说，你以前当副省长多好，比政协主席有权多了，他就会跟你急：当官这事，一靠能力，二靠机遇，不能什么好事都被你占着啊。这就是龙安定，一个让他老伴毛水云常常跟他急的固执的人。

不给两个儿子找工作

在许多人眼中，龙安定根本就不像一个官员，他不会烟酒，不喜应酬，特别是到那种豪华的酒店吃大餐更不习惯，他最喜欢的就是吃点青菜和毛豆，所以他说，谁要请他吃饭简直就是浪费了。他和人交往从没有架子，想说什么就说什么，直来直去，和那些"谨言慎行"的官员有着天壤之别。做官这么多年，龙安定却没有为自己和家人"谋一点利"，这是让许多人都不敢相信的。

龙安定有两个儿子。大儿子90年代初从杭州大学毕业，那时，龙安定担任浙江省副省长，分管金融、外贸，可谓大权在握。大儿子眼见同学们都在托关系找单位，回到家也想让父亲帮助找一个单位，没想到话刚说完，龙安定接着就说，你去街上买张报纸看看上面的招工启事吧。儿子还想继续说服父亲给自己帮忙找关系，龙安定则直接就把话打断了。龙安定深知，依照自己的职位，给分管的单位打一个招呼，这事很容易办妥，可自己是老党员，而且中央的政策也是不允许的，决不能拿着共产党给予的权力用在这些事情上。儿子最后红着眼睛哭了，之后的龙安定也说当时儿子真是可怜，可那时的龙安定就是一个"铁石心肠"，谁也说服不了他。老伴毛水云为这事还和龙安定大吵了一架。最终，还是以龙安定的"固执已见"收场。后来儿子只好远离杭州到南京工作。说起到南京工作还有一段插曲。当年，毛水云眼见老伴龙安定对儿子的工作袖手旁观只好作罢，一次出差时，在火车上偶然认识了南京一个企业的老总，毛水云就和人家说起自己儿子没有工作能不能帮帮忙，对方见毛水云是一个女军人，真是可怜天下父母心啊，就答应帮忙。后来，龙安定的大儿子就到了南京的这家国有企业工作，从最开始的基层工作干起，刚到公司上班时，因没有住房，还在办公室的地板上睡了两年地铺。龙安定的小儿子也没有沾到老爸任何光，至今仍在印刷厂工作，小儿媳也在印刷厂。两个儿子的工作状况，至今也不能在毛水云面前提，一提她就会生龙安定的气。这事不能说毛水云的境界没有龙安定高，这世上有哪个父母不疼自己孩子啊？只是龙安定原则性太强，对自己和家人要求太严。

两个儿子当年也对父亲很不满，因为父亲不仅不帮忙找工作，还要对儿子的婚姻"干涉"。在中国许多城市，大家结婚都在攀比，什么样的豪华婚礼应有尽有，一些领导干部的子女结婚场面更是气派。可他们结婚时，只能按父亲龙安定的规定，不许请客。

尽管龙安定对自己的子女这么严格，但他却是很乐于帮助他人。2006年2月，龙安定曾经在浙江省外贸厅担任厅长时的一个老部下突然找到他，两人有十多年没见过面，并且也不是很熟，来人希望昔日的老领导能帮自己一个忙，原来他的女儿中山大学毕业后，希望到浙江省中国银行工作。龙安定当时心里就想，要是自己家人的事他永远不会帮，也说不出口，可这是别人的事，来求自己肯定是这事很为难，于是就给银行的办公室主任打电话说："麻烦你给领导说一下，这个孩子条件不错，同等条件下你们是否可考虑。"后来这事就办成了，这一家人都非常感谢他，说要请他吃饭，龙安定就说不要感谢我，我仅仅是帮你说了一句话。

两个儿子对父亲是既爱又"恨"，他们知道父亲就是这样一个人，没办法。在外人面前，他们也不愿说自己的父亲是谁，因为说了也没用，父亲是不允许他们"沾一点光的"。

抠门的他大方资助贫困孩子

生活中的龙安定非常节俭，身上穿的没几件好衣服，更不用说名牌了。龙安定每月在工资表上的钱是三千多元，他的钱从不交给毛水云，他把这些钱都攒起来，一是为了家里装修、买大件物品等用，剩下的就是用来和老伴毛水云一起帮助他人。两夫妻的收入完全靠工资，所以很多时候两人在花钱上需要精打细算。

1986年，龙安定担任中国银行浙江省分行行长，他分到了一套临近西湖边上的90多平米的住房，他在这套房子里一住就是十多年。由于房屋地势较低，西湖涨水时，他家就会被淹，水里有蚂蟥、蜈蚣、老鼠、还有蛇，把家人都吓坏了。那时，无论是在银行当行长，还是后来当副省长，单位的人都到他家帮忙救过水灾，有一次，屋里还跑进两条鲫鱼，乐天派的龙安定就笑呵呵地对他的部下们说，你们拿回去煮了吃吧。由于住房无数次被水淹，所以当年的中国银行总行还专程派人从北京赶到浙江看望龙安定，并说要给他换一套住房，后来到省政府工作后，省政府也说要给他换一套大的住房，这些都被龙安定一一拒绝了，拒绝的唯一理由：还有更多的人需要住房，就先分给别人吧。1998年，龙安定从副省长的位置上调任浙江省政协担任常务副主席，2005年，他终于分到了一套副省级领导住的200多平米的大房子。龙安定夫妇决定开始装修新房子，为了省钱，龙安定将旧房内的复合地板拆下来铺在新房里，还将部分家具拉到了新居。

别看龙安定花钱"抠门"，可一看到贫困的人却可大方了。帮助人，是他一直乐此不疲的事。

因为担任领导，龙安定常常到基层调研，有时还到省外的基层调研。看到那些贫困人家的孩子上不起学，他就想去帮助别人。从十多年前开始，龙安定和毛水云夫妇就陆续资助了5个贫困孩子上学，除每学期的学费外，每年还会额外给两三千元。为了资助这些孩子，夫妻俩多年来是省吃俭用。接受资助的这些孩子们至今有的已经参加工作了。至今知道这事的人并不多，他们夫妇也不愿张扬。

江西永新县，是革命老区，也是龙安定的家乡。2003年，永新县当地的领导给所有老红军的后代写了一封信，龙安定也收到一封。信中恳切地说：当地一个村的小学因为没有经费就垮了，现在村里有300多个小学生每天要走二十多里的山路到别的村去上学，希望恢复垮掉的这所小学，希望你们救救这里的小孩！龙安定认真看了信后，就开始琢磨怎么去帮助这些孩子们。他找到一些企业，对大家说，老区的孩子很苦，我的能力解决不了这个问题，希望你们也帮想想办法。回到家里后，龙安定两夫妻将工资存折拿出来凑了一些，毛水云又给两个儿子打电话，让生活并不富裕的孩子们也出钱。就这样，加上企业的赞助，有二十多万。对于资助的钱，龙安定说他们夫妇从不经手，联系好赞助后，就让双方直接联系了。用这笔钱，永新县于2004年在当地建起了"九陂村希望小学"，龙安定专程前往庆贺，并亲手题写了校名。当地官员和老百姓对龙安定千恩万谢，龙安定说这是自己应该做的，没什么好感谢的。后来，当地又写信来说，要修一个操场，缺钱。龙安定又将自己的工资两万元捐给他们了，后来，龙安定到这个学校去时，却看见操场根本就没有铺，他就发了一通脾气：我们省吃俭用地给你们，你们怎么……龙安定本人是官员，却对官僚作风深恶痛绝。

龙安定当副省长时，正值改革开放之时，他领导了浙江省的对外开放工作，成绩裴然，当年许多浙江的领导都戏称他是改革开放的"龙头"。到政协工作之初，他并不讳言自己不了解政协工作，还记得他到政协时讲的一番话，让与会者终于对这个"爱讲真话"的领导眼见为实。龙安定说："从个人来讲，我也不想来政协，既然组织上派我来我就把工作干好。"龙安定担任了两届政协主席，他做了三件大事，让浙江省政协的同仁们心服口服。第一是盖起了省政协有史以来的第一座办公楼；二是提拔、培养了很多年轻干部；第三是提高了职工的福利。更重要的是，龙安定在推进新时期人民政协事业的发展方面取得了有目共睹的成绩。2008年，龙安定退休了，回头来看多年的官场生涯，他说他是无愧的。

◎手记◎

可爱率真的老头

在未采访龙安定时，我就已认识他，是在全国"两会"上，一个领导朋友向我介绍了他，当时我就觉得这老头很有意思，他爱说笑话，他说的笑话多是拿他自己开涮，也不管他旁边有没有比他大的官，也不管在什么场合。总之，大家和他在一起就很开心，龙安定俨然成了大家眼中的"老开心果"。不过，开心之余，我感到这是一个有故事的老头，作为一个官员，他固守"两袖清风"的从政风格让人深为感慨。

之后我就去杭州采访他了，这次去杭州的行程由浙江省政协负责安排接待。龙安定见到我的第一句话就问，你打算在杭州呆几天啊？我心里想，哎呀，才来就赶我走啊，他一定是怕公家单位花钱太多，毕竟我是政协机关接待嘛。不过，幸亏我了解他，他说话直得没办法，他抠门的时候让他老伴往往气不打一处来。

杭州那城市真是很美啊。当时采访他是在2007年，他说他已作好准备2008年退休了，我就问，有没有想过退休之后做什么事呢。但凡领导干部在退休之前多会接到不少企业的邀请去当顾问什么的。他就说，还没想好，但肯定还是要做事的，否则在家里呆着老得快呢。我心里笑起来，可能是怕在家里呆着总跟老伴吵架吧。

文章发表后，他很高兴，把发表文章的杂志送给了好多朋友。而我，也很久没再见到他了，听说他现在很忙，有很多头衔呢：浙江省总会计师协会名誉会长、中国国际茶文化研究会顾问等等。

成功之道

在许多人眼中，龙安定根本就不像一个官员，爱开玩笑，想说什么就说什么，直来直去，和那些"谨言慎行"的官员有着天壤之别。简单而透明，他一样会成功。

◎ 张学军 ◎
广东省人民检察院原检察长

张学军，男，1943年生，四川马边人，汉族，1966年9月参加工作，1975年1月加入中国共产党，西南政法学院法律专业毕业，二级大检察官。历任海南保亭县公安局副局长，广东省检察院刑事检察处处长、经济检察处处长、副检察长、检察长、党组书记。2009年退休。相关著作有《论离婚后的抚养立法》、《反贪局长的谋略》等。

大检察官"反腐"的创新理论

——广东省人民检察院原检察长张学军

广东省检察院在全国检察机关中是一个品牌式的执法机关，不仅办案质量高，其干部的违法乱纪现象连续5年低于全国检察机关平均案发数。

这一切，都和时任广东省检察院检察长张学军有关。这位检察长在全国检察系统颇具名声，不仅因为他将原湛江海关关长曹秀康、原广东省高级人民法院院长麦崇楷等贪官绳之以法，还因为他独创了一系列颇具特色的检察制度。

这位国内首位二级大检察官，是一位性格谦和的长者，说话不紧不慢却时时点中要害，有检察官的威严，也有学者的渊博。这，很符合他的身份——他同时是国内四家著名政法大学的客座教授。

每年要办两起厅级领导干部的要案

1994年秋，已经担任广东省检察院副检察长的张学军同时肩负起反贪局局长的重担。反贪局之前虽然查办过原海丰县委书记王仲受贿案、原惠州市公安局长洪永林受贿案等，但是涉及到副厅级以上的高职务官员腐败案件还比较少。曾经也查办过两个厅级干部受贿案，最后因为证据不充分，起诉到法院后最终没能定罪。在当时，省内的检察机关甚至有"省检察院反贪局不敢动高职务官员"的说法，省政法委也对广东省检察院反贪局提出了批评。在这样的情况下，反贪局的干部们士气都很低落。张学军走马上任后决定要为反贪局"重建威性"，他不仅要办铁案，还要办厅级以上领导干部的腐败案。这样的决定是需要勇气的，一是会招来憎恨和威胁，二是需要有一支能打硬仗的队伍。对前者，张学军并不害怕，对后者，虽有担忧，但他仍是充满信心。

他对广东省检察院反贪局下了指标，一年至少要办两个厅级领导干部的要案。此言一出，既鼓舞了士气，也给反贪局的同志不小的压力。张学军记得当时接手的第一起案子就是广东省原地质勘探局局长张杰庆贪污受贿案。张学军全程参与指挥。反贪局的一位科长身染疟疾，浑身发抖，在酷热的夏天裹着棉被审讯张杰庆。此情此景，让犯罪嫌疑人张杰庆动容，主动交待了自己贪污受贿的过程。初次和高职务官员交锋就获得了这样的成绩，令张学军很欣慰。之后便是捷报频传：1996年7月，韶关市原副市长张建良、吴承建因涉嫌受贿双双落入法网，分别以受贿罪判处有期徒刑8年。

如今说起韶关副市长一案，张学军还历历在目。1995年12月，广东省人民检察院反贪局收到一封群众举报信，信中详细列举了深圳某贸易公司经理张仁光等人向韶关市副市长张建良行贿的事。线索有好几条，从哪里突破呢？张学军曾归纳过查办腐败案件的"八先八后"法则：先易后难，先有形后无形，先马仔后老板，先下级后上级……就从"先有形后无形"入手！当办案人员向他汇报案情时，他提出应从该案的一张存折入手。存折里的30万是张仁光给张建良的行贿款。经调查发现有人从存折中取走了13万元现金，取款人在取款单上将张建良写成了"张健良"。这个很小的细节引起了张学军的注意，如果是本人的话，怎么会把自己的名字写错呢？取钱者一定不是张建良本人。经查，果然是张建良的侄子替他取的钱。

另一位副市长吴承建的案发是由于张建良的落马。为了核实张建良的受贿问题，检察官向当时主管开发区工作的副市长吴承建了解情况。吴承建是一个心理素质很脆弱的人，以为检察院发现了自己的事情，很快主动交待了受贿的情况。办案人员立即将这个意外收获向张学军汇报。张学军很高兴，但同时也提醒部下要特别注意当天晚上吴承建可能会自杀。

果然不出所料，第二天早上七点多，张学军还在家中就接到办案人员的电话，他第一句话就问"死了没有？"对方告诉他，当天夜里吴承建口含电蚊香企图触电自尽，幸亏陪同人员早有准备，将他抢救了过来。并非是张学军神机妙算，而是在长期工作中总结出的经验。张学军发现，犯罪嫌疑人未交待罪行时不会自杀，全部交待了也不会自杀，就是在刚刚交待了小的问题，要不要进一步交待，思想斗争最激烈的时候最容易出现自杀，因此在这个阶段需要特别注意。他告诉办案人员，防止犯罪嫌疑人自杀关键要打消他自杀的念头，给他讲政策，讲法律，讲之前的典型案例，告诉他家里父母妻子的期盼，让他有求生的念头。后来，张学军总结了"防止犯罪嫌疑人自杀五措施"用来指导工作。"五措施"被原最高人民检察院检察长韩抒滨充分肯定："广东省这五条很管用"。

当时张学军带领的广东省检察院反贪局的队伍在不长的时间彻底扭转了当年的形象，人们对广东省的反贪工作刮目相看了："广东省的检察院既打苍蝇，又打老虎。"

张学军同时也将从实践中归纳出来的经验和方法系统地传授给同行，使广东省在查办贪污贿赂大案要案中取得突破性进展。历经多年和腐败分子交锋，不仅办案质量日益提高，还培养出一支善战的队伍，这是张学军最有成就感的一件事。

首创"在专案组中建立临时党支部"

办案人员在办理案件时往往会面临诸多诱惑，被犯罪分子拉拢腐蚀。往往是，专案组的办案人员越多，管理工作就越是一个难题。而在张学军办案历史上他带领的专案组都是"出污泥而不染",这要归功于他的一套创新思路。

1994年,张学军参与查办深圳"4·20"特大骗取出口退税案。"4·20"专案是建国以来最大的一宗骗税案,查出假出口金额6594万美元,虚开增值税发票税价合计人民币19亿余元。一些犯罪分子专门为骗税成立了空头公司,买通海关的官员,骗取出口退税。用张学军的话说,这种做法相当于"从国库里公开抢钱"。此案涉及面广,牵扯到除台湾、西藏外的所有省。中央从全国检察机关和税务部门抽调200多人成立了专案组。

专案组集中了全国的精英来办案当然是好事,但是,张学军也从中看到了一个隐患。当时的深圳是改革开放的前沿阵地,外地调来的办案人员将面临种种新事物的诱惑。其他省以前就出现过"把犯罪分子和自己队伍都送上法庭"的教训。张学军分析其原因,他认为办案人员离开了原有部门的监督,容易放松思想警惕,这样就可能被犯罪分子拉拢腐蚀。如何确保办案队伍不出现问题?张学军想了一个办法:把党支部搬到专案组。他实行"办案组长一岗双责制"。双责就是"既要抓办案,又要保证队伍遵纪守法。"由办案组长任党小组长或支部书记,给组内同志作细致的思想工作:要抵御住外界的诱惑,注意对外交往,在办案过程中牵扯到自己省的事不能透露消息,有什么需要通过组织解决,不要自己去找门路……同时,张学军还时常把省检察院反贪局总支书记请过来给大家做思想工作。200多人的办案队伍驻扎在深圳繁华地段的一个酒店里,楼上就是夜总会,办案人员却从不上楼。最难能可贵的是,在长达一年的办案过程中没有出现一起违法违纪现象。张学军的一番良苦用心没有白费。最终案件顺利告破,共抓捕犯罪分子109人。

"4·20"专案组受到了中央的充分肯定:"既办了优质案件,又练了过人队伍"。后来,"把党支部办到专案组,把思想工作落实到办案第一线"的办法在全省检察机关得到推广。张学军还将此经验在最高人民检察院的政治工作会议上向全国的检察机关作了专门介绍。

1998年,张学军参与指挥查处湛江"9889"特大受贿走私案。此案是建国以来走私数额最大,涉及党政机关、执法部门人员最多的严重经济犯罪案件,被称为"中国走私第一案"。这次专案组的人更是多,在张学军提议下,专案组迅速成立了临时党支部。

在参与指挥期间,张学军提出不能仅限于湛江检察机关去办案,而要集中全省反贪部门的侦查骨干到湛江办案。在请示最高人民检察院时,最初这个提议未获准。张学军说:"朱镕基总理说此案要严惩不贷,昭告天下,湛江市检察院的同志说的都是当地话,普通话都讲不清楚,怎么昭告天下啊?"高检领导最终同意了,将全省的优秀公诉人都集中到湛江去办案。

在案件即将告破的最后阶段，走私集团的一名头子逃到了香港，行贿人这一重要的人证没有落网，就不能结案。在张学军和其他领导小组成员的推动下，专案组派了广东省茂名县的检察长和政法委书记到香港去找到他，劝其回来投案自首。后来，这名外商交待了行贿的过程，并主动补上了走私物品时偷漏的关税，使这一重大案件顺利告破。

一手惩治腐败，一手为广东省改革开放保驾护航

张学军担任广东省检察院副检察长十年、检察长十年，可以说是亲自见证和参与了改革开放以来广东检察机关逐步走向成熟与辉煌的过程。他时时有许多意想不到的理论进出，总能让上至中央领导下至普通检察干部惊诧其胆略之余颔首称赞。他是一个做什么事都能超前预见并大胆创新的人。

改革开放初期的广东省，经济发展在全国领先一步，检察工作也面临特殊性。当时他创新地提出了检察工作的思路："首先要考虑怎么样为改革开放服务，为社会主义现代化服务。在执法过程当中，既要打击贪污腐败，又要保护广东干部改革探索前进的积极性。"当时的社会背景及人们的思想意识还很封闭传统，这套全新的思路让人们眼前为之一亮。

如何解决计划经济时期的立法和广东开始进入市场经济后的执法之间的矛盾？那时，张学军提出了三个"区分"：正确区分犯罪与犯错误的界限；犯罪与失败、失误的界限；犯罪与不正之风的界限。对这三个"区分"，张学军解释说："改革是摸着石头过河，有成功有失败，也可能有错误。如果遇到一点失误失败就作为犯罪来处理，就没有人敢探索前进了。改革开放初期，旧的规章制度废除了，新的还没有确立起来，这阶段不正之风比较多，这些行为要通过纠风来处理，不能当成犯罪来处理。"张学军还探索总结了"三看三指导"的办案原则。一看其行为是否有社会危害性，用犯罪本质特征的理论来指导办案；二看行为是否符合中央的最新经济政策，用中央最新的经济政策来指导办案；三看行为是否构成具体罪名的四个要件，用犯罪构成要件理论指导解决疑难案件。

张学军独创的"三个区分"和"三看三指导"的理论，在当时是颇为大胆的，因为弄不好就会犯错误，而毕业于西南政法学院、精通法律并有着多年实际工作经验的他却是很自信。在这样的理论指导下，他为90年代初的广东省检察机关在办案过程中解决了许多实际问题，避免了许多错案。

广东省有一家国有企业用8万元买了一台发动机，因型号不对用不上被闲置在仓库里。另外一家合资企业，拟出价15万购买这个型号的发动机。这时，有个

包工头知道了这两个消息，便花8万元买下这台发动机又转手以15万元的价格卖给合资企业。区检察院将包工头抓起来。按照当时的法律，包工头的行为的确符合"违反工商经济管理法规，就地加价倒卖生产资料，以谋取暴利"的投机倒把罪。张学军了解案件的情况后却说："包工头的行为没有社会危害性，不构成犯罪。"最后，包工头被无罪释放。

广东省罗昌县当年开展绿化荒山造林活动，县里派了一个技术员前往指导一个私人苗圃开展业务。在技术员的指导下，树苗卖了很多钱。技术员就向苗圃老板提出要报酬。老板却将这位技术员告到县检察院。县检察院将其抓起来，定为"索贿罪"。张学军在了解此案时发现该技术员节假日都在苗圃工作。他说："技术员利用休息时间提供了劳动，应该得到报酬。拿多少报酬是民事问题，不能作为刑事犯罪来处理。"有人就说，这案都翻了，很多案子都得跟着翻。张学军就说，该翻就得翻！

为了保护广东省的经济发展，张学军提出要把保护经济落实到保护企业上。他明确提出：涉及到企业的案件不准随意抓企业的法人代表，业务骨干，不能随意冻结企业帐户，不能随意查封企业账册，不能堵塞企业的流通渠道，不能损害企业的信誉。

广东省一个企业家和外省一个厅级干部有权钱交易，查办这个干部的时候把企业家也抓了起来，要判他"行贿罪"。这个企业面临破产的危险。张学军找到最高人民检察院协调，他说：即使这个案子成功了，而把广东一个有效益的企业弄垮了，这也是失败。后来这个企业家被送回了广东处理。经调查，他并非主动行贿。之后，张学军鼓励企业家回去把企业做大做强，令企业家非常感动。

在打击犯罪与保护地方经济发展、打击犯罪与保护人权之间，张学军一直在努力找一个最完美的平衡。

广东省某公司的总经理因涉嫌挪用资金被捕。恰在此时，世界500强之一的某企业按照原计划与此公司进行并购谈判。如果谈判成功，对该市的经济发展是一件好事。可是，难道要让犯罪分子去谈判吗？如果他企图逃跑怎么办？经过一番权衡，张学军决定冒险让其仍然按照原计划去进行谈判，办案人员则扮成秘书、保镖跟随左右。后来谈判成功，该市政府对省检察院十分感激。省委省政府也一致称赞"这是一次成功的探索"。

2006年，广东省在全省范围内治理商业贿赂行为。一天，广东省卫生厅厅长和人民医院的院长跟张学军抱怨说，什么单位都来查商业贿赂，我们接待不过来，到底哪个单位有权力来查呢？

思索之后，张学军以个人名义向各检察长、反贪局长发了通知：《检察院不查医生护士收红包的问题》。通知里面写道，收红包的问题应是各个单位在纪委指导下自查自纠，不构成犯罪的检察院不查。

他还制定了更加细致的医药卫生行业查处商业贿赂的十二条规定：对医疗器械的商业贿赂坚决查办，追到制假售假和行政人员的玩忽职守要查到底；在办案过程中不能影响医生护士给病人看病和动手术；不能损坏医疗器械；有严重问题的专家学者和名医要给出路，允许他们利用自己的一技之长为社会服务，不要一棍子打死……

后来，广东省纪委书记批示"十二条很好，这个问题抓得准"；省政法委书记也称赞这十二条"有指导意义，应该赶快宣传"。

建立针对检察干部教育与监督的完善体系

广东检察机关之所以能成为一支能吃苦、能战斗、作风过硬的队伍，离不开张学军制定的一系列广东特色的教育与监督并重的体系。

张学军很重视全省检察干部的教育工作。他向全省检察干部提出"三按照，三不要，三保持"，即：按照法律规定办案，按照价值规律办事，按照道德规范做人；不干净的钱不要，不清楚的钱不要，不恰当的钱不要；同大款在个人经济上保持距离，同律师在个人经济上保持距离，同配偶以外的异性在个人感情上保持距离。

张学军还制定了"加强八小时以外管理的九条规定"，将对队伍的管理和监督延伸到干警八小时以外的生活，构筑起防腐拒变的"第二道防线"。他还多次强调要反对霸道作风，严禁刑讯逼供，要树立文明形象，文明执法。这一教育工作的确有成效，在广东，很少看到有检察干部逞威风、欺压群众的行为。

最具特点的就是张学军自己在电脑上敲出来、并发给各地检察长的"广东省检察院第一责任人通报"。这又是张学军的创新，他是全省检察机关的第一责任人，各市检察长是第二责任人。他研究了广东检察干部出现违纪违法及事故的规律特点，预计最近可能发生什么问题，就立即通知各地第二责任人赶快检查，出了问题就要负责任。事实证明，这个办法非常管用。张学军说："比如中秋节、元旦、春节前，我就发通知提醒要注意廉洁过节，在送红包的高峰期要坚决顶住；春季期间，就要提醒大家防火、防交通事故。"另外，什么时候防止枪支弹药被盗？什么时候防泄密？什么时候防八小时以外的交往？张学军都会根据规律提前通知。时任省委书记张德江曾经特别称赞"第一责任人很到位，是一个品牌"。

这一系列可行有效的制度是张学军学识、智慧、经验的结晶。

在广东省检察院工作的28年间，张学军从未改变勤于思考、脚踏实地的工作作风。

都说这位充满智慧、有魄力的检察长胆子很大，无论是计划经济时期还是改革开放的今天，他一直在充满法律严肃的检察机关领域进行着诸多大胆的创新和探索，这也许就是张学军大检察官的品牌力量，也是广东省检察机关的品牌力量。2009年，张学军从检察长的岗位上退了下来，但他仍是繁忙的，应邀奔波于各地方检察院讲课成了他日常的状态。

◎手记◎

精通谋略的大检察长

张学军检察长是我几年前在全国"两会"时采访到的，当时我在广东代表团，得知他还是西南政法学院的客座教授，是我的师长呢。因为采访才真正了解到他是一位非常了不起的二级大检察官。可以说，他是广东省改革开放的见证者，更是对广东省经济发展有着卓越贡献的领导干部，因为他在广东省检察院分别担任副检察长和检察长十年，整整二十年的检察战线的领导工作，他独创太多的检察工作方法，就连我这个学法律的人都本以为检察院就是按部就班的职能政法单位，怎么可以这样创新？但的确他就是创新了，并且真正为经济工作起到了保驾护航的作用。

在广东省，张学军检察长是一位很有声望和影响力的领导，即便他两年前已退位，但他仍然受人尊敬，这不仅仅是因为他在位时的出色业绩，更是因为他真诚正直的为人。但凡有人找他帮忙，只要是合理的，他都会尽力所为；他性情温和，脾气非常好，据说他从来就没有对人发过脾气，即使自己的下属犯了错误，他也是用循循善诱的方式来达到教育的目的。这是他豁达的性格，也是他涵养的功力。

作为一个领导干部，张学军是真正除了工作别无其它爱好的人，下了班回到家关上门就写东西、看书，退休后出版了《反贪局长的谋略》，书中汇集了他多年来办案总结出的丰富经验，我感到这真的是一本可以作为全国检察系统研读的好教材。

成功之道

他是对广东省经济发展有着卓越贡献的领导干部，更是在检察机关卓有创新的人才，他独创了太多的检察工作方法，其中很多方法甚至在全国都是标新立异的。将理论与实践相融合并使之上升到一定高度，这需要个人的智慧、政治大局观及超高的法律知识，他做到了。

◎ 钟世坚 ◎
珠海市市长

　　钟世坚，男，1956年生，广东电白人。1975年12月参加工作，1975年12月入党。学历省委党校研究生，经济师。历任珠海市红旗农场副场长，珠海市海岛开发贸易总公司副总经理，万山管理区区委书记、区长，金湾区委书记，临港工业区党委书记。2007年01月至2011年10月任珠海市市委副书记、市长、党组书记。系全国人大代表。

他有一颗平民的心

——珠海市市长钟世坚

珠海，是一座至今仍让人记忆犹新的特区城市。1984年邓小平视察珠海后题词"珠海经济特区好"，这一句在现在看似普通的话却为当时的珠海经济特区发展指明了方向，从那时起，珠海市从一个经济落后的边陲小县发展起来，有了蒸蒸日上的今天。十年前，我曾去过珠海并在那里有过几小时的短暂停留，那天正赶上天空飘着小雨，整个城市笼罩在一片灰色之中，匆忙间看看了这座凭海临风的小城，很干净！除此之外，就是对特区油然而生的神秘感了，印象仅此而已。

十年之后的今天，许多朋友向我描述着珠海市的美丽，那是一个花园般美丽的城市，先后获得"中国旅游胜地四十佳"之一、"园林城市"、"最具幸福感城市"等殊荣。在改革开放的前沿之地，珠海市始终如一地保持着完美的生态及浓厚的文化氛围，不得不让人关注起这个城市的管理者。戴着眼镜的钟世坚市长，看上去更像一位学者，他说，在美丽的珠海市工作，每天都充满幸福和快乐。让我们走近这座城市，走近这位充满幸福和快乐的市长。

上任之后的两大压力

珠海毗邻港澳，地理位置优越，历来为商家看重。据历史记载，早在明代，其海域便是外国商船进出广州的必经和停泊之地。1979年珠海建市，1980年建立珠海经济特区。当时，党中央、国务院赋予特区的战略任务是：大力引进外资，引进外国先进技术，引进先进管理经验，发展外向型经济。同时在政策上给予特区许多优惠，如放宽审批权限、扩大企业自主权、税收优惠等等。好政策，再加上珠海人民的艰苦创业，珠海特区的经济迅猛发展起来。

可以说，珠海在改革开放后的20多年里已打下了非常好的基础，如何让珠海市持续而创新地发展？如何才能继续保持良好的生态环境？这是历任珠海市长肩上的重担或者说是压力，钟世坚也不例外。2007年1月，50岁的钟世坚正式当选新一届珠海市人民政府市长，之前他曾任职珠海市委副书记3年。当钟世坚被宣布"当选市长"时，台下掌声此起彼伏，掌声中充满了对新任市长的期待。

一上任，钟世坚和他的同事一起，针对珠海实际，不断健全和完善珠海市的发展思路：发挥珠海的区位、环境、特区品牌三大优势，深入实施"工业强市"、"科教兴市"、"三产旺市"三大战略，加快建设珠三角现代化区域中心城市和实践科学发展观先行示范市。

钟世坚的工作特点是在调研中发现问题和解决问题。珠海市是一个港口城市，港口的发展与珠海的经济发展密不可分。钟世坚常说的一句话就是，珠海要实现"大而优"的发展目标，必须要走"以港兴城"的发展路子。而要发挥港口在珠海市经济社会发展中的重要作用，就必须拓展港口腹地，打通港口连接内陆腹地的"大动脉"，最大程度地集聚生产要素和资源，推动珠海由交通末梢向交通枢纽转变。

钟世坚多次去珠海市的高栏港调研。作为珠海港主体的高栏港区，地理位置优越、水深条件良好、岸线资源丰富、腹地十分广阔，现有各类码头泊位20个，其中万吨级以上10个，在建的和近期计划建设的万吨级码头15个，规划可建万吨级以上码头100多个，并具备建设30万吨级以上原油码头的条件，年设计吞吐量可达1.5亿吨以上，完全可以建成"大进大出"的深水大港。但是，在我国沿海主要港口中，珠海港是唯一不通铁路的港口，这不利于港口作用的充分发挥，高栏港区目前仍以服务珠海为主，难以辐射广阔的后方腹地。随着港口规模的不断扩大和吞吐量的增长，高栏港区集疏运能力不足的矛盾日益显现。如何解决高栏港所面临的铁路不通和高速公路不通的问题？这是钟世坚作为新任市长需要解决的重要问题。钟世坚说，一个市长需要去面对许多问题和困难是很正常的，只要有信心，办法总比困难多。关于高栏港的铁路交通情况，早已有了令人欣喜的变化：2007年9月26日这一天，广州至珠海铁路建设动员大会在珠海高栏港区隆重举行，珠海市要通过广珠铁路和广珠轻轨的建设，把珠海的空港和海港连接起来，构建珠海大交通、大物流、大发展的格局。那一天，钟世坚既高兴又激动，他对记者说，这条铁路的开工建设，凝聚着党中央、国务院和省委、省政府的关心和支持，凝聚着珠三角西部城市人民的共同期盼，凝聚着各级干部的共同努力，来之不易！

钟世坚说，他任市长后最大的压力来自两方面，一是按照科学发展的要求去发展珠海，这就意味着对一个领导者的素质提出更新更高的要求，他自感知识和经验都不足，于是在工作中除了一如既往地到基层实地调研向群众、向能者学习外，就是潜心学习，向书本要知识、要方法。据当地媒体的记者说，钟世坚是一位勤劳好学的基层干部，每天都坚持学习。钟世坚另一方面的压力则来自于如何推进珠海经济发展的同时，保护好城市的生态环境。

说到城市的生态环境，钟世坚最难忘的是2008年"两会"前，广东省委书记汪洋和省长黄华华带领广东省的党政考察团到上海、江苏、浙江去考察。当地政府眼光开阔，气魄宏伟，思想解放，给钟世坚留下了深刻印象。特别是当地政府注重区域经济协调发展，通过大力发展高新技术产业提高城市竞争力的做法，使钟世坚下定了要发展生态型经济的决心。之后，珠海市明确了产业发展的主攻方向，就是要大力发展高新技术产业，大力发展生产性服务业和第三产业，着力培育产业集群。以格力为龙头的家用电器产业集群、以临港石化专区为龙头的石化产业群，以医药为龙头的生物制药产业集群都已具规模。钟世坚说："发展经济一定要追求绿色GDP，特别是对珠海这样的城市，必须通过转变发展方式来发展高质量的经济。"

网友说他是一个有良心的市长

在2008年的"两会"上，钟世坚作为全国人大代表受到了许多媒体的关注，原因之一便是他来自经济特区。在那样一个经济相对发达的地区，老百姓的民生问题解决得如何，首先关注的是房价问题，钟世坚直率地说："城市地价不断升高是非常危险的，作为政府部门应该抓经济适用房和廉租房的建设，千万不能片面追求卖地的高收益。"此话一出，在网络上引起强烈的反响，有网友评价说："这是一个有良心的市长！"钟世坚说这话可不是在做秀。2007年，他到外地出差，有人给他打来电话说刚拍卖了一块地，以楼面价每平方米7000元的高价卖出，钟世坚当时就想，多卖钱对政府来说当然是好事，但老百姓的住房怎么办？他立即要求珠海市有关部门尽快出台有效措施，把经济适用房及廉租房的建设提上日程，切实解决中低收入市民和困难群众的住房问题。

钟世坚上任市长以来，坚持每次市政府常务会议必研究民生议题，全力推进改善民生的工作。珠海市关于民生工作的许多举措走在了全国前列。关于住房，珠海市一直在加强廉租房和经济适用房建设，2008年底之前已全部解决城市困难群众的廉租住房问题。钟世坚详细介绍道："富裕人群买房按照市场规律，中等收入人群可以购买经济适用房，困难群体政府负责建廉租房，廉租房保证每户50平方米的标准。如果他们自己去租房的话，政府就给他们住房补助。"关于义务教育，2007年下半年开始，珠海市政府宣布对户籍在珠海的中小学生实行12年免费教育，也就是从小学一年级到高三全部免学费，包括书本费都免。而过去珠海市与许多城市一样实行的是九年免费教育，当时珠海市委市政府算了一笔帐，实行12年免费教育需要财政多承担一个多亿，经各相关部门协商，这件事很快定下来并执行。钟世坚说："如果我们用20亿元集中投一两个项目，很可能一两年就可以见效益；如今，我们用20亿元进行教育事业投入，可能一两年效益不明显，但是，再过一段时间或者若干年后，其经济效益和社会效益不可估量，城市综合竞争力将有明显提升。"学生家长们对珠海市的领导充满了感激，一面面锦旗和一封封感谢信代表了他们最质朴的情怀。关于医疗保障，珠海市全民医保实施方案已实施，其主要思路是小病治疗免费，中病进入保险，大病统筹救助，推进健康城市建设，彻底解决市民"看病难"的问题。这是一项惠及珠海全体市民的民心工程，是珠海继推行十二年免费教育之后的又一项重大惠民措施。

在钟世坚内心深处，始终有着一种平民意识。钟世坚出生在广东电白县一个普通人家，曾在电白县马踏公社办公室任干事，在这个时期与他共事的人这样回忆道：钟世坚当年的房间里挂了一幅对联"衙斋卧听箫箫竹，疑是民间疾苦声"。这是清代诗人郑板桥所写的《咏竹诗》，其张扬的是正直廉洁、不畏权势、关心百姓疾苦的浩然正气。由此看来，钟世坚关心老百姓疾苦的心怀由来已久。1980年，钟世坚从海南师专毕业后分配到珠海市的红旗农场任教师，虽然日后转而从事行政工作，但他这只有一年多的教师生涯却让他曾经的同事们这样评价他："工作勤奋，处事得体，善于把握分寸，谦虚有礼。"

采访中，能感到钟世坚的谦逊，虽然他已不再是当年的教师，而是一位在特区担任要职的领导干部，但他始终有着低调随和的言语和笑容，那种笑容里满是真诚。他说，他是从基层一步步走上来的领导干部，他最懂得老百姓的心里想的是什么，他有责任解群众所困、急群众所需。

两段经历：白手起家与"救火队长"

钟世坚说，在他的人生经历中有两段工作经历对他日后的执政风格及人生理念有着很大的影响。

80年代初，28岁的钟世坚被提拔为红旗农场党办副主任、场机关党委总支部书记，1986年6月至1988年10月，他再度升任红旗华侨农场党委副书记，红旗农场副场长。红旗农场是特殊历史时期的产物，职工并没有拥有土地的产权，驾驭这样的一个集体颇为复杂而烦琐。但这恰恰给予了钟世坚独挡一面干事业的舞台。"钟世坚大局意识特别强，善于统筹。"一位在红旗农场干了十几年的老同志回忆说。他以前是钟世坚的下属，当时还有些不服气，觉得自己资格比他老，但后来见钟世坚办事干练，为人老道，敢负责任，不得不心悦诚服。1988年，钟世坚被调到珠海市海岛开发贸易总公司任副总经理，兼任其下属公司的经理。钟世坚刚接手时这个公司时真是一穷二白，他本人也没有任何从商经验，要白手起家谈何容易，更要命的是，在那样的背景下，开发海岛经济根本无从谈起。不过，钟世坚很快投入到这份新的工作中，因为要维持公司的正常运转，只要是法律允许的业务，他们都去做。记得有一年的清明节，公司从东北组织了一批玉米回到广东卖给当地的饲料加工厂，玉米发运到广州火车站后，因数量很多，只能一车一车地拖走，钟世坚又担起了"看货人"的角色，整天坐在玉米旁，夜晚也不敢睡觉，那天正遇下雨，衣服都淋湿了，他也仍然在那里守着。公司方方面面的事情，钟世坚都要亲历亲为，找银行贷款、找铁路部门要车皮，都得低着头和人家说上一大堆好话，还有买货物、卖货物、要货款等等，哪一件事不求人啊，总之，这段经历让钟世坚真是尝尽了人世间的冷暖。正因有了这段经历，让钟世坚日后担任政府官员之后特别能够理解企业，并总是尽其所能地和他的同事们服务企业，支持企业发展。

之后，钟世坚历任万山区区委书记、区长，万山海洋开发试验区党委书记，管委会主任。钟世坚用多年的努力和创新搭建了一个独特的海岛开发模式。他曾发表过多篇关于发展海岛经济的理论文章，文章中提到了关于如何发展中转仓储、海岛旅游、大力兴建特色景点以吸引游客聚集、积极发展大沉箱深海生态养殖、推广"公司＋基地＋渔户"等实现渔业产业化经营的战略方式，在当时的广东省来说，这种做法和提法已走在了创新的前列。

另一段让他难忘的工作经历便是担任珠海市金湾区区委书记，他是首任金湾区区委书记。当时，金湾区由几个区合并组合在一起，许多遗留下来的大问题也都留给了钟世坚。位于珠海西部的这个区域，上世纪90年代初期，如火如荼上项目，名噪全国。然而，国家宏观调控的一刀切，大批项目被迫拉下马，遗留问题一大堆：公司债务缠身、人员工资发不出来，人心惶惶。很多外地老板来这里谈生意，看了看当地的环境后摇头拔腿就走。钟世坚上任后首先是通过财政等途径来解决债务问题，同时将金湾区的发展定位为"工业强区"。为实现产业链招商，引进大项目，他着手发展联港工业区，积极招商引资，一大批工厂企业纷纷入驻，给这个沉寂已久的区域带来了新活力。为了增进联港工业区的引力，他又多方奔走，修建马路，将联港和临港工业区连成一片，带动了金湾区内的三个片区的发展。曾经和钟世坚共事的金湾区的领导回忆当时的情况时说："钟当时提出产业链招商，引进大项目，这是招商模式的突破。引进大项目，借助龙头项目搭建产业链条，这是集约化利用资源的体现，很有远见。"由此，金湾区逐步摆脱困境，逐步步入经济高速增长的时期。2005年，当地GDP达到102亿，年均增长27%，农民年人均纯收入6645元，生活条件大为改善。在民生方面，2001年金湾区成立之初，没有文化馆、图书馆，4个镇没有一家上等级的文化站，村与社区没有图书室和文化活动室，文化设施严重缺乏。如今，金湾区已拥有两个省特级文化站，当地还投入资金3.53亿元打造"教育强区"。钟世坚这个被当地媒体称为"救火队长"的金湾区委书记，确实在当时救了这场"大火"，并使得金湾区有了日后惊人的变化，成为珠海的几个区中发展最快的区，2007年，金湾区的的财政增幅就在30%以上。

虽然金湾区旧貌换新颜，是钟世坚和他的同事们共同付出心血努力的结果，但钟世坚却认为相比这方面，当年在处理人事问题时才是最艰难的，需要更多的精力和智慧。由于这个区是由好几个区合并起来的，干部职工有700多个人，而新成立的金湾区只有280个人的编制，选谁和不选谁，都会引来别人的意见，那段时间里，钟世坚的压力很大，天天都有人守在他的办公室甚至家门外找他，还有人写信告他的状。最后，钟世坚和他的班子成员通过优胜劣汰的选拔方式选出了在金湾区工作的公务员，其余有的人员就安排到事业单位去，还有的通过多渠道作妥善安排，保证大家有稳定工作，有稳定收入，事情总算比较圆满地解决了。

每一个人的人生理念都常常会受到他的某些人生经历的影响，钟世坚也如此。因为有了这些经历，他懂得理解和尊重基层老百姓；因为有这些经历，他锤炼了领导者应具备的大局观，并擅长克服困难处理复杂且困难的大事，迅速在工作中打开局面。由此，他也获得了大家的好评，珠海老百姓相信这位市长会带领他们走上更加富裕的明天。对于钟世坚而言，他在得到老百姓认可的同时，也希望能听到大家对他的不同的看法，以更好地提高他在工作中的水平。钟世坚喜欢接近老百姓，有人找他就直接打他办公室的电话或手机，总之，在珠海，就连村干部找他也很容易呢，这也许是钟世坚希望与老百姓走得很近的另一种方式吧。

◎手记◎

为人实在的市长

我一直这么认为，在中国的地方官员中能多几个像钟世坚这样的市长，对于一个城市及城市的老百姓来说是一种幸福。

珠海是人所共知的环保城市，这是钟市长还未上任时就有的生态基础，如何在这样的基础上将生态环境与经济发展更有效地协调发展？钟世坚有他独有的一套办法。同时，让人敬佩的是他对事业有着一种奉献的精神。最让我难忘的是，面对珠海一个个即将完成的大项目，他感慨地说道："我这一生就献给珠海了！"每当我回忆起这么一幕时，我都想说一句真心话：作为一个市长，他绝非是在记者面前作秀，他就是这样一个对待事业舍得付出的官员。

作为沿海的知名城市，海内外的朋友都会前往参观考察，只要是钟世坚认识的人、并知道朋友前往，无论对方的职务高低，他都会细心地安排好对方，甚至会在忙碌中挤出时间去陪对方吃一餐饭。在饭桌上，他显出一个广东人特有的热忱和仗义，为了让朋友感受到欢快的气氛，他常常陪朋友开怀畅饮，而不顾自己患有痛风的疾病，不过，他最让人感动的是，他从不强迫对酒不感兴趣的人喝酒，很多领导自己不能喝，会让秘书替自己喝，然而钟世坚却从不让自己的秘书代酒。据说，珠海目前引进的许多大项目，每次钟世坚陪对方喝酒都喝到不行。了解钟世坚的人都说，市长这个人太实在了，是一个可以做朋友的好人。可我知道，很多人都说，喝酒能看出一个人的人品，我不懂酒，但我却能感知他的人品并深感钦佩。

珠海的朋友对我说，钟世坚是一个好人，也是一个好市长。

成功之道

无论在任何工作岗位，他都兢兢业业，但他并不是一味地埋头苦干工作，他有着大局观及智慧。他待人真实诚恳，他做的事业与他的做人同样成功。

◎ 黄业斌 ◎
惠州市市委书记

　　黄业斌，男，1957年9月生，广东阳江人，南京大学国际商学院国际企业管理专业毕业，1980年2月参加工作，1975年9月加入中国共产党。历任广东省医药管理局办公室主任，广东省计划委员会副主任，广东省政府副秘书长，惠州市市委副书记、市长。现任惠州市市委书记、市人大常委会主任。

做官就要有官德

——惠州市市委书记黄业斌

从酒店宽大的窗户望出去，碧波万顷的湖水环绕着一座座绿荫葱葱的小岛，这就是西湖了。当年苏东坡一句"梦想平生消未尽，满林烟月到西湖"，使得这里名扬天下。与杭州西湖相比，惠州的西湖精致而简约。

惠州这座城市很美。先后获取"中国优秀旅游城市"、"国家园林城市"、"国家环保模范城"、"国家卫生城市"等称号。

惠州的经济总量位居广东省前七位，目前有8000多家外资企业。2002年，中国最大的中外合资"中海壳牌南海石化项目"在惠州大亚湾动工建设，开启了惠州重化工业大发展的新时代。

惠州地理位置优越，位于广东省东南部，珠江三角洲东北端，南临南海大亚湾，与深圳、香港毗邻。

惠州市委书记黄业斌说，惠州市的优势很多，当然也存在不少问题，其中最大的问题就是要克服"小富即安"的思想。黄业斌健谈而幽默，关于执政的思路，没有豪言壮语，也没有信誓旦旦，有的只是从点点滴滴中触手可及的实在。

到惠州投资的企业对惠州市的领导充满了感动

惠州市有着发达的立体交通及通信网络，从而构造了非常优越的投资环境，近年来，来自海内外的很多大企业热衷于在惠州市投资。可是许多人并不知道，投资方看好的更多是惠州市委市政府这个团队，这个团队很具吸引力。

北京金融街控股股份有限公司在国内房地产企业中排名前列。2005年上半年之前，这个企业到过许多地方去寻找投资机会，在他们看来，投资环境中最重要的应该是地方政府领导是否具有吸引力，有的地方政府看见投资方来了也很高兴，说许多好听的话，但具体事情却都落不到实处，到最后投资方只得眼见一大笔一大笔钱投进去后，却像陷进了泥泞中不能自拔，苦不堪言。金融街公司的负责人在其他企业的引荐下来到了惠州市考察。此时的黄业斌担任惠州市长，作为市长，他对惠州市的发展有着全方位的谋划，位于南海绵延27千米的哭寮湾便是他的谋划之一，这块地处惠东县地理位置优越、风景优美的处女地仿佛一直在惠州市轰轰烈烈的发展号角之外冷落着，黄业斌看好了这个人烟稀少的地方，他要把这里打造成中国最大的海边度假村。黄业斌亲自接待着北京金融街控股股份有限公司的负责人，向他们谈到了惠州市宏观的发展思路，包括对哭寮湾的前景策划，最后谈到了最实际的问题：你们来这里投资就是支持惠州发展，我们政府有理由全力支持你们赚钱！

好爽快的市长！北京金融街控股股份有限公司负责人心里在感慨着黄业斌心胸的宽广及务实的工作作风。很快，双方签约。在海风习习、奇石绿树丛生的海岸边，金融街建起了简易的办公小楼，黄业斌带领相关部门的领导多次前往开现场座谈会，在会上，企业提出什么问题，他就让相关部门限定时间给予合理解决。2006年，金融街与法国专营度假酒店的埃塞集团洽谈，希望埃塞集团前往哭寮湾投资五星级度假酒店，谈了好几次，埃塞集团的上层领导仍有顾虑，主要原因还是他们对中国地方政府存在认识上的误区，简单地说，就是怕投资后地方政府没有良好的后续服务。黄业斌听金融街的负责人谈到这事后，立即邀请埃塞集团高层到惠州商谈并亲自接待，黄业斌对埃塞集团的负责人真诚地说道：惠州真的是一个很好的地方，金融街也是一个很大的公司，我们当地政府真的很欢迎你们前往惠州。黄业斌的真诚感动了埃塞集团的负责人，双方达成协议，埃塞集团决定前往惠州投资。

黄业斌发现，市委书记、市长出面帮助企业谈合作项目效果很好，所以只要企业需要他出面，不管这个企业大或是小，他决不会推辞，不仅出面捧场而且还由政府出钱请对方吃饭。在惠州投资的企业家都知道，请书记、市长出面帮助谈项目的，不用费什么周折。

对于像金融街这样的企业而言，他们感动的不仅是以黄业斌为首的市政府班子给他们实实在在地解决问题，他们感动的更是黄业斌是用真感情在和他们交朋友。哭寮湾毕竟还在开发之中，那里远离城区，进驻的企业人员难免会感到孤寂，黄业斌为了让这些人员感到惠州市领导对他们的关心，就让当地领导每个月到现场去和金融街的团队开一次会，吃一次饭，这样的联络感情让金融街的老总感动万分。老总对负责哭寮湾项目的员工说，惠州市的领导对我们这样真诚，我们也要干好，干快！要对得起当地的领导。

在惠州市投资，让企业家感到轻松而温暖。许多企业都是像金融街这个企业一样，是冲着惠州市委市政府这个领导团队去投资的。2005以来，在国内房地产业排名前十位的就有六、七家企业入驻惠州市。而许多企业对黄业斌和惠州市的领导都充满了感动。有一次，黄业斌宴请几个房地产公司老总，席间，大家喝了一点酒，有一位老总就流泪了，有感而发地说，我们房地产的老板不缺钱，但我们到了有些地方，不把我们当人来看，你们惠州的领导把我们当朋友来看，我们有家的感觉，我们哪里都不去了，就在你们惠州了！

黄业斌说，惠州市的领导团队与企业在感情上很容易沟通，在他们眼中，国有企业和民营企业都一样，都是企业，而政府扮演的则是服务的角色，最终达到大家共同发展共同进步的目标。这，便是惠州市吸引投资的秘诀，也是惠州市经济发展的秘诀。

让老上访户变成得力的劝说员

2007年底，中央政治局常委周永康针对惠州市关于转业复退军人的工作作了批示："各地有关这项工作，能如惠州市这样高度重视，建立并认真落实制度，带着感情做工作，既解决实际问题，又做好思想教育工作，就会取得密切党群、干群关系的效果，社会才会和谐稳定。"

惠州市由于地理原因，驻军比较多，转业复退军人有近9万人，且每年还在以1000人的速度增长，如何安置好这个庞大的群体是惠州市一项艰巨的任务。惠州人天性善良纯朴，心胸开阔，他们不会排挤外地人，在他们看来，你到惠州来工作，就是支持惠州的发展，你也就是惠州人了，所以外地人在惠州市生活得自信而舒适。惠州的老百姓对转业复退军人也是如此看待。而作为惠州市委市政府花的更多的精力是如何把转业复退军人安置好，并让他们满意。

黄业斌担任市长期间，每个月都能收到不少转业复退军人写来的信，主要是要求解决住房、子女上学、医疗等困难。有的转业复退军人的这些问题没有得到及时解决，就到市政府上访，这给社会造成了不稳定的因素。2007年4月，在黄业斌的具体部署下，惠州市建立了"以帮助解决好复转军人存在的实际困难为落脚点的三级党政领导与转业复退军人建立联系户"的制度，黄业斌要求领导班子成员每个人都联系一批转业复退军人，逢年过节，每家每户地走访，了解问题，以最快的速度解决困难。而黄业斌自己也联系了8户人家，除此之外，他还常常召集复转军人开座谈会，切实解决好他们生活中的实际问题。比如发放慰问金、解决各种生活困难，甚至是小到免费坐公共汽车等。

黄业斌笑着说，有的老上访户后来成了政府的义务宣传员。2007年，有一个退伍的老同志找到黄业斌说帮他儿子安排上大学，黄业斌一了解才知他的孩子根本没有考上大学，老同志认为黄业斌是市委书记，一句话就能解决他儿子上大学的问题了，还考什么试呢。于是黄业斌就安排教育局长先和老同志谈国家的高考政策等，然后再和老同志面谈，黄业斌说，你的儿子就去读个技校吧，出来有技术好找工作。后来教育局又帮助其联系安排技校。之后，这个老同志就和黄业斌一条心了，但凡有想去上访的复转军人，他还会去做劝解工作。

不过，这里值得一说的是黄业斌和他的班子成员们的一大创新："复退军人之家"。

一部份转业复退军人反映的问题不仅仅是生活困难的问题，有的把自己与转业到不同地区、不同单位的同职级战友相比，感到待遇上有差距，就常常聚在一起发怨气。黄业斌认为应该给复转军人提供一个交流的平台，同时也让他们的信息能够很畅通地到达市委市政府。惠州市现已建立了一个"复退军人服务中心"、57个"复退军人之家"。这个平台的建立深受转业复退军人的欢迎，当地领导从这里获知了许多问题，并很快给予解决。为了丰富转业复退军人的生活，"复退军人之家"每月开展一次活动，费用均由政府支出。黄业斌说，自从"复退军人之家"建立后，他再也没有收到一封反映困难的信，这说明什么呢，说明这些问题已经解决了，这让他很欣慰。

　　黄业斌所代表的惠州市委市政府在用心去感动着每一个转业复退军人的同时，也在感动着惠州市的许多市民。

　　黄业斌有个创新的提法："人本立市"。他认为，经济要发展，社会要进步，让老百姓共享成果，一定要以人为本。比如说，市委市政府会和房地产公司合作，用成本价从开发商手中买来房子作为经济适用住房，让那些中低收入家庭的人和相对比较富裕的人住在同一个小区，共享这些小区的文化设施等等。煤气价格上涨时，黄业斌和班子成员首先考虑到的就是给困难群体补贴煤气钱。另外，对下岗失业人员的安置工作和城镇居民基本医疗保险等等，惠州市都做得非常好。黄业斌说，这些都是在让老百姓共享经济发展的成果。

　　针对惠州农村的"解决住房难、读书难、行路难、饮水难、看病难"的关注民生行动也卓有成效。黄业斌举例说，在解决农民看病难的问题时，他们就发现解决这个问题的难点不在硬件建设，而是乡村医护人员的收入保障，于是就出台了政策，让一个卫生站请一个医生，纳入镇卫生院的管理，由市财政出钱，惠州市财政仅这一项一年就增加支出600多万。医护人员收入有保证了，许多大学生都愿意去村卫生站工作。

　　谈到这里，黄业斌讲了一个故事："惠东县有位老阿婆，祖祖辈辈都走泥巴路，住在村角落里。我们号召老百姓有钱出钱有力出力，降低成本尽快把路修起来。老阿婆知道政府要把泥巴路修成水泥路后很高兴，就提着一个竹篮把家里的鸡蛋卖了捐给村里修路。这让我想起革命年代，老百姓给红军送鸡蛋的场景。我很感动，说明党和政府转变作用，老百姓点滴都会记在心头。"

压力来自沉甸甸的责任感

　　中国社科院《中国城市竞争力报告》中评述，2006年全国200个主要城市中，惠州的城市综合竞争力居59位，增长指数排名22位，质量指数排名44位。

惠州的生态环境非常好，这是令黄业斌很骄傲的一件事。2004年底，黄业斌任市长时，国家环保总局有一位领导前往惠州考察，这位领导对黄业斌说，惠州的工业这么发达，但是惠州的山、水保护得这么好，天这么蓝，水这么清，树这么绿，惠州要争创国家的生态城市，全国现在还没有生态城市，如果你们先搞了，惠州就是标准。

听了这句话，黄业斌很感慨，也给了他很大的鼓励，的确，一个城市既要适合工作也要适合居住，生态尤为重要。惠州近年来也正是因为交通方便、生态好等原因，仅2006年，每卖出100套住房中就有48到50套是深圳人和香港人买的。

尽管惠州市之前已获"中国人居环境范例奖"，但黄业斌认为保护生态环境的工作仍是不能懈怠。

大亚湾作为惠州的一个重要石化基地，也是广东省的一个石化基地。起初，"壳牌"在那里投资时，许多领导也有过担忧，怕造成环境污染。黄业斌在这个项目投资时就已对这个问题进行了全面考察，他对大家说，石化项目的污水出来以后，经过厂内的污水处理，可以达到国家二类水的排放标准。二类水标准达到了以后，还通过30千米的管道排到深海去。至今，从中国的专家、壳牌的专家对环境的监测来看，没有造成什么影响。黄业斌说，大亚湾的空气质量比很多地方的市区空气质量好很多。

经济要发展，环境要保护，这是一对矛盾。黄业斌认为要处理好这个关系，就要以科学的发展观来总揽全局，最重要的就是要避免先发展后治理这条老路，从一开始，就严把这个关。惠州市上的每一个项目，首先都要考虑环保的问题，2007年惠州市在审批的项目中，有10%的项目就过不了环保关。黄业斌说，无论多大的项目，只要过不了环保关，那就对不起，不能上。

惠州市的历任领导对环保都很重视，比如说在惠州市看不到一根烟囱或一根电线杆，所有光缆电线都埋在地下。这为惠州市在环境保护上打下了非常好的基础。

黄业斌身边的工作人员都知道，他们这个市委书记非常擅长用简单扼要的话概括总结工作的重点，比如谈到投资环境，他这样总结："法治环境是最根本的投资环境，机关作风是最关键的投资环境，社会治安是最重要的投资环境，生态环境是最具魅力的投资环境，人文环境是最具活力的投资环境。"

惠州市是一个经济较为发达的城市，抓好社会治安工作被黄业斌摆在重中之重。他说，没有稳定的社会环境，发展无从谈起，也只有抓好了发展，社会才能稳定。因此，如何打造平安的惠州，如何创造一个稳定的社会环境，让外来投资者和老百姓放心、安心，是黄业斌考虑很多的问题。2006年，黄业斌担任市委书记后，就对公安机关定了一条规矩：市区的公安局长每天都要给他发个手机短信，汇报当地的社会治安情况。黄业斌在每天晚上睡觉前一定会看完这些短信，然后给予回复。黄业斌说，现在公安局长们都养成了习惯，要是收不到他的回复，大家都睡不着觉。

凡是到过惠州的人一定都会对惠州留下非常美好的印象。这里的确很美，城市虽不大，但是干净整洁，即便是冬天，这里也是满眼翠绿，五彩缤纷的花卉在阳光下摇曳着动人的身姿。黄业斌不是惠州人，2003年从广东省政府副秘书长的岗位上调任惠州市委副书记、代市长。尽管过去也因工作常到惠州，但这一次的感觉却是不一样的，惠州的美丽吸引着他，他为自己能成为这座美丽城市的一员感到开心，同时，因为惠州前几任班子已为这座城市打下了良好的基础，如何使这座城市更上一层楼？惠州的老百姓将看着他的一举一动。黄业斌坦言，自己到惠州工作后的确有着很大的工作压力，来惠州时一头浓密的头发这几年也明显地掉了许多，他笑称自己每天都处在一种临考的状态。但他同时也认为没有压力的领导不是一个优秀的领导，面对党的重托，老百姓的期盼，他将压力转化成为动力。

黄业斌不是爱说豪言壮语的那种人，他只是从点点滴滴中去关注民生。他有一个理念：一个城市就是一个家庭，就应该让这个大家庭的人生活很好，这才是一个充满温情的家庭。他不喜欢大修大建、劳民伤财一类的工程建设，曾有一位专家对他说，你们惠州没有什么标志性建筑。黄业斌当时就很不高兴地打断他："现阶段，是解决老百姓吃饭的问题，而不是要去建一个什么塔，那不是政绩工程吗？"黄业斌是一个很直率的官员。

黄业斌说，做官就要有起码的"官德"和"修养"，简单地说就是要有很强的工作能力和好的人品。

黄业斌最开心的事就是，当他在公共场所出现时，当地老百姓就很热情地招呼他。也难怪，要是黄业斌这位市委书记没有为老百姓认真做事，老百姓哪还会热情招呼他呢？就这一点，黄业斌很欣慰。

黄业斌说，作为一个官员，在位时，老百姓不怨你，是一个境界；离开这个位置时，不骂你，是更高的境界。他说对自己要求不高，就希望在离任时，老百姓不要骂他。他最担心的就是在任时，耽误了某个地区的发展。当然，这也是黄业斌的压力之一，不同的是，这是他给自己的压力，这压力来自于对惠州这座城市及老百姓的沉甸甸的责任感。

◎手记◎

开微博不落伍

前往惠州采访黄业斌书记时，这座城市留给我的感觉是惠州真是很美啊，气候宜人、风景独美，惠州的西湖堪比杭州的西湖。

记得采访黄业斌书记时，我应邀前往他的办公区，有工作人员，也有其他媒体人围坐在一起进行采访。黄业斌是一个性格很鲜明的人，说起话来抑扬顿挫、幽默直爽，手势和语言都很丰富。

之后，也听人说，黄业斌将高升并调任某某职位，不过，至今他仍在惠州，传说归传说啦，也许是惠州人心里不愿意这个书记离开，才会有那种担扰的传言。黄业斌是一个在工作上很有魄力的人，对于一个城市的发展，他有着自己独特的规划，惠州的招商引资工作做得非常好，这与他及他的领导班子成员的优质服务工作是密不可分的。

现在流行开微博，我在网上看见黄业斌也不落伍，他的微博很吸引当地的老百姓。不久前，他在微博中写道："工人朋友们，如果你们遇到了为难事、烦心事、感人事、幸福事，欢迎通过微博与我交流和分享。"有网友如此回复："书记真实在！不像某些政府官员，专搞形式主义开微博却不是本人更新。对了，父亲节到了，提前祝黄书记父亲节快乐！"黄业斌说，他开通微博就是要畅通与老百姓的渠道，从而解决问题。

成功之道

作为地方官员，他不喜欢大修大建、劳民伤财一类的工程建设。他健谈而幽默，关于执政的思路，没有豪言壮语，也没有信誓旦旦，有的只是从点点滴滴中触手可及的实在。

◎ 毕美家 ◎
淮北市市委书记

毕美家，男，1957年生，山东昌邑市北孟镇西角兰村人，1982年8月参加工作，1984年8月加入中国共产党，中央党校在职研究生班经济管理专业毕业，研究生学历。历任商业部供销管理司组织指导处处长、全国供销合作总社监事会办公室主任（正局级）、中央财经领导小组办公室农村组正局级干部兼领导小组办公室机关工会主席。2004年任安徽省滁州市市委副书记。现任淮北市市委书记、市人大常委会主任。

制定煤城转型线路图

——淮北市市委书记毕美家

大运河流经之地的安徽省淮北市，因其境内煤炭资源丰富，被称为"能源城市"。

这是一座因煤而建的城市，在过去整整50年里，这个地级市已为国家贡献了7亿吨煤。国内外所有的产煤城市到最后都要实现转型，因为煤矿资源总有枯竭的一天，淮北也不例外。淮北市被列为国家资源枯竭型城市转型试点。

在这么一座城市担任市委书记，如何制定城市转型计划，如何发展打造城市，成为衡量在"国家资源枯竭型城市"担任执政官员的重要标尺。不过，这样的考验对他而言，仿佛并不让他紧张。毕竟，就如他所说，从中央到地方的最基层，他都有过实际的工作经历，这些经历锻炼了他。

不少产煤的城市，空气污染严重，然而，淮北的天空却是蓝天白云。是什么原因让这个城市拥有这般美景？

毕美家常说一句话：未雨绸缪。

上任之后最满意的一件事

淮北市的煤炭开采历史非常悠久，可追溯至明清时期。明朝老书记载："去州之西北三十里为徐溪，山中有石炭，州民向不知采也。"煤矿资源是老天给予淮北的厚爱。

然而，随着煤矿资源的大量开采，其负面性也显现出来：因采煤造成了大量耕地及其他土地垮塌，许多垮塌区形成了湖泊，现在，淮北市每年土地垮塌造成了一万多亩土地垮踏，平均一万人失业。而且，经过近50年的开采，淮北市煤炭资源进入了开发的中后期，预计到2015年，现有11对国有大中型煤矿中的9对矿井将陆续报废。

2008年正是淮北市如何转型的关键时刻，毕美家从安徽省农委主任调到淮北来担任市委书记。面对严峻的现实、潜在的压力，他在思考：加快城市转型是淮北市需要立即着手的工作。他到国内国外多个城市考察，还翻阅了大量的资料，国内外一些资源型城市转型的经验教训给了他非常好的启示。上世纪德国鲁尔、加拿大萨德伯里、美国休斯敦等城市，面对资源枯竭、城市衰落的被动局面，加快培育接续替代产业，顺利实现了城市转型。同为煤炭城市的辽宁省阜新市，在资源枯竭前未能及时转型，上世纪90年代中期就陷入矿竭城衰的困境。近年来该市抓住国家资源型枯竭城市转型试点的机遇，才重现生机和活力。这样的案例数不胜数。

针对淮北市的实际情况，毕美家提出了"六大转型"：单一煤电行业向多元产业转型；传统农业向现代农业转型；传统商业向现代商贸服务业转型；城乡二元结构向城乡一体化转型；工矿型城市向生态城市转型；传统管理型政府向管理服务型政府转型。这是他上任之后最满意的一件事。

比如说向现代农业转型。毕美家上任之后用了一个多月的时间考察淮北市，淮北市的小麦单产在全国名列前茅，仅这一点就使他在发展策略上很有底气。淮北是华东地区重要的粮、绵、果蔬、畜禽、水产品生产基地，围绕这个天然优势，淮北市建起了小麦、果蔬、畜产品等优质农产品生产供应基地，引进了国内外多个有实力的龙头企业落户淮北，比如山东鲁王、台湾旺味等等。淮北的酒业名扬天下，毕美家要求对具有市场潜力的名酒"口子窖"给予优先扶持，2008年口子窖酒业产值17个亿，2009年达到20多个亿。种种措施，淮北市的现代化农业发展迅速，使失地农民寻到了生路，给城市发展带来了新活力。

毕美家说，城市的转型是最艰难的过程，而且时间也会很长，国外的资源枯竭型城市转型成功的也用了50年左右。不过，毕美家相信淮北市用不了那么长时间。客观地说，毕美家为淮北市制定的发展线路图，目前已初见成效，过去煤电占淮北市经济总量的90%，现在已降到了50%。毕美家兴奋地说，转型的成果，三五年就能大见成效，这个基础打牢了，今后的转型之路就顺畅多了。

当大家称赞淮北市的空气很洁净时，毕美家也很自豪，他说，这和关闭污染严重的小水泥厂有很大关系。他说他刚上任到城市周边去考察时，触动最大的就是环境污染，上百个小水泥厂日夜排出污水污气严重地侵蚀着这座城市。毕美家当时就下了一个命令：关闭！一年下来就关闭了30多个。剩下的水泥厂也在规划之中，有的改造，有的外迁。当然，关闭之后涉及到补偿及工人再就业等善后工作，毕美家也都一并列入规划之中。

毕美家在提出"推进科学发展，加快城市转型"的决策时，一并提出要将淮北市打造成一个皖北乃至黄淮海地区最宜人居的山水生态城市。

用运河文化打造城市的文化品牌

毕美家认为淮北市要实现城市转型，形成更有力的综合竞争力，除要提升经济实力外，还需要提升城市的"软实力"——文化品牌。

淮北是一个历史悠久、人文底蕴深厚的城市。春秋时期的古城墙、汉画像石刻、隋唐古运河码头遗址、清朝乾隆皇帝"惠我南黎"的御书墨宝，都见证了淮北的悠久历史和灿烂文明。

1999年，对于淮北来说是一个很重要的年份。这一年，安徽省考古研究所与淮北市共同组成考古发掘队，对淮北境内的柳孜路段进行了抢救性的考古发掘工作，正是这次发掘，首次发现了我国隋唐大运河建筑遗址，这次考古重大成果被评为1999年度全国十大考古新发现之一。2004年，隋唐大运河博物馆在淮北市开馆。大运河遗址的重大发现，给了淮北市更多更广的发展机会。毕美家说，淮北人非常感谢老祖宗给后人留下的这笔宝贵遗产。如何运用好老祖宗留下的这些东西，就看当地执政官员有没有这样的文化意识了。

2009年11月4日，"第五届中国大运河文化节·大运河保护与申遗高峰论坛"由淮北市承办。据全国政协的同志介绍，这次论坛，是淮北市通过积极申报和争取才获得的承办机会。论坛期间，毕美家几乎每天都到场，或讲话或旁听。不用说，毕美家和他的同事们是要通过运河文化提升淮北市的文化品牌、提升城市知名度。

参加这次论坛的有十多个运河城市，每个城市都竭力打运河这个文化牌，但毕美家认为，作为运河城市，淮北有着得天独厚的优势。千百年来，由于运河文化的滋养，淮北这座城市融汇了南方的精致、和谐与北方的粗犷，集聚了中国南北各地的特色物产、风情民俗，形成了开放、兼容、纯朴的地方文化。更重要的是，一直以来淮北人都特别注重用文化来滋养城市。1971年淮北市成立之时，以其兴隆的景象吸引了许多来自各大城市的有才之人和有识之士。比如现在的淮北市人民医院，就是那时的上海闸北医院整体搬迁过来的。淮北市的文化现象是一个景：他们的民间乐团经常到处演出，老年合唱团曾获全国一等奖，书画水平在全国是一流的。还有，近年来出现的"淮北影视文化现象"也是一景：先后在中央电视台播出《大哥》、《父亲》等电视剧，这两部电视剧还荣获了"飞天奖"、"金鹰奖"、"五个一工程奖"。

说到淮北众多的文化品牌，毕美家很是自豪，看来他是准备抓住这些品牌不放手了。

站在山中看迷宫的市委书记

对于一个市委书记而言，毕美家上任一年多的时间就把一件大事给做成了，那就是将一个城市的发展线路图设计出来。听毕美家讲话，宏观的微观的，讲得头头是道，也难怪，他工作经历的确特别。他说人生中最重要的不是你有多高的职位，有多少钱，而是阅历。

毕美家从吉林大学经济系毕业之后就到了北京工作，先后供职商务部、全国供销合作总社、中央财经领导小组。这个漫长的时间加起来有21年。他有过三次挂职工作经历，一次是1983年在河北省望都县挂职供销社副主任，那时的他还很年轻，从北京到基层去挂职时面对千头万绪的工作不知从哪里下手，也是在工作中慢慢去学习，这一年他入了党。第二次挂职经历则是1992年在山东省烟台市供销社任副主任。2003年，他离开中央财经领导小组办公室开始了他人生中的第三次挂职，前往安徽省滁州市挂职市委副书记。毕美家说，就他的工作经历来说，真是一笔财富。他熟悉中央国家机关制定宏观政策的思路，也熟悉基层乃至乡村最实际最现实的工作。这样的阅历对他在地方官员的任上处理急事难事的工作很有益处。比如说他刚到淮北市上任市委书记时，就遇到这么一件事：2008年7月10，淮北市相山区丁楼村70名村民因误食含有亚硝酸盐的包子而发生不同程度的中毒。事故发生的第一刻情况就报到了毕美家那里。面对突发事件，他非常冷静，提出了三条：一是全力抢救中毒老百姓，二是公安机关介入调查，三是新闻媒体及时发布，防止有人借机炒作此事。毕美家说，遇到突发事件和复杂问题，一把手不能慌，必须要有清晰的思路和政治意识。而这些工作方法便是他的阅历带给他的。

熟悉毕美家的人说，他是一个喜欢去做开创性工作的人，这也是他为什么选择第三次到地方挂职的原因。可是挂职的时间是有规定的，除非你能在当地任职，这并不是件很容易的事，你需要有着出色的业绩，还需要得到当地人的认可，因为你在那里任职等于就占了别人任职的重要机会……在滁州挂职一年的时间里，毕美家的为人做事得到了当地干部群众的认可，一年后他当选为滁州市委书记。当地的一位老领导对毕美家说，来这里挂职的人何止上百，你是从挂职到任职的第一个人。至今，毕美家还常回滁州去和老朋友聚聚，大家也都对他很有感情，当年滁州建一个规模不错的"大包干纪念馆"没花当地一分钱，毕美家的功劳是很大的。

尽管市委书记这个职位在地方意味着位高权重，但是，当一个外来人前往地方去担任如此要职时，还是会面临诸多难题，比如如何处理当地复杂的人际关系等。毕美家的方法很简单，那就是透明。

刚来淮北时，也有人"好心"地告诉他，某某是谁的人等等。毕美家说，管他是谁的人，好好干就是党的好干部。他使用干部采取公开公平公正的方法，全部严格按照程序透明办事，让能干事的人得到提拔。他说，任用干部问题越是公开越好，越是捂着就要得罪人。要当好一个市委书记，干部问题上处理好是一条，第二条是工作要有思路，遇大事不糊涂。毕美家说，做一个市委书记说白了就是一个胸怀的问题，他形容复杂的事情如迷宫，你在站在山上看迷宫，你很容易就知道怎么走出来，如果你也走进迷宫就怎么也走不出来了。

作为一个地方官员，毕美家说他最大的愿望就是当他离开这个工作岗位时，老百姓不会戳他的脊梁骨。他常说，如果别人都做了，你还跟在别人后面做，这样的地方官员容易做，但没有成绩，不是他所追求的。他要做别人没做过的开创性的事情。也许，这才是真正的毕美家。相信再过两三年，随着淮北市按照转型线路图去发展，当地老百姓对毕美家的成绩会看得更清楚，评价也会更中肯。这正是毕美家所需要的，鲜花和掌声不重要，重要的是认可。

◎手记◎

慢条斯理的性格优势

我是在淮北参加一个会议时采访的毕美家，毕美家的外表留给我的印象是儒雅，说起话来也慢条斯理。看上去不是风风火火的性格，做起事情来却很果断，这也许就是毕美家性格的特点：不张扬、不火爆、不急于求成。像他这种从中央到地方挂职的干部，最终能在当地当选为一把手，除了各方的因素，这种性格也许就是优势。他也曾说过，地方的人事环境很复杂，要在工作中求进取，是需要一种排除万难的智慧的。

淮北过去是一个著名的煤都，空气中都飘浮着煤的味道，但他去之后进行了一系列的改革，使这座城市有了蓝天白云。

毕美家不是一个喜欢宣传自己的人，在网上基本看不到关于他的专访。我感觉，这就是毕美家的性格，他愿意沉下心来做出事情后让大家来评判，就像淮北的蓝天白云不需要宣传，外地人前往淮北就能看到。

成功之道

他说，做一个市委书记说直白了就是一个胸怀的问题，他形容复杂的事情如迷宫，你站在山上看迷宫，你很容易就知道怎么走出来，如果你也走进迷宫就怎么也走不出来了。

合作热线：010-82031715　投稿信箱：zqrbbook@126.com

《从政的智慧》

唯一由国家新闻出版总署署长柳斌杰署名推荐的高端红色励志读物；中国平面媒体采访高官第一女记者首次独家披露一线高官成功之道和未公开的政坛手记；公务员"进阶"必读：看前辈如何从基层走上高级领导干部岗位，他们的成功如何复制；多位部级领导联袂推荐；《二号首长》真实版。

《李政道传》

本书由李政道好友兼助手季承耗费十年时间精心结撰，七删七改，还原了一个伟大学者的真实经历，特别讲述了李政道和妻子相遇、相知、相爱的故事。在半个多世纪的风雨旅程中，爱情始终是李政道赢得事业成功和幸福生活的源泉。

《可怜的中国人》

大陆柏杨浮出水面，从丑陋的中国人到可怜的中国人，幸福的中国人在哪里。

本书以嬉笑调侃的笔触点评近年来的世道人情，渗透着作者对这片广袤的土地、悠久的文明的一片深情，对同胞的生存境遇的关注。该书深入研判中国人的性格、文化特征，笔锋所及，许多假面纷纷剥落；同时作者对东西方文化的深切思考也将掀起头脑风暴。继柏杨先生奉献《丑陋的中国人》之后，大陆作家凌沧洲奉献《可怜的中国人》，为当代中国人提供一面反思镜鉴。

《私奔日记》

池莉小说《来来往往》主人公原型首次现身"招供"；一个文化局长的公开忏悔录，一个私奔帝的忘年悲歌，中国第一部自曝隐私、自我披露的史上最最最高调的公奔全纪录。

合作热线：010-82031715　投稿信箱：zqrbbook@126.com

《大商埠》（上下）

　　第一部解密殖民地"商道"的城市列传、百科全书，中国最早一批殖民地码头人情感命运的史诗吟唱，第一部全景式描写中国商埠城市沿革的史诗性历史小说，通过一个家族的亲历还原一个大商埠城市一段不为人知的历史风貌，一个不起眼的小人物如何成长为商业巨贾的生命传奇。

《李政道传》

　　本书由李政道好友兼助手季承耗费十年时间精心结撰，七删七改，还原了一个伟大学者的真实经历，特别讲述了李政道和妻子相遇、相知、相爱的故事。在半个多世纪的风雨旅程中，爱情始终是李政道赢得事业成功和幸福生活的源泉。

《可怜的中国人》

　　大陆柏杨浮出水面，从丑陋的中国人到可怜的中国人，幸福的中国人在哪里。

　　本书以嬉笑调侃的笔触点评近年来的世道人情，渗透着作者对这片广袤的土地、悠久的文明的一片深情，对同胞的生存境遇的关注。该书深入研判中国人的性格、文化特征，笔锋所及，许多假面纷纷剥落；同时作者对东西方文化的深切思考也将掀起头脑风暴。继柏杨先生奉献《丑陋的中国人》之后，大陆作家凌沧洲奉献《可怜的中国人》，为当代中国人提供一面反思镜鉴。

《私奔日记》

　　池莉小说《来来往往》主人公原型首次现身"招供"；一个文化局长的公开忏悔录，一个私奔帝的忘年悲歌，中国第一部自曝隐私、自我披露的史上最最最高调的公奔全纪录。